두렵고 황홀한 역사

Heaven and Hell

두렵고 황홀한 역사

죽음의 심판, 천국과 지옥은 어떻게 만들어졌나

바트 어만
Bart D. Ehrman

허형은 옮김

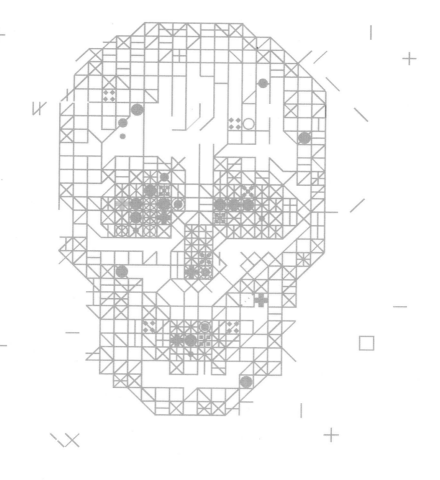

갈라파고스

나의 비범한 손자들
아이야와 시에라, 엘리엇에게 바친다.

일러두기

· 본문에서 인용한 성서 구절은 대체로 대한성서공회에서 발간한 개역개정 성서를 따랐다. 단, 필요한 경우 공동번역 성서와 저자의 영역본 문장을 살려 옮겼다.
· 원문에 없으나 이해를 돕기 위해 편집상 더한 구절과 단어, 원문에서 줄표(—)나 소괄호(( ))를 거듭 쓴 경우에는 해당 부분을 구분하기 위해 대괄호([ ])로 묶었다.

어렸을 때 하나님 생각을 하면 곧바로 사후 세계가 떠올랐다. 당연히 죽음이 정확히 뭔지 모르던 때였다. 하지만 죽으면 천국이나 지옥 둘 중 한 곳에 간다는 건 알았다. 나는 두 곳 중 한 곳은 피하고 다른 한 곳에 갈 예정이었고, 그럴 각오도 되어 있었다.

돌아보면 사후 세계에 대한 믿음은 훗날 성공회 교회에 다니면서 더욱 열심히 예배하고, 기도문을 읊고, 찬송가를 부르고, 죄를 고백하고, 교리 공부를 하고, 복사가 되는 데 적잖은 영향을 미쳤다. 당연히 그것이 옳은 일이고 선한 일이라고 믿었기에 하나님을 섬기면서 하나님이 바라는 대로 살고자 했지만, 한편으로는 그렇게 살지 않으면 내가 어떤 운명을 맞을지 잘 알았던 것도 한몫 했다.

나중에, 십 대 중반에 더 심오한 영적 경험을 하게 된 데에도 천국에 가려는 소망과 지옥에 대한 두려움이 큰 몫을 했다고 확신한다. 고등학교 때 친한 친구 몇 명이 독실한 기독교 가정의 자녀였는데, 그 애들은 기독교인이라면 아무쪼록 "예수님을 영접해" 더 적극적이고 구체적으로 헌신해야 한다고 믿었다. 나는 친구들에게 설득당했고, 그렇게 열다섯 살의 나는 거듭난 크리스천이 되었다.

그때부터는 한 치의 의심도 없었다. 나는 이제 천국에 갈 것이었다. 그리고 나처럼 헌신하지 않는 사람들(수십억 인구 대부분)은 당연히 지옥에 갈 거라고 굳게 믿었다. 내가 교만한 게 아니라고 애써 생각했다. 내가 남들보다 더 바르게 살아서 천국에 가는 게 아니었으니 말이다. 그저 내게 주신 선물을 넙죽 받았을 뿐이었다. 그럼 그 선물에 대해 들어 본 적도 없는 사람들, 또는 그 선물을 받을 것을 진지하게 고려해 보도록 조언받은 적도 없는 사람들은 어쩐다? 나는 그들이 불쌍했다. 그들은 길 잃은 양이었고, 그들을 기독교인이 되도록 인도하는 것은 내 도리였다. 그렇게 믿자 나는 사명을 띤 크리스천이 되었다. 당시의 내가 조금 재수 없게 굴지 않았다고는 장담하기 어렵다.

이런 믿음은 십 대 후반에 더욱 굳어졌는데, 먼저 고등학교 졸업 후 진학한 근본주의 성서 신학 대학인 무디성서학교에서, 그다음엔 학사 학위를 취득한 복음주의 기독교 계열 인문 대학인 휘튼칼리지에서였다. 대학 졸업 후 나는 신약성서를 더 깊이 공부하기로 하고 여러 조건을 따져 본 후, 명백히 근본주의와 거리가 있는 프린스턴신학대학원에 진학했다. 신앙에 의문을 품기 시작한 건 그곳에서였다. 일면, 이런 의심은 신학 공부로 인해 생긴 것이었다. 고등학교 때부터 믿어 온 진리가 내가 생각했던 것보다 훨씬 복잡하고 심지어 문제적이기까지 하다는 걸 깨달은 탓이었다. 연구를 하면 할수록 성서가 인간적 오류와 편견, 문화적 조건화를 거친 관점이 담긴, 매우 인간적인 책이라는 것을 깨닫게 되었다. 그것을 깨닫자 나는 내가 고수해 왔고 남들에게도 종용한 하나님과 예수님에 대한 믿음도 부분적으로 편견에 치우치고 문화적으로 조건화된 건 아닐지, 심지어 틀린 것은 아닌지 의심을 품게 되었다.

이런 의심들로 몹시 괴로웠던 것은 단지 진리를 심히 갈구했기 때문만은 아니었다. 잘못된 믿음을 좇다가 영원히 벌을 받게 될지 몰라 두려웠기 때문이기도 했다. 성경이 하나님이 주신 말씀임을 내가 의심하거나 심지어 부정하기 시작하면 어떻게 되는 걸까? 그리스도가 하나님의 독생자라는 사실도 의심하고 부정하게 된다면? 하나님이 존재한다는 사실마저 부정하게 된다면? 더는 믿지 않게 됐다가, 그런 변심이 엄청난 실수였음을 너무 늦게 깨닫게 되면 어쩐단 말인가? 그럼 사후에 내 영혼이 심각한 곤경에 처하게 될 게 아닌가?

이런 고민이 유독 통렬하게 머리를 관통한 순간이 있었다. 한밤중에 사우나에서 있었던 일이다. 당시 나는 대학원 학비를 대기 위해 프린스턴 외곽에 있는 해밀턴테니스클럽에서 파트타임으로 일했다. 평일엔 거의 매일 밤 근무를 섰다. 클럽 회원들은 보통 낮에 너무 바빠서 한밤중에 테니스 시합 일정을 잡곤 했는데, 나는 저녁에 접수대에서 예약을 받고 밤에 시합이 끝나면 코트 바닥을 청소했다. 이 일의 혜택 중 하나는 영업이 끝난 뒤 사우나를 포함해 모든 시설을 마음대로 이용할 수 있다는 것이었다.

문제의 그날 밤, 나는 코트 바닥을 쓸면서 프린스턴신학대학원

성경 강해 수업과 신학 이론 수업에서 그동안 들어 온(그리고 거부해 온) 모든 얘기를 곱씹으며, 교수들의 견해가 오래 전 내가 고등학교와 신학 대학 시절에 받은 보수적 복음주의 가르침과 얼마나 다른지 따져 보고 있었다. 대학원에서 접한 시각들은 나의 예전 관점에 비하면 훨씬 진보적이었다. 대학원 수업에서는 성경을 하나님이 직접 하신 말씀에서 나온, 일관성 있는 계시가 아니라고 말하고 있었고, 나도 그것이 정말일지 모른다는 생각이 들던 참이었다. 내가 절대적 진리로 믿어 온 전통 기독교 신조(예를 들면 삼위일체)가 하늘에서 내려온 계시가 아니라 오류의 여지가 다분한, 인간이 만든 공식이라는 것, 세상에는 내가 오래도록 믿어 온 바와 일치하지 않는 관점이(심지어 기독교적 관점 중에도) 많다는 것을 수업에서 듣고 마음이 흔들리고 있었다. 나는 나를 만족시킬 답을 찾기 위해 고민을 거듭했다. 최종적으로 뭘 믿고 어떤 시각을 갖기로 결정하든, 그것이 옳은 것이기를 바랐다. 필요하면 내 관점을 바꿀 의향이 있었지만, 내가 몹시도 사랑하는 신앙을 버리고 싶지는 않았다. 그랬다가 결국 내가 옳았고 한때 발을 잘못 디뎌 돌이킬 수 없는 지옥행 궤도로 미끄러지기 시작했음이 나중에 드러날 거라면 더더욱 그랬다.

코트 청소를 마친 뒤 사우나를 하기로 했다. 사우나실 온도를 최대로 올려놓고 옷을 훌렁훌렁 벗은 다음, 한바탕 땀 흘릴 요량으로 사우나실에 들어갔다. 오밤중에 사우나실 나무 벤치 위 칸에 홀로 앉아 비 오듯 땀을 흘리면서 나는 그간 내 신앙에 대해 품은 의심과 질문, 그리고 그런 의심을 좇는 데 따를지 모를 결과에 대한 두려움을 되새김질했다. 현재의 내 삶이 어떻게 될지만 걱정되는 게 아니라 내 사후가 어떻게 될지도 두려웠다. 그러다 퍼뜩 이런 생각이 들었다. 와. 여기 진짜 **뜨겁다!** 아, 이거 너무 뜨겁잖아! **진짜, 진짜 뜨겁다!** 다음 순간 자연스레 이런 생각이 떠올랐다. 나는 엄청나게 뜨겁게 달군 거대한 사우나에 정말로 영원히 갇혀도 좋은가? 그 사우나가 이것보다 백배, 천배 더 뜨겁다면 어쩔 텐가? 영원히 불구덩이에 머물고 싶은가? 그럴 가치가 있나? 그 질문이 그 순간 내게는 이런 의미였다. 정말로 여태까지의 믿음을 버리고 영원한 고문을 받을 위험을 감수할 텐가?

그 후 오랜 시간 이어진 신앙생활의 변화를 다 묘사할 필요는 없을 것 같다. 요약하자면, 나는 결국 변하기 시작했고 남들이 하는 말에만 근거를 둔 믿음보다 질문과 자율적 사고를 더 중시하는 진보적 성향의 교파로 몇 년에 걸쳐 옮겨 갔다. 그러다 마침내 기독교를 완전히 떠났다. 감리교 목사인 친구가 가끔 하는 농담인데, 나는 거듭난 자에서 거듭 죽은 자가 된 것이다.

그럼에도 나는 여전히 사후 세계에 대한 궁금증에 사로잡힌다. 내가 여전히 사후 세계를 두려워해서가 아니라 내 가장 큰 학문적 관심 분야인, 초기 기독교도들의 사고방식과 문학에서 그것이 너무나 결정적 역할을 했기 때문이다. 사후 세계에 대한 개념들이 어디에서 기원했고 어떻게 발전했으며 어떤 변화를 거쳤는지 알면 기독교가 어떤 과정을 거쳐 오늘날의 모습, 즉 역사상 가장 의미 있고 문화적 영향력이 큰 종교로 자리 잡았는지에 대해 역사학적 단서를 얻게 된다.

그러나 그 개념들은 학술적 맥락 바깥에서 더 중요하다. 전통적 기독교의 사후 세계관은 오늘날 우리 사회에도 여전히 널리 퍼져 있다. 최근 발표된 퓨리서치센터 조사 결과를 보면 전체 미국인 가운데 72퍼센트가 사람이 죽으면 가는 문자 그대로의 천국이 존재한다고 믿으며, 58퍼센트가 문자 그대로 실제 지옥이 있다고 믿는다.[1] 물론 이는 앞선 시대에 비하면 현저히 낮아진 수치이지만, 그래도 놀라운 수준이다. 역사학자의 입장에서 중요한 점은, 현대 이전의 기독교 서구 세계(예를 들면 중세라든가, 아니면 1950년대를 떠올려 보라)만 해도 사실상 **모두**가 인간이 죽으면 그 사람의 영혼이 둘 중 한 곳에(아니면 최후의 영광을 맞이하기 위한 고통스러운 준비 단계인 연옥에) 간다고 믿었다는 것이다.

이 책에 제시된 의외의 논제 중 하나는 이런 관점들의 기원이 기독교 초기까지 거슬러 가지 않는다는 것이다. 구약에도 안 나오고, 예수가 직접 가르친 것도 아니다. 그럼 어디에서 온 걸까?

이와 관련된 논제는 (그것들과 직접적 연관이 있는 여타 종교들은 고사하고) 고대 그리스도교에도, 그것의 기반이 된 유대교에도 단일한 사후 세계관이 없었다는 것이다. 두 종교 모두(더불어 당대의 다른 종교들 전부) 사후 세계에 관해 놀랍도록 다채로운 관점을 가지고 있었다. 이 다양한 관점들은 서로 부딪히고 엎치락뒤치락했다. 신약성서 안에서조차 여러 핵심 인물이 서로 다른 갈래인 사상을 설파했다. 사도 바울은 사후 세계에 대해 예수와 다른 생각을 가지고 있었고, 예수의 사후 세계관은 「누가복음」이나 「요한복음」, 「요한계시록」에 나오는 사후 세계관과도 달랐다. 그뿐 아니라 그 관점들 중 어느 하나도 오늘날 수많은 기독교도가 품은 믿음의 근간이 된 2세기와 3세기, 4세기 기독교 지도자들의 관점과 정확히 일치하지는 않았다. 그렇다면 이 관점들은 어디에서 발생했을까?

나는 이 책의 영문 제목을 '천국과 지옥: 사후 세계의 역사 Heaven and Hell: A History of the Afterlife'로 정했다. 주변 사람들에게 제목을 말하면 대체로 어리둥절해했고, 더러 기분 나빠하는 사람도 있었다. 한 가지 분명히 하고 싶다. 나는 천국과 지옥 자체가 역사적 변화를 거쳤다고 주장하는 게 아니다. 천국과 지옥에 대한 **개념**들이 누군가 만들어 낸 것이며 세월이 흐르면서 이렇게 저렇게 변해 왔다는 얘기를 하는 것이다.

그리고 나는 이를 증명할 수 있다고 본다. 인류 역사상 세상이 멸망할 때 심판의 날이 오리라고 아무도 믿지 않은 시점이 있었다. 그런데 어느 시점에는 사람들이 그렇게 믿었다. 그 믿음은 어느새 기독교의 표준 교리가 되었고, 오늘날 수백만 사람이 기독교 정통 교의로 받아들이고 있다. 아무도 믿지 않았던 시점에서 수많은 사람이 믿은 시점 사이에 누군가가 그 개념을 생각해 냈다. 즉, 누군가가 만들어 낸 개념이라는 얘기다. 사후 세계와 관련한 모든 개념이 누군가가 만들어 낸 것이다. 그렇다고 그 개념들이 틀린 건 아니다. 그저 한때는 존재하지 않았다가 어느 순간 존재하게 된 개념이라는 뜻이다. 물론 이는 세상에 존재하는 모든 개념과 견지, 이론, 관점, 규칙, 법, 공식과 증명(그 외 인간 행위자가 생각해 낸 모든 것)에 똑같이 적용된다. 개중에는 옳은 것도 있고 그른 것도 있으며, 옳고 그름의 항목으로 분류할 수 없는 것도 있다. 하지만 옳건 그르건 혹은 그것을 따질 수 없건, 전부 다 어느 시점에 인간의 머릿속에 떠올랐다. 중력 이론도 어느 날 한 물리학자가 떠올린 이론이고, 사각형 면적을 구하는 공식도 어느 수학자가 알아냈으며, 민주주의 개념도 한 정치사상가가 생각해 냈다. 이런 예는 무궁무진하다. 우리는 이런 공식들과 그 공식들이 주장하는 진리를, 인류 역사 거의 대부분에 걸쳐 아무도 그 공식들을 지지하지 않았다는 사실과 별개로 놓고 평가한다.

사후 세계관도 마찬가지다. 이 책에서 나는 독자 여러분에게 천국과 지옥의 존재를 믿으라고도 믿지 말라고도 종용하지 않을 참이다. 대신 나는 그 개념들이 서구의 지배적 문화인 기독교 내부의 어디에서 왔는지에 관심을 두었다. 기독교가 당시 세계의 이교 종교들 가운데, 구체적으로는 유대교에서 발생했기에 특히 더 흥미롭다. 나는 사후 세계관들이 어떻게 생겨났고 시간이 흐르면서 어떻게 수정되고 변모했는지, 어떻게 믿음으로 자리 잡고, 의심을 사고, 믿음을 잃었는지 알고 싶다.

본문에서 우리는 인간이 죽으면 그의 영혼이 천국이나 지옥 중 한 곳에 간다고 아무도 믿지 않은 시점이 실제로 존재했음을 확인할 것이다. 현존하는 가장 초기의 문헌 기록으로 거슬러 가 가장 오래된 형태의 서구 문화를 봐도, 사람이 죽으면 모두 똑같은 운명을 맞는다고 믿었음을 알 수 있다. 보통 하데스Hades라 불리는 곳에서 무미건조하고 보잘것없고 지루한, 영겁의 시간을 보낸다고 믿었다. 호메로스의 『오디세이아』에도 이런 관점이 뚜렷이 드러난다. 그런데 시간이 지나면서 사람들은 그럴 리가 없다고 생각하기 시작했다. 불공평하다고 생각해서였다. 세상을 다스리는 신들에게 인간의 도덕

률과 비슷한 것이라도 있다면, 이승에서도 저승에서도 마땅히 정의가 이루어질 거라고 생각한 것이다. 이 세상에서 신실하고 선하고 고결하게 산 사람은 저세상에서 상을 받고, 악하게 산 사람은 벌을 받아야 마땅하다는 얘기였다. 본문에서 플라톤의 글로 확인하겠지만, 이것이 그다음에 등장한 관점이다.

고대 이스라엘의 종교에서도 비슷한 관점의 전환이 일어났다. 히브리어 성경의 가장 오래된 책들은 '죽음 이후의 삶'에 대해 전혀 언급하지 않으며, 의로운 자든 악한 자든 모든 사람이 무덤 안, 혹은 스올Sheol이라는 신비로운 곳에 거하는, 죽은 상태에 대해서만 이야기한다. 히브리어 성경의 초점은 현재의 삶, 정확히는 하나님이 선택하고, 자기 백성이라고 부른 이스라엘이라는 나라의 삶에 맞춰져 있다. 하나님이 당신을 섬기고 당신에게 헌신한 대가로 이스라엘을 부국강병한 나라로 만들어 주실 거라는 것이다.

그러나 오래도록 고수해 온 이 관점은 작디작은 나라 이스라엘이 연달아 경제적, 정치적, 사회적, 군사적 재앙과 고난을 겪은 역사적 현실 앞에 의심받기 시작했다. 그러다 나라의 일부가 멸망하자, 살아남은 백성 중 일부는 이 재앙을 하나님의 정의로움에 비추어 어떻게 해석해야 할지 진지하게 고민하기 시작했다. 어떻게 하나님은 당신이 선택하신 백성을 외세, 그것도 이교도 무리의 손에 멸망하게 내버려 두신단 말인가?

기원전 6세기부터 히브리인 선지자들은 멸망한 나라 이스라엘을 하나님께서 '다시 세워' 주리라 예언하기 시작했다. 어떻게 보면 '죽음에서 부활하는', 국가가(거기 살던 국민들이 아니라, 이스라엘이라는 나라가) 다시금 살아나 하나의 자치국으로 서는 것이었다.

구약성서 시대 거의 말미에 일부 유대교 사상가는 이 미래의 '부활'이 국가가 아닌 개개인의 운명을 이야기하는 것이라 믿게 되었다. 하나님이 정의로우시다면, 의로운 자들이 겪은 고난을 보답도 없이 내버려 두실 리 없다고 말이다. 그러니 언젠가 심판의 날이 닥쳐와 하나님이 자기 백성 한 사람 한 사람을 말 그대로 되살려 주시리라 믿었다. 이는 곧 죽은 자의 부활, 하나님의 편에 섰던 자들이 살아생전의 육신 그대로 되살아나 영원토록 살리라는 신조였다.

나사렛 예수가 이 견지를 이어받았고, 강력히 선포했다. 하나님의 뜻을 따른 자들은 종국에 보상을 받고 죽음에서 되살아나 이 땅의 영광된 왕국에서 영원히 살 거라고 했다. 하나님을 거역한 자들은 절멸하여 그 존재가 깨끗이 지워지는 벌을 받을 거라고 했다. 예수가 보기에 이는 머지않아 닥칠 일이었다. 악의 세력이 이 세상을 장악해 손 닿는 곳마다, 특히 하나님의 백성들을 단단히 망가뜨리고 있었다. 그러나 하나님이 곧 중재하사 그 악의 무리를 물리치고 이 땅에 하나님 나라를 세우실 거라고 했다.

예수 사후에 그 제자들이 이 메시지를 이어서 전파했고, 자신들이 만난 새로운 상황에 맞춰 메시지를 수정하기도 했다. 무엇보다, 고대했던 종말은 오지 않았고 그에 따라 예수의 원래 메시지를 재평가해야 했던 게 큰 이유였다. 예수의 추종자 일부는 하나님을 믿는 자들이 받을 설욕이 인류 역사의 종말까지 지체되지 않을 거라고 믿게 되었다. 각자가 죽는 순간 곧바로 억울함을 설욕할 거라고 그들은 믿었다. 그리스도를 믿는 자들은 하늘에 계신 그리스도의 곁으로 불려 올라가, 훗날 부활의 순간에 자기 육신으로 돌아가기를 기다릴 거라고 했다. 반면 하나님의 반대편에 섰던 자들은 벌을 받을 터였다. 시간이 흘러 기독교도들은 이 벌이 완전한 소멸(예수의 견지)이 아니라 고문의 형태일 것이며, 하루 이틀에 그치는 게 아니라 영원히 이어질 거라고 믿게 되었다. 하나님은 영원하시고 그분이 창조하신 세상도 영원하니 인간도 영원하며, 그 영원에 이르면 하나님의 영광된 심판이 이루어질 거라고. 성도들은 낙원을, 죄인들은 고통을 맛보리라고. 천국과 지옥 개념이 탄생한 것이다.

　한마디로 우리가 사는 세계의 수십억 인간이 받아들인 사후 세계관들은 사람들이 이 세상이 어찌 공평하고 하나님 또는 신들이 어찌 공정하다 할 수 있는가 고민하면서 아주 긴 시간에 걸쳐 빚어낸 개념이라는 얘기다. 죽음이 이야기의 끝일 리 없다. 아무렴 모두가 자기 행실에 걸맞은 대가를 받지 않겠는가. 하지만 사람들이 줄곧 이렇게 생각했던 건 아니다. 유대인과 기독교인 들이 세상의 불공정함과 악에 대해 선이 궁극적으로 승리해야 할 당위성을 설명하려 애쓰는 과정에서 오랜 기간에 걸쳐 생각해 낸 개념이었다.

　이런 믿음들의 진화 과정을 연구해 보면 유익하고 중대한 결말을 도출할 수 있다. 학문적이고 지적인 면에서, 인간 문명의 역사상 가장 중요한 종교 전파 운동인 기독교의 역사적 발전 과정에 대해 많은 것을 배울 수 있다. 더 개인적인 측면에서는(아니, 가능한 한 가장 사적인 수준에서는) 천국과 지옥이라는 개념이 어디서 왔는지 더 심도 있게 이해함으로서 확신과 위안을 얻을 수 있다. 왜냐면 내가 한때 가졌던 생각과 다르게, 우리에게 잠시 주어졌던 의식의 영역, 즉 생을 떠난 후 어떻게 될지에 대해 희망을 품을 여지가 있는 것과 별개로, 다음에 올 것을 두려워할 이유는 전혀 없기 때문이다. 나는 이런 확신이 실질적인 수준에서 우리를 자유롭게 해서 지금 이 순간을 더 소중히 여기고 한껏 즐기도록 해 줄 거라고, 이 필멸자들의 세상에서 우리에게 주어진 짧은 순간에 의미 있고 목적 있는 삶을 살게 해 줄 거라고 믿는다.

차례

1장
천국과 지옥으로의 여정

　　1886년에서 1887년으로 넘어가는 겨울, 이집트 룩소르에서 북쪽으로 129킬로미터쯤 떨어진 도시 아흐밈에서 유적 발굴 작업을 하던 프랑스 고고학 발굴단이 현대사를 통틀어 가장 획기적인 필사본 유물을 발견했다. 발굴 현장은 묘지였고, 발굴단은 형성 연대가 기원후 8세기로 추정되는 부분을 파고 있던 차였다. 기독교 수사의 것으로 짐작되는 한 무덤에서 그들은 그리스어로 쓴 글 몇 편을 모은 66쪽짜리 책을 한 권 발견했다.

　　그중 하나가 오늘날 「에녹 1서」로 알려진 유대교 외경의 일부였다. 다른 하나는 예수의 가장 가까운 제자인 베드로가 썼다고 하는 글로, 예수의 재판과 죽음과 부활을 달리 묘사한 미상의 복음서였다. 세 번째 글 역시 베드로가 썼다고 하는, 어떤 면에서 보면 가장 흥미로운 문헌 자료였다. 일인칭시점으로 쓰인 이 기록은 일종의 사후 세계 가이드북으로, 지옥에 떨어진 죄인들이 받는 고문을 아주 상세히 묘사하면서 천국에 간 성자들이 누리는 지복은 상대적으로 대충 그리고 있었다. 초기 기독교에서 쓰인 단테의 『신곡』의 전신이라 할 이 글은 이제껏 등장한 이런 유의 이야기 중 가장 권위 있는 기록이다(다른 사람도 아닌 예수의 사도 중 한 명이 진짜라고 하니 말이다).

그러나 오늘날에는 아무도 베드로가 진짜로 그 글을 썼다고 믿지 않는다. 그 글은 베드로가 아니라 자신이 베드로라고 독자들이 **믿기를** 원한 후대 기독교도가 쓴 글이다. 누군들 그렇게 믿기를 바라지 않겠나? 자신의 천국과 지옥 묘사가 진실이라고 믿게 만들 그보다 더 좋은 방법이 뭐가 있겠는가?

이 필사본이 발견되기 전 학자들은 「베드로묵시록」이라는 책이 기원후 2세기에 존재했다고 알고 있었다. 이는 당대의 교부들도 언급한 바 있다. 아예 일부 집단에서는 4세기까지도 기독교 저술가들이 이 묵시록을 신약의 정통적 일부로 간주했고, 교회 수장들은 심지어 이 책이 「요한묵시록」(「요한계시록」) 대신 정경正經에 포함되어야 한다고 맹렬히 주장하기도 했다. 결국 그들이 논쟁에서 지고나서 「베드로묵시록」은 역사의 뒤안길로 사라졌다가, 놀라운 우연으로 프랑스 고고학 발굴단의 손에 발견된 것이다.[1]

몇 년 후 고대 에티오피아어로 쓰인, 더 길고 상세한 필사본이 새로이 발굴되었다. 철저한 분석 결과 이 에티오피아어판이 앞서 발견된 것보다 더 정확한 판임이 드러났다.

저주받은 자들과 축복받은 자들이 가는 곳

「베드로묵시록」의 이야기는 감람산 언덕에 앉은 예수가 세상이 종말을 맞을 때 어떤 일이 벌어질지 궁금해하는 제자들에게 답해 주는 장면으로 시작한다. 신약(「마태복음」 24장, 「마가복음」 13장)을 열심히 읽은 독자라면 굉장히 익숙한 토론일 것이다.[2] 예수는 그때가 되면 거짓 그리스도가 나타나고 상상도 못할 규모의 재앙이 덮칠 거라고 했다. 불덩이가 폭포처럼 쏟아지고 온 세상이 불탈 것이며, 별들이 녹아내리고, 하늘이 자취를 감추고, 모든 생물이 절멸할 것이라고. 그런 다음에야 그리스도가 그의 의로운 자와 천사들을 대동하고 하늘에서 강림하실 것이다. 그때에 죽은 자들이 다시 살아나고 모두가 심판을 받을 것이다. 죄지은 자들은 벌을, 의로운 자들은 상을 영원토록 받을 것이다.

이어서 저주받은 자들을 기다리고 있는 고문이 아주 구체적이고 경악스럽도록 세세히 묘사된다. 이들은 각자 사는 동안 저지른 가장 특징적인 죄에 대해 벌을 받는데, 종종 그 유명한 '동해同害형법'('복수復讎법')을 따라 형벌이 정해진다. 동해형법이란 받는 형벌이 지은 죄를 정확히 모방하는 방식(눈에는 눈, 이에는 이)을 말한다. 이에 따라 "의로운 길을 모독한"(즉, 하나님과 성도들이 의를 행하는 모습을 헐뜯은)자는 "꺼트릴 수 없는 불" 위에, 지은 죄에 가장 큰 과실이 있는 신체 부위인 혀로 매달리는 형벌을 받는다. 단지 예쁘게 보이려는 목적만이 아니라 남자를 유혹해 간음으로 이끌려고 머리칼을 땋은 여자들은 영원히 타오르는 불 위에 목과 머리칼로 매달리는 벌을 받는다. 유혹에 넘어간 남자들은 성기로 그 위에 매달린다. 이 경우 죄인들은 끝없이 이렇게 통곡한다. "우리는 영원히 계속되는 벌을 받게 될 줄 몰랐습니다."(7장). 아무렴, 몰랐을 것이다.

어쩐지 예상과는 동떨어지게, 임신중절을 한 여자들은 배설물과 역한 물질로 가득 찬 깊은 통에 목까지 잠기는 벌을 받는다. 바로 맞은편에는 낙태된 아기들이 강한 불빛을 쏘아 대며 "간음을 위해 그들의 파멸을 초래한"(8장) 제 엄마의 눈을 지진다. 영아살해를 저지른(예를 들면 원치 않은 자식을 방치하는 식으로) 남녀도 살해당한 자식들이 기쁨의 자리에서 지켜보는 가운데 영원히 고문당한다. 특히 엄마들이 훨씬 잔인한 벌을 받는데, 가슴에서 모유가 끊임없이 새어 나와 굳어 버리고 모유에서 나온 괴물이 엄마의 살을 뜯어 먹는다.(8장)

전적으로 종교적 성격을 띠는 범죄와 형벌도 있다. 기독교도를 박해한 자는 어둠 속에 던져져 몸 반쪽이 불에 타고 내장은 벌레에 갉아 먹힌다.(9장) 하나님의 의로우심을 비방한 자는 영원한 어둠에 갇혀 뜨겁게 달군 쇠꼬챙이로 눈이 계속 지져지는 형벌을 받게 된다.(9장)

우리 같은 현대인이 보기에 영원한 형벌은 좀 과하지 않나 싶은 죄목도 있지만, 저자는 가차 없다. 이자를 붙여 돈을 빌려준 자는 오물이 가득한 통에 무릎까지 잠긴 채 영원히 지내야 한다. 부모 말을 거역한 자는 높이 매달려 새들에게 끝없이 살을 뜯어 먹힌다. 혼전에 순결을 잃은 소녀들은 몸이 갈가리 찢기는 벌을 받는다. 주인 말을 거역한 종은 제 혀를 끝없이 잘근잘근 씹는 벌을 받는다.

총 스물한 가지 죄와 벌이 등장하는데 그중에 교화 기능을 하는 벌은 없다. 죄인에게 다음에 더 잘하라는 교훈을 주기 위한 벌이 아니다. 그와는 정반대로 보복이며 징벌적이다. 게다가 이 벌들은 영원히, 절대로 끝나지 않는다.[3]

영원히 계속되는 고문은 그토록 상세하고 생생하게 묘사해 놓고 성도들이 받는 축복은 너무 짧고 모호하게 묘사한 게 황당하지만, 보통 이런 식이다. 어쩌면 영원한 기쁨이 영원한 고문만큼 묘사하기가 만족스럽지 않아서 그런지도 모르겠다. 어쨌든 선택받은 의로운 자들이 엘리시온Elysion(신화에서 선한 사람이나 영웅이 죽어서 가는 곳.─옮긴이) 낙원에 가서 꽃으로 몸을 치장하고 그리스도와 재회하며, 영원한 나라에 입장을 허락받아 영원토록 좋은 것들만 누리며 산다는 정도가 전부다.

그래도 그 의로운 자들(살아생전 반대와 박해의 대상이 됐던 자들)이 죽음 후에 맞이하는 생에서 서로 뒤바뀐 운에 상당한 만족감을 느낀다는 정도는 알 수 있다. "〔하나님이〕 그들을 미워했던 자들을 벌하시고 한 명도 빠짐없이 각자 생전에 저지른 짓에 대해 영원히 고문받게 하실 때, 그들의 간절한 소망이 상대에게 실현되는 것을 보면서"(13장) 맛보는 일종의 영원한 고소함이라고 할까. 자신의 적이 영원히 고문당하는 걸 보는 것은 인간이 맛볼 수 있는 가장 큰 기쁨 중 하나인가 보다. 이는 "네 원수마저 사랑하라"는 예수의 지침과 어긋날지 모르나, 이런 종류의 글은 세속의 예수가 추종자들을 어떻게 가르쳤든 하나님은 나름의 계획을 가지고 계심을 주기적으로 상기시킨다. 한 번 죄지은 채 죽으면 그걸로 끝이라는 것이다. 죄를 뉘우칠 기회는 다시 없다. 그를 기다리는 건 영원히 계속되는 응당한 고문뿐이다.

「베드로묵시록」 같은 글이 의도한 기능을 유추하기란 어렵지 않다. 저자는 천국과 지옥에서 실제로 어떤 일이 일어나는지 객관적으로 서술하는 데 관심이 없다. 그에게는 확고한 목적이 따로 있다. 저자는 사람들이 특정 방식으로 행동하기를 원하며, 영원한 고통을 생생히 묘사하는 방법으로 그들을 설득시키려 하고 있다. 사람들을 죽도록 겁먹게 하려는 게 아니라 겁먹어서 지옥에 갈 짓을 저지르지 않게 하려는 것이다.[4] 또한 천국 묘사가 놀랍도록 두루뭉술해도, 그조차 같은 목적에 기여한다. 여러분은 어느 쪽을 원하는가? 꺼지지 않는 불꽃 위에 성기로 매달리고, 오물 가득한 통에 무릎까지 잠긴 채 서 있고, 게걸스러운 새들에게 살이 끝없이 쪼여 찢기면서 영원히 지내고 싶은가? 아니면 기분 좋은 향내가 풍기고 선선한 바람이 끊임없이 불어오는 어여쁜 정원에서 사랑하고 동경하는 사람들에게 둘러싸여 행복을 누리고 싶은가? 선택은 각자에게 달렸다.

다른 초기 기독교 문헌들도 각각 환시적 저승행 여정을 묘사하면서 같은 질문을 비슷한 방식으로 던진다. 그중 어떤 글은 죄인이 받는 영원한 고문 대신 성도들을 기다리고 있는 환상적인 낙원에 초점을 맞추고 있다. 이 장르에서 가장 호소력 있는 글로 꼽을 만한 것은 기독교 순교자의 길을 밟게 된 어느 로마제국 출신 젊은 귀부인 비비아 페르페투아의 꿈 이야기이다. 주인공 페르페투아의 꿈인지 환시인지 모를 이 경험은 페르피투아 본인의 일기라고 하는 책에 실려 있다.[5]

페르페투아가 본 천국의 환영

라틴어로 쓰인 『페르페투아의 수난*Passion of Perpetua*』은 초기 기독교 문학 가운데 가장 감동적인 작품으로 꼽힌다. 재판과 처형을 앞둔 한 기독교도가 감옥에서 직접 체험했다고 하는 사건이 주된 줄거리다. 학계에서는 이 일기가 진짜인지 아니면, 후대에 제삼자가 문학적 장치로 페르페투아가 직접 쓴 글이라고 내세운 글인지를 두고 아직도 의견이 분분하며 후자일 가능성이 더 크다.[6] 진짜이든 아니든 이 글은 있을 법한 일화로 가득하고, 적대와 증오와 박해가 난무하는 세상에서 기독교도들이 품었던 희망과 기대, 그리고 문자 그대로의 꿈을 독특한 각도에서 엿보게 해 준다.

페르페투아는 기독교로 개종한 지 얼마 안 된 21세 여성이었다. 개종이 얼마나 최근의 일이었냐면, 체포 당시 아직도 세례 전 기초 교리 교육을 받는 중이었다. 게다가 며칠 전 출산도 해서, 기록을 보면 기원후 203년 북아프리카 어느 마을에서 기독교도라는 명목으로 체포된 '교리문답 수강자(기초 교리를 학습하는 개종자)' 한 무리와 함께, 갓난아기도 엄마 페르페투아를 따라 투옥되었다고 한다.

이 '일기'에 페르페투아는 이교도인 아버지와 몇 차례 나눈 옥중 대화를 그대로 옮기는데, 아버지는 딸에게 아기와 가족을 위해 신앙을 버리라고 재차 설득하지만 딸은 꿈쩍도 안 한다. 페르페투아는 어둡고 축축한 감옥에서 보낸 시간을 상세히 묘사한다. 그리고 우리 논제와 관련해 가장 중요한 부분인데, 자신이 곧 경험할 죽음 이후의 삶과 관련 있는, 꿈 비슷한 환영을 묘사한다. 그중에 첫 번째 천

국행 환영이 특히 흥미롭다.[7]

　페르페투아의 남자 형제 둘 중 한 명이 누이에게 페르페투아가 정말로 순교하게 될지 아니면 혹시라도 석방될지를 하나님께 묻도록 종용한다. 페르페투아는 기도로 하나님께 청하고, 하나님은 그 응답으로 경이롭고 은유적인 이미지로 가득한 구체적 환시를 보여 준다.

　페르페투아는 천국까지 이어진 기다란 사다리를 보는데, 그 사다리는 너무 폭이 좁아서 한 번에 한 명만 간신히 올라갈 수 있다. 바꿔 말하면, 천국에 가고자 하는 사람은 모두 자기 의지와 결정에 의해 그렇게 해야 한다는 뜻이다. 집단 순응적 사고로는 천국에 닿을 수 없다. 그런데 이건 평범한 사다리가 아니다. (이런 이야기에서 기대할 법하게) 끝 간 데 모르게 높이 솟은 데다 양옆에 "검과 창, 갈고리, 단검, 뾰족한 못 등 … 쇠로 만든 온갖 무기"가 붙어 있어서, 페르페투아의 말로는 "누구든 마구잡이로 부주의하게 오르려 하면 살이 짓뭉개지고 그 무기에 들러붙어 버릴 것"이다. 천국에 이르는 길이 안전하고 쉬운 여정이라 착각해선 안 된다는 뜻이다. 그 길은 비좁고 무시무시하며 위험천만하다. 한 발짝만 잘못 디뎌도 몸이 산산조각 날 것이다.

　그런데 그게 다가 아니다. 사다리 맨 아래에 거대한 용이 한껏 웅크리고서, 사다리를 오르려는 사람을 겁주고 공격하려고 기다리고 있다. 기독교 전통에 익숙한 독자라면 이 무시무시한 용이 평범한 괴수가 아님을 금방 알아챌 것이다. 신약성경에 하나님이 선택한 자들을 공격하는 커다란 뱀 같은 용이 등장하는데, 이는 사탄이다

(「요한계시록」12장 3절과 9절, 20장 2절). 페르페투아는 이 사탄이 천국의 축복에 이르는 위험천만한 순교의 길을 밟으려는 사람은 누구든 막으려고 작정하고 기다리고 있는 거라고 해석한다.

페르페투아는 이어서 기독교도 동지 중 한 명이 이미 사다리를 오른 것을 본다. 사투루스라는 남자로, 현실에서 개종자 교육을 담당했던 사람이다. 그도 역시 체포되었는데, 천국에 닿음으로써 다른 이들을 위해 길을 터 준 셈이 되었다. 그는 천국 저 높은 곳에서 내려다보면서 페르페투아에게 어서 올라오라고 재촉하며 이렇게 경고한다. "용에게 절대 물리지 마시오." 페르페투아는 용이 "그리스도 예수의 이름으로 나를 해치지 않을 것"이라고 그를 안심시킨다. 그러더니 대담하게도 용의 머리를 밟고 사다리 첫 칸을 디딘다. 페르페투아는 구원자에 대한 믿음이 있기에 사탄이 무섭지 않은 것이다.

그렇게 페르페투아는 무시무시한 쇠 무기를 요리조리 피해 사다리를 올라간다. 여기서 무기는 신앙심을 약화시키는 인생의 시행착오, 믿음을 버리라는 가족의 끈질긴 종용, 점점 안이해져 배교에 이르게 할 삶의 쾌락을 상징한다. 꼭대기에 이른 페르페투아는 "끝없이 펼쳐진 정원"을 발견한다. 정원에는 "회색 머리칼의 남자가 … 양치기의 옷을 입고" 양젖을 짜고 있다. 페르페투아는 그가 누군지 말하지 않지만, 기독교도 독자라면 그 "선한 목자"가 예수 그리스도임을 곧바로 알아챌 것이다. "회색 머리칼"인 이유는, 다른 기독교인들도 지적했듯 그가 시간이 존재하기 전부터 선재했고, 죄인들을 구원하기 위해 이 세상에 오기로 했으며, "처음이자 마지막, 알파요 오메가"인 분이기 때문이다(「요한계시록」1장 8절, 22장 13절).

그 목자를 흰 옷을 입은 사람 수천 명이 둘러싸고 있다. 먼저 구원받아 승천한 자들이다. 예수는 페르페투아를 따뜻하게 맞이한 뒤 네가 와서 기쁘다고 말한다. 그러더니 페르페투아의 오므린 손에 양젖을 담아 주고, 페르페투아가 그것을 마시자 옆에 서 있던 사람들이 다 같이 "아멘"이라 말한다. 이 장면은 언뜻 성찬 같은데, 다만 어째서 양젖일까? 혹자는 페르페투아가 묘사한 광경 속 예수 옆에는 양이 있고, 양젖은 양이 자연적으로 생산하는 것이기 때문이라고 할 수 있지만, 그 이상의 의미가 있다. 젖은 갓난아기에게 주는 영양분이다. 페르페투아는 이제 영생을 얻어 다시 태어나려는 것이다.

잠에서 깬 페르페투아는 형제들에게 소식을 전한다. 그들은 감옥에서 풀려나지 않을 테고 고난받다가 죽을 테지만, 그로 인해 영원한 상을 받을 것이라고. 순교할 것이라고.

실제로 그렇게 된다. 제삼자인 저자가 삼인칭으로 썼다고 하는 결말 부분은, 페르페투아와 다른 기독교도들이 배교를 거부하고 야생 짐승을 가득 풀어놓은 경기장에 던져져 그 짐승들에게 처참하게 뜯겨 끔찍하게 죽는 장면으로 마무리된다.

순교자들이 맞는 사후 세계

페르페투아 일화는 아름답고 감동적이다. 동시에 의도치 않은 어두운 이면이 있다. 여기 종교적 믿음에 대한 헌신으로 (제 자식의 요구와 가족의 사랑도 아랑곳 않고) 자신의 목숨을 기꺼이 희생하려는, 교육 수준이 높고 교양 있고 생각도 깊은 젊은 엄마가 있다. 오늘날에도 그 옛날 페르페투아가 속했던 신앙 공동체에 몸담고 있는 사람이라면 이런 행위를 숭고하고 감탄스러운 행동으로 여길 것이다. 하지만 그 공동체 바깥에 있는 사람이라면? 폭력적이고 끔찍한 죽음에 자신을 내던지면 천국의 영광을 얻으리라는 데 진정 동의하는가? 종교를 막론하고 우리가 사는 세상에서 신앙심의 정도가 광적이다 못해 죽은 뒤 상을 받겠다며 자발적 순교를 택하는 사람들을 우리는 어떤 시선으로 바라보는가?

우리가 (그런 사람들의 소식으로 가득한 뉴스에서) 오늘날 그들을 보는 시선은 고대에 비기독교도가 기독교도의 자발적 자살을 바라본 시선과 매우 흡사하다. 당대에 페르페투아를 언급한 이교 저술가는 없지만, 페르페투아 같은 예수 추종자들이 매우 익숙했던 저술가는 더러 있었다. 로마 황제 마르쿠스 아우렐리우스(121년~180년)는 고집을 부려 죽겠다고 우기는 기독교도들을 혹독하게 비난했다(『명상록』11권 3). 라틴어로 글을 쓴 풍자작가 사모사타의 루키아노스(120년~180년 이후)도 기독교도를 "자신이 불멸의 존재가 되어 영원히 살 거라고 굳게 믿어, 대다수가 죽음을 업신여겨서 거리낌 없이 목숨을 죽음에 넘겨 버리려 드는", "넌덜머리 나는 인간들"[8]이라고 싸잡아 흉봤다.

외부인들에게는 결연한 순교의 관습이 어이없고 무모하며 심지어 욕먹을 짓으로 보이겠지만, 그렇다 해도 영광된 사후에 대한 믿음(더불어, 고난을 받으면 그곳에 더 빨리 닿을 수 있다는 믿음)이 일부 사람들로 하여금, 피를 많이 흘릴 경우 보상이 크다면 더더욱,

조금이라도 더 빨리 세상을 하직하게끔 이끌 수 있다는 점은 충분히 이해할 만하다. 순교자들이 실제로 어떤 생각으로 그랬을까 하는 문제는 차치하고, 그러한 행동의 문학적 **묘사**가 어떤 기능을 했는지 살펴보는 것은 나름대로 중요하다. 앞서 설명했듯 내세에 대한 기독교적 환영은, 천국의 환영이든 지옥의 환영이든 사람들에게 지금 당장 어떻게 살아야 할지 지침을 제공하기 위함이었다. 「베드로묵시록」의 경우는 죄짓기를 피하도록, 페르페투아의 경우는 종교적 믿음을 끝까지 지키도록 하기 위함이었다.

앞으로 더 많은 사후 세계 환시를 살펴볼 것이다. 의외인 점은 지금처럼 그 당시에도 그중 일부는 꿈이 아니었으며, 저자의 묘사에 따르면 임사臨死 체험의 형태로 나타났다는 것이다. 그중에서 2세기 후반에 쓰인 어느 책에 실린 이야기보다 더 흥미로운 것은 없을 것이다. 예수의 쌍둥이 형제, 유다 도마라는 선교활동가의 전설적 일화다.

도마행전

오늘날 독자들은 예수에게 쌍둥이 형제가 있었다고 하면 이상하게 여길지 모르나, 2세기 교회 일부 분파에서는 '신의 아들'의 평범한 인간 형제에 얽힌 일화가 돌았었다. 그 둘이 어떻게 해서 쌍둥이는 고사하고 형제일 수 있는지는 어디에도 설명되어 있지 않다. 어쩌면 고대 기독교인들은 이교의 반신인 헤라클레스에게 인간 형제

이피클레스(신과 맺어져 수태한 그의 어머니가 인간 남편과 낳은 자식)가 있었다고 하는 것처럼, 기독교의 신 예수도 그랬다고 믿은 것일 수 있다.

어쨌거나 예수의 형제 유다, 다른 이름으로는 도마('쌍둥이'를 뜻하는 이름이다)에 얽힌 수많은 일화가 돌았다. 그중 가장 온전한 형태로 전해지는 일화는 도마의 선교활동을 아주 소상히 알린다. 오늘날에도 많은 사람이 도마를 인도에 최초로 복음을 전파한 사람으로 알고 있다. 이 전승은 「도마행전」이라고 알려진 2세기 기록으로 거슬러 간다.[9]

이야기는 예수가 죽음에서 부활한 직후부터 시작한다. 열두 제자는 이 세상에 복음을 전파할 사명을 받고, 선교지를 어떻게 나눌지 제비뽑기로 정하기로 한다. 여기서 유다 도마가 인도를 뽑는데, 공교롭게도 인도는 그가 제일 가기 싫어하는 곳이었다. 그래서 도마는 그 사명을 거부한다. 그러나 이는 하나님의 뜻을 거스르는 짓이고, 그래서 적당히 동기를 불어넣기 위해 예수가 직접 환영으로 나타나 도마에게 거기 꼭 가야 한다고 말한다. 하지만 그럼에도 도마는 거부한다. 그래서 예수는 신의 권능을 발휘해 실로 교묘한 수법을 쓴다.

인도에서 멀리 예루살렘까지 온 아반이라는 이국 상인이 (이야기에는 명확히 드러나지 않은 이유로) 자기가 모시는 주인인 군다포루스 왕을 위해 일할 목수를 수소문한다. 아반이 시장에서 이 사람 저 사람에게 묻고 다니는데 예수가 그 앞에 나타나 목수인 노예를 팔겠다고 한다. 그러고는 매도증서를 발행한다. "목수 요셉의 아들,

나 예수는 유다라는 이름의 내 노예를 인도 백성들의 왕 군다포루스를 주인으로 모시는 상인인 당신 아반에게 팔았음을 선언한다."

예수는 형제 유다 도마를 찾아내 아반에게 데려가고, 아반은 예수를 가리키며 도마에게 "이 사람이 너의 주인인가?" 하고 묻는다. 도마가 달리 뭐라고 하겠나? 맞다고 시인할 수밖에 없었다. 예수는 분명 그의 주主이며 주인이니 말이다. 이에 아반은 도마에게 매도증서를 보여 주고, 도마는 자신이 감쪽같이 속아 노예로 팔렸음을 깨닫는다. 자기 의사와는 반대로 도마는 아반을 따라, 목수로 노역할 인도로 떠난다.

도마는 그 여정에서, 그리고 일단 인도에 발을 디딘 후에도 수많은 모험을 한다. 그중 두 건에서 임사 체험을 하는데, 하나는 지옥 체험이고 하나는 천국 체험이다. 오늘날 인기 있는 임사 체험 수기들과 다르지 않게 이 두 이야기도 저세상 현실을 그저 담담하게 늘어놓는 식의 서술과는 거리가 있다. 사람들에게 지금 당장 이 세상에서 어떤 식으로 생각하고 어떻게 살아갈지 설득할 의도로 쓴 이야기이기 때문이다.

지옥의 고문을 피하는 법
: 어느 살해당한 여인의 임사 체험

「도마행전」에 실린 가장 기이한 일화는 섹스와 광적인 질투, 살인, 그리고 부활이 버무려진 에피소드다. 이야기는 도마가 인도에

세운 교회에 예배하러 온 한 젊은 기독교도 남자가 성찬식에 참석하면서 시작된다. 헌데 그는 신이 일으킨 기적으로 인해 성찬을 받지 못한다. 빵을 입으로 가져가는 순간 손이 바싹 말라비틀어진 것이다. 이를 목격한 신도들이 도마에게 알리고, 도마는 그 남자에게 최근 어떤 죄를 저질렀느냐고 묻는다.

남자가 늘어놓은 대답에는 이 기나긴 이야기의 전반에 깔린 중대한 이념적 관점이 되풀이해 등장한다. 진정한 기독교인이 된다는 건 육신의 쾌락을 포기함을 의미한다는 것이다. 이는 성관계도 해서는 안 된다는 뜻이다. 남자는 자기가 최근에 기독교로 개종했는데, 개종한 김에 새로이 받아들인 신앙에 전적으로 헌신해 정결한 삶을 살기로 결심했다고 털어놓는다. 그런데 이는 그와 연인 관계였던 여자에게는 별로 반가운 소식이 아니었다. 여자는 자기는 그런 헌신은 하지 않겠다고 한다. 분노에 사로잡힌 남자는 연인이 다른 사람과 성관계를 맺었다고 넘겨짚고는, 검으로 연인을 살해한다. 그가 성찬식에 오기 직전에 일어난 일이었다.

도마는 이에 (모든 악의 근원임이 분명한) 세속적 욕정과 성적 부도덕을 통탄하면서, 남자에게 성수반에 손을 담가 씻으라고 한다. 남자가 시키는 대로 하자 그의 손이 원래대로 돌아온다. 이어서 도마는 여자의 시체를 보여 달라고 하고, 두 사람은 살인이 일어난 여관으로 간다. 시체를 본 사도 도마는 하나님께 여인을 죽음에서 되살려 달라고 기도한다. 그런 다음 여인의 애인이었던 남자에게 그녀의 손을 잡도록 하자, 여인이 되살아난다. 그런데 여인은 다시금 살게 된 것에 기뻐 날뛰는 대신 겁에 질린 얼굴로 둘을 바라보면서, 자기가 죽어 있는 동안 끔찍한 고난이 벌어지는 참혹한 곳에 다녀왔다고 주장한다. 그러면서 무슨 일이 있어도 다시는 거기에 가고 싶지 않다고 한다. 이어서 여인은 자세한 이야기를 늘어놓는다.

여인이 숨을 거둔 순간 웬 더러운 옷을 입은 지독히 혐오스러운 남자가 나타나더니 그녀를 깊숙한 골짜기들과 역한 냄새로 가득한 곳으로 데려갔다. 거기서 그녀에게 골짜기를 하나하나 잘 들여다보라고 했는데, 골짜기마다 죽은 자들의 영혼이 지옥 같은 고문을 받고 있었다. 첫 번째 골짜기에서는 망자의 영혼들이, 계속 구르면서 서로 부딪혀 대는 불의 바퀴에 매여 있었다. 이들은 "남자와 그 아내의 성교를 타락시킨" 자들이라고 했다. 그들이 정확히 뭘 했는지는 말해 주지 않는다. 간통을 했다는 뜻일까? 부부 간에 불법적인 성행위를 했다는 뜻일까? 아니면 뭔가 다른 짓을 저질렀나? 그게 뭐든 성교와 관계된 일이었고, 영원한 고문을 불러왔다.

다른 계곡에서는 영혼들이 진흙과 꿈틀대는 벌레들 속에서 괴로워하고 있었다. 제 남편을 놔두고 간통을 저지른 여자들이었다. 또 다른 계곡에는 다양한 신체 부위로 매달린 사람들이 가득했다. 아름다움을 뽐낼 요량으로 머리카락을 가리지 않고 외출한 여자들은 머리카락으로 매달려 있었고, 모은 재산을 가지고 떵떵거리며 가난한 이에게 나눠 주지 않은 도둑놈들은 손으로 매달려 있었고, 악의 길을 걸은 자들은 발로 매달려 있었다.

만상의 계곡을 다 들여다본 여인은 구역질 나도록 지독한 악취로 가득한, 거대하고 시커먼 동굴로 안내받았다. 그곳은 영혼의 임시 체류지였다. 아까의 그 골짜기 중 하나에서 고문받다 온 영혼들,

고통에 못 이겨 스러진 영혼들, 다음번 고문을 받기 위해 기다리는 영혼들이 거기에 있었다. 동굴 보초를 선 악귀 같은 고문관 중 몇 명이 여인의 안내자에게 자기들이 어서 고문하게 여인의 영혼을 넘기라고 했지만, 안내자는 거절했다. 아직 여인을 넘겨주지 말라고 엄격한 지시를 받았기 때문이었다.

그런데 여기서 여인은 도마처럼 생긴 사람(그러니까 예수의 쌍둥이 말고, 예수로 짐작되는 사람)을 마주치는데, 그가 안내자에게 말했다. "이 여자는 길 잃은 양이니, 여자를 데려가라." 그 순간 여인은 의식을 되찾았는데, 꿈에서 깬 게 아니라 실제 지옥에서 되돌아온 것이었다. 도마를 본 여인은 "제가 목격한 형벌이 이루어지는 곳들"(58장)로부터 자신을 구원해 달라고 애원한다.

도마는 여인의 소생을 구경하러 온 이들에게, 당신들도 회개하지 않으면 고문이 이루어지는 그 장소로 떨어질 거라고 말한다. "이 여인이 하는 말을 듣지 않았느냐. 이런 벌만 있는 것이 아니라, 훨씬 심한 것들도 있다." 이보다 심한 벌이라니? 어떻게 이보다 더 심한 벌이 있을 수 있지? 그런데 있나 보다. 누구도 가고 싶어 하지 않을 곳이다.

도마의 말을 들은 사람들도 마찬가지였다. 도마는 그들에게 그런 운명을 피해 갈 방법을 알려 준다. 하나님께 나아가는 것, 그리스도를 믿으면 죄 사함을 받을 수 있다고 믿는 것, "세속에 매여 있는 네 육신의 모든 욕망으로부터" 자신을 정화시키는 것이 그 방법이었다. 이제는 더 이상 훔치거나, 간음하거나, 탐하거나, 거짓말하거나, 술에 취하거나, 비방하거나, 복수하지 말라고 했다. 이런 유의 기독교적 글에서 나올 법한 전개를 충실히 따라, 도마의 짤막한 설교는 불과 유황이 넘실대는 반박 불가한 환영 묘사에 힘입어 의도한 효과를 거둔다. "그곳에 있던 사람들 전부가 그에 따라 믿음을 얻고, 살아 계신 하나님과 그리스도 예수에게 순종하는 영혼이 되었다."

이 환영을 묘사한 저자 입장에서 이러한 지옥 체험 일화는 분명 교훈적 목적이 있었다. 금욕과 순결함을 엄수한 짧은 생만이 자기 욕망을 통제하지 못한 자들을 기다리는 매서운 형벌을 막을 유일한 예방약이라는 교훈이다. 그렇지만 임사 체험 이야기가 윤리적 기능을 한다 해도, 그 이야기를 들은 사람이 그것을 전부 은유로만 받아들인다는 보장은 없다. 오히려 초기 기독교도들은 앞으로 닥쳐올 일에 대한 그런 끔찍한 묘사를 있는 그대로의 진실로 받아들인 듯하다. 오늘날에도 많은 기독교인이 그렇게 받아들인다. 살아생전 올바로 살라는 게 핵심일 텐데, 이 핵심은 어쨌든 올곧게 살지 않는 자들에게 나중에 고통이 닥치리라는 믿음에 뿌리를 두고 있으니 말이다.

그렇다 해도, 이런 유의 이야기에 담긴 교훈이 언제나 부정적인 것은 아니었다. 페르페투아의 이야기에서도 봤듯이 다른 종류의 삶, 순종하는 삶에는 좋은 점도 있었다. 그 이점들은 「도마행전」에 실린 두 번째 임사 체험 일화에서 확인할 수 있다. 이번에는 지옥이 아닌 천국의 환영이며, 여기에 담긴 교훈은 금욕이 아닌 자비와 관련된 것이다. 예수가 가진 것 전부를 바쳐 세상을 구원했듯, 재산을 가진 자는 그 전부를 바쳐 빈궁한 이를 도와야 한다는 교훈이다. 그렇게 해야 천국의 보물을 손에 쥘 수 있다.

왕의 형제가 겪은 임사 체험

앞에 나온 이야기에서, 인도에 막 도착한 도마는 새 주인으로 모시게 된 군다포루스 왕을 만난다. 군다포루스는 기뻐하면서 사도이자 노예인 도마에게 "네 목공술로 새 궁전을 지을 수 있겠느냐"고 묻는다. 도마는 할 수 있다고 답한 뒤 왕을 대동해 멀리 떨어진 궁터로 간다. 부지를 둘러본 도마는 설계도를 그려 왕에게 보여 주고, 건축 자금으로 거액의 돈을 받는다.

왕은 도마가 알아서 일하게 남겨 두고 거처로 돌아간다. 그런데 도마는 필요한 자재를 사는 대신 건축 자금을 몽땅 가난한 사람들에게 나눠 준다. 시간이 흐른 뒤 군다포루스는 무슨 일이 벌어지는지 전혀 모른 채, 전령을 보내 작업이 얼마나 진척됐는지 알아보게 한다. 도마가 그에게 궁 본체는 완공됐지만 지붕을 얹을 돈이 더 필요하다고 하니 왕은 또 한 차례 돈을 보낸다.

얼마 후 군다포루스가 자신의 새로운 거처를 살피러 몸소 행차하는데, 막상 가 보니 살펴볼 게 아무것도 없었다. 왕은 유대인 목수를 불러내 족치고 새 궁은 어디 있느냐고 물었다. 도마의 대답은 해맑도록 이상주의적이다. "그 돈은 더 좋은 궁전을 짓는 데 썼는데, 이 땅의 궁전이 아니라 하늘나라에 있는 궁전이며, 폐하께서 이승을 떠나기 전에는 볼 수 없는 궁전이옵니다. 그 일을 이루기 위해, 주신 돈은 전부 처지가 딱한 사람들에게 나눠 줬습니다."

대답을 들은 이교도 왕 군다포루스는 자비로운 심정이 아니었다. 그는 도마를 체포해 투옥하라 명하고, 왕실 기금을 괘씸하게 탕

진한 죄를 물어 채찍질하고 불구덩이에 처넣겠다고 벼른다. 그러나 운명의 장난인지 그날 밤 왕이 몹시 사랑하는 동생인 가드가 중병에 걸려 죽고 만다. 가드의 영혼을 하늘나라로 데려간 천사들은 그에게 여러 집을 보여 주면서 앞으로 영원히 살게될 곳을 고르라고 한다. 그런데 가드는 천사들이 보여 준 집 말고 다른 집, 유독 크고 아름다운 궁전에 마음을 빼앗긴다. 안내를 맡은 천사들에게 앞으로 천국에서의 행복한 생을 다른 저택에서 보내느니 이 멋진 궁전의 일층 방 한 칸에서 보내겠다고 말한다. 그러나 천사들은 거기는 네가 차지할 수 있는 곳이 아니라고 답한다. 그의 형 군다포루스의 궁전이기 때문이다.

가드는 형에게 그 궁전에 살 수 있도록 부탁할 테니 이승으로 돌려보내 달라고 천사들에게 사정한다. 형제애에 호소하면 궁전을 차지할 수 있을 거라 굳게 믿은 것이다. 천사들은 가드에게 돌아갈 것을 허락하고, 가드는 되살아나 형을 깜짝 놀라며 행복하게 한다. 그는 형에게 자신의 임사 체험을 시시콜콜 털어놓은 다음, 기독교도인 도마가 형을 위해 지은 하늘나라의 그 어마어마한 궁전을 자기에게 팔라고 사정한다. 일이 어떻게 된 건지 깨달은 군다포루스는 청을 거절하고, 동생에게 너도 도마에게 영원히 거할 너만의 궁전을 짓게 하라고 말한다.

기독교문학의 자연스러운 전개에 따라 군다포루스는 사도 도마를 풀어 주고 용서를 구하면서, 기독교도의 자선 행위로 자신을 위해 지어진 그 집을 차지할 자격을 얻으려면 어떻게 해야 하는지 조언을 구한다. 그는 기독교로 개종한 뒤 더는 자기 자신이나 쾌락을 위해 살지 않고 하나님을 위해 살기로 결심하고, 어마어마한 재산을 남에게 나누어 준다.

이번에도 이야기의 핵심은 명백하다. 예수가 전한 메시지를 서사적으로 풀어 낸 것이다. "너희 소유를 팔아 구제하여, 낡아지지 아니하는 배낭을 만들라. 곧 하늘에 둔 바 다함이 없는 보물이니, 거기는 도둑도 가까이 하는 일이 없고 좀도 먹는 일이 없느니라. 너희 보물 있는 곳에는 너희 마음도 있으리라."(「누가복음」 12장 33-34절) 때로 사람들에게 영생의 이편에서 어떻게 살아갈지 인도하는 데는 임사 체험담이 필요하다.

초기 기독교 전승에 등장하는 천국의 환시

이렇게 네 개의 사후 세계 일화를 살펴보았다. 각각이 독특하지만, 모두 죽음 이후 무엇이 기다리고 있는지 보여 줌으로써 사람들에게 지금 이 세상에서 어떻게 살아야 할지 안내한다는 똑같은 목적성을 띤다. 영원한 영광을 누리느냐 영원히 고문을 받느냐가 달린 문제다. 당시 기독교도 독자들은 이런 이야기를 순수한 허구로 보지 않고 다가올 실제에 바탕을 둔 이야기로 받아들였을 것이다.

여기에 소개한 환시 일화들은 성경에는 등장하지 않는다. 이 일화들은 사실 초창기 기독교의 사후 세계관을 반영하지 않기 때문이다. 죽은 후 곧바로 누군가는 찬란한 내세를 누리고 다른 누군가는 고문을 당한다는 개념은 구약에서도, 역사적 예수의 가르침에서도 찾아볼 수 없다. 한마디로 기독교의 창시자는 인간이 죽으면 그 사람의 영혼이 천국 또는 지옥에 간다고 믿지 않았다는 얘기다.

그러나 시간이 흐르면서 그 개념은 기독교의 표준적인 사후 세계관이 되었으니, 그것이 궁극적으로 어디에서 발원했고 언제 받아들여지기 시작했으며 어째서 그렇게 매력적이었는지 알면 여러모로 이해에 큰 도움이 될 것이다. 이는 꽤 중요한 질문들로, 글자 그대로의 천국과 지옥에 대한 믿음을 오늘날 기독교도 대부분(수백만 명, 어쩌면 수십억 명의 사람들)이 여전히 받아들이고 있기 때문이다. 이러한 믿음이 어디에서 생겨났는지 알려면, 기독교 태동에 몇 년 앞선 시점에서(심지어 성경에서 가장 오래된 기록보다 앞선 시점으로 거슬러 가서) 시작해야 한다.

2장
두려운 죽음

　　　　　무엇에서나 그렇듯 셰익스피어의 표현이 가장 탁월
하다. 『자에는 자로』에서 처형을 앞둔 클로디오는 이렇게 탄식한다.

> 너무나 무서운 일이다.
> 늙음과 병, 궁핍, 속박이 인간의 자연적 상태에 끼얹어져
> 가장 피곤하고 가장 혐오스러울 이승의 생도
> 우리가 죽음을 앞두고 느끼는 두려움에 비하면
> 천국이로구나.
> (3막 1장 143-147행)

　　400년이 흐른 지금도 우리는 죽음에 대한 이런 두려움을 여전히
정복하지 못했고, 그 두려움은 400년 전과 똑같이 여러 가면을 쓰고
나타난다. 많은 이가 죽음에 이르는 과정을 두려워한다. 늙어 외로
워지고, 노쇠하고, 비참해지고, 통증에 시달리고, 거기다 가족과 주

변인 들에게 큰 짐이 될 것을 생각하면 걱정에 휩싸이고 심지어 겁에 질리게 된다. 하지만 셰익스피어는 죽음으로 가는 과정이 아니라 죽은 상태에 대해 생각하고 있다. 더 이상 살아 있지 않음에 대한 두려움을 이야기하는 것이다. 그런데 정확히 무엇이 두려운 걸까?

인간의 역사 전반에 걸쳐, 많은 이에게 그것은 고통받을 것에 대한 두려움이었다. 우리가 죽으면 전지전능한 신이 우리의 딱한 영혼에(그리고 어쩌면 벌주려는 목적으로 빚어낸, 우리 영혼에 새로 입힌 물리적 육신에) 복수를 가해, 아직 숨 쉬고 있었을 당시 우리가 지은 죄와 불신앙, 우리에게 베풀어진 신의 자비를 배은망덕하게 걸어찬 대가로 단단히 응징을 내릴 거라는 두려움이다. 어떤 이들은 한낱 인간인 우리에게 신이 잔인한 고문을 가하지는 않을 거라고 믿으면서도, 미지의 대상에 대한 두려움은 가지고 있다. 우리는 그것이 어떤 경험이 될지, 무엇을 각오해야 할지도 모르며, "그곳을 다녀온/여행자 가운데 돌아온 이 하나 없는/미답의 나라…"(『햄릿』 3막 1장 87-88행)에 잔뜩 겁먹은 채 무작정 죽음에 발을 들인다.

그런가 하면 죽으면 우리 생은 소멸되고 우리는 모든 면에서 존재하기를 멈춘다고 믿는 사람도 많다. 존재하지 않음(다시는 깨어나지 않는 것, 그 사람의 정체가 영원히 사라지는 것, 끝 모를 세계에 발을 들이는 것)이라는 관념 자체가 안도보다는 경악을 자아낼 수밖에 없다. 그런 상태를 상상이나 할 수 있는가? 우리는 태어나서 지금까지, 생각이라는 걸 할 수 있었던 시점부터 줄곧 존재해 왔다. 그러니 존재하지 않는 상태를 어떻게 상상한단 말인가?

그렇기에 성경을 비롯해 세계의 위대한 문학작품들에 죽음을 애통해하는 글귀가 자주 등장하는 것도 놀랍지 않다. 「시편」의 저자도 스올의 땅으로 그려진 죽음에서 자신을 구원하신 하나님을 찬양하지 않았나.

> 주 나의 하나님이여, 내가 전심으로 주를 찬송하고 …
> 이는 내게 향하신 주의 인자하심이 크사
> 내 영혼을 깊은 스올에서 건지셨음이니이다.
> (「시편」 86편 12–13절)

또 이런 구절도 나온다.

> 여호와 내 하나님이여, 내가 주께 부르짖으매
> 나를 고치셨나이다.
> 여호와여, 주께서 내 영혼을 스올에서 끌어내어
> 나를 살리사 무덤으로 내려가지 아니하게 하셨나이다.
> (「시편」 30편 2–3절)

성경의 저자들이 때 이른 죽음에서 자신을 구해 준 하나님을 찬양하는 구절이 심심찮게 등장하는 것은 삶이 짧고 죽음은 돌이킬 수 없음을 너무 잘 알기 때문이기도 하다. 그래서 「시편」의 저자는 사람들이 "연기가 되어 … 없어짐"(「시편」 37장 20절)을 비통해하고, 다른 구절에서는 "세상에 있는 날이 그림자 같다"(「역대상」 29장 15절)고 탄식하며, 신약에서 야고보는 "[우리는] 잠깐 보이다가 없어지는 안개"(「야고보서」 4장 14절)라고 하는 것이다. 인간의 삶이 그렇다. 연기나 그림자, 아니면 이른 아침의 안개처럼 짧고 일시적이다. 한 번 가면 다시 돌아오지 않는다. 게다가 언제 인생을 즐겼나 싶게 금방 그렇게 된다.

죽음에 대한 집착과 죽음 이후 오는 것에 대한 두려움은 성경에서 가장 초창기에 쓰인 구절을 넘어, 기록된 역사의 시초까지 거슬러 간다. 바로 길가메시라는 제목으로 알려진 고대 메소포타미아 서사시다.

길가메시 서사시와 죽음 공포

『길가메시 서사시』는 아카드(고대 바빌로니아)어로 된 가장 긴 문학이자 우리에게 고전으로 전해지는 작품들 가운데 가장 긴 작품이다. 이 작품은 수세기 동안 묻혀 있다가 19세기 중엽에 이르러서야 고대 아시리아의 수도였던 니네베의 고고학 발굴 현장에서 그 점토판본이 출토되었다. 원문이 쐐기문자로 쓰였고 제작 연대가 기원전 7세기까지 거슬러 올라가는 이 점토판이 출토되자 전 세계가 흥분에 휩싸였다. 해석해 보니 성경에 나오는 노아의 방주 이야기보다 몇 세기 앞선 "홍수 서사"여서 그런 면도 적잖았다. 둘 중 더 오래된 이 바빌로니아 설화가 고대 이스라엘 판인 노아의 방주 이야기의 원전이었을지 모른다는 얘기가 되기 때문이다.

길가메시 서사의 다른 일부가 기록된 유물들도 차차 발견되었다. 이제 우리는 고대의 각기 다른 시기에 쓰인, 다양한 『길가메시 서사시』를 읽을 수 있게 되었다. 가장 오래된 것은 고대 수메르어로 쓰인 이야기들로, 무려 기원전 2100년까지 한참을 거슬러 올라간다. (「창세기」의 가장 오래된 타래가 그로부터 1000년은 족히 지난 후에 쓰였을 것으로 추정된다.)

고대인들은 작품 제목과 동명의 주인공 길가메시를 역사 속 실제 인물인, 수메르의 도시 우루크의 왕과 동일시했다. 다양한 형태로 전해지는 이 이야기는 메소포타미아의 헤라클레스라고 해도 좋을 태초의 슈퍼히어로, 3분의 2는 신이고 3분의 1만 인간이라 놀랍도록 힘이 세지만 길들여지지 않은 건장한 사내인 길가메시가 겪는 신화 같은 일화들을 담고 있다.

이야기는 이 야생 짐승 같은 사내를 다른 남자들에게는 무자비한 깡패, 여자들에게는 성적 포식자가 되어 위협하는 존재로 그린다. 그를 길들이기 위해 한 여신이 인간이면서 그와 견줄 만한 엔키두라는 자를 창조하는데, 엔키두는 처음에 길가메시의 적으로 등장했다가 그와 맨손 결투를 벌인 후 길가메시의 가장 절친한 친구이자 함께 온갖 말썽을 부리고 다니는 짝꿍으로 변모한다. 둘이 실컷 모험을 다니던 와중에 신들이 길가메시가 감히 저지른 별난 짓에 대한 보복으로 성스러운 야수인 '천국의 수소'를 내려보내지만, 우리의 두 초인은 야수를 가볍게 해치워 버린다. 그러자 신들은 그들이 신의 특권을 이토록 가볍게 짓밟은 것에 노해 파르르 떨면서 두 초인 중 한 명을 죽이기로 한다. 엔키두는 그것이 자신이 되리라는 것을 직감하고 슬퍼하는데, 그 애통함을 표현한 구절은 인류 역사상 죽음에 대한 공포를 서술한 가장 이른 기록이 되었다. 엔키두는 힘센 남자에게 제압당하는 꿈을 꾼 뒤, 꿈속에서 겪은 일의 악몽 같은 결말을 통렬한 어휘로 전한다.

> 그는 나를 붙잡아 에르칼라의 신이 산다는
> 캄캄한 집으로 끌고 갔는데,
> 한쪽 방향으로만 다닐 수 있는 길에 있는,
> 한 번 들어간 자들은 결코 나올 수 없는 집이었다.
> 머무는 자들이 빛을 볼 수 없으며,
> 먼지가 곧 밥이요, 점토가 빵인 곳이었다.
> 그들은 새처럼 깃털을 옷으로 입었고
> 빛을 전혀 보지 못하며, 어둠 속에 거한다.
> (『길가메시 서사시』 점토판 Ⅶ. v)[1]

세상에서 가장 힘센 초인들마저 죽음 앞에서는 힘을 못 쓴다. 우리는 모두 먼지를 씹으며 어둠 속에 영원히 거할 것이다. 별로 기분 좋은 전망은 아니다. 그러더니 엔키두는 그것을 직접 경험한다. 죽는다는 얘기다.

길가메시는 잃어버린 동무를 비참히 애도하고, 절망에 빠져 야산을 헤맨다. 하지만 그가 느끼는 비통함의 큰 부분은 친구가 아니라 자기 자신을 위한 것이다. 그 자신도 언젠가는 죽음을 마주해야 하는데 그렇게 되는 게 죽도록 싫기 때문이다.

나도 죽는 것인가? 나도 엔키두와 같지 않은가?

비애는 내 안의 가장 깊은 곳에 파고들었으니,

나는 죽음이 두려우며, 그렇기에 드넓은 땅을 헤맨다.

(『길가메시 서사시』 점토판 IX, i)

그는 불멸에 이르는 길을 찾아야겠다고 결심하는데, 그러려면 조언이 필요하다. 죽음에서 도망쳐 영원히 살게 된 사람은 역사를 통틀어 단 한 명뿐이니, 우트나피시팀이라는 자다. 길가메시는 불사의 비밀을 알아내기 위해 그를 찾는 여정에 나선다.

우트나피시팀은 메소포타미아의 노아 격인 인물로, 앞서 얘기했듯 그가 등장하는 전 세계 규모의 홍수 일화는 후대에 쓰인 「창세기」 6-9장의 홍수 일화와 놀랍도록 유사하다. 신들이 물로 인류를 휩쓸어 버리기로 하는데, 우트나피시팀은 넓이가 1에이커(약 4046제곱미터)에 이르고 높이는 7층 되는 거대한 배를 지으라는 명령을 받는다. 배가 완성된 후에는 그의 아내 그리고 살아 있는 모든 동물 종을 거기에 태우라고 지시받는다. 드디어 대홍수가 닥치고 배에 탄 동물들만 살아남는다. 비가 그치자 우트나피시팀은 새를 날려 보내 마른 땅을 찾게 한다. 수위가 적당히 내려가자 우트나피시팀은 배에서 내리고, 함께 탔던 동물들도 땅에 내려와 다시 번성한다(『길가메시 서사시』 점토판 XI).

이런 모범적 행동에 대한 상으로 신들은 우트나피시팀을 자기들과 같은 존재, 즉 불사의 존재로 만들어 준다. 우트나피시팀은 여전히 인간이지만, 영영 죽지 않는다. 그의 존재를 아는 길가메시는 영생의 비밀을 알아내고자 그를 만나려고 한다. 하지만 당연히 우트나피시팀은 쉽게 만날 수 없다. 불사의 존재들만 기거하는 비밀스러운 곳에 살고 있으니까. 길가메시는 사실상 불가능한 임무에 착수해, 한 치 앞도 모를 어둠으로 뒤덮인 영역들을 지나 그가 찾는 땅, 빛의 장소에 이르는 길고 험난한 여정을 밟는다.

그 빛의 땅에서 그는 제일 먼저 자신을 그저 "주모"라고만 소개한 신비한 여인을 만난다. 그 여인이 누구인지, 거기서 뭘 하고 있는지는 알 수 없지만 길가메시는 어떤 부류든 인간을 만난 것이 반가워 자신이 이런 임무에 나선 절망적인 이유를 구구절절 털어놓는다.

> 나는 죽음이 두려워 드넓은 땅을 떠돌고 있으니 …
> 어찌, 오 어찌 말하지 않을 수 있겠으며,
> 어찌, 오 어찌 조용히 있을 수 있겠소?
> 내가 사랑한 벗은 흙으로 돌아갔소. 엔키두라는
> 내가 몹시도 사랑한 친구가 흙으로 돌아갔단 말입니다.
> 나도 그와 같지 않습니까? 나도 스러져
> 다시는, 영영 일어나지 못할 것 아닙니까?
> (『길가메시 서사시』 점토판 X, iii)

주모는 길가메시에게 우트나피시팀을 찾을 방법을 알려 주고, 그는 여정을 계속해 마침내 유일한 불사 인간을 만난다. 처음에 우트나피시팀은 길가메시가 불멸의 희망을 품는 것을 저어한다.

〔신들이〕 당신을 당신 아버지 어머니와 똑같이 만들었으니

어느 시점에서건 〔죽음은 불가피하며 … 〕, 이는

길가메시에게도 다른 어느 우부에게도 마찬가지라 ….

(『길가메시 서사시』 점토판 X , v)

우트나피시팀은 이어서 죽음의 성질에 대해, 심금 울리는 연설
을 늘어놓는다.

누구도 죽음을 보지 못하고,

누구도 죽음의 얼굴을 보지 못하며,

누구도 죽음의 음성을 듣지 못한다네.

야만적인 죽음은 그저 인류를 쓰러뜨릴 뿐.

때로 우리는 집을 짓고 때로는 둥지를 틀지만,

그래봤자 형제들이 그것을 물려받아 조각내지.

(『길가메시 서사시』 점토판 X , vi)

정말이지 암울한 그림이다. 우리는 살면서 뭐라도 이루기 위해
안간힘을 쓰지만, 그러다 예고도 없이 죽어 우리 생이 끝나면 생전
에 열심히 행하고 지었던 모든 결과물이 남의 손에 넘어가고 만다.
우리에게는 더 이상 존재도, 의미도 없는 것이다.

우트나피시팀은 계속해서 아눈나키라고 알려진 한 무리의 신들
이 하는 역할을 이야기하는데, 그중에 특히 인간에게 죽을 시기를
지정해 주는 마미툼('마미'로도 부른다. 고대 바빌로니아 신화 속 여

신.— 옮긴이)이라는 신을 언급한다.

> 위대한 신들 아눈나키가 한자리에 모였는데
> 명命을 만들어 내는 마미툼이 그들과 함께
> 운명을 선포했다네.
> 그들은 죽음과 삶을 지정했네.
> 죽을 날은 표시하지 않았지만
> 살 날은 표시했지.
> (『길가메시 서사시』 점토판 Ⅹ, vi)

우트나피시팀은 인간의 공포심을 제대로 건드린다. 살아갈 날에는 한도가 있지만 죽어 있을 날에는 한도가 없다는 공포다.

길가메시는 우트나피시팀에게 당신은 왜 남들과 다르냐고, 왜 당신만이 불멸을 허락받았느냐고 묻는데, 바로 여기서 불사의 우트나피시팀이 홍수 이야기를 들려준다. 그런데 더 중요한 건 그가 길가메시에게, 죽음을 피할 기회가 있긴 있으나 자신과는 다른 길을 밟아야 한다고 알려 준 것이다. 깊은 해저에 웬 가시 달린 식물이 자라고 있는데, "죽음에 대한 두려움의 항체"로서 젊음을 되돌려 줄 수 있다는 것이었다.[2] 우트나피시팀은 대담하게도 자신을 찾아온 길가메시에게 그 식물을 찾는 법을 알려 준다.

그렇게 해서 길가메시는 또 다른 여정에 나선다. 사공 우르샤나비를 안내자 삼아 배를 타고서 불사초가 있다는 지점에 도달한 길가메시는 자기 발에 돌덩이를 묶고서 바다 밑바닥까지 내려가 불사초를 건져 올리면서 기뻐 외친다.

> 우르샤나비, 이 풀은 가장 큰 문제를 해결해 줄 약초라네!
> 이것으로 생명의 숨결을 얻을 수 있다니 …
> 그 이름은 이렇게 지어야 마땅하네. "노인네가 청년 되다."
> 나도 어서 이 풀을 먹고 오래 전의 청년으로 돌아가야겠네.
> (『길가메시 서사시』 점토판 XI, vi)

영생을 준다는 식물 이야기가 익숙한 사람이라면(「창세기」 2-3장의 에덴동산을 떠올려 보라) 이다음 전개를 각오하는 게 좋다. 길가메시의 계획은 비극적으로 꼬인다. 귀향길에 잔잔한 호수를 발견한 그는 열기를 식힐 겸 잠깐 몸을 담그기로 한다. 물에 들어가 있는데 그가 배에 남겨 둔 "풀의 향기를 뱀이 〔맡고〕" 그리로 소리 없이 기어가 풀을 훔쳐 도망가 버린다. "뱀은 불사초를 〔가져가 먹고〕, 비늘 허물을 벗는다."(『길가메시 서사시』 점토판 X, vi)

더 익숙한 울림을 주는 것은 음흉한 뱀의 사악한 계략으로 불사의 기회를 놓치는 부분이다. 당연히 길가메시는 불사에 이르는 단 한 번의 기회를 놓쳐 버린 것에 크게 낙담해 눈물을 흘린다. 그가 품은 두려움은 이제 현실이 될 것이다. 다른 모든 인간처럼 그도 죽어야 한다.

물론 우리 모두 그렇다. 어쩌면 우리도 불멸을 추구하는지 모른다. 요즘 시대에 사람들이 딱히 불사초를 찾아다니는 건 아니지만 대신 적절한 식이법과 운동법, 비타민과 미네랄 영양제, 그 밖에 다양한 생명 연장 요법을 찾아내는 식으로 말이다. 그러나 우리도 길가메시처럼 별수 없이 필멸인 존재이며, 우리가 누릴 수 있는 시간은 짧다. 문제는 불가피한 죽음 앞에 겁에 질려 살고 있는가, 아니면 이미 정해진 미래에 잘 대처할 자원이 있는가이다.

육신을 가진 모든 인간이 맞을 서글픈 종말의 불가역성을 비슷하게 조명한, 『길가메시 서사시』의 또 다른 판이 있다. 아카드어 점토판 다른 조각에서 나온 이야기인데 여기에도 길가메시와 엔키두가 등장한다. 길가메시는 직접 지니고 다닐 요량으로 신성한 나무를 깎아 조각 두 개를 만들었는데, 조각들이 영문 모르게 땅속으로 사라져 지하 세계에 닿는다. 그는 엔키두를 보내 조각들을 찾게 했는데, 이야기는 여기서부터 흥미로워진다.

길가메시는 엔키두에게, 지하 세계에 갇히지 않고서 잃어버린 물건을 찾아올 방법을 자세히 일러 준다. 그런데 엔키두는 그의 지시 사항을 무시하다가 그곳에 갇혀 지상 세계로 돌아오지 못하게 된다. 한마디로 시킨 일을 죽자고 하다가 죽고 만 것이다. 그러나 에아 신(바빌로니아 신화에 나오는 물의 신.— 옮긴이)이 지하 세계의 왕에게 엔키두의 혼령을 이승으로 올려 보내 길가메시와 만나게 하라고 명한다.

> 당장 땅에 구멍을 내
> 혼령이 된 〔엔키두가 한줄기 강풍처럼 땅을 뚫고 나오게 하라〕.
> 〔돌아가서 … 〕 그의 형제 〔길가메시〕를 만나게 하라.
> (『길가메시 서사시』 점토판 XII, iii)

왕은 명받은 대로 하고, 엔키두는 친구에게 망자들의 세계에 거하는 게 어떤 일인지 이야기해 준다. 너무나도 음울한 그림이다.

> 엔키두의 혼령이 땅에서 강풍처럼 솟아 나왔다.
> 둘은 얼싸안고, 입을 맞추었고 …
> 둘은 이야기하고, 괴로워했다.
> "말해 보게, 친구여, 내게 다 말해 보게,
> 자네가 발견한 땅속 세상이 어땠는지 말해 보게나!"
> "말할 수 없네, 친구여, 말할 수 없어!
> 만약 내가 본 땅속의 상황을 자네에게 말하면,
> 자네는 주저앉아 엉엉 울 걸세! …
> 자네가 어루만지고 자네의 심장이 반가워했던 〔자네의 아내?〕,
> 쥐새끼가 〔마치?〕 낡은 〔옷가지인 양〕 갉아 먹고 있다네.
> 자네가 어루만지고 자네 마음이 기뻐했던 〔자네 아들?〕,
> 먼지 가득한 골짜기에 앉아 있다네.
> '애통하도다', 그녀가 말하면서 먼지 속을 기어 다녔지.
> '애통하도다', 그가 말하며 먼지 속을 기어 다녔지."
> (『길가메시 서사시』 점토판 XII, iv)

이 글이 전하는 메시지는 분명하다. 사후 세계가 어떤지 진정 안다면 주저앉아 울 거라는 것이다. 기록으로 남은 인류 역사상 예나 지금이나 사람들이 죽음을 앞두고 겁에 질려 벌벌 떤 것도 놀랍지 않다.

두려움의 대안: 소크라테스가 이야기하는 죽음

그런데 정말이지 이렇게까지 두려워할 필요가 있을까? 지난 세월 동안, 심지어 고대부터 철학자와 사상가 들은 이 문제를 깊이 성찰해 왔고 그러다 마침내 반대 관점을 제시했다. 죽음을 마주하고 겁에 질려 떠는 것에 대한 대안이 등장한 것이다. 이 견지를 가장 설득력 있고 마음 혹하게 표현한 사람은 길가메시의 첫 독자들이 전부 무덤에 들어가고도 몇백 년이 흐른 뒤 이 문제를 논한 위대한 그리스 철학자 소크라테스였다.

소크레타스가 직접 쓴 글은 단 한 편도 전해지지 않는다. 우리가 소크라테스에 대해 아는 바는 전부 그의 동시대 철학자들, 그중에서도 특히 플라톤(기원전 428년경~기원전 348년경)이 남긴 글에서 나온 것이다. 플라톤의 『대화편』은 거의 매 편 주인공으로 소크라테스를 내세워, 복화술 마냥 플라톤 본인 대신 말하게 한다. 그런데 소크라테스의 가장 특출한 제자가 그의 입에 올린 말 중 일부는 거의 확실히 스승의 사상을 반영하고 있으며, 그중에도 국가 반역이라는 중대 혐의로 재판에 회부됐을 때 한 발언보다 죽음에 대한 소크라테스의 견해를 더 명쾌히 드러낸 말은 없다. 그의 재판 일화는 플라톤의 가장 유명한 작품 중 하나인 「변명」으로 전해진다. '변명apology'의 그리스어(아폴로지아apologia)는 '사과하다'의 뜻이 아니다. '변호하다'라는 뜻이다. 소크라테스의 '변명'은 기원전 399년 아테네 남자들로 이루어진 배심원단 앞에서 그가 자신을 변호하며 한 연설이었다. 그리고 그 배심원 대부분은 끝내 그의 변론을 받아들이기를 거부하고 그에게 사형을 선고했다.

소크라테스의 혐의는 여러 개였다. 그중 몇 가지는, 최소한 플라톤이 묘사한 바에 의하면 지적 유희에 불과했는데, 공익을 해치는 행위로 간주되었다(소크라테스가 "빈약한 주장이 근거가 탄탄한 주장을 이기게 만들었다"는 것이었다). 하지만 다른 항목들은 중차대하게 취급됐는데, 특히 자신의 삶과 시민으로서의 의무에 대한 아테네 젊은이들의 관점을 바꿔 그들을 "타락시켰다"는 혐의, 그리고 더 심각한 쪽은 아테네에 새로운 신들을 소개해 동료 시민들이 국가가 승인하지 않은 신들을 섬기게 만들었다는 혐의가 그것이었다.

이는 오늘날 '종교적'이나 '정치적'이라고 지정하는 영역을 아무도 명확히 구분하지 않았던 고대에는 상당히 심각한 혐의였다. 심지어 그 둘을 깔끔하게 구별하는 고대 그리스어 단어조차 존재하지 않았는데, 여기에는 신들이 국가의 중대사에 긴밀히 개입하며 그러므로 국가는 올바른 신들의 숭배를 장려하는 데 온 힘을 기울여야 한다는 인식이 널리 퍼져 있던 탓도 있었다. 고대인들은 결국 국가가 성공하고 시민이 번영하게 만드는 건 신들이라고 여겼다. (펠로폰네소스 전쟁과 그 후의 여파가 몰아쳤던 기원전 5세기 후반부터 기원전 4세기 초반에 아테네인들이 경험했던 것 같은) 위기의 시기에 신들을 제대로 섬기지 않으면 재앙 수준의 대가가 따를 수도 있었다. 그래서 국가는 위험한 종교적 관점을 승인하려 하지도 않았고 승인해 줄 수도 없었다.

소크라테스가 실제로 국가가 승인하지 않은 신들의 숭배를 부추겼는지는 확인되지 않는다. 다만 권력 집단이 그를 사회적 골칫거리, 정치적 통일체(국가)에 암적인 존재, 아테네를 당시 강대국으로 만드는 데 유익하다고 증명된 것 외에 다른 신념들을 퍼뜨리는 인물로 본 것은 확실하다.

「변명」에 기록된 자기 변론에서 소크라테스는 공인으로서 자신의 인생 최우선 목표는 늘 옳다고 생각하는 일을, 그에 따를 결과를 따지지 않고 하는 것이었다고 말한다. 그릇된 일을 하면서 잘 사는 것보다 옳은 일을 하고 고통받는 게 훨씬 낫다고 그는 주장한다. 죽음을 마주하고도 마찬가지다. 만일 자신이 한 행동으로 사형을 받게 된다면, 그건 그가 신경 쓸 바 아니라는 것이다. 그가 좌우할 수 있는 건 오직 자신의 행동뿐, 그 행동 때문에 자신을 벌주려는 사람들의 행동까지는 어찌할 수 없다고 했다. 그러니 어떤 대가가 따르든 자신이 늘 해 온 대로, 신이 가르쳐 주신 방향대로 계속해서 나아가겠다고 그는 진술한다.[3]

여기서 가장 중요한 건 소크라테스가, 옳은 일을 했는데 신이 벌을 주리라고는 믿지 않은 점이다. 만일 다른 사람들이 그렇게 믿는다면, 그게 곧 사형을 의미한다 해도 그는 두려움에 벌벌 떨지 않겠다고 한다. 바로 이 변론의 맥락에서 소크라테스는 죽음이란 무엇인지, 어째서 그것이 두렵지 않은지, 그리고 어째서 다른 사람들도 두려워할 필요가 없는지에 대한 자신의 견지를 펼친다.

소크라테스는 위트와 약간의 유머도 곁들여 가며, 사람들이 마치 죽음이 대단한 악이라도 되는 양 그것을 끔찍이 두려워한다고 꼬집는다. 그런데 그걸 어떻게 알겠는가? 오히려 죽음은 인간에게 내려진 최고의 축복일 수 있다. 어쩌면 죽음은 삶보다 나은 것일지도 모른다. 그런데도 사람들은 죽음을 피하기 위해 별별 짓을 다하며, 국가가 선고한 사형으로 맞게 된 때 이른 죽음일 경우엔 더더욱 기를 쓰고 피하려 든다. 마치 사형만 피하면 영영 죽지 않을 것처럼!

이 맥락에 나타난 소크라테스의 숙고는 그의 어록에 담긴 일관적 주제를 그대로 보여 준다. 자신이 현명하다고 믿는 사람은 대개 아는 게 거의 없다는 것이다. 플라톤이 쓴 대화의 상당 부분이 바로 사람들이(심지어 철학자나 연설가 들마저) 도덕적 삶의 가장 기초적이고 중요한 면, 이를테면 사랑이나 미덕, 정의, 진실, 선함 등을 논할 때조차 형편없이 무지하다는 것을 보여 주도록 짜여 있다.

소크라테스는 자신의 재판에 임한 배심원단에게 그 문제를 이렇게 설명한다.

그러니 선생들, 죽음을 두려워하는 건 자신이 현명하지 못함에도 현명하다고 믿는 또 다른 형태라는 걸 지적하겠습니다. 그것은 자신이 모르는 것을 안다고 생각하는 꼴입니다. 죽음에 한해서는 누구도 그것이 인간에게 일어날 수 있는 최대의 축복인지 아닌지 알지 못함에도 사람들은 죽음이 지상 최대의 악인 양 끔찍이 두려워합니다. 이러한 무지, 곧 모름에도 안다고 생각하는 행태야말로 가장 중대한 유죄라 할 무지임에 틀림없습니다. (「변명」 29a-b)[4]

그리고 연설 후반에는 이런 말도 한다.

일부 사람들이 … [사형 선고가 내려질 가망이 있는] 재판에 임할 때 지나치게 애쓰는 모습을 종종 목격했는데, 이는 그들이 자기 목숨을 잃는 것을 끔찍한 일로 여기고 있음을 보여 줍니다. 마치 사형당하지 않으면 자신이 영원히 불멸을 누릴 수 있는 것처럼 말이지요! (「변명」 35a)

이어서 소크라테스는 죽으면 어떤 일이 벌어질 거라고 생각하는지, 자신의 견해를 펼쳐 보인다. "죽음은 둘 중 하나입니다. 완전한 소멸이라 죽은 자가 아무것도 의식하지 못하게 되거나, 아니면 다들 말하는 것처럼 실제로는 모종의 변화, 영혼이 이곳에서 다른 곳으로 옮겨가는 것입니다."(「변명」 40c) 소크라테스는 두 가지 중 어느 쪽도 두려워할 것 없다고 본다. 오히려 반대다. 둘 다 매력적이며, 환영해야 한다고 말이다. 일면 우리가 죽은 뒤 의식이 사라진다면 꿈조차 꾸지 않는 아주 깊은 잠에 빠지는 것과 같을 것이다. 숙면을 싫어할 사람이 어디 있나? 이 경우 "죽음은 감탄할 만한 이득임에 틀림없다." 인간이 취할 수 있는 최고의 휴식이자 긴장 완화 아니겠는가(「변명」 40c).

만약 죽음이 다른 가능성, 즉 남들이 거하고 있는 망자의 땅으로 이동함을 뜻한다면, "이보다 더 훌륭한 축복이 어디 있겠는가?"(「변명」 40e) 소크라테스 자신은 오르페우스와 헤시오도스, 호메로스 등 그리스 문명이 낳은 위대한 인물을 전부 만나 볼 수 있다면 기꺼이 이계로 넘어가겠다고 한다. 정말이지 "이 얘기가 진실이라면 나는 열 번이고 죽을 수 있겠소이다."(「변명」 41a) 그뿐 아니라, 소크라테스가 눈을 빛내며 지적하길, 그쪽 세계로 넘어간 사람들은 아무도 국가 반역죄로 사형당하지 않을 것 아닌가. 왜냐면 "만약 우리가 들은 얘기가 진실이라면, 그들은 앞으로 영원히 불멸의 존재일 테니"(「변명」 41c) 말이다.

이 마지막 문장은, 앞으로 더 살펴보겠지만, 소크라테스가 펼치는 사후 세계 지론의 정수를 담고 있다. 그는 죽음은 어떠할 것이다(혹은 어떠할지도 모른다)라고 진술하면서, 한편으로 자신은 그저 남의 말을 되풀이할 뿐이라며 교묘히 책임을 피한다. 그런 진술이 절대적 진실인지 확신은 못 하나 대신 중요한 교훈이 담긴 유용한 '설화'를 전달할 수는 있다고 암시할 뿐이다. 이 경우, 만일 죽음이 우리를 먼저 간 자들에게 데려다준다면(소크라테스는 그럴 거라고 확신하지 못하며, 오히려 의심하는 편이다) 그건 이루 말할 수 없이 좋은 일이며, 죽음은 두려워하기는커녕 기꺼이 받아들여야 할 일이라고 한다. 소크라테스에게는 다른 가능성(고통도 고민도 걱정도 없이, 어떤 종류의 방해도 받지 않고 깊고 영원한 잠에 빠지는 것)도 똑같이 좋은 일이지만 말이다.

그리하여, 죽음을 앞두고 삶을 어찌 살아갈 것인가라는 질문에 답하자면, 우리 모두에게 언젠가는 닥칠 일을 두려워해 움츠릴 필요는 없다. 그보다 중요한 건, 그저 죽음을 피하려고 빤히 잘못됐음을 아는 일을 행하지 말아야 한다. 결과가 어찌되건 옳을 일을 하는 편이, 불가피할 뿐 아니라 좋기까지 한 일을 피하기 위해 잘못된 일을 행하는 것보다 백번 낫다.

소크라테스의 죽음

플라톤은 소크라테스가 마지막 숨을 거두는 순간까지 이러한 확신에 따라 살았다고 믿었다. 소크라테스가 마지막 날 국가가 명한 자살을 실행하기 위해 처방된 사약인 헴록hemlock을 아무 거리낌 없이 차분히 들이마시기까지 보낸 마지막 몇 시간의 묘사는 플라톤의 『대화편』 중 「파이돈」에 실려 있다. 「파이돈」에서 우리는 소크라테스의 변론이 통하지 않았으며 예상대로 그가 사형선고를 받았음을 알게 된다. 한 차례 지체 후, 드디어 운명의 날이 온다. 집행 시각은 저녁으로 정해졌고, 그리하여 소크라테스는 친구와 제자 무리와 함께, 늘 그래 왔듯 철학 논쟁을 벌이며 남은 시간을 보낸다. 그 자리에 파이돈이라는 자가 있었는데, 플라톤이 말하는 내용을 전하는 화자가 바로 이 파이돈이다.

소크라테스는 그날 논하기에 가장 적합한 주제가 "영혼의 불멸성"이라고 판단한다(영혼의 불멸성은 육신은 죽어도 영혼은 죽지 않으며 계속 살아간다는 개념이다). 소크라테스가 생각하기에, 소멸할 운명인 건 육신뿐이니 당연히 둘 중 더 중요한 쪽은 영혼이며 따라서 훨씬 신중한 보살핌과 관심이 필요한 것도 영혼이다.

반드시 염두에 둘 것은, 다른 모든 대화들과 마찬가지로 여기서도 소크라테스가 이야기할 때 우리가 듣는 건 사실 플라톤의 말이라는 것이다. 위에서 언급했듯 그 대화가 소크라테스 본인의 생각을 단편적으로 담고 있다 해도 말이다. 플라톤은 육신과 영혼이 서로 반목하는 관계이며 서로가 상충되는 것을 추구한다는, 한마디로 이원론적인 인류학을 지지한 사람이다. 바로 그렇기에 플라톤은 육체적 쾌락이 사람들이 생각하는 만큼 그렇게 대단한 것이 아니며 오히려 궁극의 적이라고 간주한다. 쾌락은 인간을 육신에 속박시킨다. 사람들은 쾌락을 느끼면 더 큰 쾌락을 갈구한다. 그래서 그것을 얻는 데 온 신경을 쏟고, 그것을 얻기 위해 산다. 하지만 그러기 위해 어디까지 갈 것인가? 쾌락을 느끼는 몸은 결국 죽는다. 그다음은 무엇일까? 쾌락은 장기적으로 어떤 이득도 가져다주지 않는다.

쾌락을 느끼는 세속적 육신보다 훨씬 중요한 것은 계속해서 살아갈 영혼이다. 우리는 육신의 욕구와 욕망을 무시하고 영혼에 집중해야 한다. 이는 사실상 강렬한 쾌락을 삼가는 것, 아니면 최소한 그것에 무관심한 것을 뜻한다. 인생의 목표는 모든 생각과 행동을 인간에게 내재한 불멸성과 신에 필적하는 부분들에 집중함으로써 육체에서 해방되는 것이다. 철학자들은 이러한 견해를 실천해 아직 살아 있을 때 자신의 영혼이 육체를 초월하도록 힘쓰는데, 그런 면에서 그들은 죽음을 예습하고 있는 셈이다. 죽으면 영혼과 육체가 불가역적으로 분리되므로, 철학자들(더불어 제대로 사고할 줄 아는 모든 사람)은 영혼의 안녕에 집중함으로써 육신의 족쇄를 탈피해 "날마다 죽어"야 한다.

나아가, 죽음을 예습하는 게 마땅히 "사는" 법이라면 실제 물리적 죽음은 더더욱 두려워할 게 없다. 외려 기꺼이 환영해야 한다. 철학자들이 줄곧 성취하려던 과업, 곧 육체적 필멸성이라는 족쇄에서 벗어나는 일을 완수해 주니 말이다. 소크라테스도 대화 초반에 이렇게 말한다.

철학에 삶을 바쳐 온 사람이 죽음을 앞두고 기분이 좋아지는 것, 자기 생이 끝났을 때 다음 세상에서 최대의 지복을 발견할 것을 확신하는 것이 내게 자연스럽게 느껴지는 이유를 설명해 보겠네…. 철학에 올바른 방식으로 진심을 다해 투신하는 사람들이 직접적으로, 또한 자신의 의지로, 죽는 것에 그리고 죽음에 대비하고 있음을 범인들은 깨닫지 못하는 것 같더군. (「파이돈」 63e-64a)

플라톤은 이 견지가 영혼이 죽음 이후에도 사실상 계속 살아감을 전제로 하고 있으며, 바로 그것이 증명되어야 할 명제임을 깨닫는다. 「파이돈」은 이러한 영혼 불멸설을 논리적으로 펼쳐 보이려는 소크라테스의 다양한 시도가 글 대부분을 차지한다. 이러한 증명 중 몇 가지는 조심스럽게 전개되어 설명과 탐색, 비판을 거쳐 부족한 논리로 결론이 난다. 다른 증명들은 장황하고 복잡하며, 제기될 법한 반론들을 염두에 두고 펼쳐진다. 이런 식의 대화에서 기대되는 전개 양상을 따라 소크라테스는 처음에 의심을 보였던, 그다지 영민하지 못한 제자들을 결국 설득하는 데 성공한다. 대화 말미에 그는 이런 한마디로 논지를 압축한다. "불멸인 것이 곧 불후한 것이라면, 죽음이 다가온다고 해서 영혼이 존재하기를 멈추는 것은 불가능하네. 그렇다면 우리가 이미 논의한 것에서 유추하기를, 영혼은 죽음을 인정할 수도 죽을 수도 없다는 얘기가 되겠지…."(「파이돈」 106b) 동료 철학자 케베스에게는 더욱 대담하게도 이렇게 말한다. "그렇다면 케베스, 영혼은 불멸이고 불후하며 우리의 영혼이 다음 세계에 실제로 존재한다는 것이 이보다 더 명확해질 수는 없지 않은

가."(「파이돈」 106e-107a) 케베스는 전개상 빤한 대꾸를 한다. "흠, 소크라테스 선생님 … 제 입장에서는 선생님이 하신 주장의 진실성을 비판할 여지도 의심할 여지도 없습니다."(「파이돈」 107a)

이미 설명했고 앞으로도 함께 살펴볼 텐데, 비록 듣는 이들은 완전히 설득되었다고 하지만 정작 플라톤이나 심지어 소크라테스 자신이 이러한 견지를 완전히 확신했는지 분명치 않다. 소크라테스가 또 하나의 전적으로 타당한 가능성도 고려하고 있었음을 기억하라. 죽으면 영혼이 몸과 함께 소멸되어, 끊기지 않고 꿈의 방해도 받지 않는 깊은 잠 같은 상태에 빠진다는 가능성 말이다. 게다가 그는 죽음 이후 불멸의 영혼에 닥칠 일을 논할 때마다, 그런 이야기를 "남들이 하더라"는 말로 교묘히 책임을 피했다.

플라톤이 이야기하는 죽음과 사후 세계에 대한 관점은, 죽음 이후의 세계보다 현재의 삶에 방점이 있었다. 그의 철학적 견지는 지금 어떻게 살아야 할까에 더 초점이 맞춰져 있다. 「파이돈」에서 그가 내세운 견지는, 누구도 죽음 뒤에 올 것을 두려워하거나 죽음을 피하려고 비윤리적인 짓을 해서는 안 된다는 것이었다. 우리 모두, 죽음이 악한 게 아니며 그것을 피하기 위해 잘못된 일을 저지르는 건 결코 옳을 수 없음을 알고서 필멸의 죽음을 용감하게 직시해야 한다.

「파이돈」의 결말 부분에서 소크라테스는 자신이 방금 주장한 견지를 실행에 옮김으로써, 바로 이 교훈을 실천해 보인다. 그는 죽음을 예행하면서(즉, 육체보다 영혼에 집중하면서) 살았고, 자신이 살아 온 방식대로 죽음을 맞는다. 그러면서 유머 감각도 잃지 않는다.

불멸을 주제로 한 동료들의 토론이 잦아들자 이제 소크라테스에게 국가가 내린 독배를 들 시간이 온다. 그는 침착하게 독을 마시고, 독이 몸에 퍼져나가 발끝부터 몸을 마비시키자 조용히 드러눕는다. 곧 심장까지 마비되기 시작하자 그는 천으로 얼굴을 가린다. 그러다가 기록으로 남은 이 마지막 한마디를 위해, 잠시 천을 들추고 동료 크리톤에게 부탁한다. "아스클레피오스에게 수탉 한 마리를 바치게. 꼭 그렇게 해 주게, 잊지 말게나."(「파이돈」 118)

아스클레피오스는 그리스의 치유의 신이다. 수탉을 바치는 것은 병을 낫게 해 줘서 감사하다는 뜻이었다. 소크라테스는 자신이 마침내 죽어서 "치유된" 것에 감사를 표한 것이다. 그는 마지막 순간까지 옳은 일을 했고, 꿈 없는 영원한 잠에 빠져들었거나 아니면 육체에서 해방되어 불멸의 영혼 상태로 영원한 생을 즐기게 되었다.

2000년 전 인물들의 교훈이지만, 오늘날에도 배울 점은 있다. 죽음이 뭐라고 생각하건(죽음으로 우리 존재가 소멸되건 그 이후에도 생이 이어지건) 겁에 질려 맞이할 필요는 없다는 것이다. 플라톤이 전하는 궁극적 핵심은, 아무것도 두려워할 게 없다는 것이다.

3장

사후 세계 이전의 사후 세계

고대인이 품었던 죽음에 대한 두려움은 오늘날 서구 세계의 많은 사람이 느끼는 사후 세계에 받을 고문에 대한 두려움 또는 더 이상 존재하지 않게 될 것에 대한 공포와 사뭇 달랐다. 그보다는 충만한 삶을 살면서 얻을 수 있는 모든 것, 삶을 즐겁게 해주는 것들을 몽땅 잃는 것에 대한 두려움에 가까웠다. 이번 장에서 자세히 살펴볼 테지만, 많은 고대인이 죽음 후 고통 없이 존재하는 상태가 온다고 생각했는데, 그것은 음산하고 황량하고 재미라고는 하나도 못 느끼는 삶이었다(게다가 이는 일부가 아니라 모든 사람이 겪게 될 미래였다). 고대의 한 위대한 사상가는 너도나도 받아들였던 이러한 관점을 한 문장으로 압축해 표현했다. "〔인간에게〕 죽음과 하데스의 대문보다 더 가증스러운 것은 없다. 죽음이 찾아오면 그 뒤에 뭐가 따라오건 삶은(햇빛 아래 누리는 우리의 이 찬란한 생은) 그대로 끝인 것이니까."[1]

삶 뒤에 찾아오는 이 보잘것없고, 목적 없이 존재하는 상태에 대한 증언은 인간의 가장 오랜 기록으로 거슬러 가 서구 전통 문학에서도 발견할 수 있다. 플라톤보다 대략 300년이나 앞선 호메로스의 『일리아드』와 『오디세이아』를 말하는 것이다.

일리아드와 오디세이아에 묘사된 죽음

꽤 오래 『일리아드』와 『오디세이아』의 원작자는 트로이의 왕자 파리스가 "전함 수천 척을 출동하게 한 얼굴"(말로의 『포스터스 박사의 비극』에서 따온 표현이다)을 가진 그리스 미인 헬레네를 유혹함으로써 촉발된, 그리스인들이 트로이 성벽 앞에서 10년간 격투를 벌인 전쟁(『일리아드』)과, 그 전쟁의 그리스인 영웅 오디세우스가 아내 페넬로페가 기다리는 이타케섬으로 돌아가기 위해 분투한 10년의 여정(『오디세이아』)이라는 방대한 구전설화를 노래로 옮긴, 눈먼 음유시인으로 알려져 있었다. 이 두 서사시를 실제로 누가, 언제 지었느냐를 두고 학자들은 오랜 세월 논쟁해 왔다. 지금은 기원전 8세기나 7세기 무렵 대강 지금 우리에게 익숙한 형식으로 다듬어졌다는 게 중론이지만, 원작자는 여전히 미상으로 남아 있다.

두 작품에서 죽음이 무게 있게 다뤄진 것은 별로 놀랄 일도 아니다. 전자는 무수한 사상자를 낸 지난한 전쟁의 일부를 옮겼고 후자는 거인족 키클롭스와 세이렌, 마녀, 난파선을 비롯해 주인공의 목숨과 안위를 위협하는, 수많은 위험천만한 모험을 묘사한 서사이니 말이다. 심지어 『오디세이아』에서는 등장인물의 거의 전부(주인공과 그의 가족만 제외하고)가 결국 죽음을 맞는다.

이 두 작품에 나타난 죽음에 대한 이런저런 성찰에서 명징하게 드러난 한 가지는, 죽음이 타협의 여지없이 최종적이라는 것이다. 죽음은 되돌릴 수 없다. 이 점은 『일리아드』에서도 이야기 속 중심 인물이자 위대한 그리스인 전사 아킬레우스가 전장에서 목격한 바를 애통해하는 것으로 명확히 표현됐다.

> 하지만 한 인간이 가진 생의 숨결이란 다시 오지 않는 것이니
> 한 번 인간의 앙다문 이 사이로 빠져나가 버린 뒤에는
> 어떤 돌격대원도, 어떤 거래도
> 그것을 되찾아 올 수 없는 것이오.
> (『일리아드』 9권 495-497행)[2]

여기 "생의 숨결"이라고 옮긴 그리스어 단어는 프시케psychē로, 흔히 '혼魂'으로 번역된다. '호흡하다'를 뜻하는 동사 프시코psychō 와 연관이 있을 수 있다. 우리가 호흡하기를 멈추면(그러니까, 죽으면) 프시케, 곧 "생의 숨결" 혹은 혼이 입을 통해 몸에서 빠져나가 다시는 돌아오지 않는다. 일단 이렇게 되면 어떤 군사력이나 어떤 거래로도 되돌리지 못한다. 싸워서도, 돈을 지불해서도 우리는 원래 육신으로 되돌아올 수 없다.

그런데 생의 활력은 어디로 가 버리는 걸까? 호메로스나 다른 고대 그리스 작가들은 그 갈 곳을 혼들psychai이 형체는 갖추었으나 인간의 생명이란 본질은 잃고, 그래서 원래 가진 좋은 점은 하나

도 누리지 못하는 지하 세계라고 생각했다. 혼은 그것이 이승에 두고 온 사람의 모습을(신체적 결함과 상처도 전부 그대로) 취한다. 하지만 실체적인 것, 손으로 만질 수 있는 것은 전혀 없다. 그 상태에서 혼은 그 어떤 물리적 고문이나 고통(혹은 쾌락)도, 영원히, 경험하지 못한다. 대신 프시케는 '상像' 또는 '혼백(그리스어 에이돌론eidōlon)'으로만 존재한다.

　죽은 후 '혼'의 상태에 대한 호메로스의 해석이 가장 명료하게 드러난 구절이 있다. 바로 『오디세이아』 서사의 중간쯤, 주인공 오디세우스가 살아 있는 상태로 하데스의 땅인 저승을 방문해 자신보다 먼저 죽음을 맞은 혼령들을 만나 대화하는 오싹한 장면이다.

오디세우스의 지하 세계 방문

　이 이야기의 배경은 그 자체로 몹시 흥미롭다. 『오디세이아』 10권에서 오디세우스와 그 부하들은 배를 타고 가다가 매혹적인 님프족 키르케가 사는 섬으로 흘러든다. 오디세우스는 부하 절반을 보내 섬을 탐색하게 한다. 이 탐색조는 키르케를 만나고, 키르케는 그들을 식사에 초대해 마법 가루를 뿌린 음식을 대접한다. 그런데 음식을 먹은 부하들이 돼지로 변하니, 환장할 노릇이다. 그중 한 명이 간신히 도망쳐 오디세우스에게 이 사실을 알린다. 주인공 오디세우스는 검을 뽑아 들고 씩씩대며 키르케를 찾아간다. 가는 길에 그는 헤르메스 신을 만나는데, 헤르메스는 오디세우스에게 경고를 하고 키르케가 만든 마법 요리의 중화제를 주러 온 것이었다. 드디어 키르케를 만난 오디세우스는 여신이 대접한 음식을 먹지만, 먹은 사람을 돼지로 둔갑시키는 마법이 그에게는 전혀 효력을 발휘하지 못한다. 키르케는 깜짝 놀란 와중에 오디세우스가 신의 도움을 받았음을 알아채고서 다소 황당한 전개지만, 곧장 그를 침대로 데려가려 한다. 오디세우스는 키르케가 부하들을 돼지의 모습에서 벗어나게 해 줄 때까지 동침하기를 거부한다. 키르케가 결국 요구에 응하자 이 영웅과 님프는 그제서야 함께 침대로 향한다. 부하들은 키르케가 베푸는 환대를 그리고 오디세우스는 키르케와의 섹스를 심히 만끽한 나머지 오디세우스 일행은 그대로 일 년을 섬에 머문다.

드디어 고향으로 가는 여정을 이어 가려 일행이 떠날 준비를 하는데, 키르케가 오디세우스에게 그전에 먼저 '망자의 집'에 들러 남편인 하데스와 함께 지하 세계를 다스리는 여신 '위대하신 페르세포네'를 만나 보라고 한다. 그러고서는 거기 가서 할 일을 말해 준다.

> 테베스의 예언자 테이레시아스,
> 정신이 흔들리지 않고 온전히 남아 있는
> 위대한 장님 예언가에게 조언을 구하라.
> 죽어서도 페르세포네가 그에게 지혜를 주었으니,
> 오직 그에게만 영원히 지속되는 비전을 주었노라 …
> 다른 망자들은 전부 텅 빈, 스쳐 가는 혼백이다.
> (『오디세이아』 10권 541-545행)

테이레시아스는 명성이 높긴 하지만 이미 저세상에 가 버린 예언가로, 키르케는 오디세우스에게 어떻게 하면 여정을 완수할 수 있는지 그에게 물어보도록 한다. 여기서 그 이상 잘 표현할 수 없을 만큼 정확한, 죽은 사람에 대한 묘사가 나온다. 테이레시아스를 제외하고 나머지는 전부 "텅 빈, 스쳐 가는 혼백"이다. 극히 드문 예외를 제외하고, 모두 똑같다. 악한 자와 의로운 자, 종교가 있는 자와 없는 자, 용맹한 자와 비겁한 자가 전혀 다름이 없다.

죽은 자에 대한 서술은 11권에서도 이어져, 오디세우스는 키르케가 가르쳐 준 망자와 접선하는 법을 그대로 따른다. 그와 부하들은 햇빛조차 닿지 않아 "끝없는 죽음의 밤이 절망한 인간들 위에 드리운"(『오디세이아』 11권 21행) 바다의 끝자락으로 항해해 간다. 키르케가 말했던 죽은 자들의 땅 바로 앞에 도착하자 오디세우스는 지시받은 대로 행동한다. 구덩이를 판 뒤 우유와 꿀, 포도주, 물을 섞고 보릿가루를 뿌린, 망자들을 위한 헌주獻酒를 붓는다. 그러고는 고향 이타케로 돌아가면 죽은 자들을 위해 어린 암소 한 마리를 잡아 각종 보물과 함께 제단에 바치겠다고, 테이레시아스에게는 따로 검은 숫양을 바치겠다고 맹세한다.

그런 다음 암양과 숫양을 멱딴다. 그러자 망자의 땅에서 수백 수천 혼령이 몰려와 피를 마시려고 구덩이를 둘러싼다. 육체 없는 혼에 불과한 그들은 생명의 피와 그 피로 인해 느낄 수 있는 모든 감각이 결핍되어 있다. 그래서 피를 한 모금이라도 마시려고 안달하는 것이다.

오디세우스는 혼백들이 피를 마시지 못하도록 검을 빼들고 지킨다. 이 부분에서는 서사에 내재한 논리적 일관성이 떨어진다. 혼백이 사실상 실체 없는 연기에 불과하다면 어째서 검을 두려워하는지 분명치 않다. 아무튼 여기서부터는 오디세우스가 죽은 사람을 차례로 만난다. 테이레시아스만이 아니라 오디세우스의 어머니, 영웅 아킬레우스, 그 외에도 여러 인물과 조우한다. 이 만남은 인상적이고 감동적으로 그려졌다.

이후에 펼쳐지는 장면들에 드리운 대명제는, 사후 세계의 생은 삶이 아니라는 것, 죽음이라는 것이다. 생을 떠나온 이들은 기쁨을 느끼지 못하고, 육체도 없는 혼백이며 어떤 쾌락이나 희열도 느낄 가망이 없다. 테이레시아스는 지하 세계를 "즐거움 없는 망자들의 왕국"(『오디세이아』 11권 105행)이라고 부른다. 아킬레우스는 뒤에 "무감각한, 바싹 타 버린 인간 망령들이 거하는 곳"(『오디세이아』 11권 540행)이라고도 한다. 이곳은 "숨이 다 빠져나간 망자"가 거하는 곳이다. 혼백은 육체가 없고 힘도 없으며, 지상에서 일어나는 일들을 전혀 알지 못한다. 게다가 (매우 중요한 점인데) 그들은 불멸의 존재도 아니다. 호메로스가 생각하는 '불멸'은 '신적神的인 것'과 동의어다. 오직 신들만 불멸의 생을 누린다. 이승을 하직한 인간은 그냥 죽은 것이며, 더는 살아 있다고 볼 수 없다. 고대 그리스 종교를 연구한 사학자 에르빈 로데는 죽은 자들을 이렇게 묘사했다.

어두컴컴한 지하 세계에서 그들은 이제 의식 없는 상태로, 아니면 잘해야 정신이 깜빡깜빡 하는 반半의식 상태로, 무기력하고 무심하게, 귀에 거슬리는 아주 작은 목소리로 흐느끼며 떠다닌다 … 고대와 현대의 학자 들이 입을 모아 말했듯 이런 혼백들이 '불멸의 생'을 누린다는 건 틀린 얘기다. 거울에 비친 상이 살아 있다고 할 수 없듯, 이 혼백들도 살아 있다고는 말할 수 없다 … 프시케(영혼)는 눈에 보이는 그 짝꿍(육체)보다 더 오래 갈지언정, 그 짝꿍 없이는 무력하다.[3]

오디세우스와 망자들의 조우

오디세우스가 힘겹게 하데스행을 감행한 이유가 오로지 테이레시아스를 만나는 것이었음에도, 이 만남은 실망스러울 정도로 짧고 허망하다. 테이레시아스는 구덩이로 와서 헌주로 바친 피를 마신 다음 예언을 읊는다. 오디세우스가 안전하고 빠른 귀향을 원한다는 걸 잘 아나 그리 되지는 않을 것이라고. 당신이 신들 중 하나를 노하게 했기에 그 신이 당신의 인생을 고달프게 만들 것이라고. 여기서 테이레시아스는 바로 얼마 전 오디세우스가 겪은 모험을 얘기하고 있다. 오디세우스가 거인 키클롭스족 폴리페모스를 만나 그의 눈을 멀게 했는데, 그 아버지인 바다의 신 포세이돈이 복수를 맹세한 것이다. 그런데 오디세우스가 고향에 닿을 방법은 오직 바닷길뿐이므로 어려움이 닥칠 거라는 것이다.

더 나쁜 일도 기다리고 있었으니, 테이레시아스는 다른 신이 또 한바탕 재난을 내릴 거라 예언했고 실제로 예언은 실현된다. 바로 오디세우스의 동행들이 굶주림을 못 이겨 태양신 헬리오스가 아끼는 소들을 잡아먹은 탓에 돌이킬 수 없는 분노를 사 마지막 한 명까지 몰살당하리라는 예언이었다. 게다가 오디세우스가 살아남아 귀향한다 해도 그를 기다리는 것은 혼돈이다. 그가 살던 궁은 아내 페넬로페의 (그가 죽었기를 내심 바라는) 구혼자들로 우글거릴 것이며, 페넬로페가 그중 누구를 택할지 고심하는 동안 그들은 어떻게든 그녀를 차지할 궁리를 하면서 그 집의 음식을 모조리 먹어 치우고 있을 것이다.

『오디세이아』 서사에서 이 예언은 다소 불필요하게 느껴진다. 왜냐면 저승에서 돌아온 오디세우스가 똑같은 얘기를 키르케에게도 듣기 때문이다. 키르케가 굳이 오디세우스를 저승에 보내야 했나 싶다. 그러나 독자들은 그와 상관없이 오디세우스가 저승에 다녀온 것에 만족한다. 오디세우스가 다른 망자들의 혼백을 만나면서 이야기가 더욱 흥미진진해지기 때문이다. 특히 바로 다음 장면에 등장하는, 오디세우스의 모친이자 이미 세상을 떠난 안티클레이아와의 만남이 그렇다.

안티클레이아는 오디세우스가 있는 곳으로 와서 피를 마시고 생전의 기억을 되찾는다. "어머니는 그 즉시 나를 알아보시더니 슬픔에 통곡하셨습니다."(『오디세이아』 11권 157행) 안티클레이아는 아들이 죽은 자들의 땅에 멀쩡히 들어 온 것을 놀라워하고, 이어서 비애 넘치는 장면이 펼쳐진다. 오디세우스는 사랑하는 어머니를 포옹하려 하지만 도무지 할 수가 없다. 어머니는 실체가 없는 혼백이기 때문이다.

너무나 안고 싶어서, 세 번이나 어머니에게 달려갔지만,

세 번이나 어머니는 제 손가락 사이로 빠져나가

흩어져 버리면서

마치 그림자처럼, 꿈 같이 녹아 버렸고, 그럴 때마다

비통함이 심장을, 더 날카롭게 찔렀습니다 ….

(『오디세이아』 11권 235-238행)

오디세우스는 심히 낙담해 울부짖는다. 어머니를 얼싸안고 기쁨을 나누고 싶었건만, 혹 어머니가 그저 "내가 더욱 애탄에 잠기라고/위대한 페르세포네가 내게 보낸/허상[에이돌론]"이 아닐까 의심한다(『오디세이아』 11권 244-245행).

안티클레이아는 이렇게 답한다.

"아들아, 내 아들아, 살아 있는 가장 운 좋은 사람아!

이것은 페르세포네 여왕이 꾸민 사기가 아니고,

필멸의 인간인 우리가 죽으면 다 이렇게 되는 거란다.

더 이상 힘줄이 살과 뼈들을 붙들지 못하고—

모든 것을 삼킬 듯 맹렬한 불이 육신을 태워 재만 남기니,

새하얀 뼈에서 생명이 빠져나가고, 혼[프시케]이

바스락거리며 흩날려 … 꿈처럼 날아가 버렸단다."

(『오디세이아』 11권 247-253행)

오디세우스에게는 가슴 저미는 말이고, 독자들에게는 참담한 말이다. 죽음 후에는 살도 없고 뼈도 없으며 아예 육신도 없다니. 남는 건 육신에서 빠져나가 혼백으로 살아가는 '숨', '혼'〔프시케〕뿐이다. 혼백은 육신의 형상을 하고서 바스락거리며 꿈처럼 흩날려 가지만 어떤 종류의 육체적 감각이나 쾌락도 느낄 가망이 없다.

이 암울한 전망은 오디세우스가 그리스군에서 가장 위대한 전사 아킬레우스와 조우하면서 재확인된다. 오디세우스는 아킬레우스를 만나자 '당신은 세상에 태어난 어떤 인간보다 더 복받은 자'라고 단언한다. 그의 군사적 용맹 때문에 온 그리스인들이 그를 '신급'으로 추앙하니 말이다. 그리고 이제는 "여기 있는 모든 망자 위에 군림하지 않느냐"(『오디세이아』 11권 552행)고 오디세우스는 소리친다. 그는 용감무쌍한 영웅인 아킬레우스에게 죽었음을 한탄할 이유가 없겠다고 말한다.

이에 아킬레우스는 그 권에서 가장 인상적이고 심금 울리는 항변을 한다.

> 내게 어떤 말로도 죽음의 이점을 설득하려 들지 말게,
> 빛나는 오디세우스여!
> 신께 맹세코, 차라리 이승에서 남의 노예로 일하겠네―
> 하루 벌어먹고 사는 찢어지게 가난한 소작농 밑에서라도―
> 여기서 숨 없는 이 망자들을 다스리느니.
> (『오디세이아』 11권 555-558행)

죽어 있는 것이 얼마나 끔찍하기에 그럴까? 음침한 저승에서 망자들의 왕 노릇을 하느니 이승에서 노예로 부려지며 가장 굶주리고 비천한 인간으로 사는 게 낫다고 할 정도면 말이다. 게다가 되돌릴 방법은 없으며 운을 개선할 길도 없다. 사실상 이것이 필멸의 인간 모두가 맞을 운명이다.

그런데 여기에 예외인 두 부류 있다. 신들과의 혈연 덕분에 사후에 남보다 나은 운명을 누리는 지극히 드물고 운 좋은 무리, 그리고 죽은 당시의 상황 때문에 남들보다 훨씬 참혹한 운명을 맞게 되는 다수가 그들이다.

예외적 망자들

평범한 인간에게는 보다 나은 사후 세계가 허용되지 않지만, 『오디세이아』는 신의 피가 흐르는 자들의 예외 사례를 두 가지 들려준다. 오디세우스는 저승에서 반인반신인 헤라클레스를 만나는데, 그리스 신화에서 헤라클레스는 인간 어머니에게서 태어났지만 그 유명한 제우스를 아버지로 두었다. 가만 보면, 아마도 신을 아버지로 둔 덕에, 그리고 그 결과 생긴 이중 정체성 덕분에 헤라클레스의 운명 역시 이중적으로 펼쳐지는 듯하다.

다음번에 또 다시 어마어마한 힘을 가진
헤라클레스를 마주쳤을 때—

즉, 그의 혼령[에이돌론]을 마주쳤을 때,

헤라클레스는 헤베와 결혼해서

저 높은 곳에서 죽음을 모르는 신들의 휘황찬란한 연회를

한껏 즐기고 있었습니다.

(『오디세이아』 11권 90-93행)

헤라클레스가 어떻게 두 장소에 동시에 있을 수 있는지는 명확히 설명되지 않지만, 그의 필멸인 반쪽은 혼백이 되는 운명을 맞은 반면 불멸인 반쪽(진짜 자아)은 하늘에서 열린 연회에서 신혼의 달콤함을 맛보며 한창때를 보내고 있는 것으로 보인다.

또 다른 예외는, 유혹에 넘어가 트로이아로 도주해 10년간 지속된 전쟁을 촉발한 헬레네를 아내로 뒀기에 2부작 중 1권인 『일리아드』의 핵심 인물로 등장하는 그리스 왕 메넬라오스다. 『오디세이아』의 앞부분에, 메넬라오스가 평범한 인간들과 다르게 신들과 연줄이 있어서 찬란한 '엘리시온 천국'에서 행복한 내세를 누린다는 내용이 나온다. 아내 헬레네가 헤라클레스처럼 제우스를 아버지로 뒀기 때문에(입이 떡 벌어질 미모도 이것으로 설명된다), 메넬라오스는 엄밀히 따지면 신의 사위라서 그렇다. 4권에서 해신 프로테우스도 그에게 이런 말을 한다.

허나 제우스가 아끼는 메넬라오스여,

자네의 운명에 대해 한마디 하자면, 자네는 죽어서

아르고스가 다스리는 종마의 땅에서

최후를 맞게 되지 않을 걸세.

아니, 죽음을 모르는 자들이 자네를 들어 올려 세상의 끝,

엘리시온 천국으로, 금빛 머리칼의 라다만티스가

기다리고 있는 그곳,

필멸인 인간을 위해 생이 불멸의 안락함으로 흘러가는

그곳으로 데려갈 걸세

그곳은 눈도 안 오고, 겨울의 혹독함도 없고,

폭우도 안 쏟아지며,

그저 밤낮없이 바다처럼 드넓은 강이 산들바람을 보내

노래하는 서풍으로 온 인류를 산뜻하게 해 주지.

이 모든 게 자네가 헬레네의 남편이라서야—

신들이 자네를 제우스의 사위로 여기거든.

(『오디세이아』 4권 631-641행)

누릴 수만 있다면야 더할 나위 없는 생이다. 그러나 그럴 수 있는 사람은 거의 없다. 메넬라오스가 죽어서 그의 혼백이 하늘로 간다는 얘기가 아니다. 그가 신 중의 신의 사위라서, 결코 죽지 않으며 그 대신에 엘리시온의 땅으로 들려 올라갈 거라는 뜻이다. 엘리시온은 예를 들어 반신인 헤라클레스가 거하는, 우리가 익히 들어 본 천국이 아니다. 영원토록 극한의 만족을 누리며 지낼 수 있는 지상의 낙원이다.

이렇듯 극히 드문 운 좋은 예외 말고, 불쌍할 정도로 운 나쁜 예외의 경우는 헤아릴 수 없이 많다. 안티클레이아와 아킬레우스가 한

탄한 대로 저승에서 혼백들이 감내하는, 시시하고 지루하며 그 어떤 쾌락도 없는 삶보다 더 나쁜 건 설마 존재하지 않겠지 싶을 것이다. 그런데 알고 보니 그보다 나쁜 게 **있긴** 있다. 영원히 고문당하는 것이 아니라 아예 망자의 처소에 발조차 들일 수 없는 일이다. 이는 특히 죽은 뒤 아무도 제대로 장례를 치러 주지 않은 자들이 맞는 운명이다.

오디세우스는 다른 세계로의 여행에서 그런 자들, 즉 땅에 제대로 묻히지 못해 자기 운명을 한탄하고 저주하는 혼백을 무수히 목격한다. 그들의 참혹한 상황은 오디세우스가 그 부하였던 엘페노르와 만나는 장면에서 가장 극명하다. 오디세우스와 그 부하들이 배를 타고 키르케의 섬을 떠나기 전날 밤, 선원 가운데 가장 어린 엘페노르가 앞뒤 분간 못할 정도로 취해서는 키르케의 궁 지붕에 올라가 잠들었다가 새벽에 자신이 어디 있는지 모른 채 지붕에서 뛰어내려 목이 부러지고 말았다. 그의 "혼은 죽음으로 곤두박질쳤다."(『오디세이아』11권 72행)

오디세우스는 이 사실을 몰랐던 모양이다. 저승에 도착해 (테이레시아스를 만나기도 전에) 제일 처음으로 "엘페노르의 유령"(『오디세이아』11권 57행)을 마주치고는 소스라치게 놀란 걸 보면 말이다. 엘페노르의 혼백은 몹시 심란해하는데, 자신이 죽어서가 아니라 자신의 시체가 저승으로 가는 통과의례를 제대로 거치지 못해서다. 그는 "울어 주는 이, 묻어 주는 이"(『오디세이아』11권 60행) 한 명 없었다. 엘페노르는 오디세우스에게 자신을 제대로 장례도 치르지 않고 키르케의 섬에 버려두지 말라고 애원한다.

이렇게 빕니다! 나를 위해 울어 주지도,

묻어 주지도 않고서

배 타고 떠나 버리지 마십시오, 부탁입니다.

안 그러면 내 저주가 신의 노여움을

당신 머리에 조준시킬 겁니다.

차라리 나를 장갑裝甲 채로, 갑옷 채로 묻고

출렁이는 잿빛 파도 옆에 제 봉분을 쌓으십시오—

내 장례를 치러 주고, 내 묘에 그 노를 꽂아 주십시오,

내가 산 자들과 어울려 배 저었을 때 동무들과 함께

휘둘렀던 노를 말입니다.

(『오디세이아』 11권 79-87행)

죽음은 끔찍하지만 그보다 더 끔찍한 건 죽은 후 산 자의 세계와 죽은 자의 세계 사이의 무인 지대에 갇히는 것이다. 제대로 묻힌 자만이 온전히 죽은 것이다. 그러지 못한 자는 영영 어디에도 안착하지 못한 채 끝없이 고통받는다.[4]

그 많은 죽은 자 가운데 영원히 떠도는 이들보다 더한 운명을 맞은 경우는 오디세우스의 저승행에서 세 건만이 언급된다(『오디세이아』 11권 660-689행). 바로 영원히 고문받는 자들이다. 평범한 인간은 대부분 당할 일이 거의 없는 고문이라는 점이 여기서는 중요하다. 이 운 나쁜 세 사람이 딱히 무슨 이유로 걸려들었는지는 확실치 않다.[5] 셋 모두 유달리 신들을 화나게 한 것은 사실이지만, 그렇게 따지면 수많은 이가 그런 짓을 저지른다. 어쩌면 이 셋이 그런 심

각한 운명을 맞아 마땅한 부류의 인간 전부를 대변하는 것일 수도 있다. 이 셋이 누구냐면, 여신 레토를 겁탈하려다 9에이커(약 3만 6000제곱미터)의 땅에 몸이 쫙 펼쳐진 채 독수리들에게 간을 쪼아 먹히는 벌을 받게 된 티티오스, 자기 아들을 죽여 고깃국에 넣어 신들에게 대접한 죄로 먹음직한 음식과 음료를 닿을 듯 말 듯, 앞에 두고도 영원히 먹고 마실 수 없는 형벌을 받은 탄탈로스, 그리고 자신에게 찾아온 죽음을 가둬 아무도 죽지 않게 만든 죄로 바위를 가파른 언덕 위로 굴려 올리지만 그 바위가 자꾸만 굴러 내려와 영원히 반복해서 돌을 굴려 올려야 하는 형벌을 받은 시시포스다.

다른 모두와 달리 이들 셋에게 죽음은 죽음이 아니다. 이들은 살아생전 저지른 짓에 대해 사후에 영원히 끝나지 않는 속죄를 행해야 한다. 이 세 사례는 훗날 서구 전통에서 생겨난 지옥 개념의 원형이 된다.[6]

호메로스의 영향

고대 그리스의 문화와 종교에 호메로스가 얼마나 지대한 영향을 끼쳤는지는 아무리 강조해도 지나치지 않다. 히브리어 정경이나 신약성경이 후대 유대인과 기독교인에게 그랬듯 『일리아드』와 『오디세이아』가 그들에게 일종의 '성스러운 경전'이 되었다는 얘기가 아니다. 아무도 이 두 서사시를 '신이 내리신 무오無誤의 말씀'으로 여기지 않았다. 다만 고대 그리스와 로마에서, 사람들이 이 작품들을 읽고 자신의 생과 신들이 사는 세상의 특성에 대해 생각하게 되면서, 이 두 작품이 속속들이 알려지고 크나큰 영향을 미치게 됐다는 얘기다. 특히 호메로스가 그린 사후 세계관은 이후 몇 세기에 걸쳐 어마어마한 영향을 미쳤다.

그 증거는 한참 후(호메로스보다 대략 800년 뒤 혹은 그보다 더 후대)에 활동한 풍자작가, 사모사타의 루키아노스가 보여 준다. 루키아노스는 자신이 속한 세계의 수많은 사람이 줄곧 보이는 경악스러운 행태를 다음과 같이 개탄한다. "대중들 가운데 ⋯ 이런 문제에서 호메로스와 ⋯ 다른 신화 창작자들을 철썩 같이 믿어서 ⋯ 그들의 시를 계율로 받아들이는 이들이 많다. 그래서 그들은 깊은 지하에 아주 드넓고 공간도 넉넉하며 어두컴컴하고 해도 안 드는, 하데스라는 곳이 실제로 존재한다고 믿는다."[7]

오늘날에는 그런 세계관을 가진 사람이 많지 않다. 대부분은 우리가 죽으면 더 이상 존재하지 않게 되거나 아니면 응당한 상을 받는다고 믿는다. 그런데 여기서 후자는, 호메로스가 제시한 개념은 아닐지라도 역시 고대로부터 내려온 관점이다. 유대교나 기독교 집단이 아니라 이교 집단에서(어찌 보면 좀 묘하게도, 호메로스의 자손들에게서) 발생한 관점이다. 실제로 그러한 사후 세계관 중 몇 가지는 후대의 로마제국에서 가장 명망 높고 재능 있는 호메로스 모방자, 위대한 라틴어 시인 베르길리우스(기원전 70년~기원전 19년)의 작품에서 비교적 상세히 묘사된 구절로 만나 볼 수 있다. 자신보다 약 700년 앞서 활동한 그리스인 선조 호메로스처럼, 베르길리우스도 저승행 이야기를 들려준다.

지하 세계로 향하는 아이네아스

베르길리우스는 장편 서사시 『아이네이스』로 가장 잘 알려져 있다. 제목과 동명의 주인공 아이네아스는 트로이 전쟁이 낳은 방랑자로, 그리스의 속임수와 기만(트로이의 목마)으로 인해 트로이아가 처참히 패한 직후 이탈리아로 가 훗날 로마제국을 탄생시킬 도시를 건설한다. 이 기나긴 서사시는 한마디로 압축하면, 로마인의 기원과 역사를 흔한 국가주의적 프로파간다로 버무려 제삼자적 관찰자 입장으로 서술한 것이다.

우리의 논의와 관련된 핵심적 사건은 6권에서 일어나는데, 앞서 살펴본 호메로스의 서사를 본뜬 저승 방문 일화다. 앞장에서 아이네아스와 그의 부하들은 아이네아스의 아버지인 앙키세스의 기일을 보낸 뒤 시칠리아를 떠나 이탈리아 서쪽 해안에 자리한 항구 쿠마이에 도착한다. 아이네아스는 유명한 시빌라가 산다는 동굴로 한시바삐 가려고 한다. 시빌라는 아폴로 신의 도움으로 황홀경에 빠지면 미래를 예측할 수 있다는 고대의 반신半神 예언자다. 아이네아스는 자신이 맞이할 명운과 자신이 과연 소명을 이룰 수 있는지를 알고자 했고 그것을 말해 줄 수 있는 이는 신력 충만한 시빌라였다.

아이네아스는 동굴에서 시빌라를 발견하고, 시빌라는 곧바로 신접해 황홀경에 빠진다.

> 갑자기 그녀의 외양 전체가, 온 혈색이
> 변하더니, 땋은 머리칼이 낱낱이 풀어져 날리고

가슴이 들썩거리고, 심장이 광기에 휩싸이더니,

키가 훌쩍 커진 것처럼 보이면서, 음성의 울림이 더 이상

인간의 것이 아닌—숨결이, 신의 힘이 점점 더 가까이,

가까이 다가온다.

(『아이네이스』 6권 59-63행)[8]

시빌라는 아이네아스에게 기도하라고 호통치고, 아이네아스는 시킨 대로 하면서 만약 자신이 무사히 소명을 달성하면 아폴로와 디아나에게 호사스러운 신전을 바치겠다고 약속한다. 시빌라는 (자신의 통제를 벗어나 아폴로의 힘에 사로잡힌 채) 아이네아스의 앞날에 드리운 수많은 위험과 재앙을 경고한다. 그럼에도 아이네아스는 뜻을 달성할 것이라고도 한다.

그 말에 아이네아스는 시빌라에게, 듣기로는 근처에 "죽음의 왕의 대문이 있는데/아케론[죽은 자들의 세계에 흐르는 강]이 범람해 시커먼 늪이 생겼다더라"(『아이네이스』 6권 126-127행)고 이야기한다. 그는 한시바삐 망자들의 세계로 가 아버지를 보고 싶은 마음이 굴뚝같다. 그곳에 어떻게 가는지 시빌라가 말해 주겠는가?

시빌라는 사실 죽은 자들의 세계에 가는 방법은 아주 간단하다고 말해 준다. 문제는 돌아오는 일이었다.

트로이의 용사여, 지하 세계로 내려가는 법은 쉽네.

밤이고 낮이고 컴컴한 죽음의 대문은 활짝 열려 있다네.

하지만 갔던 길을 되밟아 오는 것, 위쪽 세상의 공기를

마시러 다시 올라오는 것—

그 길에 고투가 있고, 그 길에 노고가 있네. 오직 소수,

공정한 유피테르에게 사랑받거나 자신의 열렬한 능력 발휘로

저 높이 하늘에 들려 올라간 자들—

신의 아들이라는 몇몇만이 무사히 돌아왔지.

(『아이네이스』 6권 149-155행)[9]

이렇게 경고하면서도 시빌라는 아이네아스에게 저승에 다녀오려면 어떻게 해야 할지 알려 준다. 아이네아스는 그 지침을 따르고, 시빌라는 지하 세계로 연결된 어마어마하게 깊고 캄캄한 동굴에 이르는 오싹한 여정에 동행한다.

거기 입구에, 지옥의 쩍 벌린 입에,

비탄과 양심의 괴로움이 누울 자리를 깔았고,

치명적인 창백한 질병이 거기 살고 있으며, 황량한 노년,

두려움과 허기, 범죄로의 유혹, 뼈가 갈리는 빈곤이,

그 모든 것들이, 보기에도 처참한 형상으로—

여기에다 죽음과 죽음을 부르는

투쟁 … 전쟁 … 들끓는 다툼까지 ….

(『아이네이스』 6권 312-319행)

아이네아스는 저승으로 건너가기 전 스틱스강에서 예전의 동지 중 한 명인 팔리누루스의 혼을 본다. 배의 키잡이였던 팔리누루스는

아이네아스가 보지 못하는 사이에 파도에 휩쓸려 바다에 빠졌다가 해안으로 떠밀려 갔고, 거기서 야만족에게 살해당해 땅에 묻히지도 못한 채 버려진 친구였다. 그는 아이네아스에게 자신의 시체를 찾아내 장례를 치러 달라고 간청한다. 그러지 않으면 자신은 영영 스틱스강을 건너 저승에 들어가지 못할 거라고. 엘페노르가 겪은 저주가 여기서도 유효한 것이다. 팔리누루스에게는 천만다행으로 시빌라는 그가 땅에 묻히고 장례도 치러질 거라고 예언하고, 팔리누루스는 근심을 덜고서 떠난다.

아이네아스와 시빌라는 스틱스강 도하를 허락받는다. 두 사람은 머리 셋 달린 지옥의 맹견 케르베로스를 무사히 지나쳐, 좋지 않은 죽음을 맞은 사람들(아직 아기일 때 죽거나, 자살했거나, 실연에 상심해 죽은 사람 들)을 마주친다. 이어서 지상 세계에서 영웅으로 추앙받았던 자들이 거하는 곳에 이른다. 그들은 『오디세이아』에서처럼 아무 힘없는 망령이 되어, "아직 살아 있는 무장한 남자 앞에 겁에 질려 벌벌 떤다." 베르길리우스는 이승에서 최고의 전사로 추앙받았으나 저승에서 활력 넘치는 아이네아스와 마주치자 한낱 보잘것없는 상태로 전락한 망자들의 모습을 자세히 묘사한다.

허나 이곳에 결집한 그리스인 사령관들과 아가멤논의 군대가
영웅과 그림자 속에서도 번쩍거리는 그의 갑옷을 알아보고는—
눈이 멀 듯한 두려움이 그들을 사로잡아,
일부는 예전에 자기네 선박을 향해
달음박질쳤던 것처럼 꽁무니 빠져라 달아나고,

일부는 애써 함성을 지르려 하지만 쩍 벌린 제 입을 비웃듯
모기만한 외침만 터져 나올 뿐이다.

(『아이네이스』 6권 567-572행)

사후 세계의 보상과 벌

그러나 지하 세계 주민 대다수는 이런 임시 장소에서 발견되지
않는다. 이는 호메로스 작품과 크게 다른 점이다. 여기 베르길리우
스의 서사에서는 저승에 거하는 영혼들 대부분이 자기 죄에 대해 벌
을 받고 있거나 아니면 올바로 산 삶에 대해 상을 받고 있다.

아이네아스와 시빌라는 갈림길에 이른다. 오른쪽 길은 영원한
행복의 땅인 엘리시온과 연결되어 있지만, "왼쪽의 길은 악한 자
를/고문하며, 타르타로스에게로 안내하는, 파멸에 이르는 길"(『아
이네이스』 6권 631-632행)이다. 아이네아스가 왼쪽을 흘끔 보자 절
벽과 거대한 성채가 보이고, 그 성채를 둘러싼 "부글부글 끓는 용암
천/타르타로스의 불의 강이, 우르릉거리는 바위들을 굴리고 있다."
(『아이네이스』 6권 640행) 현대의 독자가 짐작할 법한 것과는 반대
로, 이 부글대는 강은 고문을 위한 장소가 아니다. 성채에서 아무도
도망치지 못하도록 파 놓은 해자에서 끓고 있는 강이다. 고문당하는
영혼들은 꼼짝없이 거기 머물러야 한다.

강 위쪽에는 어마어마한 크기의 철문이 서 있는데, 어찌나 거대
한지 아무도, 설사 신들이라 해도 그 문을 밀 수 없다. 문 위쪽으로

는 높은 탑이 솟아 있고 그 탑에 "운명"의 세 여신 중 한 명이 웅크
리고 앉아 입구를 감시하고 있다. 이 요새 형태의 고문실에서 어떤
일이 벌어지는지는 자세히 묘사되지 않지만, 아이네아스가 멀리서
들은 소리는 공포로 심장이 쪼그라들게 만든다.

> 깊은 곳에서 울려오는 신음 소리와 함께,
> 무자비하게 공기를 찢는 채찍 소리,
> 철이 거슬리게 끼익거리는 소리,
> 질질 끄는 족쇄의 찰강찰강 소리가 들려온다.
> (『아이네이스』 6권 647-648행)

그는 시빌라에게 왜 저런 형벌이 있는 거냐고 묻는다. 순수한 영
혼은 저 곳에 갈 수 없다고 시빌라는 답한다. 그곳을 다스리는 건 저
승의 심판관 라다만티스 신으로, 그는

> 철의 손으로
> 〔사람들을〕 꾸짖고 사기를 폭로하고 자백을 받아 내는데,
> 한편 저 위에서 누구라도 제 죄를 감춘 것에 안도하면서
> 죽는 날까지 속죄의 시간을 미루고 있는 이,
> 어리석은 자여, 너무 늦었도다 ….
> (『아이네이스』 6권 658-662행)

어떤 죄를 저질렀든 속죄하지 않고서 생을 하직하면 되돌릴 길은 없다. 이어서 시빌라는 이러한 벌을 받게 될 죄목들을 읊는다. 형제를 미워한 죄, 아버지를 살해한 죄, 사기, 탐욕, 간통, 맹세를 어긴 죄, 반역죄, 근친상간 등이 그것이다. 이런 피해야 마땅한 죄를 저지른 자의 운명은 다음과 같다.

> 그들의 종말을 궁금해하지 말라,
> 어떤 형태의 고문 혹은 운명의 꼬임이
> 그들을 끌고 내려갔는지를.
> 어떤 이는 거대한 바위를 굴리고, 또 어떤 이는 매달린 채,
> 돌아가는 바퀴의 살들이 부러질 지경까지
> 몸이 비틀린다.
> (『아이네이스』 6권 710-713행)

사실상 수없이 많은 죄목과 그에 상응하는 고문이 있다. 시빌라도 이렇게 말해 준다.

> 아니, 설사 내게 백 개의 혀와 백 개의 입이 있고
> 철 같은 음성이 있다 해도 — 모든 죄목을 다 열거하거나
> 모든 고문을 다, 그 비운을 일일이 읊을 수 없다.
> (『아이네이스』 6권 724-727행)

지옥은 갈 만한 곳이 아닌 듯하다. 하지만 어떤 이들은 지옥의 고문을 피해 가며, 그런 이들은 글로 표현하기 어려울 정도로 황홀한 희열을 경험하곤 한다. 그러한 경험이 이루어지는 엘리시온에 아이네아스와 시빌라는 그럭저럭 도달한다.

> 그들은 기쁨의 땅을, 파릇한 초록빛 풀밭을,
> 복받은 자들이 집으로 삼는 행운의 풀숲을 밟았도다.
> 여기에는 더 자유로운 공기가 있고,
> 반짝이는 광채가 들판을 덮고
> 혼들은 그들만의 태양, 그들만의 별을 가지고 있다.
> (『아이네이스』 6권 741-744행)

두 사람은 각종 운동경기와 춤, 노래, 연회를 즐기는 무리를 발견한다. 그들 가운데는 조국을 위해 용맹히 싸우다 죽은 병사, 순결한 사제, 충직한 시인, 그리고 "인류에 베푼 선행 때문에 선명히 기억되는 이들"(『아이네이스』 6권 765-769행)도 있다. 그곳에 사는 누구에게도 정해진 거처는 없다. 그들은 모두 "그늘이 드리운 나무숲에 살면서/ … 푹신한 둑과 시냇물에 씻긴 들판에 눕는다."(『아이네이스』 6권 779-780행). 황홀한 유토피아적 삶이다.

그렇지만 여기에는, 『오디세이아』 11권에서처럼, 명확히 설명하기 어려운(혹은 적어도 저자 베르길리우스가 신중히 고른 말로 설명하지 못한) 모호성이 있다. 오디세우스의 검이 손으로 만져지지도 않는 혼령들에게 위협이 된 것처럼, 여기서 혼령들은 잔치를 벌이고 운동경기를 즐기면서도 물리적 실체는 없다. 이 점은 아이네아스가 죽은 아버지를 만나는 장면에서 더 분명해진다. 앞서 오디세우스가 그랬던 것처럼, 아이네아스도 아버지를 안으려고 세 번이나 달려가지만 안지 못한다.

> … 아이네아스는 흐르는 눈물로 범벅이 된 얼굴로 애원했다.
> 세 차례나 그는 아버지의 목에 팔을 두르려 했고,
> 세 차례나 그가 껴안은 건—무無였다 … 유령은
> 바람처럼 가볍고 스쳐 가는 꿈처럼 재빠르게
> 그의 손가락 사이를 빠져나갔다.
> (『아이네이스』 6권 807-811행)

그러더니 베르길리우스는 혁신적 개념을 선보이며 호메로스와 다른 길을 간다. 지하 세계에 있는 영혼들 대부분은 다시 살 운명이라는 것이다. 베르길리우스는 이렇게 환생이라는 개념을 도입한다.

부친을 껴안으려다가 실패한 뒤 아이네아스는 떼 지어 몰려든 혼령들을 본다.

> 수없이 많은 민족, 열국의 영혼들,
> 구름 한 점 없는 여름날 꽃에 앉는 목초지의 벌들처럼
> … 그러자 온 들판이 웅웅 하는 중얼거림으로 살아난다.
> (『아이네이스』 6권 815-819행)

아이네아스의 아버지는 아들에게 저들이 "운명의 여신들에게 두 번째 육신을 얻은/영혼들"(『아이네이스』6권 815-819행)이라고 설명한다. 그들은 레테강의 물(망각을 뜻하며, 이 강물을 마시면 기억을 잃는다)을 마실 것을 허락받아 근심거리에서 해방된다. 그러나 그렇게 되기 전에, 육신을 입고 있을 때 저지른 죄들에 대한 값을 치러야 한다.

> 그리하여 영혼들은
> 단단히 벌을 받는데, 옛 죄과에 대해
> 대가를 치러야 하기 때문이다.
> 어떤 이는 몸을 쫙 펼친 채 매달려, 텅 빈 바람에 노출되고,
> 어떤 이는 드센 물살에 잠긴다―그들의 얼룩,
> 그들이 지은 죄가 긁혀 나가거나 불에 지져져 떨어진다.
> 우리 각자가 죗값을 요구하는 혼귀를 감당해야 한다.
> 그런 다음에야 우리는 엘리시온의 드넓은 땅에 보내지며,
> 우리 중 몇몇은 심지어 기나긴 날들이 다 지나도록,
> 한 순배의 시간이 우리의 단단하고,
> 뿌리 깊은 얼룩을 씻어 내고
> 우리에게 깨끗하고 영묘한 감각만을 남겨 줄 때까지,
> 영원한 불의 숨결이 숙청되고 순결해질 때까지,
> 그 기쁨의 땅을 품고 있기도 한다.
> (『아이네이스』6권 854-864행)

반면에 어떤 이들은 천 년을 보낸 뒤, 이번에는 더 잘 할 수 있다는 희망을 가지고, 두 번째 기회를 펼치러 이승으로 돌아간다.

지옥과 천국의 발명

오디세우스와 아이네아스가 각각 밟은 사후 세계 여정에는 분명 수많은 유사점이 있지만, 두드러진 차이점들이 독자에게 더 선명히 각인된다. 호메로스의 서사시가 발표되고 약 600년에서 700년이 지난 시점에 활동한 베르길리우스는 그 작품에서 망자들이 호메로스의 것과 똑같이 지루하고 쾌락이라고는 전혀 없는 시간을 저승에서 보내고 있다고 설정하지 않는다. 그는 어떤 이들은 지옥 같은 고문을, 또 어떤 이들은 천국의 황홀함을 경험하는 것으로 그린다. 보통은 자신이 지은 죄에 대해 벌을 받은 뒤 두 번째 삶을 살 기회를 얻는다. 베르길리우스는 왜 호메로스의 작품과 다른 설정을 택했을까? 무엇이 이 천국과 지옥의 발명을 이끌었을까?

기원전 7세기 그리스와 기원전 1세기 로마의 정치적, 사회적, 문화적 세계에 일어난 거대한 변화들 가운데 과연 무엇이 이러한 사고의 변화를 이끄는 데 일조했을지 꼭 집어 말하기는 어렵다. 그러나 윤리적 사고 영역에서는 어떤 일이 일어났는지 비교적 쉽게 알아챌 수 있다. 공명公明함이 주요한 논제였다. 사상가들은 그 누구든 남들을 해하거나 신들을 화나게 하거나 자신의 권력 강화만 추구하고서 그에 따라 부와 영향력과 쾌락을 즐기며 실컷 죄짓는 삶을 산 뒤 죽어서 아무 대가도 치르지 않을 수는 없다고 생각하게 되었다. 정말 안 될 말이다. 모두가 심판관 앞에 서야 한다. 악한 자는 이승에서 얼마나 힘이 막강했고 존경받았든, 저승에서는 대가를 치를 것이다. 반대로 옳은 일을 행하면서 산 이들은 상을 받을 것이다.

베르길리우스의 시대에 이르러서는 이러한 개념이 이미 몇 세기 동안 뿌리내려 왔고, 가장 결정적으로 고대의 가장 위대한 철학자인 플라톤에 의해 대중화된 뒤였다.

4장

정의의 실현?
: 사후 상벌 개념의 부상

호메로스 작품에 묘사된 상상 속 저승 개념에는 문제가 뚜렷했다. (상류층이건 하층민이건, 올바르게 살았건 악하게 살았건, 용감했건 비겁했건) 모두가 죽고 나서 똑같은 운명을 맞는다면 세상에 정의는 어디에 있단 말인가? 그럼 이승에서의 삶은 결국 말이 안 되지 않나? 선한 행동은 상을 받고 악한 행동은 벌을 받는 것 아니었나? 가학적 쾌락을 위해 사람들을 고문하고 살해한 잔악한 독재자보다, 아니면 하다못해 길 건너에 사는 재수 없는 놈보다는 그래도 내가 사후에 더 나은 생을 누려야 마땅하지 않나?

그래도 우리는 호메로스의 작품에서 '차별화된' 내세라고 부를 만한 단서를 발견했다. 유독 악랄한 죄를 지은 세 사람이 영원한 벌을 받고 극소수의 인간들 혹은 신과 연이 있는 반인반신들이 상을 받는 모습이 그 작품에 묘사되어 있다. 이런 차별화는 바르게 살다 간 자는 짜릿한 보상을 받고 죄인은 참혹한 벌을 받도록 묘사한 베르길리우스의 『아이네이스』에서 훨씬 더 두드러진다. 호메로스와 베르길리우스 사이 수백 년 가운데, 이렇듯 의로운 자와 악한 자 모두에게 사후 정의가 이루어진다는 개념을 그 어떤 사상가나 작가보다 더 적극적으로 발전시킨 인물이 플라톤이었다.

플라톤이 사후 상벌 개념을 만들어 낸 것은 아니다. 기존의 관점들을 발전시켰을 뿐임을 본인도 분명히 밝혔다. 하지만 후대의 사고 방식에 가장 큰 영향을 끼쳐 궁극적으로 몇 세기 후 기독교 전통의 천국과 지옥 개념을 낳게 한 것은 플라톤이었다.

플라톤의 글에서 보이는 사후 세계

20세기 철학자 앨프리드 노스 화이트헤드는 유럽의 철학 전통 전체가 "플라톤 저서를 참고하라는 각주"로 이루어져 있다고 말한 적 있다.[1] 플라톤이 서구 사상에 미친 장기적 영향 가운데서도 후대의 사후 세계관에 유독 깊은 영향을 준 개념이 있다. 바로 영혼의 불멸성에 대한 관점인데, 앞서 우리가 살펴본 대화록 중 「파이돈」에 특히 절묘하게 표현되어 있다.

오늘날 육체와 영혼의 구별을 사유할 때 우리는 육체를 물질적이고 눈에 보이는 대상으로, 영혼은 철저히 비물질적이고 눈에 보이지 않는 것으로 여긴다. 영혼은 어떤 식으로든 감각으로 경험할 수 없는 것이라고 생각한다. 많은 고대 사상가는 사뭇 다르게 생각했다. 이는 그들이 17세기 철학자 르네 데카르트(1596년~1650년)의 글이 세상에 소개되기 한참 전에 살았기 때문이기도 하다. 데카르트는 서구의 후세에, 육신은 물질로 이루어져 있으나 영혼은 본질상 비물질적이라는 이원론을 물려주었다. 그러나 그가 활동하기 이전 시대에는 영혼이 사실상 물질적이며, 다만 우리가 감각을 통해 정상적으로 접하는 실재와는 대단히 다른 **종류**의 물질로 이루어져 있다고 믿었다.[2]

많은 그리스·로마인이 받아들인 이 구시대의 견지에서, 어떤 물질적 실체는 비교적 굵고 거칠며 감각기관을 통해 인지할 수 있다(돌과 나무, 사자, 인간의 육체 등이 여기 해당한다). 그런데 어떤 물질은 매우 정제된(말 그대로 더 고운) 입자, 따라서 한층 더 높은 수준인 입자로 이루어져 있다. 영혼이 바로 그런 물질로 이루어져 있다. 비록 정련된 '물질'일지 모르나, 어쨌든 물질은 물질이다. 이를 통해 앞서 살펴본 사후 세계 일화들에서 아마 여러분도 눈치챘을 몇 가지 모순을 설명할 수 있게 된다. 만약 영혼이 현대적 의미로 완전히 비물질적 성질을 띤다면 어떻게 영혼이 물리적인 감각을 갖겠는가? 영혼이 물리적 성질을 전혀 가지고 있지 않으면 어떻게 물리적 고문이나 쾌락을 경험할 수 있는가? 사후 세계로 간 영혼이 눈이나 귀, 혀와 코, 또는 말초신경이 없다면 어떻게 보고, 듣고, 냄새를 맡고, 고통이나 쾌락을 느낄 수 있는가?

현대 사후 세계관에 비춰 보면 이는 여전히 해결되지 않은 골치 아픈 문제다. 그렇기에 사후의 상벌 개념을 믿는 사람들은 어떻게 신이, 사후 세계에서, 육체가 없는 인간에게 자의든 타의든 육체적 쾌락이나 고통을 느끼게 하는지에 대해 추가적 설명을 내놓아야 할 터다. 고대인들은 이 모순을 마주하고도 갈등을 훨씬 덜 겪었을 것이다. 그들은 영혼이 실제적 물질로 이루어졌다고 믿었기 때문이다. 정제된 물질이어도 물질은 물질이다. 저승에서 혼백이 눈에 보이는 이유도 바로 그것이다.

그런데 왜 만질 수는 없을까? 왜 오디세우스는 어머니를 안을 수 없었을까? 영혼을 이루는 물질이 인간의 육체를 이루는 굵은 물질보다 훨씬 정제된 입자이기 때문이다. 이 논리는 데카르트 이후 '물질'에 대한 이해에 대입해도 말이 된다. 우리 손은 공기나 물보다 더 조밀한 '물질'이고, 따라서 공기나 물질을 통과할 수 있다. 반면에 공기나 물은 덜 조밀하므로 손을 통과할 수 없다. 고대 그리스인 가운데 일부는 영혼이 육신보다 더 곱게 정제된 물질로 이루어져 있다고 믿었고, 그래서 오디세우스나 아이네아스의 팔은 그 물질을 그대로 통과해 버린다. 하지만 영혼 역시 (비록 몇 배 곱게 정제되긴 했으나) 물질로 만들어져 있으므로, 듣거나 맛을 느끼거나 말을 하거나 기타 등등을 할 수 있다. 바로 그래서 영혼이 쾌락과 고통을 느낄 수 있는 것이고, 호메로스 이후에는 천국과 지옥도 경험할 수 있는 것이다.

「파이돈」에는 육체를 이루는 굵은 입자들은 죽지만 정제된 입자로 이루어진 영혼은 불멸한다고 나와 있다. 그래서 소크라테스는 어느 시점엔가 죽음은 "영혼이 육신에서 해방되는 것"(「파이돈」 64e)에 불과하다고 말한다. 한편 플라톤은 그의 다른 작품 「법률」에서 이렇게 표현했다.

우리 각각에게 존재를 부여하는 것은 오직 영혼뿐이며, 육체는 우리 곁에 있는 그림자에 불과하다. 그렇기에 주검은 허깨비에 불과하며, 신들이 사는 또 다른 세계로 가서 이야기를 전하는 진짜 인간은 영혼이라 불리는 죽지 않는 무엇이라는, 죽은 자들에 대한 설명은 적절하다. 실제의 인간(우리가 영혼이라고 부르는 불사인 부분)은, 우리가 조상의 전통에 가르침을 받고 있는 동안에도, 다른 세계의 신들에게 이야기를 해 주러 떠난다. 선한 자는 어떤 불안도 없이 고대하지만 악한 자는 통탄스러운 절망감을 안고 기대하는 이야기이다. (「법률」 12장 959a-b)[3]

유달리 흥미로운 구절이다. 우선, 호메로스의 관점을 완전히 뒤집은 견지로 읽힌다. 호메로스에게 "실제 인간"은 체화한 육신이고 육신을 떠난 영혼은 그저 혼백, 그 인간의 그림자에 불과했다. 그런데 플라톤은 영혼이야말로 실제 인간이며 육체는 죽을 때 벗어던져 남기고 가는 조악한 물질이라고 본다. 게다가 한번 그렇게 되면, 그러니까 영혼이 육신을 떠나면 그 영혼은 행복한 운명 혹은 비참한 운명 둘 중 하나를 맞으러 간다는 것이다.

죽음 후 인간을 기다리고 있다는 이 축복받은 운명과 끔찍한 운명이란 대체 무엇일까? 플라톤은 영혼이 궁극적으로 맞을 운명을 이야기할 때, 논리적으로 논의를 전개하다가도 어느새 신화를 들먹이는 모습을 자주 보인다. 플라톤도 자신이 늘어놓은 사후 세계 일화가 사실은 신화, 한층 의미심장한 진실을 전달하기 위해 꾸며 낸 이야기임을 시인한다. 그 이야기들은 자체로 진실이 아니다. 합리적, 논리적 논의로 표현하기 힘든 진실을 전달하는 이야기이다. 우리가 이미 다른 작품들에서 살펴본 바와 비슷하게, 이 플라톤식 신화들은 실제로 죽음 후 일어나는 일보다는 인간이 현재 어떻게 살아야 하는지에 더 초점이 맞춰져 있다. 플라톤의 논의에 전반적으로 깔려 있는 의도는 천국과 지옥의 지형과 온도를 설명하려는 것이 아니라 사람들이 각자 자기 영혼의 안녕을 위해 덕과 진실을 좇으면서 현생을 어떻게 살아야 하는가를 보여 주는 것이다.[4]

플라톤의 논의 속 기본적 신화

플라톤이 가장 꾸밈없이 신화를 쓴 사례는 「파이돈」이다. 소크라테스는 늘 그렇듯 주거니 받거니 논쟁을 하던 와중에 "이것은 들은 이야기요"라는 말로 이 신화 내용의 진위에 대한 책임을 피한다. 플라톤이 이 이야기가 토씨 하나 안 틀리고 다 맞는다는 데 동의하지 않음은, 그가 『대화편』의 다른 글(예를 들면 「고르기아스」와 「국가」)에서 다른 신화들을 늘어놓고 있는 것을 보면 알 수 있다. 하지만 그가 늘어놓는 신화들은 전부 한 지점을 가리킨다. 의로운 영혼은 상을 받고 악한 영혼은 벌을 받는다는 것이다. 따라서 그가 사후 세계와 관련해 늘어놓는 이야기들은 그가 현생에서도 참이라고 믿는 것을 전달하기 위함이다. 우리는 육신의 쾌락이 아닌 영혼의 선함을 추구하면서 도덕적으로 살아야 한다는 것이다.

「파이돈」에 나오는 신화는 이것이다. 소크라테스가 말하길, 사람이 죽으면 안내자 노릇을 하는 혼들이 그들을 심판의 장소로 데려가는데, 거기서 죽은 자는 부정함을 씻어 내기 위해 얼마나 오래 걸리든 "필수적인 경험"을 거친다. 부정한 영혼들은 이 세계에서 다른 이들에게 기피당하며, "웬만큼 시간이 흐를 때까지 지독한 비참함에 사로잡힌 채" 방황한다. 반면에 고결하고 맑은 영혼은 "신들의 곁에서" 좋은 시간을 보낸다(「파이돈」 107c).[5]

이어서 소크라테스는 사람들이 다양한 만큼 각기 다르게 준비된 사후의 명운을 자세히 묘사한다(「파이돈」 113d−114c). "중립적" 삶(다시 말해, 과하게 의롭지도 과하게 악하지도 않은 삶)을 살다 간 사람은 정화의 장소인 아케론 호수로 가, 지은 죄에 대해 벌을 받고 선행에 대해서는 상을 받는다. 구제불능으로 판명된 대죄인들, 예를 들어 살인자 같은 이들은 타르타로스로 보내져 영원히 풀려나지 못한다. 비교적 정도가 약한 죄(예를 들어 부모에게 폭력을 행사한 죄)를 지은 자들은 타르타로스로 보내져 1년 동안 지내다가 다시 아케론 호수로 토해 내져, 자신이 죽이거나 해친 사람에게 목이 터져라 용서를 구한다. 오직 피해자가 동의할 경우에만 그들은 고문에서 해방될 수 있다. 마지막으로, 남달리 경건한 삶을 살다 간 자들은 죽는 순간 해방되어 저 높이 순결한 세계로 올라간다. "그중에서도 철학으로 자신을 충분히 정화한 이들은 그 후로 완전히 육신 없이 살아간다."

이렇게 신화를 상세히 늘어놓은 후 소크라테스는 또 한 번 책임을 회피한다. "물론 이성을 갖춘 사람은 내가 한 이야기가 있는 그대로 사실이라고 우기지 않겠지만, 우리 영혼과 그 영혼들이 미래에 거할 곳에 대한 이 이야기 혹은 이와 매우 비슷한 이야기는 진실하다고 주장할 거다." 말인즉슨, 그의 묘사는 대체로 비유적이라는 얘기다. 여기서 있는 그대로 받아들여야 할 것은 그 신화가 전하고자 하는 메시지이다. 우리는 도덕적 삶을 살아야 하며 그렇게 하면 응당한 상을 받으리라는 메시지 말이다. 부도덕한 삶은 불행만 가져올 뿐이다.

에르 신화

이러한 가르침은 플라톤의 다른 작품에 나오는 더욱 정교한 신화에도 묻어 있다. 그중 가장 유명한 것이 '에르 신화'로 플라톤이 쓴 가장 긴 대화, 그가 생각하는 이상적 국가를 아주 길게 서술한 「국가」의 말미에 등장한다. 플라톤은 국체國體란 시민들이 철학적 삶을 통해 최선의 삶을 살게 돕는 도구로 설계되어야 마땅하다고 믿었다. 그러므로 이상적인 국가는 선하고 정당하고 도덕적인 삶을 장려하는 철인왕哲人王 집단이 이끄는 국가라고 했다. 그 유토피아 같은 국가가 어떤 모습일지 몇 쪽에 걸쳐 장황하게 묘사한 플라톤은 논리적 논의에서 신화로 옮겨 가면서 대화를 마무리한다.

이번에는 임사 체험이 등장하는 신화다. 일차적 맥락에서 이 신화의 기능은 사람들에게 선하고 정의롭게 살도록 노력해야 함을 보이는 것이다(「국가」 613a-b). 우리는 "도덕의 실천"으로 "가능한 한 신과 비슷해질"(613b) 수 있다. 의로운 삶에 주어지는 상은 사는 동안 매우 클 것이다. 그리고 죽은 뒤에는 그 상이 더더욱 클 것이다(614a). 이것이 이 "이야기"가 전하는 교훈이다.[6]

이 신화는 에르라는 남자의 이야기이다. 용감한 팜필리아족 전사 에르는 전투에서 사망했지만 12일 뒤 자기 시신을 화장하려 쌓은 장작더미 위에서 되살아난다. 죽음에서 돌아온 그는 자신이 겪은 임사 체험을 소상히 전한다. 죽는 순간 그의 영혼이 몸에서 빠져나가 다른 수많은 영혼과 함께 신비로운 장소로 이동했는데, 그곳은 하늘에 입구 두 개가 나란히 나 있고 땅에도 입구 두 개가 뚫려 있는 기묘한 곳이었다. 그 중간에 재판관들이 앉아 정의로운지 정의롭지 못한지에 따라 영혼을 하늘에 난 구멍 중 하나를 통해 위로 올려 보내거나 땅으로 난 구멍 중 하나를 통해 내려 보내고 있었다. 에르는 예외였다. 이 심판의 장소에서 무슨 일이 벌어지는지 이승 인간들에게 얘기해 줄 전령 노릇을 하라는 것이었다.

다른 구멍 두 개(위에서 들어오는 구멍과 땅에서 들어오는 구멍)는 어떤 운명을 경험하고 돌아오는 영혼들의 출입구였다. 더럽고 탁한 영혼은 아래쪽 구멍에서 나왔고 순결하고 깨끗한 영혼은 위쪽 구멍에서 들어왔다. 이 두 무리는 무슨 연회에 참석하듯 다 함께 들판으로 가 지난 천 년간 겪은 일을 서로에게 들려주었다. 한 무리는 저 아래에서 겪은 끔찍한 일을 애탄하며 울어 댔고, 다른 무리는 저 위 세상에서 경험한 환상적인 즐거움을 이야기했다. 지하 세계로 간 영혼들은 살면서 지은 죄의 열 배에 해당하는 벌을 받았고, 결백한 영혼들의 선행도 그에 맞게 상을 받았다. 하지만 최악의 죄인들(폭군 혹은 다른 극악한 범죄를 저지른 이들)은 천 년이 지나도 벌받은 장소에서 풀려나지 못했다. 대신 "성질이 불같은 야만인들"이 그들을 묶고, 바닥에 동댕이치고, 매질하고, 가시밭길 위로 끌고 가고, 타르타로스에 던졌다(616a).

이 영혼들은 7일간 들판에서 각자가 천 년 동안 겪은 일을 서로에게 들려준 뒤 운명의 세 여신이 거하는 곳으로 이동했다. 모든 영혼이 인간으로든 짐승으로든 새롭게 환생한 몸으로 다시 살도록 이승에 돌려보내졌다. 제비뽑기로 각자 뽑은 순서에 따라 다음 생을 스스로 결정할 수 있었다. 어떤 이들은 학습이 다소 느린 사람이 그렇듯 나중에 벌을 받게 될 게 빤한 선택임을 깨닫지 못하고, 돈 많고 권세 막강한 사람으로 환생하기를 택했다. 또 어떤 이들은 인간으로 다시 사는 것에 넌더리를 내며 동물로 환생하기를 택했다. 선택의 여지는 얼마든지 있었다.

짐작했겠지만, 지하 세계에서 가장 심하게 고생한 영혼들이 제일 신중하게 선택했다. 그들 중 최선의 선택을 내린 사람은 지혜롭게 살기를 택한 이들이었다. 나중에 상을 받을 테니까. 선택을 모두 마친 후 영혼들은 지시에 따라 망각의 강에서 물을 마신 뒤 새 육신에 깃들었다. 에르는 강물을 마시지 말도록 지시받았고, 대신 어떻게 그랬는지도 모른 채 되살아나 이 이야기를 전한 것이다.

소크라테스는 이 신화를 다음과 같은 교훈으로 마무리한다.

그러니 … 굳이 내 가르침을 구한다면, 우리는 영혼이 불멸하며 모든 지극한 선과 악을 견딜 여력이 있음을 믿어야 하고, 그러니 언제나 위를 향하는 길을 가며 늘, 언제까지나, 지혜롭게 의로움을 추구하며 살아야 한다네 …. 그렇게 하면 여기에서도, 또한 내가 이야기한 천 년의 여정에서도 우리는 잘해 낼 수 있을 걸세. (「국가」 621d)

플라톤이 실제로 임사 체험을 한 에르라는 역사적 인물이 실존했음을 믿지 않듯 자신이 방금 언급한 신화를 있는 그대로 믿지 않는 것 또한 명백하다. 플라톤은 이를 "훌륭한 이야기"라고 하면서, 자기 말을 주의 깊게 들은 사람은 이 이야기가 "신화"임을 알 수 있을 거라고 인정한다. 그가 보기에 이 이야기는 "진실"하지만, 있는 그대로 진실인 건 아니다. 우리가 살면서 부당한 일을 저지르기보다 부당함을 참는 쪽을 택해야 하며 선한 척만 하지 말고 실제로 선하게 행동해야 한다는 진리를 전한다는 점에서는 진실하다. 한마디로 에르 신화는 인간이 어떻게 살아야 하느냐를 이야기하고 있다. 육체 그리고 육체적 욕망이나 열정, 쾌락 대신 도덕과 정의, 지혜를 추구하며 살아야 한다고 말이다.

다만 여기서 강조할 점은 플라톤이 현재 어떻게 살아야 하는가를 가르치기 위해 사후 어떤 일이 일어나는가에 대한 흔한 개념을, 그것도 자기 식대로 변주를 가해 이야기에 섞고 있다는 것이다. 이는 플라톤이 에르 신화를 지어냈다 하더라도 그 신화가 바탕으로 삼은 사후의 상벌 개념은 그가 지어낸 것이 아님을 보여 준다. 그는 기원전 4세기 그리스인들이 아무 저항 없이 받아들였을 법한 사후 세계의 본질에 대한 이해를 차용하고 있을 뿐이다.

그 이해는 다른 수많은 고대 그리스·로마 글에도 담겨 있는 사상이며, 플라톤이 그것을 있는 그대로 진실이라고 믿었건 안 믿었건 당대 많은 사람, 혹은 아마도 대다수 사람이 받아들였을 거라는 추정이 가능하다.

아리스토파네스와 지하 세계 여행하기

때로 저술가들은 자신의 사후 세계관을 곧 죽을 듯 심각하게 피력한다. 그런가 하면 유쾌한 유머를 섞어 펼쳐 보이기도 한다. 죽음을 앞두고 마음껏 웃을 수 있는 사색가들은 언제나 있었다. 그중에는 플라톤보다 약간 나이가 있지만 동시대인인, 유머 감각이 철철 넘치는 희극 작가 아리스토파네스(기원전 450년경~기원전 388년경)도 있다.

우리의 논제와 직접적 관련이 있는 것은 아리스토파네스의 가장 웃긴 희극 중 하나라 할 만한 「개구리」로, 지하 세계행(그것도 평범한 인간이 아니라 디오니소스 신과 늘 그와 동행하는 노예 크산티아스의 저승행)을 서술한 이야기다. 이 희곡은 누가 봐도 풍자극인데, 풍자가 효과를 내려면 대중이 널리 받아들인 관점을 비틀어야 한다. 따라서 이 작품에 나온 지하 세계 생활 묘사 중 일부는 분명 많은 관객에게 공감을 자아냈을 것이다.

이 희곡의 이면에는 매우 진지한 기조가 흐르고 있으며, 이런 기조는 이야기가 생겨난 맥락과 연관이 있다. 기원전 5세기 말 아테네는 펠로폰네소스 전쟁이 정점으로 치달으면서 매우 심각한 정치적,

군사적 위기를 맞고 있었고, 리더십과 현명한 조언이 절실했다. 이런 배경에서 희곡의 플롯이 탄생한 것이다. 디오니소스는 그 나라 위대한 지성인의 입을 통해서만 들을 수 있는, 당장 국가에 절실한 조언을 얻으려고 지하 세계에까지 가서 역사상 가장 위대한 비극 작가를 이승으로 데려오고자 한다. 디오니소스는 유력한 후보 두 명을 만나보겠다고 제안한다. 오늘날까지 소포클레스와 나란히, 기원전 5세기의 위대한 극작가로 거론되는 아이스킬로스와 에우리피데스다. 「개구리」의 후반부는 거의 대부분 이 만남 이야기다. 그러나 전반부는 저승행 여정 그리고 디오니소스와 크산티아스가 저승에서 목격한 광경에 대한 묘사가 대부분을 차지한다.

거의 늘 그렇듯(오디세우스와 아이네아스의 경우에서도 봤잖은가) 저승 여행자는 망자들이 거하는 곳에 가면 가장 먼저 죽은 사람과 어떻게 접촉해야 하는지를 들어야 한다. 그래서 이 작품도 디오니소스와 크산티아스가, 자신에게 주어진 그 유명한 12가지 과업 중 하나를 수행하기 위해 하데스의 땅에 다녀온 반신 헤라클레스를 찾아가는 장면으로 시작한다. 헤라클레스는 그들에게 저승에 가는 법과 일단 도착하면 어떤 일이 벌어질지를 귀띔해 준다. 거기서 벌과 축복을 받는 장소를 보게 될 거라고 했다.

벌 중에는 "거대한 흙탕물 늪과 영원히 흐르는 똥 강"도 있을 것이다.[7] 이런 곳들은 "상당히 불미스러운 인물들이 허우적대는" 거처다. 구체적으로는 손님을 부당하게 대우하거나(고대에는 줄곧 용서받지 못할 죄로 취급되었다), 남색을 하면서 어린 파트너에게 대가를 지불하지 않거나(남색 자체는 널리 용인됐지만 나이 많은 쪽이 어린 쪽을 돌봐 줘야 했다), 부모 중 한 명을 때리거나 아니면 위증의 죄를 범한 이들을 위해 마련된 벌이었다.

이 암시적인 글에는 다른 벌에 대해서는 자세히 안 나와 있다. 다만 어느 시점에서 죽은 자들의 심판관, 신의 아들 아이아코스가 디오니소스를 감히 다시 저승을 찾아온 헤라클레스로 착각하고는, 헤라클레스가 먼젓번 왔을 때 한 짓(지옥을 지키는 개 케르베로스를 훔친 것)에 잔뜩 성이 나 그를 "절벽 저 아래, 스틱스강의 속 시커먼 바위로 던져 버리겠다. 그러면 너는 지옥을 어슬렁대는 사냥개에게 쫓길 테고, 머리 수백 개 달린 독사가 네 창자를 찢어발길 것이며, 타르테소스의 칠성장어가 네 폐를 야금야금 씹어 삼키고, 테이트라스의 고르곤 자매들이 네 신장을 뽑아낼 것"이라고 위협한다. 신의 심판에서 벌받아 마땅하다고 판결을 받는 자들에게는 아주 다양하고 창의적인 끔찍한 고문이 기다리고 있었다.

한편, 여행길에 나서기 전 디오니소스와 크산티아스는 "은매화가 가득 핀 농원과 남녀를 불문하고 신나게 손뼉 치며 돌아다니는 행복에 겨운 거주자 무리"가 있는 밝고 행복한 곳도 발견할 거라는 조언을 듣는다. 이 무리는 "입회자"라 불린다. 여기서는 아리스토파네스가, 학자들이 흔히 "비교秘教"라고 부르는 컬트에 가입한 사람을 칭하는 용어로 쓴 말이다. 비교는 고대 그리스에서 점점 더 인기를 얻었는데, 각 종교 집단에서 섬기는 신 또는 여신의 비밀을 알려면 입회를 해야만 하고 입회한 사람은 신과 친밀한 관계를 누리며 훨씬 나은 사후를 보장받는다.

아니나 다를까 디오니소스와 크산티아스도 망자들이 축복을 받

는 장소에 도착했을 때 기쁨을 주체 못해 노래 부르는 입회자 무리
와 마주친다.

> 어서 들판으로 가자, 장미가 달콤하게 피어 있고
> 발치에 조그만 꽃들이 무성히 자라는 그곳으로
> 축복받은 운명의 세 여신이 우리를 인도하사
> 우리가 웃고 노래하고 놀며,
> 우리 전통 방식대로 다 함께 춤추리라.
> 오, 우리에게만 내리셨으니, 우리에게 주어진
> 이승에서의 나날이 끝났을 때,
> 결코 지지 않는 태양의 찬란함을 바라보는 복이다.
> 우리는 거룩한 신비를 보았고 신의 지령을 들었기 때문이며,
> 또한 동족과 손님에게 똑같이 우리의 의무를
> 성실히 다했기 때문이라.

당연히 이편이 구정물 늪이나 똥 강에 영원히 머무는 편보다 훨
씬 낫다. 다만 몹시 의외인 부분은, 위에서 말하는 것과 같은 황홀경
이 플라톤의 글에 나오는 것처럼 육신의 쾌락보다 철학과 영혼의 선
함을 추구하며 산 사람이 아니라 웬 비교에 입회한 이들에게만 허락
된다는 점이다.

진실과는 거리가 조금 있는 이야기

몇 세기가 흘러 이번에는 그리스가 아니라 로마제국에서, 우리는 앞에서 소개된 위대한 고대 희극작가인 풍자작가 사모사타의 루키아노스를 또 한 번 만난다. 루키아노스가 쓴 대화문은 (플라톤이 쓴 것과 다르게) 매우 짤막하며, 가상의 피조물이 여럿 등장한다. 특히 저승행을, 그것도 한결같이 농담조로 묘사한 이야기가 많다. 이 대화문은 우리가 죽어서 어떤 운명을 맞을지 설명하기보다는 널리 퍼진 추측들을 가져다가 진지한 논점(주로 어떻게 살지 말아야 하는가)을 전하는 유머러스한 그림을 그리는 식이다. 루키아노스는 특히 부자와 막강한 권세를 누리는 자 들이 죽은 뒤 당하는 고문을 즐겨 묘사한다.

루키아노스의 비교적 긴 작품 중 누가 봐도 아이러니하게 "진실한 이야기"라고 제목을 붙인 작품이 있다. 아예 도입부부터 루키아노스는 대놓고 독자들에게, 자신이 이 이야기에서 "눈 하나 깜짝 않고 온갖 거짓말을 늘어놓았다"고 말한다. 뒤에 가서는 "여러분이 내게서 들을 수 있는 유일한 진실은 내가 거짓말을 **하고 있다**는 것뿐이고, 내가 하는 이야기에 일말의 진실도 없음을 솔직히 시인하니, 어떤 방향에서 날아올 법한 공격도 다 피하는 것 같"[8]다고 한다. 이 작품은 루키아노스 본인이 다녀왔다고 주장하는 수차례의 여행에서 겪은 모험 이야기로, 심지어 우주 공간을 여행한 일화도 등장한다 (헤로도토스나 투키디데스 같은 선대 작가들이 쓴 기행문학이나 역사서를 패러디한 것이다). 그 과정에서 루키아노스는 사후 세계로도

한 차례 여행을 다녀오는데, 플라톤의 어떠한 작품보다 더 허구적인 특유의 문체로 서술된다. 루키아노스의 말을 옮기자면 "나는 내가 목격한 적도 다른 누구에게서 들은 적도 없는 것, 존재하지 않으며 존재할 수도 없는 것들에 대해 쓰고 있다. 그러니 독자들은 조심하길 바란다. 단 한 마디도 믿어서는 안 된다!"

이야기는 루키아노스와 동행인들이 지브롤터해협을 지나는 바닷길을 항해하면서 시작되는데, 거기서 그만 그들이 탄 배가 폭풍에 휘말려 공중에 떠오르고 급기야 달에 착륙한다. 거기에는 "달 종족"이 살고 있는데, 이들은 "해 종족"과 전쟁 중이다. 이어서 후대의 어떤 과학소설에 견주어도 모자람이 없을 우주 전쟁 장면이 펼쳐진다. 천신만고 끝에 지구에 돌아온 루키아노스의 배는 이윽고 몸길이가 240킬로미터에 달하는 고래에게 꿀꺽 삼켜지고, 고래 뱃속에서 루키아노스와 일행은 거기에 몇 년이나 갇혀 있던 다른 무리를 만난다. 몇 차례 모험 후 뱃속에서 간신히 빠져나온 그들은 배를 타고 이번엔 사후 세계로 간다.

제일 먼저 일행은 "커다란 불길이 … 봉우리들에서 솟구치고 있는" "다섯 개의 거대한 섬"을 지난다. 딱 봐도 고문이 이루어지는 장소인데, 대충 동시대인이라 할 수 있는 「베드로묵시록」의 기독교도 저자와 다르게 루키아노스는 섬 거주자들이 당하는 다양한 고문을 자세히 묘사하지 않는다. 대신 그는, 최소한 이 작품에서만은, 죽음 후 상받을 자격이 있는 사람들을 위해 준비된 축복에 초점을 맞춘다. 배는 어느 낮고 평평한, 향기를 발하는 섬에 도달한다. 이 섬에는 항구가 수없이 많고, 수정처럼 맑은 강과 들판, 노래하는 새로 가득한 숲이 펼쳐져 있는 데다 상큼한 산들바람이 불고, 악곡과 노랫가락이 흐르는 연회에 사람들이 참석해 한껏 즐기고 있다. 섬에 발을 디딘 일행은 꽃이 만개한 들판으로 슬슬 나갔다가 주민들에게 붙잡히는데, 주민들은 그들을 결박하는 대신 장미꽃으로 꾸며 주고 이 "축복받은 섬"의 지배자에게 데려간다. 일행은 섬에 머무르면서 그곳의 훌륭한 주민들을 위해 열리는 연회에 참석을 허락받는다.

루키아노스는 이 일류 시민들이 기거하는 성읍을 상세히 묘사한다. 성경의 「요한계시록」 21장에 나오는 다가올 세상의 새 예루살렘 묘사에 익숙한 사람이라면, 그곳과 너무 비슷해서 깜짝 놀랄 것이다. 황금으로 만들어진 이 도성은 에메랄드 성벽으로 둘러싸여 있는데, 녹나무로 만든 대문이 일곱 개 서 있고, 도성의 기반과 길은 상아로 만들어졌다. 녹주석으로 만든 신전들도 세워져 있는데, 각 신전 내부에는 자수정으로 된 제단이 마련돼 있다. 성읍을 빙 두르며 흐르는 몰약의 강은 60미터 폭에다 헤엄칠 수 있을 정도로 수심도 충분히 깊다. 도성의 주민에 대해서는 아래와 같이 표현한다.

〔그들은〕 분리되어 있는데, 무슨 말이냐면 육체나 실체가 없다는 뜻이다. 알아볼 수 있을 정도인 윤곽과 형체는 있지만, 그게 전부다. 육신이 없는데도 불구하고 그들은 일어서고 움직이며, 생각하고 말을 한다. 한마디로 그들의 벌거벗은 영혼이 각자 자신의 육신과 비슷한 형체를 입은 채 돌아다니는 것 같다. 직접 만져서 확인하지 않고서는 실제 육체를 보는 것이 아님을 알아챌 수 없을 정도다. 그들은 마치 그림자 같은데, 단 똑바로 서고 색깔도 가진 그림자다. 그

들은 결코 나이 들지 않으며, 여기 도착한 당시의 나이 그대로 머무른다.

섬 자체도 하루 중 언제고 부드러운 빛으로 감싸여 있고, 계절은 늘 봄이다. 저 멀리 시골에는 온갖 꽃과 과수가 그득히 자란다. 포도 덩굴과 나무 들은 연중 열두 번 열매를 맺고 매달 수확한다. 밀대는 밀알을 맺는 대신 줄기 꼭대기에 빵 덩이를 맺어서 마치 거대한 버섯처럼 보인다. 성읍 주변에 365개의 샘물과 365줄기의 꿀, 500줄기의 몰약, 7줄기의 우유, 8줄기의 포도주가 흐른다.

죽은 위인들을 위한 연회는 엘리시온 들판이라 불리는 아름다운 벌판에서 열린다. 주민들은 군데군데 꽃 둔덕에 늘어져 누워 있다. 바람, 그리고 끊이지 않는 악곡 연주와 노래(주로 호메로스의 서사를 읊은 노래)가 여흥을 돋운다. 온갖 반신半神들이 트로이 전쟁의 영웅들 그리고 소크라테스와 나란히 그 자리를 빛내고 있는데, 모두가 다 보는 데서 상대방의 성별을 가리지 않고, 수치심 없이 상대를 바꿔가며 성교한다.

웃음을 의도한 이야기임이 분명하지만, 더불어 꽤 흥미로운 면도 눈에 뜬다. 묘사된 황홀경이 매우 물리적이고 육체적이라는 점이다(플라톤이 강조하고자 했던 것과 정확히 반대된다). 그 개념을 부각하기 위해 루키아노스는, 날카로운 역설을 버무려 진수성찬과 포도주와 난교 한가운데 다른 참석자들과 함께 육신의 영원한 쾌락을 즐기는 소크라테스를 배치한다.

반대론자와 회의주의자: 에피쿠로스

고대 철학자 가운데 몇몇은 이런 사후의 축복과 저주 개념이 매우 불온하며 분열을 조장한다고 봤다(그들 자신에게가 아니라 대중에게 그런 영향을 주는 것을 문제 삼은 것이다). 사후 세계를 그린 이야기와 그런 이야기에 바탕을 둔 믿음들이 실재와 전혀 일치하지 않기 때문에 보통 사람들의 안녕에 해를 끼친다고 보는 소수의 강한 의견이 있었다. 이 제2의 견해에 비추면, 특히 내세의 참혹함에 대한 묘사는 죄 없는 사람들을 공포에 질리게 할 뿐더러 그들 자신의 건강과 행복에 반하는 방향으로 행동하게 유도하는 철저한 허구였다. 이러한 회의적 견해를 피력한 이들 중 가장 주목할 인물은 다름 아닌 그리스의 철학자 에피쿠로스(기원전 341년~기원전 270년)다.

에피쿠로스에게는 오직 육체적 쾌락을 조장하는 데만 관심 있는 향락주의자라는, 사실과 전혀 다른 평판이 시종일관 꼬리표처럼 따라붙었다. 이는 사실 그의 견지를 잘못 해석한 것이다. 고대의 다른 많은 철학자와 마찬가지로 에피쿠로스도 인간이 어떻게 하면 최대 행복을 누리면서 최고의 삶을 영위할 수 있을지 알아내는 데 관심이 있었다. 그가 고통을 피하고 쾌락을 즐기는 삶을 가장 행복한 삶으로 간주한 것은 사실이다. 그러나 야만적이고 방종한 쾌락을 말한 건 아니었다. 오히려 강렬한 쾌락은 고통을 야기할 뿐이며, 이는 인간의 경험이 충분히 증명해 준다고 부연했다. 과음하면 필름이 끊기고 지독한 숙취를 앓는다. 성적으로 문란하게 살면 신체에 심각한 무리가 오는 건 물론, 사회적 트라우마를 얻기도 한다. 미식을 과하게 탐닉하면 몸을 망칠 수 있다. 이런 예는 무궁무진하다. 대신 에피쿠로스는 소박한 쾌락, 이를테면 적당한 음식과 술, 마음 맞는 친구들, 중대하고 흥미를 끄는 주제로 나누는 지적 토론 등을 장려했다.

행복은 인간이 어떤 존재인지 이해하고, 근거 없고 비이성적인 두려움에 정신세계가 지배되도록 내버려 두지 않아야 얻을 수 있는 것이기도 하다. 에피쿠로스는 죽음을 전혀 두려워하지 않는 것이 두려움을 느끼는 것보다 더 비이성적이라고 말한다. 죽음에 대한 두려움이 인간이란 어떤 존재인가, 특히 영혼이 있다는 게 어떤 의미인가에 대한 깊은 오해에서 비롯했기에 그렇다는 것이다.

에피쿠로스는 인간의 영혼이 일종의 물질로 이루어진, 실체가 있는 존재라고 굳게 믿었다. 신체 전반에 분포한 무수한 고운 입자들로 이루어져 있다고 말이다. 그 영혼이 신체와 결합할 때만 인간은 감각할 수 있다. 죽어서 영혼이 육체에서 분리되면 그 미립자들은 그냥 공중에서 분해된다. 그 시점에서 육신은 영혼이 없기에 더 이상 아무것도 느낄 수 없다. 하지만 느끼지 못하는 건 공중에 흩어져서 더는 존재하지 않는 영혼도 마찬가지다.

에피쿠로스는 그가 남긴 글에서, 한 사람이 신체의 일부를 잃어도(예를 들면, 한쪽 손이 절단돼도) 전체로서의 육체는 여전히 감각할 수 있다는 사실을 지적한다. 영혼이 몸을 떠나지 않았기 때문이란다. 그러나 "육신 전체가 파괴되면 영혼은 산산이 흩어져 더는 전과 같은 힘을 갖지 못하며 … 여기에는 감각-인지"[9] 능력도 포함된다. 몸을 떠나 분해된 영혼은 더 이상 존재하지 않는 고로, 상을 받을 수도 벌을 받을 수도 없다. 그냥 사라지는 것이다.

에피쿠로스가 죽음에 대해 두려워할 게 전혀 없다고 거듭해서 말하는 것도 그런 이유 때문이다. 그가 남긴 글 가운데 단편적으로 전해지는 한 작품에서 그가 가장 통렬하게 뱉은 말이자, 그의 고대 전기 작가인 디오게네스 라에르티오스가 인용한 한 구절이 있다. "죽음은 우리에게 아무것도 아니다. 분해된 것은 감각할 수 없고, 감각할 수 없는 것은 우리에게 아무것도 아니기 때문이다."(『저명한 철학자들의 삶Lives of Eminent Philosophers』 10권 139)[10] 잔존하는 몇 안 되는 서한 중 한 통에서 그가 메노이케우스라는 이에게 쓴 내용도 있다.

죽음이 아무것도 아니라는 생각에 익숙해지게. 좋은 것과 나쁜 것 모두 감각적 경험 안에서 이루어지는데, 죽음은 곧 감각 경험의 박탈이니 말일세. 그러니 죽음이 우리에게 아무것도 아니라는 참된 사실을 인지하면, 〔인생에〕 무한의 시간을 더하는 게 아니라 오히려 불멸에 대한 열망을 제거함으로써 필멸의 삶이 더욱 만족스러워진다네. (『저명한 철학자들의 삶』 10권 124)

그의 견지를 더 명료하게 요약한 구절도 있다.

그러니 온갖 나쁜 것 중 가장 무서운 것이라는 죽음은 우리에게 아무것도 아니네. 우리가 존재하면 죽음은 여기 없고, 죽음이 여기 있으면 우리는 존재하지 않으니까. 그런고로 그것은 산 자에게도 죽은 자에게도 상관이 없네. 전자에게는 영향을 안 끼치고 후자

는 이 세상에 존재하지 않으니 말이야. (『저명한 철학자들의 삶』 10권 125)[11]

내세의 영광을 상상하기 좋아하는 이들에게 이런 관념은 그다지 반가운 얘기가 아니었을 터다. 그러나 이는 사후 세계를 두려워하고 그 두려움 속에 사는 사람들을 겨냥한 글이다. 에피쿠로스는 두려워할 게 전혀 없다고 강조한다. 어차피 아무것도 느끼지 못할 테고, 자신이 아무것도 못 느낀다는 것을 알지도 못할 테니까. 이는 바로 소크라테스가 말한 길고도 깊은, 꿈조차 꾸지 않는 잠이다.

실재의 본질에 대한 루크레티우스의 견해

고대 철학자 중에 에피쿠로스의 견해에 설득된 사람은 많지 않았다. 어떤 면에서는, 이 생이 전부일 리 없다는 뿌리 깊은 인간의 의식이 너무 강해서 그런 것 같다. 우리가 아는 한 인간은 언제나 이생이 끝나면 틀림없이 그 너머 다른 생이 있을 거라고 생각해 왔다. 이는 일면 인간 개개인이 (생각이라는 것을 할 수 있었던 이래로) 줄곧 자신이 세상에 존재하는 상태 말고는 다른 상태를 알지 못했고 그래서 결코 경험해 보지 못한, 존재하지 않는 상태를 상상조차 못해 봤기 때문일 수 있다. 이유야 어쨌건, 에피쿠로스에게는 머리에 불이 번쩍 들어오듯 완벽히 말이 됐던 죽음에 대한 관점이 다른 사상가나 대중에게는 호응을 얻지 못했다.

하지만 눈에 띄는 예외도 있었는데, 가장 유명한 예는 200여 년 후 로마인 가운데서 나왔다. 에피쿠로스의 후대 제자인 루크레티우스(기원전 98년경~기원전 55년경)다. 우리에게 단편적으로만 작품을 남긴 에피쿠로스와 달리 루크레티우스는 우리에게 철학서 일체를 남겼으며, 자신이 전 시대를 통틀어 가장 위대한 철학가로 손꼽는 인물의 견지에 영향을 받았음을 자랑스럽게 인정한다. 『사물의 본성에 관하여』라는 이 책은 대담하게도 실재實在의 성질을 설명하려 시도한다. 여기서 루크레티우스는 놀랍도록 선견지명으로 들릴 이론을 전개한다. 이 세상 모든 것, 우리가 경험한 것과 경험하지 않은 모든 것은 무한대로 뻗은 공간에서 무한대의 시간 동안 서로 부딪히다가 우연히 조합된 원자들로 이루어져 있다는 이론이다. 우리도 물질과 시간과 우연의 결과물이고 말이다. 그런즉 언젠가 우리를 구성한 원자들이 결합을 해제하면서 우리도 결국 소멸할 것이다. 더불어, 끝내 사라질 운명인 우리 육체만이 아니라 우리 영혼 역시 소멸할 것이다.

여러 면에서 루크레티우스가 주창한, 모든 실재계의 기본을 이루는 원자 이론은 특정한 목적을 갖고 제시된 것이다. 죽음에 대한 두려움을 불식시키고 죽음 이후의 생에 대한 어떤 어리석은 관념도 타파하겠다는 목적이다. 저서에서도 말했듯, 그는 "한 사람의 인생을 그 토대부터 날려 버려 죽음의 시커먼 그림자로 모든 것을 오염시키고, 어떤 쾌락도 순수하고 온전치 못하게 망쳐 버리는, 지옥에 대한 두려움을 통째로 몰아낼"[12] 의도를 품고 있다. 그는 죽음이 한 사람을 얼마나 강하게 쥐고 흔들 수 있는지 심오한 수준에서 이해하고 있다. "온화한 어둠 속에서도 아이들이 벌벌 떨고 아무것에나 화들짝 놀라듯, 훤한 빛 속에 있는 우리도 그 아이들이 어둠 속에서 자기들을 덮쳐 온다고 상상하는 공포와 같은, 근거 없는 두려움에 때때로 짓눌린다." 그는 이어서 그런 근거 없는 두려움을 어떻게 대처하면 좋을지 설명한다. "이런 염려와 마음의 어둠은 햇살로 부서트릴 수 없고 … 오직 자연의 외적 형상과 내적 작용에 대한 이해로만 없애 버릴 수 있다."

다른 많은 고대 철학자와 마찬가지로 루크레티우스도 물리학 (이 경우 모든 실재계의 기본이 되는 원자)에 대한 이해가 도덕적, 영적 변화를 가져올 수 있다고 믿었다. 그래서 그는 한 인간의 정신과 육체의 관계에 대해 할 얘기가 많다. 그의 견지에 따르면, 정신과 육체는 인간이 성장함에 따라 함께 자라며 따라서 자연히 함께 부패한다. 그는 "우리 손이나 눈, 혹은 콧구멍이 우리와 분리된 채로 감각을 경험하거나 존재할 수 없는 것처럼 … 정신도 육체를 떠나, 그리고 그 자체로 정신을 담는 용기인 그 사람을 떠나 존재할 수 없다"고 주장한다.

바꿔 말하면, 우리 눈알이 뽑혀 나가거나 검지가 절단될 경우 그것은 더 이상 나머지 신체에 연결되어 있지 않으므로 더는 어떤 감각도 느끼지 못한다. 마찬가지로 우리의 영혼이 우리 육신을 떠나면 어떤 감각도 경험할 수 없다. 일단 몸을 떠난 영혼은 어떤 단일의 실체로 존재하지도 않는다. "육신이 소멸하면 그것에 깃들어 있던 영 또한 끝을 맞이한다."

따라서 다음의 현실적 결론은 루크레티우스에게 필연적인 것으로 다가온다. 더 이상 존재하지 않는 사람은 (그 사람이 태어나서 존재하기 **이전에** 고통이나 다른 어떤 감각도 느끼지 않았던 것과 마찬가지로) 고통을 느낄 수 없다. 루크레티우스는 자신이 태어나기 전 몇 세대에 걸쳐 로마를 초토화시켰던 수차례의 전쟁이, 이 작품을 쓸 당시 자신을 전혀 괴롭히지 않음을 지적한다. 그때 자신은 존재하지 않아서 그 전쟁에 대해 아무것도 모르기에 그렇다. 마찬가지로 자신은 죽은 후 존재하지 않을 것이기 때문에 그때에도 아무것도 그를 괴롭히지 못할 것이다. 혹은, 좀 더 구체적으로 말하면, "우리가 태어나기 전 흘러간 영겁의 시간을 돌아보고, 그것이 우리에게 얼마나 아무것도 아닌지 생각해 보라. 그것은 자연이 우리에게 들어 보이는 거울이다. 그 거울에 우리가 죽은 후 흐를 시간이 비쳐 보일 것이다."

이러한 견지는 고대 그리스와 로마에서 가장 교육 수준이 높고 철학적으로 사고하는 경향이 있는 다른 사상가들이 받아들였다. 한 명 예를 들자면, 위대한 로마의 웅변가 키케로는 이렇게 선언했다. "영혼이 필멸의 존재라면, 한 가지 의심의 여지가 없는 점은 … 죽음으로 일어나는 파괴가 너무나 철저해서 감각의 아주 희미한 파편도 남아 있지 않을 거라는 것이다." 그러더니 그는 영혼이 죽는다면, "죽음이 산 자와도 죽은 자와도 아무 상관없을 경우, 무슨 해가 있겠는가? 어차피 죽은 자는 존재하지 않고, 산 자는 죽음이 건드릴 수 없을 텐데"[13]라고 자연스러운 결론을 도출한다.

대중에게 퍼졌던 다양한 믿음

그렇지만 최상류층 철학가라는 고도로 정신 수양이 된 집단에 속하지 않았던 이들은 어떻게 생각했을까? 이를 파악하는 것은 불가능에 가깝다는 것이 드러났는데, 아주 단순한 이유에서다. 평민들은 문자 기록을 남기지 않았기 때문이다. 우리가 알고 지내는 거의 모든 사람이 글을 읽을 수 있고 내용이 어느 정도 말이 되는 편지를 쓸 수준이 되는 오늘날과 다르게, 고대 그리스·로마 시대에는 압도적 다수(인구의 85 내지 90퍼센트)가 글을 몰랐다.[14] 그럼 당대 사람들이 어떻게 생각하고 믿었는지 어떻게 알 수 있을까?

한 가지 확실한 방법은 그 문제를 가지고 글을 쓴 상류층 엘리트 집단이 자기 목소리를 내지 못하는 그 집단에 대해 뭐라고 썼는지 살펴보는 것이다. 문제는 부유한 귀족이 자신의 입장에서 하층민, 소외 계층으로 간주되는 사람들(즉, 자기 가족 및 친구, 자신과 동류를 제외한 나머지 전부)의 관점을 공정하게 대변했을 것으로 전적인 신뢰는 할 수 없다는 것이다. 그렇긴 해도 어느 정도 적중한 듯 보이는, 당시 널리 퍼진 관점들을 논의한 문헌 자료가 존재한다. 이렇게 말할 수 있는 이유는 해당 문헌의 필자가 그저 남들이 이런 생각을 하더라고 자기 입장에서 넘겨짚은 바를 정리한 게 아니라 오히려 사람들에게 그런 생각을 고쳐야 한다고 설득하고 있기 때문이다. 그렇게 말하려면 필자가 사람들이 흔히 어떤 말을 하는지 알고 있거나 아니면 안다고 믿어야 한다.

2세기에 활동한 철학자이자 사제 플루타르코스가 쓴 글도 여기

해당한다고 볼 수 있다. 플루타르코스는 평범한 대중 가운데 지나치게 "미신적인" 부류, 사후 세계의 "불사의 악마들"과 "결코 그치지 않는" 고문을 두려워하는 부류를 비판하는 논설을 썼다.

> 불의 강과 스틱스강의 지류들이 한데 엉켜 있고, 어둠은 음산한 외관과 애처로운 목소리로 상대를 덮치는 수많은 환상적 형상의 유령으로 가득하며, 이것들 말고도 심판관과 고문관들, 수를 다 헤아릴 수 없는 화화(禍)로 우글거리는, 쩍 벌어진 골짜기와 깊은 협곡 들이 있다. (『모랄리아*Ethica Moralia*』 「미신에 관하여」 4)

분명, 에피쿠로스의 사상을 배웠더라면 훨씬 개선됐을 부류 같다. 그건 둘째 치고, 저런 관념이 널리 퍼져 있었을까? 나는 그랬을 거라고 본다(딱 오늘날 퍼져 있는 만큼, 아니 어쩌면 지금보다 훨씬 더 광범위하게 퍼져 있었을 것이다). 하지만 어디까지나 추측이다.

우리에게 일반 대중의 견해를 알려 줄 문헌적 증거가 별로 없어서, 학자들은 문헌 바깥으로 눈을 돌렸다. 교육받은 상류층이 아닌 평범한 사람들이 어떤 믿음을 가지고 있었을지 단서를 줄 법한 고대 유물이 그것이다.[15] 언뜻 생각하면 꽤나 유용한 접근법 같다. 예를 들어, 무덤 근처에 어떤 종류의 물건이 남겨졌는지 보면 당대 사람들이 고인의 육신이 어떻게 된다고 믿었는지에 대한 지표가 될 듯하다. 그 부분에서는 고고학자들이 실로 놀라운 성과를 거뒀다. 그리스·로마 시대 전반에 걸쳐 고인의 가족들이 고인의 개인 소지품이나 조리 용기 따위를 무덤 안 혹은 주변에 남기는 것이 흔한 관례였음을 밝혀낸 것이다. 이는 망자가 건너편 세계에서도 생전에 자신이 아끼던 물건을 소지하기를 원한다고, 그리고 어쩌면 자기가 먹을 음식을 만들어야 할지도 모른다고 유족들이 믿었음을 보여 주는 것 아닌가?

분명 그런 의미일 **수도** 있다. 헌데 유물을 연구할 때 문제점이 유물은 말이 없다는 것이다. 도통 자기 나름의 해석을 내놓지 않는다. 그래서 온갖 해석이 가능하다. 내 아버지가 돌아가셨을 때 우리 가족은 아버지가 생전에 아끼시던 담배 파이프를 함께 묻어 드렸는데, 그렇다고 우리가 아버지가 저세상에서도 파이프 담배를 시원하게 피우고 싶어 하실 거라고 생각한 건 아니었다. 고대에도 마찬가지였을 것이다. 고인이 아끼던 물건이나 유용한 물건은 단순히 기념으로 넣었을 것이다.

현대에 널리 언급되지 않은 어떤 현상도 마찬가지다. 고고학자들은 고대 그리스·로마 유적에서, 구멍으로 연결된 관이 땅 표면까지 올라와 있어 망자를 위해 음식을 흘려보낼 수 있게 생긴 무덤을 수없이 발굴했다. 보기에는 굉장히 기이하지만, 망자도 배고프거나 목마를 테고 누군가 때때로 생전 좋아하던 먹을거리를 넣어 주면 고마워할 거라고 믿었다는 뜻 아닐까? 이번에도 그런 해석이 전적으로 말은 되지만, 그렇다고 그게 맞는 것은 아니다. 예를 들어 오늘날에도 제삿술을 무덤에 붓는 관례가 있다(그런데 이는 망자가 생전에 좋아하던 위스키를 때때로 마시고 싶어 할 거라고 믿어서 그러는 게 아니라 추모 의식 같은 거다).[16]

고대 그리스·로마에서 우리에게 전해 내려온 유물 가운데 가장

도움 되는 것은 바로 비문碑文, 곧 묘비에 새긴 글이다.[17] 현재까지
전해지는 고대 각문刻文이 수백 수천만 건에 이르는데, 조사해 보니
대다수가 비문이었다. 이런 비문은 실제로 유용하긴 한데, 난감한
문제가 따른다. 일부가 닳아서 읽을 수 없게 된 비문이 너무 많다.
그나마 읽을 수 있는 비문도 대부분이 식별 가능한 글자 몇 개 또는,
잘해야 고인의 이름 정도뿐이다. 고인이 맞을 운명이 어떠했으리라
는 유족들의 믿음에 대해 확실한 단서를 주는 문구는 극히 적다. 게
다가 사후 세계를 언급한 것조차 매우 정형화된 구절들이라서, (고
대식 "영면하소서" 같은) 상투적 글귀만 제공할 뿐이다. 더 많은 정
보를 제공하는 비문들은 대개 다양한 방면으로 해석할 수 있는 구절
들이다.

그래도 쓸 만한 표본이 더러 있다. 고인의 사후 세계를 꼭 집어
언급한 비문은 (전체 표본의 극히 일부에 해당하는데) 거의 항상,
육체는 죽고 영혼은 다른 어딘가로 가서 살 거라고 추정하고 있다.
"영혼은 … 멀리 날아갔고"라든가 "고인의 영혼은 육신에서 해방되
었으니" 또는 "공기가 그들의 영혼을 데려갔고 흙은 육신을 데려갔
으니" 등의 글귀가 담긴 각문이 많다. 현대의 부고용 글귀가 그렇듯,
애도하는 유족들이 준비한 각문이 부정적인 말을 담은 경우는 매우
(극히) 드물다. 어떤 어조가 감지된다 해도, 하나같이 희망적이고
긍정적인 어조다. 그래서 고인이 "축복받은 자들의 곁"이나 "고매하
신 제우스의 집"이나 "하늘에 있는 불멸의 거처"로 간다는 내용의
각문이 주로 발견된다.

주목할 점은, 고인이 지옥 불에 구워지고 있다는 비문은 없을지

언정 사후 세계의 존재를 아예 부정하는 에피쿠로스와 궤를 같이 하는 비문은 더러 있다는 것이다. 이런 각문은 아이러니하게도 고인이 산 자들을 향해 던지는 말인 척하는 경우가 많다. 예를 들어 어느 짤막한 비문은 이렇게 말한다.

> 내가 누군지 궁금하다면, 재
> 그리고 타다 남은 등걸불이라고 하겠다.

또 하나는 다소 길다.

> 우리는 아무것도 아니다.
> 봐라 읽는 자여, 우리
> 필멸의 인간이 얼마나 빠르게
> 무無에서 무로 돌아가는지를.[18]

이런 유의 각문 중 내용이 가장 풍성하고 흥미로운 사례는 아무나 무덤가를 지나가는 사람을 향해, 어떤 형태의 사후의 삶도 꽤 강하게 부정하는 다음의 글이다.

> 나그네여, 내 묘비를 그냥 지나치지 말고 거기 서서 들어 보게. 진실을 알게 된 다음에야 발길을 계속해서 옮기게. 하데스의 땅에는 배가 없고, 스틱스강의 뱃사공 카론도 없으며, 열쇠를 지키는 아이아코스도, 케르베로스라는 이름의 개도 없네. 죽어서 땅 밑으로 내

려간 우리 모두 그저 뼈와 재뿐. 다른 건 아무것도 없다네. 내가 한 말은 사실이라네. 이제 물러가게 나그네여, 행여나 내가 죽어서도 말이 너무 많다 생각지 않도록.[19]

내가 늘 이것보다 더 재미있다고 (그리고 감동적이라고) 느끼는 비문이 하나 있다. 현대의 "R. I. P."("Rest In Peace고이 잠드소서"라는 뜻으로, 이 구문 자체도 requiescat in pace라는 라틴어에서 온 것이다)만큼 고대에 널리 쓰인 일곱 글자 라틴어 약어다. 바로 "n. f. f. n. s. n. c"이다. 해석하면 에피쿠로스와 루크레티우스 그리고 그 후계자들이 채택하고 설파한 유물론적 견지를 가장 의미심장하게 압축한 말이 된다. non fui, fui, non sum, non curo, "나는 없었다. 나는 있었다. 나는 이제 없다. 개의치 않는다."

5장

히브리 성경과 죽음 후의 죽음

고대 이스라엘의 사후 세계관은 주변 이교 세계의
사후 세계관과 사뭇 달랐다는 견해가 학자들 사이에서 종종 거론되
며, 이러한 견해는 널리 퍼져 있기도 하다. 어쨌거나 고대 이스라엘
사람들은 근본적으로 다른 종교, 이스라엘 민족을 당신의 백성이라
일컬은 단 한 명의 창조주를 섬기는 유일신교를 믿었으니 그럴 만하
다. 실제로 고대 이스라엘의 사후 세계관에는 뚜렷한 특징이 많다.
그러나 고대 그리스·로마의 사후 세계관과 유사한 점 또한 수없이
많다.

공통점 중 하나는 죽음의 불가피함과 불가역성에 대한 뿌리 깊
은 믿음이다. 이는 히브리어 성경의 여러 구절에도 드러나는 관점
이다. 기원전 10세기 초 무렵으로 추정되는 시기에 벌어진 사건들
을 기록한 「사무엘하」에도, 한 이름 모를 여성이 다윗 왕에게 죽으
면 모든 게 끝이라는 사실을 상기시키면서 아들 압살롬이 저지른 흉
악한 죄를 용서하라고 설득하는 장면이 나온다. "우리는 필경 죽으

리니, 땅에 쏟아진 물을 다시 담지 못함 같을 것이오나."(「사무엘하」 14장 14절) 모두가 아는 진부한 소리를 딱 적절한 그림으로 표현한 구절이자, 고대식 화법으로 풀어놓은 엔트로피법칙(고립된 물리계에서 엔트로피가 계속 증가하고 그에 따라 무질서의 정도도 증가하여 결국 우주의 종말을 향해 간다는 법칙.— 옮긴이)이라 하겠다. 즉, 생명은 한 번 산화하면 다시는 되돌릴 수 없다는 얘기다.

회의주의자로 유명한 욥도 그 못지않게 선명한 그림을 그려 보였다.

> 물이 바다에서 줄어들고 강물이 잦아서 마르듯,
> 사람이 누우면 다시 일어나지 못하고
> 하늘이 없어지기까지 눈을 뜨지 못하며
> 잠을 깨지 못하느니라. (「욥기」 14장 11-12절)

고대 이스라엘 전통이 낳은 이 위대한 시인에게 생이란 한번 죽으면 다시 오지 않는 것이다. 죽음 후 삶은 없다. 죽음 후에는 오직 죽음만 있을 뿐.[1]

죽음의 성질

고대 이스라엘인에게 죽음이 불가피한 것이었다는 건 그렇다 치고, 그래서 죽음이 무엇이란 말인가? 히브리어 성경 전반에 걸쳐,

죽음은 인간에게서 생명이 떠났을 때 일어나는 일이라고 나온다. 그래서 「시편」의 저자도 분명히 닥쳐올 그것을 통탄하며 하나님께 이렇게 기도한다. "주께서 그들의 호흡을 거두신 즉 그들은 죽어 먼지로 돌아가나이다."(「시편」 104편 29절) 여기서 그는 죽은 이가 "어디로 간다"고 말하지 않는다. 대신, 원래의 먼지로 돌아간다고 말한다. 인간은 원래 흙으로 만들어졌으니(「창세기」 2장 7절), 돌아가는 곳도 그곳이다.

이는 플라톤으로 가장 명료히 대표되는 고대 그리스 사후 세계관과의 핵심적 차이점이다. 고대 이스라엘인들은 영혼 불멸설을 지지하지 않았다. 그들에게 영혼은 본질상 불멸이라 영원히 존재할 운명인 것이 아니다. 이들 고대 히브리인의 사상에는 고대 그리스인이 말하는 "영혼"이라는 것이 없었다. 이는 용어가 사용된 양상에서 확인할 수 있다.

그리스어 프시케와 가장 근접한 히브리어 단어는 네페시nephesh다. 그런데 네페시는 육신에 대비되는 의미의 영혼이 아니다. 히브리 인류학은 ('육신과 영혼' 식으로) 이원론적이 아니라, 일원론적이었다. 네페시는 "생명력" 또는 "생", 나아가 "숨" 같은 것을 의미한다. 인간을 떠나 육체와 따로 떨어져 존재할 수 있는 실체가 아니다. 오히려 육체를 살아 있게 해 주는 것이다. 육체는 숨쉬기를 멈추면 죽은 물질이 된다. 현대식 표현으로 설명하면, 우리가 호흡을 멈추면 우리의 숨은 다른 어딘가로 이동하지 않는다. 그냥 멈춘다. 히브리 문화의 네페시도 마찬가지다. 네페시가 없는 사람은 그냥 죽는 것이다.

그렇다면 그 사람은 다른 어떤 의미로라도 계속 사는 것일까? 이 질문에 대한 답은 히브리어 성경에서 어느 구절을 읽느냐에 따라 달라진다.

히브리 성경에 등장하는 죽음의 장소들

유대교 경전에는 사람이 죽으면 어떻게 되는지에 대한 다양한 관점이 나온다. 가장 흔한 것은 사람이 죽으면 그냥 "죽음"으로 간다는 표현이다(이 표현은 성경에 수천 번 등장한다). 더 잘 알려져 있으나 사용 빈도는 훨씬 낮은 표현으로 인간의 최종 정착지를 "스올"이라 일컫은 구절이 있는데, 그 의미와 어원을 두고 아직도 논쟁이 진행 중이다. 히브리어 성경에는 스올이 60번 이상 등장하는데, 비판적 성서학자들은 스올이 요즘 사람들이 말하는 "지옥"을 뜻할 리 없다는 데 만장일치를 보인다. 구약 전체를 통틀어 영원한 징벌이 이루어지는 장소를 언급한 구절은 어디에도 없다. 아니, 아예 (많은 이에게 충격으로 다가올 법한 사실인데) 히브리어 성경 전체에서 죽은 사람이 상과 벌을 받는 장소로 천국과 지옥을 언급한 구절은 단 한 군데도 없다.

성경을 읽어 본 사람들은 대부분 스올을 유대교의 저승 정도로 생각할 것이다. 우리 모두가 죽으면 가는 곳이자 모두가 똑같은 취급을 받는 어렴풋한 장소, 아무 일도 일어나지 않으며 거기 거하는 이들이 사실상 끝없이 지루함에 시달리는 시시하고 재미없는 지하 세계라고 말이다. 그러나 사실 스올을 언급한 성경 구절 거의 대부분에서 그 단어는 죽은 사람이 묻히는 곳(즉, 무덤 또는 구덩이)을 지칭하는 또 다른 용어에 불과할 수 있다.

이는 스올을 언급한 구절이 몰려 있는 「시편」처럼, 구약에서 유달리 시적인 장章들에서 시종일관 확인된다. 이 문제에 대해 내가 이야기하는 바를 더 명확히 이해하려면, 히브리어 시에 두드러진 문학적 특징 한 가지를 먼저 짚고 가야 한다. 「시편」이나 「잠언」, 「욥기」 같은 서의 시 그리고 예언자들이 미래에 닥칠 일을 장황하게 늘어놓은 구절들은 평범한 영문 시처럼 각운 형식을 사용하지 않았다. 행의 끝 '음'을 맞추는 대신, 히브리어 시는 행에 들어가는 '개념'을 맞춘다고 할 수 있다. 시인이 개념 운을 맞추는 방법은 여러 가지가 있었는데, 가장 흔한 건 평행한 행에 같은 개념을 서로 다른 단어로 표현하는 형식이었다. 이 형식에서는 2행이 1행에 담긴 개념을 그저 반복하기만 한다. 이런 '동의어적 대구법' 사용은 히브리어 성경의 어떤 장에서나 찾아볼 수 있다. 한 예로 「시편」 2편의 구절을 보자.

어찌하여 이방 나라들이 분노하며
민족들이 헛된 일을 꾸미는가?
(「시편」 2편 1절)

여기서 보이듯 2행은 같은 의미를 단어만 달리해 1행을 보강하는데, '이방 나라들-민족들', '분노하다-일을 꾸미다'처럼 약간의 부연을 더하기도 한다. 다음 행도 마찬가지다.

세상의 군왕들이 나서며
관원들이 서로 꾀하여 …
〔그러나〕 하늘에 계신 이가 웃으심이여,
주께서 그들을 비웃으시리로다.
(「시편」 2편 2절, 4절)

이렇게 나란히 배치된 행에 "군왕들-관원들", "나서다-꾀하다", "하늘에 계신 이가 웃으신다-주께서 그들을 비웃으신다" 식의 대구가 나온다.

이 특징을 나는 특히 강조하고 싶은데, 히브리어 시를 해석할 때 핵심적 요소이기 때문이다. 동의어 대구 형식에서 두 행에 담긴 개념은 각각 다른 단어로 표현되었더라도 근본적으로 의미는 같다. 그리고 이는 고대 이스라엘 시인들이 "스올"을 뭐라고 생각했는지 이해하는 데 대단히 중요하다. 보통 스올은 정확히 "구덩이"와 "무덤", 즉 육신이 묻히는 곳을 뜻하는 단어와 대구를 이룬다. 이런 구절에서는 스올이 영혼들이 모여 영원한 지루함을 견디는 장소를 칭하는 용어로 사용되지 않은 것으로 보인다. 예를 들어 「시편」의 저자는 심지어 한 구절에서, 때 이른 죽음에서 자신을 구해 준 하나님께 감사하며 이렇게 말한다.

이는 주께서 내 영혼을 스올에 버리지 아니하시며
주의 거룩한 자를 구덩이에 들어가지 않게 하실 것임이니이다.
(「시편」 16편 10절)

주님께 순종하지 않은 어리석은 자에 대한 단상이 실린 다른 구절에서도 확인할 수 있다.

> 그들은 양 같이 스올에 두기로 작정되었으니
> 죽음이 그들의 목자일 것이라.
> 무덤으로 곧장 가리니 …
> 스올이 그들의 거처가 되리라.
> (「시편」 49편 14절)

여기서 스올의 동의어는 "사망"과 "무덤"이다.

모든 고대 이스라엘 저술가가 스올을 단순히 시체가 묻히는 곳으로 여겼다고 주장하지는 않겠다. 어떤 이들은 더 넓은 의미의 은유로 확장해, 스올을 사람들이 가는 "장소"로 생각했을 것이다.[2] 그래서 이스라엘 민족 원로들은 "스올로 내려간다"고 말하며(「창세기」 37장 35절과 42장 38절을 예로 들 수 있다), 이스라엘 태생의 배신자들 한 무리는 산 채로 땅에 삼켜져 스올로 끌려 내려간다(「민수기」 16장 30-33절). 물론 이 저자들이 스올을 실제 죽은 자들을 가둬 두는, 절대로 탈출할 수 없는 일종의 우리로 생각했을 가능성도 있다. 반면에 어쩌면 스올의 이러한 쓰임은 은유적 용법, 그러니까 그저 사람이 죽어 땅에 묻힌다는 사실을 나타낸 것에 불과했을 가능성도 있다. 그래서 "내려간다"[3]는 표현을 붙인 것이다.

스올의 본질

스올이 장소였든 대체로 그저 무덤을 의미했든(내 생각엔 후자가 더 그럴듯하다) 히브리 시인들은 스올을 자주 언급하곤 했지만, 좋은 쪽으로 언급한 적은 없었다. 의로운 자가 상을 받는 장소가 아니었던 것은 분명하다. 오히려 스올은 최대한 끝까지 피해야 할, 죽음의 세계였다. 그곳이 너무 지루해서 그런 게 아니었다. 사실상 비존재의 상태가 될 때까지, 생이 철저히 축소되기에 그런 것이었다. 우리가 존재하지 않으면 삶의 온갖 좋은 것들을 누리지도 못하지 않는가.

고대 이스라엘 사람들에게 이는 주님이 그분의 백성에게 내려주신 모든 것을 누리지 못하게 됨을 뜻했다. 나아가 하나님을 찬양하지도, 그분이 베푸시는 모든 것에 감사할 수도 없게 된다. 하나님이 하시는 일이 죽은 자들에게는 하등 해당이 없으니 말이다. 하나님은 철저히 산 자들하고만 교류하시니까.

그런 이유로 스올을 묘사하는 단어들은 음울하다. 고통과 관련된 장소라서가 아니라, **무엇과도** 관련되지 않은 곳이라 그렇다. 그곳은 "잊음"(「시편」 88편 12절)의 세계고, "적막"(「시편」 115편 17절)과 "흑암"(「욥기」 17장 13절)의 세계다. 심지어 거기에는 하나님도 안 계시며, 그곳에 거하는 망자들은 이미 죽었으니 하나님을 찬양할 수도 없다. "죽은 자들은 여호와를 찬양하지 못하나니, 적막한 데로 내려가는 자들은 아무도 찬양하지 못하리로다."(「시편」 115편 17절) 산 자의 땅에서 떨어져 나왔기에 스올, 곧 무덤에서는 누구도 하나님의 사랑과 존재를 경험할 수 없다.

> 나는 무덤에 내려가는 자 같이 인정되고
> 힘없는 용사와 같으며
> 죽은 자 가운데 버려진 이들과 같고
> 죽임을 당하여 무덤에 누운 자 같으니이다.
> 주께서 그들을 다시 기억하지 아니하시니
> 그들은 주의 손에서 끊어진 자니이다.
> (「시편」 88편 4-5절)

무덤에서는 모두가 문자 그대로 생명이 없으니, 하나님도 더는 그들을 생각하지도 기억하지도 않는다. 하나님의 사랑은 죽은 자들 사이에서 발견할 수 없다(「시편」 88편 11절). 이는 하나님이 산 자들의 신이지, 스올에 거하는 자들을 위한 신이 아니기 때문이다. "사망 중에는 주를 기억하는 일이 없사오니, 스올에서 주께 감사할 자 누구리이까?"(「시편」 6편 5절) "구덩이에 들어간 자가 주의 신실을 바라지 못하"(「이사야서」 38장 18절)기에 그렇다. 혹은, 외경 중에 ('시락'이라고도 불리는) 「집회서」에서도 이렇게 말한다.

> 저승에서 누가 가장 높으신 분을 찬양하리오?
> … 죽은 자들로부터는,
> 더 이상 존재하지 않는 자에게서와 같이,
> 감사드림이 멈추었도다.

멀쩡히 살아 있는 자들만이 주님을 찬양하노라.

(「집회서」 17장 27-28절)

이 모든 것이 오래도록 충만한 삶을 누리는 게 중요한 이유이자 스올을 가능하면 오래 피해야 할 이유이다. 이는 자신을 그곳에서 구해 준 하나님을 말끝마다 찬양하는 히브리 시인들의 시구에도 잘 나타나 있다. 그들이 영원한 지옥 불을 피해 천국에 가기를 바라서 그런 게 아니다. 구약에서는 의로운 자가 죽은 후에 받는 영원한 축복도, 악한 자가 받는 영원히 지속되는 벌도 언급되지 않는다. 대신 구약의 시인들이 하나님을 찬양하는 건 자신들이 조금 더 오래 살도록, 그럼으로써 조금 더 오래 하나님을 찬양할 수 있게 해 주어서다. 또한, 우리에게 이런 구절이 전해지는 이유이기도 하다.

이는 내게 향하신 주의 인자하심이 크사
내 영혼을 깊은 스올에서 건지셨음이니이다.

(「시편」 86편 13절)

이런 구절도 마찬가지다.

여호와께서 나를 죽음에는 넘기지 아니하셨도다.

(「시편」 118편 18절)

이것도 있다.

> 여호와여, 주께서 나를 스올에서 끌어내어
> 나를 살리사 무덤으로 내려가지 아니하게 하셨나이다.
> (「시편」 30편 3절)

「시편」을 쓴 선지자는 하나님이 자신을 때 이른 죽음에서 구하사 길고 충만한 삶을 살게 해 주신 것에 안도하고 있다. 길고 충만한 삶을 산 사람은 만족한 채 세상을 떠날 수 있다. 바랄 수 있는 모든 것을 얻었으니 말이다.

어떤 작가들에게는 죽음의 현실이 생을 최대한 연장시킬 동기로 작용한 듯하다. 히브리어 성경 중 가장 회의주의적인 서書 중 하나인 「집회서」를 읽어 보면 그것을 알아챌 수 있는데, 솔로몬 왕임을 자처하는 「집회서」의 저자는 충격적인 심상을 던지면서 자신의 견해를 밝힌다. "산 자들과 함께하는 사람에게는 희망이 있나니, 살아 있는 개가 죽은 사자보다 낫기 때문이다."(「집회서」 9장 4절) 그러더니 그렇게 생각하는 이유를 말한다. "산 자는 자신이 죽을 것을 알지만 죽은 자는 아무것도 모른다. 그들은 더 이상 상도 받지 못하니, 그들에 대한 기억마저 사라져 버렸다."(「집회서」 9장 5절)

그러나 성경 어디에서도 길고 충만한 삶을 산 사람이 죽을 때 어떤 종류든 후회를 느낀다는 암시는 찾아볼 수 없다. 히브리어 성경 연구자 존 레벤슨도 이 점을 강조했는데, 그는 노인이 맞는 죽음이 무슨 짓을 해서라도 피해야 할 끔찍한 운명이었다면 「욥기」가 "욥은 수壽를 누리고 만족스럽게 죽었노라"라고 상쾌하게 끝나지 않았을 거라고 주장한다. 대신, 이제 죽음을 맞은 욥이 눈물 찔끔 날 정도로 끝없이 권태롭고 영원토록 비참한, 아주 끔찍한 시간을 보내고 있다는 구절을 덧붙였을 것이다.[4]

무덤 너머 생의 암시

히브리어 성경은 통째로 한 편의 글이 아니다. 몇 세기에 걸쳐 저자 여럿이 품었던 광범위한 견지를 담은 문헌이다. 그렇기에 이 유대교 경전의 저자 모두가 죽음을 이야기의 끝으로 생각했던 건 아니다. 시의 성격을 띠는 서에서 스올을 언급한 구절 말고 다른 구절에서는, 죽은 자가 어떤 의미로든 이승을 떠난 후에도 계속 살아감을 암시한 부분이 발견된다.

특히 눈에 띄는 건 모세의 율법을 설명한 구절에서, 어떤 상황에서도 "죽은 자"와 접촉하거나 교류하지 말라고 고대 이스라엘인들에게 경고하는 내용이 여러 차례 나온 것이다. 예를 들면 이런 명령이 나온다. "너희는 영매와 주술을 행하는 자를 믿지 말고, 그들을 추종하여 스스로 더럽히지 말라 ···."(「레위기」 19장 31절) 여기서 영매와 주술을 행하는 자는 고대 판 '해리포터'를 말하는 게 아니다. 죽은 자와 접촉해 조언을 구하는 능력이 있는 사람을 말하는 것이다. 이는 「신명기」에 더 분명하게 설명되어 있다. "너희 가운데 ··· 점쟁이나 길흉을 말하는 자나 ··· 주술사나 령과 혼을 교접하는 사람이나 죽은 자들에게서 신탁을 받는 자를 너희 가운데 용납하지 말라."(「신명기」 18장 10-11절) 당연히 죽은 사람이 더 이상 존재하지 않는다면 그 사람과 의논할 수도 없다. 따라서 「욥기」와 「시편」, 「집회서」를 쓴 교육받은 상류층 저자들이 뭐라고 생각했건, 다른 고대 이스라엘인들은 죽은 사람도 여전히 어떤 형태로든 존재하며 산 사람과 (위법적으로라도) 소통할 수 있다고 믿었다.

이를 가장 명백히 보여 주는 일화가 구약성경 전체에서 유일하게 죽은 사람과 상담하기 위해 일시적으로 그를 되살리는 장면이 나오는 일화, 곧 「사무엘상」 28장의 유명한 "사울과 엔도르의 무당" 이야기이다. 이스라엘왕국 최초의 왕 사울은 순탄치 못한 시간을 보내고 있다. 아직 청년에 불과한 나이에 위대한 선지자 사무엘에게 기름 부음을 받아 왕이 됐지만 그가 나라를 다스리는 동안 온갖 골치 아픈 문제들뿐이었다. 그 문제 중 다수는 사울 자신의 변덕스런 성정과 일관성 없는 태도가 원인이었다. 와중에 젊은 신출내기 다윗이라는 자가 대중에게서 엄청난 인기를 끌고 있었고, 이에 사울은 백성들이 봉기를 일으킬까 걱정한다. 여기에 더 심각한 문제까지 터진다. 이웃한 적국 팔레스티나(블레셋)가 군대를 소집해 이스라엘을 덮칠 준비를 하고 있다는 것이다. 이 대치 상황에서 이스라엘왕국에는 별로 승산이 없어 보였다. 그렇기에 사울은 지도력을 발휘해 위기를 극복하기 위한 신의 조언이 필요했다.

하지만 믿음직한 고문 사무엘은 죽고 없다. 그래서 하나님께 혜안을 내려 달라고 기도했지만 하나님은 대답이 없으시다. 그래서 사울은 이번에는 신의 뜻을 알아내는 전통적 수단을 동원한다. 바로,

신비로운 '우림Urim'이다. 당시 신탁을 하고 답을 듣기 위해 제비(성경에 나오는 우림과 둠밈Thummim을 말하는데, 각각 '빛'과 '완전'을 뜻한다.— 옮긴이)를 뽑는 풍습이 있었던 모양이다. 하지만 그것조차 효과가 없었다. 사울은 불법적 수단으로 조언을 얻어야겠다고 결심한다. 죽은 사무엘에게 도움을 청하기로 한 것이다. 그런데 한 가지 큰 문제가 있다. 이런 유의 강령술은 모세의 율법에 금지돼 있을 뿐 아니라, 다름 아닌 사울 왕 자신이 이스라엘에서 모든 신접자나 무당의 활동을 금지하도록 명령했던 것이다.

그래도 어쨌거나 그는 절박하다. 사울 왕은 목전에 닥친 전투에서 격전지가 될 지점 근처인 엔도르라는 마을에 용한 영매가 있다는 소문을 듣는다. 사울은 짐작 가능한 이유로 변장을 하고서 그 영매를 찾아간다. 불법인 신접을 요청한 손님이 애초에 그 행위를 불법화한 이 나라의 왕임을 영매가 알아 봐야 좋을 것이 없으니 말이다. 사울이 접근해 신접을 청하자 영매는 당연히 저어한다. 모세의 율법에 혼접魂接한 주술사는 사형에 처하라고 되어 있기 때문이다. 그러나 당신이 어떤 피해도 받지 않도록 하겠다고 잠재 고객이 한사코 맹세하자, 영매는 청을 받아들이고 일종의 강령술을 펼쳐 사무엘을 "땅에서" 불러 올린다. 아니, 정확히는 "엘로힘"이 올라왔다고 되어 있다.

"엘로힘"은 히브리어로 신을 뜻한다(보통은 '이스라엘의 하나님'을 칭하는 말로 쓰이지만, 다른 신적 존재를 칭하는 말로도 통용된다). 원문의 저자가 하나님의 예언자 사무엘을 반신반인의 존재로 상정했든가 아니면 사무엘이, 아니면 그냥 죽은 예언자들만, 어떤 식으로든 신적 존재로 격상되었다고 독자인 우리가 믿기를 의도한 듯하다. 어쨌든 나타난 것은 신적 존재가 된 사무엘이다.

이 신적 존재가 땅에서 올라왔다고 정확히 말하고 있는 것이 굉장히 흥미로운 부분이다. 이 이야기에서 "스올"이라는 단어는 등장하지 않으며, 원문이 독자로 하여금 사무엘이 지하에 있는 모종의 큰 공동체에서 지내고 있는 모습(도대체 뭘 하면서?)을 떠올리게 의도한 것인지 아니면 무덤에서 쉬고 있었다고 생각하게 하려는 것인지 분명치 않다. 원문의 어휘 사용을 보면 후자가 더 말이 된다. 게다가 이 혼령의 정체를 곧바로 알아채는 것도 주목할 만하다. 그가 로브를 입은 노인 모습으로 나타나자, 사울은 그가 진정 사무엘임을 바로 알아본다. 이 이야기에서도, 우리가 앞서 살펴본 고대 그리스·로마 문학작품들에서와 같이, 고인은 살아생전 모습을 그대로 유지하고 있다. 이 경우 사무엘은 생애 마지막 순간과 똑같은 모습이다.

더 의외인 건 사무엘이 그 상황에서 보인 반응이다. 그는 사울이 자신의 안식을 방해했다며 심히 언짢아한다. "사무엘이 사울에게 이르되, 네가 어찌하여 나를 불러 올려서 나를 성가시게 하느냐?"(「사무엘상」 28장 15절) 이 꾸중의 속뜻을 해석하기는 어렵지만, 사무엘은 죽은 상태를 즐기고 있었던 것으로 보인다.

이것이 사무엘이 죽은 상태에서 의식을 지닌 채 지내고 있었음을 뜻하지는 않는다. 반대인 해석도 가능해서, 그가 꿈조차 꾸지 않는 깊은 수면 상태에 있었는데 누가 억지로 깨워서 화가 난 것일 수도 있다. 그러나 어느 쪽이든 그의 죽음은 너무나 싫고 끔찍한 것, 도망쳐야 할 것은 아니었다. 기분 좋은 것이었다. 너무도 싫은 일은 이승으로 소환되는 것이었다.

사울은 왜 그를 소환할 수밖에 없었는지 설명했지만 잠에서 깬 선지자는 사울을 모질게 대한다. 사무엘은 사울에게 말한다. "그렇다. 네 짐작대로 주님께서 너를 거부하고 계신다. 그래서 네 질문에 답하거나 우림에 반응하기를 거부하신 것이다." "그렇다. 주님께서는 이스라엘왕국을 다윗에게 넘길 것이다." "그렇다. 사울의 이스라엘 군대는 팔레스티나와의 전투에서 단단히 패할 것이다." 이어서 죽은 사무엘은 (죽음이라는 단어 없이 죽음을 예언한, 히브리어 성경에서 가장 훌륭한 구절에서) 사울에게 이렇게 말한다. "내일 너와 네 아들들이 나와 함께 있으리라."(「사무엘상」 28장 19절)

이번에도 역시, 이 말은 죽은 자들이 다 함께 모여 살며 사울이 곧 지하의 커다란 회당에서 그들과 합류할 것임을 반드시 뜻하지는 않는다. 단순히 죽은 자들은 같은 운명을 맞이한다는 뜻일 것이다. 그들이 전부 죽었듯 사울도 역시 그렇게 될 거라는 뜻 말이다. 다만, 신적 존재인 사무엘의 영이 이튿날 어떤 일이 벌어질지 알고 있다는 점은 매우 놀랍다. 죽은 자는(적어도 죽은 예언자는) 미래를 볼 수 있는 모양이다.

그렇다면 몇 가지 핵심적 차이를 감안하더라도 사무엘은 고대 이스라엘의 테이레시아스라고 볼 수 있다. 예를 들어 사무엘은 헌주 삼아 바친 피를 마시지 않고도 미래를 본다. 그는 정신이 말짱하며, 과거뿐 아니라 앞으로 일어날 일도 안다. 죽은 사람은 모두 그런 걸까? 사무엘서의 저자는 가타부타 말이 없다. 그러나 추측건대 적어도 고대 이스라엘 사람들 중 일부는 그렇게 믿었던 것 같다. 이들은

「시편」의 저자들과 다르게, 죽은 사람이 산 사람에게, 이를테면 그들 삶에 곧 어떤 일이 일어날 거라고 예언하는 식으로 조언할 수 있다고 믿었다. 「사무엘서」의 저자만 유별나게 이런 관점을 가지고 있었던 게 아니었음은 산 자가 죽은 자와 신접하는 풍습을 금지한 율법이 존재했다는 사실로 증명된다. 아무도 하지 않는 짓을 법으로 금지하지는 않으니 말이다.

이스라엘왕국의 사후

우리가 앞서 살펴본 히브리어 성경 구절들에서 어떤 관점 차가 발견되건, 한 가지는 분명히 말할 수 있다. 그중 어느 구절에서도 전통적인 기독교의 사후 세계관은 보이지 않는다는 것이다. 아예 구약성경 전체에서 그런 건 보이지 않는다. 고대 사후 세계관 연구의 선구적 학자이자 유대교 연구자였던 고故 앨런 시걸은 다음과 같이 뚜렷하게 언명했다. "히브리어 성경에는 우리가 알아볼 만한 그 어떤 지옥과 천국 개념도 등장하지 않으며, 죄인이 받을 명백한 심판과 벌도 의인이 받을 축복 넘치는 상도 나오지 않는다."[5]

오늘날 많은 독자가 놀라는 점은 히브리어 성경에서 "사후"가 언급된 구절 중 다수가 개인이 죽어서 맞는 운명이 아니라 나라 전체가 맞는 최종적 운명에 초점을 맞추고 있다는 것이다. 이스라엘왕국 백성 각자가 죽어서 맞는 운명이 아니라, 이스라엘왕국이라는 나라의 운명을 말하고 있는 것이다. 이스라엘이 멸망하면 "다시 부활"

할까? 이스라엘이 다시 존재하게 될까? 우리 대다수가 딱히 관심 가질 의문은 아니며, 특히 우리 자신이 마침내 속세의 번뇌에서 벗어났을 때 과연 어떤 운명을 맞을까 하는 문제에 매달려 있을 때는 더더욱 그렇다. 물론 이유는 앞으로 차차 살펴볼 테지만 한 나라의 사후 운명에 대한 의문은 장차 고대 유대인들이 개인의 사후 세계를 이해하는 관점을 형성하는 데 중대한 역할을 하게 되었다.

무엇보다 이스라엘왕국의 생과 사 그리고 사후 운명은 (기원전 8세기의 「이사야서」, 「호세아서」, 「아모스서」부터 기원전 6세기의 「예레미야서」, 「에스겔서」, 「하박국서」까지 거의 모든 예언서를 통틀어) 히브리어 성경 예언서에서 핵심적이고 지속적인 논제로 등장한다. 만약 이스라엘이 "죽는다"면, 과연 "부활"할 것인가?

예언자들이 전하는 메시지

여기서 무엇보다 중요한 것은 고대 이스라엘의 예언에 대한 흔한 오해를 바로잡는 것이다. 오늘날 사람들은 예언자가 미래를 예측하는 사람이라고 생각한다. 고대 이스라엘 예언자들도 미래를 예측하기는 했다. 그러나 미래 예측은 그들의 주 업무가 아니었다. 이스라엘의 예언자들은 스스로를 다른 무엇보다 하나님의 대변자로 생각했다. 하나님 말씀을 그분의 백성에게 전한 것도, 하나님의 메시지를, 주로 위기의 때에 그것이 가장 절실한 이들에게 전한 것도 그들이었다. 그들에게 무엇보다 중한 관심사는 그들이 당장 처한 사정이었고, 그 사정이란 거의 매번 곧 닥칠 위기 또는 이미 나타난 위기였다. 예언자들은 어째서 이런 위기가 닥쳤는지, 거기에 사람들이 어떻게 대응해야 하는지, 이를 거부하면 어떤 일이 벌어질지를 공포했다.

바꿔 말해 히브리 예언자들이 먼 미래, 이를테면 그들이 살고 있던 시점에서 2500년 후를 예측하는 사람이었다고 생각한다면 크나큰 오해라는 것이다. 그들은 자신들이 처한 상황을 특정해 이야기했던 것이며, 그 시대의 예언자를 제대로 알기 위해서는 이러한 맥락에서 해석해야 한다. 그들도 어느 정도는 가까운 미래를 예언하기도 했다. 그러나 그들은 자신을 미래의 "예언자"보다 하나님 뜻의 "선포자"로 여겼다. 그들은 지독히도 어렵고 위험천만하며 심지어 재앙에 버금가는 그런 시기에, 정확히 그들이 처한 상황을 두고 하나님이 하신 말씀을 선포했던 것이다.

이 예언자들이 전한 메시지는 전반적 특징상 서로 놀랍도록 비슷비슷하고 일관적이다. 고대 이스라엘(종교와 정치가 결코 구분되지 않았던 세계)의 종교를 맥락 삼아 봤을 때, 예언자들은 머지않아 닥칠 사회적, 경제적, 정치적 혹은 군사적 재앙을 사람들이 지은 죄에 대해 하나님이 내리신 벌이라고 선언하고 있다. 이스라엘왕국은 어떤 기준에 따라 살아야 할지 하나님께 가르침을 받은 바 있었다. 그런데 그 백성들은 그 가르침을 어겼다. 그 결과 하나님이 큰 재난을 보내실 것이다(혹은, 이미 그렇게 하셨다). 그 재난을 피할 유일한 길은 회개하고 다시 하나님의 가르침으로 회귀해, 하나님이 요구하신 대로 그분을 찬양하고 그분이 명하신 대로 사는 것이다. 여기에 조금이라도 못 미치는 대처는 재앙을 불러올 뿐이다. 허나 하나님이 명령하신 대로만 하면 그분은 노여움을 풀고 이스라엘을 축복받은 나라로 다시 회복시켜 주실 것이다.

아모스서에 나오는 죽음과 회복

히브리어 성경에 등장하는 거의 모든 예언자가 이런 메시지를 전하고 있음은 예증하기 어렵지 않다. 그래서 나는 여기서, 가장 초창기 예언자 중 한 명인 기원전 8세기의 아모스를 예로 들어 그것을 입증해 볼까 한다. 더불어 이 문제가 사후 세계관 문제와 어떻게 관련 있는지도 설명해 보겠다.

내전 이후 이스라엘왕국이 남북으로 갈라져 북쪽이 이스라엘왕국이 되고, 원래 이스라엘왕국의 수도였던 예루살렘을 포함한 남쪽이 유다왕국이었던 시기가 바로 아모스가 살았던 때다. 두 왕국은 저마다 자기가 야곱의 열두 아들의 직계 자손이며 모세의 율법을 물려받은 정통 민족이라 여겼다. 그러나 혈육 간에 흔히 그러듯, 이 둘은 툭하면 서로 못 잡아먹어 안달이었다. 다만, 아모스에게 더 직접적으로 다가온 문제는 외부적인 것이었다. 비옥한 초승달 지대(고대 동방의 중심이었던 나일강과 티그리스강, 페르시아만을 잇는 지대.— 옮긴이)에 터를 잡은 아시리아가 강대국으로 부흥하면서 레반트(동부 지중해 연안 지역의 역사적 지명.— 옮긴이) 국가들을 공격하고 무너뜨리려 하고 있었다.

아모스는 남쪽 유다왕국 출신이었지만, 예언을 선포하기 위해 이스라엘로 찾아왔다. 하나님이 아시리아 편에 서셨다. 북쪽 이스라엘왕국이 가난한 자를 압제하고, 삶이 고된 자를 핍박하고, 온갖 불의를 조장하면서 사는 꼴에 노하셨기 때문이다. 이스라엘은 "힘없는 자를 학대하고 가난한 자를 압제하며 … 의인을 학대하고 … 성문에서 가난한 자를 억울하게" 하고 있었다(「아모스서」 4장 1절, 5장 12절). 그런 생활을 고쳐 다시 하나님의 가르침을 따라 공정함과 자비로움, 정의를 추구하는 삶으로 돌아오지 않았기에 하나님께서 아시리아 군대를 보내 공격하고 엄청난 재난을 내리시는 거라 했다.

이어서 아모스는 힘 있고 위압적인 투로 이렇게 말한다.

> 자기 궁궐에서 포학과 겁탈을 쌓는 자들[이스라엘 백성들]이
> 바른 일 행할 줄을 모르느니라, 여호와의 말씀이니라.
> 그러므로 주 여호와께서 이와 같이 말씀하시되,
> 이 땅 사면에 대적이 있어
> 네 힘을 쇠하게 하며
> 네 궁궐을 약탈하리라.
> (「아모스서」 3장 10-11절)

예언자 아모스의 입을 통해 하나님은 이스라엘 백성에게, 이미 그들에게 내린 온갖 재난을 상기시킨다. 기근을 내렸지만 사람들은 회개하지 않았고(「아모스서」 4장 6절), 가뭄을 내렸지만 그래도 회개하지 않았으며(4장 8절), 흉작을 내렸지만 그래도 뉘우치지 않았

다(4장 9절). 다음엔 역병을 내렸지만 사람들은 그래도 회개하지 않았다(4장 10절). 이런 "비교적 약한" 재앙에서 그들이 교훈을 얻지 못한 고로, 하나님은 이 대재앙을 끝까지 밀어붙이는 수밖에 없었다. "그러므로 이스라엘아, 내가 이와 같이 네게 행하리라. 내가 이것을 네게 행하리니, 이스라엘아, 네 하나님 만나기를 준비하라." (4장 12절) 이 맥락에서 '네 하나님을 만나는 것'은 결코 좋은 일이 아니다. 하나님이 신의 권능을 이스라엘에 몽땅 집중시켜 그 나라를 철저히 궤멸하리라는 뜻이었다. 이에 아모스가 통탄하는 유명한 구절이 나온다. "처녀 이스라엘이 엎드러졌음이여, 다시 일어나지 못하리로다. 자기 땅에 던지움이여, 일으킬 자 없으리로다."(5장 2절)

아모스가 단지 개개인이 맞을 죽음이 아니라 나라 전체의 멸망을 우선적으로 염려하고 있음은 분명하다. 그렇지만 멸망 후에도 희망은 여전히 있다. 「아모스서」 마지막 장에 (아마도 후대의 엮은이가 추가한 부분에서)[6] 아모스는 나라가 멸망한 뒤에는 나라의 회복과 새로운 생이 올 거라고 선언한다.

> 여호와의 말씀이니라.
> 보라, 날이 이를지라.
> 그때에 파종하는 자가 곡식 추수하는 자의 뒤를 이으며,
> 포도를 밟는 자가 씨 뿌리는 자의 뒤를 이으며,
> 산들은 단 포도주를 흘리며,
> 작은 산들은 녹으리라.
> 내가 내 백성 이스라엘이 사로잡힌 것을 돌이키리니,

그들이 황폐한 성읍을 건축해 거주하며,

포도원들을 가꾸어 그 포도주를 마시며,

과원들을 만들고 그 열매를 먹으리라.

내가 그들을 그들의 땅에 심으리니,

그들이 내가 준 땅에서

다시 뽑히지 아니하리라.

네 하나님 여호와의 말씀이니라.

(「아모스서」 9장 13-15절)

여기서 핵심은 일부 예언자가 대재앙 후 이루어질 나라의 회생이라는 이 개념을 때때로 죽은 자의 부활에 비유하기도 한다는 것이다. 다음 장에서 자세히 살펴볼 텐데, 이 한 국가의 "죽음 후의 생" 이미지는 시간이 흐르면서 그 나라 백성 개개인이 죽음 후 맞이할 생을 뜻하는 것으로 받아들여지게 되었다. 그런데 이는 고대 이스라엘 예언자들에게 해당하지 않는 얘기였다. 그들에게 "부활"이란 인류 역사가 종말을 맞고 인간 개개인의 육신이 소생해 영원한 상벌을 받을 때에 일어나는 사건이 아니었다. 그보다는 이스라엘이 새 삶을 선물받는다는 은유였다. 그러나 한 나라의 구원이라는 의미심장한 순간을 설명하기 위해 사용한 은유적 언어가 나중에는 새로운 반향을 띠게 되었다. 이런 후대의 반향을 가리키는 뜻으로 특히 열린 해석을 할 여지가 있는 문장이 「이사야서」의 핵심 구절에서 발견된다.

이사야서에 나오는 시체 부활

비판적 학자들은 우리에게 전해 내려온 형태대로의 장편 「이사야서」가 실제로는 역사의 각기 다른 시기를 살아간 저자 여럿이 쓴 글의 합본임을 일찍이 알아챘다.[7] 24장부터 27장을 제외하고 전반부 39개 장의 거의 대부분이 아모스와 동시대인 기원전 8세기 무렵 예루살렘에 살았던 선지자 이사야가 남긴 것이다. 이사야는 아모스와 마찬가지로 이스라엘이 아시리아의 손에 당할 군사적 재난을 경고했다. 한 세기하고도 반이 지나서, 고대 근동의 또 다른 강대국인 바빌로니아 군대에 의해 기원전 586년 예루살렘이 두 번째로 멸망하고 얼마 후, 유다왕국에서 출현한 다른 예언자가 오늘날 「이사야서」 40장에서부터 55장에 이르는 내용을 전언했다. 그가 전한 메시지의 골자는 하나님이 이스라엘의 명운을 회복시켜 줄 거라는 희망이었다. 얼마 후 기원전 6세기에 세 번째 예언자가 나타나 현재의 「이사야서」 56장부터 66장으로 추려진 내용을 선포했는데, 이스라엘이 국가 재건 작업에 착수한 후 마주한 어려움들을 이야기하고 있다.

시간이 더 흘러 또 다른 예언가가 현재 「이사야서」 24장부터 27장을 이루는 부분을 예언했고, 그 내용이 "제1"이사야서가 되었다. 「제1이사야서」는 유다왕국과 그 수도 예루살렘이 멸망한 상황을 배경으로 상정한다. 그러나 이 예언자는 모든 희망이 사라진 건 아니라고 듣는 이들을 달랜다. 하나님이 그분 백성의 명운을 회복시키고 나라를 재건해 줄 거라고 말한다. 어떤 의미로는, 이스라엘왕국이 죽음에서 되살아날 거라는 말이 된다. 우리 논의와 연관된 핵심 구절은 「이사야서」 26장 19절이다.

> 주의 죽은 자들은 살아나고, 그들의 시체들은 일어나리이다.
> 티끌에 누운 자들아, 너희는 깨어 노래하라!
> 주의 이슬은 빛난 이슬이니
> 땅이 죽은 자들[말 그대로 "혼백들"]을 내놓으리로다.

처음에 이 부분만 따로 일독하면, 죽은 사람 개개인이 부활할 거라는 얘기로 들린다. 그러나 「이사야서」 25-26장의 문맥을 잘 살펴보면 저자가 은유적 언어로 이스라엘왕국의 구원받음('되살아남')을 이야기하고 있음이 더없이 분명해진다. 저자는 예루살렘이 멸망한 뒤에 구원이 예루살렘에 올 거라고 분명히 말한다(「이사야서」 26장 4-6절). 이스라엘 사람들이 고난을 당하는 와중에 하나님께 기도했기 때문에(「이사야서」 16장 16-17절) 하나님이 그들에게 평화를 주실 것이라고 한다(「이사야서」 26장 12절). 그러므로 하나님께서 그들, 이스라엘왕국을 되살리실 거라고 말이다("주의 죽은 자들은 살아나고, 그들의 시체들은 일어나리이다"[「이사야서」 26장 19절]). 아담이 흙에서 태어났듯, 유다왕국도 "죽음 후의 생"을 맞아 흙에서 다시 일어날 거라고. 이사야는 이렇게 말한다. "티끌에 누운 자들아, 너희는 깨어 노래하라!"(「이사야서」 26장 19절) 왜냐? 땅이 "죽은 자들을 내놓을 것"(「이사야서」 26장 19절)이기 때문이다.

에스겔과 마른 뼈의 계곡

왕국의 부활을 이야기한 은유가 「이사야서」 24-27장의 익명 저자와 동시대인에 의해 유독 생생하고 인상적으로 그려진 구절이 있다. 바로 위대한 선지자 에스겔이 쓴, 그 유명한 "마른 뼈의 계곡" 묘사 구절이다. 에스겔은 예루살렘이 바빌로니아 군에게 함락된 직후 이 구절을 썼는데, 그가 전하는 메시지의 골자에는 나라가 회복되리라는 내용도 포함돼 있었다. 이것이 우리에게 잘 알려진 「에스겔서」 37장 뼈의 계곡 구절의 배경인데, 이 구절은 에스겔이 종말의 때에 인간 개개인이 부활할 거라고 예언한 것으로 자주 오독된다. 하지만 실은 그런 이야기가 아니다. 에스겔은 정확히 멸망한 유다왕국의 회생을 이야기하고 있다.

매우 상징적인 이 구절에서 여호와의 영이 에스겔을 바싹 마른 인골로 가득한 골짜기로 데려간다(「에스겔서」 37장 1-2절). 뼈가 바싹 마른 건 그들이 완전히 죽었기 때문이다. 살점이라고는 한 점도 남지 않았다. 산 자의 잔해인 것이다. 하나님은 에스겔에게 이 뼈들이 되살아날 수 있느냐고 묻고, 에스겔은 영문을 몰라 이도저도 아닌 대답을 한다. "주 여호와여, 주께서 아시나이다."(「에스겔서」 37장 3절) 자기는 모른다는 얘기다.

하나님은 에스겔에게 뼈들에게 다시 살아날 것을 예언하라(즉 "선포하라")고 한다. "주 여호와께서 이 뼈들에게 이같이 말씀하시기를, 내가 생기를 너희에게 들어가게 하리니 너희가 살아나리라. 너희 위에 힘줄을 두고 살을 입히고 가죽으로 덮고 너희 속에 생기를 넣으리니 너희가 살아나리라. 또 내가 여호와인 줄 너희가 알리라 하셨다 하라."(「에스겔서」 37장 5-6절) 에스겔이 하나님이 시킨 대로 하자 실제로 그렇게 된다.

　　이에 내가 명령을 따라 대언하니, 대언할 때에 소리가 나고 움직이며 이 뼈 저 뼈가 들어맞아 뼈들이 서로 연결되더라. 내가 또 보니 그 뼈에 힘줄이 생기고 살이 오르며 그 위에 가죽이 덮이나 그 속에 생기는 없더라. (「에스겔서」 37장 7-8절)

　　하나님은 이어서 에스겔에게 "생기를 향하여 대언하라"면서, 생기에게 사방으로부터 와서 "이 죽음을 당한 자에게 불어서 살아나게 하라"(「에스겔서」 37장 9절)고 전하라고 한다. 에스겔이 시킨 대로 하자 다시 형체를 찾은 몸에 숨이 들어가더니, "그들이 곧 살아나서 일어나 서는데, 극히 큰 군대더라."(「에스겔서」 37장 10절) 「창세기」 2장 7절의 아담 창조 서사와 비슷한 부분은, 제일 먼저 육신이 만들어지고 그다음엔 하나님의 숨이 불어넣어지자 살아 있는 사람이 되었다는 부분이다. 단 여기서는 처음으로 생명을 얻는 대신 이미 한번 죽었던 자들이 다시 생명으로 **돌아온다**는 점이 다르다. 죽은 자의 부활이다.

　　후대의 기독 신학을 염두에 두고 이 흥미로운 구절을 접한 독자들이, 종말의 때에 사람들이 죽음에서 되살아나 천국에서 영생을 누리게 된다는 예언적 예측으로 해석하는 것도 무리가 아니다. 그러나 제대로 된 맥락에 비추어 읽으면, 그것은 의도된 바가 명백히 아니다. 에스겔은 예측의 대상을 아주 분명히 말하고 있다. 왕국 명운의 회복이라고. "인자人子야[「에스겔서」 전체에 걸쳐 하나님이 에스겔을 부르는 호칭], 이 뼈들은 이스라엘 온 족속이라. 그들이 이르기를, '우리의 뼈들이 말랐고 우리의 소망이 없어졌으니 우리는 다 멸절되었다' 하느니라."(「에스겔서」 37장 11절) 말인즉슨, 유다왕국 백성들이 왕국이 멸망한 뒤 그곳이 회생 불가능하게 철저히 죽어 버린 마른 뼈들의 골짜기처럼 되어 마음이 피폐해져 있다는 얘기다. 하지만 하나님은 그렇지 않음을 알고 계시며, 에스겔에게 분명하게 그렇게 말한다. 바빌로니아로 유배 가야 했던 유다왕국 백성들이 고향으로 돌아와 다시금 번영할 것이며, 하나님의 수호를 받는 나라로서 다시 한 번 온전히 살게 될 거라고.

내 백성들아, 내가 너희 무덤을 열고 너희로 거기에서 나오게 하고 이스라엘 땅으로 들어가게 하리라. … 내가 또 내 영을 너희 속에 두어 너희가 살아나게 하고, 내가 또 너희를 너희 고국 땅에 두리니. 나 여호와가 이 일을 말하고 이룬 줄을 너희가 알리라 …. (「에스겔서」 37장 12-14절)

부활과 신의 정의라는 문제

여러모로 에스겔이 전하는 메시지는 일종의 신정론이다(즉, 하나님이 세상에서 어떤 일이 일어나느냐에 따라 공평하고 공정할 수 있다는 설명이다). 거악이 일어났다. 유다왕국이 멸망했고 나라의 장로들은 강제로 유배되었다(그것도 신께 의를 다한 나라가 아니라 이스라엘의 하나님과 그 하나님의 율법에 전혀 관심 없는 이교도가 우글거리는 나라의 손에 그렇게 됐다). 이것이 공평한 일인가? 게다가 백성들이 회개하고 다시 하나님 앞에 나아가도 여전히 희망이 없다면 그것이 과연 옳은 일인가? 이스라엘이 지은 죄에 대해 벌을 받았으나 하나님은 무한히 공정하신 분이므로 그분의 백성을 다시 그들 땅에 회복시켜 주실 거라고 에스겔은 말한다.

한 나라의 "부활"을 이야기한 이 예언적 메시지가 오늘날 독자들과 그다지 공명하지 못하는 여러 이유 중 하나는, 현대인은 대개 고대 북쪽 이스라엘왕국이나 남쪽 유다왕국이 어떤 운명을 맞았는지 아는 것에 (때로 호기심으로 파고드는 경우를 제외하고는) 딱히 관심이 없다는 것이다. 더 광범위하게 보면, 현대인 대부분은 국가보다 자기 자신에게 더 집중한다. 분명 우리는 자신이 속한 나라가 번영하기를 바라고 자신이 사는 시대에 세계 최고의 국가로 서기를 바란다. 그러나 우리 각자에게 가장 중요한 게 뭔지 생각해 봤을 때, 나는 지금부터 300년 후 미국의 존망에 큰 관심이 있다고 말할 수 있을까?

우리 중 다수는 조국의 운명에 어느 정도는 관심이 있을 테고, 미래를 조금은 엿보고 싶어 할 것이다. 그러나 우리 대다수에게 그것은 밤에 잠 못 들고 골똘히 고민할 정도로 집착할 문제는 아니다. 그보다는 언젠가 닥쳐올 자기 자신의 죽음에 더 관심이 있다. 어느 정도는(때로는 엄청난 정도로) 자기가 속한 도시나 주, 국가의 운명보다 자기 가족이나 사랑하는 사람을 걱정하고 그들이 앞으로 어떻게 될지 걱정한다. 하지만 대부분의 경우 자기 자신의 운명을 특히 더 걱정한다. 내가 죽으면 **내게** 어떤 일이 일어날까?

어느 시점에 이 질문은 고대 이스라엘 사상가 몇몇의 집착 대상이 되었고, 그러다가 그들은 죽음에 관한 생각(무덤, 구덩이, 스올, 그리고 이스라엘왕국의 회복)을 아예 그들의 정체성으로 삼아 버렸다. 그러면서 그들은 국가의 회복을 뜻한 은유적 표현을 개인의 부활을 뜻하는 것으로 다시 써 나가기 시작했다. 사람들은 자신도 구제될지 모른다고, 자신도 죽은 상태에서 되살아날지 모른다고 생각하기 시작했다.

이 새로운 사고가 그 어느 때보다 더 단단히 뿌리내린 것은 심각한 수준의 박해와 순교가 이루어진 시기였다. 자신의 신념, 조상의 관습과 관행을 따르느라 고통받은 이들이, 악한 자들은 하나님을 거역하며 사는데도 저렇게 번영하는데, 옳다고 믿는 것을 고수한 자신은 고통받다 죽는 게 과연 공평한지 의문을 갖기 시작한 것이다. 이러한 배경은 종말의 때에 하나님이 세상을 다시 지배하사 죽은 자들 개개인을 부활시키면서 의인과 악인을 심판하시리라는 견지가 자리 잡도록 길을 터 주었다.

6장

되살아난 시체들
: 고대 이스라엘의 부활 개념

       고대 전통파 예언자들의 시대가 지난 후, 유대인 사상가들은 사실 죽은 사람 개개인에게도 죽음 후의 삶이 있을 거라고 생각하게 되었다. 이들이 생각하기에는 무덤 너머에도 삶(그것도 실제적이고, 충만하며, 풍족한 삶)이 계속될 가능성이 존재했다. 그런데 유대교에서 독창적으로 발생한 이 개념에서 사후 세계란, 오늘날 널리 퍼진 기독교식 관점과는 달리 죽는 즉시 천국에 간 영혼이 누리는 찬란한 삶 또는 지옥에 떨어져 고통받으며 버티는 삶이 아니었다. 그것과는 전혀 다른 어떤 것이었다. 종말의 때가 오면 하나님이 그분 자신과 그분 백성의 명예를 회복시킬 거라는 믿음이었다.

    인류의 역사가 끝나고 그간 활개 치던 모든 악과 고난이 수명을 다하면 하나님이 이 세상을 다시금 지배하사 하나님 뜻을 거역했던 모든 것과 모든 인간을 멸망시켜 애초에 계획했던 완벽한 유토피아적 세상을 불러올 거라는 믿음이다. 이 새로운 세상에 거주할 사람들은 온 역사를 통틀어 믿음을 꿋꿋이 지키면서 고통받았던 모든 의인들일 것이다. 하나님은 기적적으로 그들을 육신 그대로 되살려 낼 것이며, 그들은 하나님의 가장 영광스러운 왕국에서 그 육신을 유지한 채로 영원토록, 그 어떤 고통이나 불행 또는 고난도 겪지 않으며 살아갈 것이다.

악하게 살았던 자들도 되살아날 것이다. 원래의 부활 개념에서 이들은 자기가 저지른 죄를 직시하고 그에 대해 최종적이고 불가역적인 벌을 받기 위해 되살려지는 것으로 이해되었다. 그 벌이란 바로 영구히 소멸하는 것이다. 이 관점이 계속 발전하고 변화하다가 결국, 악한 자들은 자신이 생전 남에게 가한 모든 불의에 대해 보다 더 냉엄한 값을 치를 거라는 믿음으로 변모했다. 그 벌이란 자기 육신으로 돌아와 고문당하는 것이다.

종말의 때에 육신이 부활한다는 신조는 예수가 살다 가기 약 200년 전에 생겨났고, 예수가 활동한 시대에 이르러서는 유대교 사상의 공통적 특징으로 자리 잡았다. 그러다 나중에는 기독교도들에 의해 사후의 상벌, 즉 천국과 지옥의 교리로 변모했다.

부활의 기원

육신이 되살아난다는 이 신조가 어떻게 그리고 어째서 생겨났는가를 두고 학계는 열띤 논의를 벌여 왔다. 유대인들이 이 개념을 페르시아의 이원주의적 종교인 조로아스터교에서 차용했다는 주장이 종종 제기되었다. 조로아스터교는 선과 악의 힘이 이 세상에서 거대한 싸움을 벌이고 있으며, 궁극에는 선이 승리하면서 선의 편에 섰던 자들이 종말의 때에 부활하고 명예를 회복하리라고 주장해 왔다. 조로아스터교 사상에서 파생했다는 이론이 줄곧 타당한 것으로 받아들여진 한 이유는, 유다왕국이 기원전 586년 바빌로니아왕국에 의해 멸망한 후 기원전 539년부터 페르시아의 지배를 받았기 때문이다. 그러니 유대인들이 당연히 페르시아 지배자들의 영향을 받지 않았겠는가?

그러다 더 최근에는 학자들이 연대상의 명백한 문제점을 발견해서 유대교 신조의 페르시아 기원론에 이의를 제기했다.[1] 이 분야의 일부 전문가들은 초기 유대교 문헌 자료에 부활 개념이 등장하기 이전에 부활 개념을 논한 조로아스터교 문헌이 사실상 전혀 존재하지 않는다는 점을 지적해 이 이론 자체를 무효화했다. 누가 누구에게 영향을 줬는지 명확하지 않고, 더 중요한 건 시기가 맞아떨어지지 않는다는 것이다. 유다왕국은 알렉산드로스 대왕(기원전 356년 ~기원전 323년)이 지중해 동부를 초토화하면서 페르시아제국을 멸망시킨 기원전 4세기에 페르시아의 지배에서 해방되었다. 그런데 육신의 부활 개념은 그 후 한 세기를 훌쩍 넘겨서야 비로소 유대교 문헌에 등장한다.

다른 외부 세력들이 어느 정도 영향을 미쳤다 해도,[2] 훗날 인간 개개인이 부활할 거라는 믿음은 유대교 신도들이 당대에 마주했던 심란한 사회적, 정치적 상황에 대한 반응으로서 주로 유대교 내부에서 자생한 듯하다. 이 새로운 믿음은 기독교라는 이 유일신교에 헌신한 많은 사상가의 마음을 어지럽히던 질문에 한 가지 답을 제시해 주었다. 세상에 신이 한 분뿐이고 그분이 세상을 지배하고 계시다면, 어째서 그 신을 따르는 사람들은 그 대가로 고난을 당하는가? 인간이 왜 고난을 당하는가의 문제는 다신론자라면 답을 내리기 그리 어렵지 않다. 다신론자들은 신들 중 몇몇의 성정이 고약하며 그들이 이 세상에 불행을 안겨 주는 주범이라고 하면 그만이다. 하지만 세상에 신이 딱 한 명뿐이라면, 그리고 그 신이 철저히 선한 궁극의 지배자라면, 왜 그 신에게 선택받은 사람들이 고난받는가?

예상대로, 너도나도 이 질문에 대한 답을 알고 있다고 나섰다 (다들 워낙에 자신만만해서, 이 문제를 진짜 문제로 인지하지도 못하는 듯하다). 매주 내게는 이 세상에 고통이 존재하는 이유를 설명해 주겠다는 사람들에게서 수백 통씩 이메일이 쏟아진다. 우리에게 자유의지가 있어서 그렇습니다. 하나님이 우리를 시험하고 계신 겁니다. 우리가 행복한 순간을 감사히 여기게 하려고 그러는 거예요. 답은 무궁무진하다.

이 모든 관점들이(그리고 오늘날 흔히들 품고 있는 다른 관점들도) 어느 시점에 인간의 사고 지평에 떠오른 것이다. 그 다양한 관점을 오랜 세월 사람들이 논의하고, 토론하고, 다듬고, 발전시켰고, 그중 일부는 거부되고 다른 일부는 받아들여졌다.[3] 고대 이스라엘 사람들도 여러 답안을 가지고 있었다. 우리는 이미 아모스나 이사야 같은 히브리 예언자들이 쓴 글에서 그중 한 가지를 살펴보았다. 아모스와 이사야의 견지는 당대 출현한 모든 예언자가 품었던 견지다. 예레미야, 호세아, 요엘, 누구의 예언을 들여다봐도 마찬가지다. 하나님의 백성이 죄를 지었고 그래서 하나님이 그들을 벌하고 계시다는 것이다. 고난은 하나님이 바른 길을 따르지 않은 백성을 벌하려고 내리신 것이다. 이러한 견지는 인간의 고난에 대한 '예언자적' 또는 '고전적' 관점이라고 불린다.

오늘날 기독교에 여전히 널리 퍼져 있는 관점이기도 하며, 우리의 평상시 화법에도 깊이 스며 있어서 흔히들 "내가 무슨 잘못을 했다고 **이런 벌**을 받지?"라고 불평한다. 우리에게 나쁜 일이 일어나는 건 우리가 그럴 만한 짓을 저질러서 그렇다는 사고다. 물론 요즘에는 문제가 그리 단순하지 않다는 걸 대부분이 안다. 선천적 장애라든가 어린아이의 죽음, 알츠하이머, 그 밖에 마음을 마비시킬 정도로 무거운, 수없이 많은 극한의 고난이 전부 우리가 뭔가 잘못해서 신이 내린 벌이라고 진심으로 믿고 싶은가?

묵시론적 사고의 출현

그 단순한 질문이 일부 고대 유대교 사상가들로 하여금 하나님의 백성이 고난받는 이유로 제시된 예언적 답변을 재고하게 했다. 하나님이 그분의 백성이 지은 죄에 대한 벌로, 아시리아 군대의 손에 이스라엘왕국이 멸망하게 하셨다는 건 말이 될 법도 하다. 그러나 그것이 사실이라면 어째서 이스라엘 백성들이 회개하고 하나님 뜻에 따르는 삶으로 돌아와 하나님이 율법에서 명하신 대로 따르기 위해 최선을 다하는데도, 그런데도 어째서 그들은 **계속해서** 사회적 동요와 정치적 재난, 경제적 위기와 군사적 패배를 겪어야 했을까?

그뿐 아니라 만약 하나님께 축복받은 행복한 삶을 누리는 열쇠가 하나님의 율법을 지키는 것이고 고통과 불행으로 이어진 길은 그 율법을 어기는 것이라면, 어째서 악한 자들은 번성하고 의로운 자들은 고난을 겪나? 어째서 어떤 사람들은 제도를 전횡하고, 빈자를 억압하고, 어려운 자를 무시하고, 하나님의 계율을 전부 어기는데도 부자가 되고, 권세가 막강해지고, 자기 자신을 더없이 흡족해하며 살까? 게다가 벌도 안 받고 죽을까? 왜 다른 힘없고 미천한 사람들은 더 어려운 이들을 걱정해 얼마 안 되는 재산과 시간을 그들을 돕는 데 바치며 조용히 사는데도 고통과 질병, 가난과 억압으로 가득한 불행한 삶을 살다가 쓸쓸하게, 고통 속에 죽을까?

세상에 신이 없다면 다 말이 될 것이다. 아니면 신이 여럿 있고 그중 몇몇이 성질 고약하다면 말이 될 것이다. 진정 선하며 이 세상을 온전히 지배하는 단 하나의 신이 존재한다면 이 모든 게 어떻게 말이 되겠는가? 이것이 유대교 사상가들이 당면한 문제였다. 결국 그들은 예수가 출현하기 약 200년 전, 새로운 답을 생각해 냈다. 어떤 의미로 그 답은 예언적 답변에 대한 일종의 거부였다. 이 새로 출현한 사상가들이 보기에 어떤 고난(예를 들어 때때로 죄를 벌하기 위한 고난)은 하나님이 충분히 내리실 수 있다 해도, 그것이 세상을 이토록 불행하게 만든 엄청난 고난으로 하나님의 백성마저 비탄에 빠트릴 이유로는 충분치 않다. 그러니 문제는 하나님이 아니다. 오히려 하나님에 대항하는 막강한 적들이 있고, 그들이 세상을 이렇게 만들고 있는 것이다.

이런 맥락을 바탕으로 유대교 사상에는 하나님이 최고 지배자이긴 하나 이 세상에는 다른 세력들, 하나님의 백성을 박해하고 해하는 초인적 세력들이 존재한다는 관념이 생겨났다. 유대교 사상가들이 하나님의 거대한 적수, 곧 마왕이 존재한다는 개념을 제기한 것도 바로 이 시기였다. 유대교 전통에서 마왕은 여러 이름(예를 들면 사탄이나 바알세불 등)으로 불렀다. 히브리어 성경에는 나오지 않는다. 세세히 뜯어보면 가장 잘 알려진 「욥기」(1-2장)를 비롯해 구약에 "사탄"이라는 자가 몇 군데 등장하긴 하지만, 여기서 사탄은 하나님의 사악한 적수가 아니다. 그보다는 신적 권능을 가진 하나님의 고문으로, 인간과 대적하긴 하나 그래도 하나님이 시키는 대로 하는 존재다. 그런데 후대 유대교 사상가들 사이에서 이 존재가 하나님 그리고 하나님을 섬기는 인간 모두와 대적하는 막강한 존재로 변모한다.

현대의 연구자들은 하나님의 막강한 적들이 이 세상을 황폐화하고 있으며 종말의 때에 신의 심판으로 거대한 재앙을 맞아 멸망할 거라는 유대교적 세계관을 일컬어 '묵시론apocalypticism'이라고 한다. 이 단어는 '드러내다' 또는 '(가려져 있던 것을) 내보이다'라는 뜻의 그리스어 '아포칼립시스apocalypsis'에서 왔다. 드러난 '비밀'이란 속세에 있는 악의 무리들이 명백하든 아니든 궁극적으로 하나님의 지배를 받는다는 것이다. 그들이 활개 칠 수 있는 날은 얼마 남지 않았다.

당장은 사탄 곁에 그의 뜻을 대행해 줄 세력들, 세상을 황폐화할 사악한 힘들이 붙어 있다. 세상의 모든 악은 바로 이 하나님의 적들이 행하는 것이다. 무슨 이유에선지 하나님은 절대 지배자이면서도 세상에 대한 지배권을 이 악의 세력에게 넘기셨다. 세상에 이토록 고통과 불행, 고난이 넘쳐 나는 것은 바로 그 때문이며, 의로운 자는 고난을 겪는데 악한 자는 승승장구하는 것도 그 때문이다. 악한 자들은 지금 현재 이 세상을 지배하고 있는 세력과 같은 편에 섰기에 잘 나가는 것이다. 반면 의로운 자들은 하나님에 반대하는 세력들에게 고스란히 공격을 받고 있다.

그러나 이런 상황이 영원히 지속되지는 않을 것이다. 결국 악은 최후에 살아남는 쪽이 되지 못할 것이다. 최후의 승자는 하나님일 것이다.

이런 논지로 묵시론자들은 지금 당장 고통과 고난이 특히 하나님의 백성 가운데 넘쳐 나지만 종말이 목전에 닥쳤으며 그때에는 하나님이 자신의 권능을 언명하고 역사에 개입해 악의 세력들을 멸하실 거라고 주장했다. 심판의 날이 다가오고 있으며, 하나님을 거역한 모든 이는 멸망할 거라고. 하나님의 편에 섰던 자들은 명예가 회복되고 상을 받을 거라고 했다. 유토피아적 세상이 도래해 이 땅에 에덴동산, 말 그대로 "파라다이스"(페르시아어로 '동산')가 다시 찾아오는 것이다. 더 이상 악이나 부패, 고통, 불행, 고난은 없을 것이다. 하나님을 따르는 자들은 영원토록 복을 누릴 것이다.

우리의 논의와 관련해 가장 중요한 부분은 이 심판이 그 시점에 살아 있는 사람뿐 아니라 죽은 자들까지 포함해 모두에게 영향을 미칠 거라고 한 것이다. 이미 올바르게 살았다가 고난을 당하고 그 수고의 대가로 죽은 자들은 죽음에서 되살아나, 본인의 육신으로 영생을 살게 될 거라고 했다. 새 육신을 갖춘 상태에서 그들은 하나님이 그분의 뜻을 따른 자들을 위해 준비한 선한 세상을 물려받게 될 거라고도 했다. 반대로 의롭지 않은 길을 간 자들은 심판을 받기 위해 되살아난다고 했다. 그들은 자신이 저지른 잘못을 마주하고 그 잘못의 중함을 깨닫고는 무참히 좌절할 것이며, 자신이 상을 받기는커녕 철저하고 고통스럽게 파멸할 운명임을 깨달을 것이다.

미래에 일어날 부활과 성경적 근원

이것이 심판의 날 죽은 자들이 부활할 것이라는 유대교 신조다. 이 개념이 처음 채택된 게 비록 히브리어 성경이 거의 다 완성된 이후이긴 하지만, 예수가 활동하기 200년 전 유대교 묵시론자들에 의해 무無에서 갑자기, 그야말로 난데없이 만들어진 거라고 생각하면 오산이다. 학자들이 주장해 온 것처럼, 육신의 부활 개념은 유대교 경전을 관통하는 다른 비非묵시론적 전통에 뿌리를 두고 있다.[4]

물론 생명을 주관하는 분은 하나님이라는 개념은 성경 전통의 가장 중심에 자리하고 있다. 「창세기」 1-2장 천지창조 이야기의 핵심 중 핵심이라 할 수 있는 개념이다. 이 구절을 보면 하나님은 살아 있지 않은 것에서 살아 있는 식물과 동물, 인간을 만들어 낸다. 그런데 후대의 철학가들이 보기에 신의 생명 창조론에는 더 깊은 함의가 있다. 하나님이 살아 있는 것들을 창조하셨는데 하나님이 영원한 존재라면, 생도 영원하지 않을까? 필멸의 존재들에게도?

성경에도 하나님이 보낸 선지자들이 죽은 대상을 되살린 일화가 몇 군데 나온다. 예를 들면 「열왕기상」 17장 17-24절에서 엘리야가 그랬고, 「열왕기하」 4장 18-37절에서 그 제자 엘리사가 그랬다. 하나님의 선지자들이 그렇게 할 수 있다면, 하나님도 할 수 있지 않을까? 정말로 하나님은 엘리야가 죽지 않고 천국에 가게 해 주었고(「열왕기하」 2장 1-12장), 그보다 한참 전에는 아담의 7대 후손이자 베일에 싸인 인물 에녹에게도 그렇게 해 주었다(「창세기」 5장 21-24절). 이 둘이 영원히 산다면 다른 사람이라고 왜 못 그러겠나?

게다가 우리가 이미 확인한 전승도 있다. 하나님이 직접 선택한 백성, 이스라엘왕국을 적의 손에 멸망시킨 후 죽음에서 되살려 회복시키지 않았던가(「이사야서」 26장 19절, 「에스겔서」 37장을 보라). 하나님이 나라 전체를 "죽음에서 되살릴" 수 있다면, 그 나라에서 사는 개개인, 국가의 멸망이 아닌 개인적 죽음을 겪은 자들에게도 똑같이 해 줄 수 있다고 생각하는 건 그리 큰 비약이 아니다.

이사야서 속 '고통받는 종'

후대에 등장한, 미래에 개개인이 부활한다는 이 개념을 뒷받침하는 것으로 보이는 성경 구절 중 하나는 「이사야서」 52장 13절부터 53장 12절로, 대략 같은 시기에 쓰인 「에스겔서」 37장과 비슷하게, 이스라엘이 종국에는 명예를 회복하고 다시 설 것을 암시하고 있다. 그러나 결국에는 이 구절도 「에스겔서」 37장과 마찬가지로 그보다는 개인의 부활을 암시하는 쪽으로 해석되었다. 더 나중에는 기독교

주해가들의 주도로 꼭 집어서 한 사람, 곧 메시아 예수의 죽음과 부활을 예언하는 구절로 이해되기에 이르렀다. 기독교인들은 오래전부터 「이사야서」 53장이 예수가 십자가에 매달리고 사흘 후 죽음을 물리치고 되살아날 것을 예언한 장이라고 주장해 왔다. 그러나 이는 오독임이 거의 확실하며, 최소한 저자가 애초에 의도한 바와는 분명히 어긋난다. 이 장의 주제는 주님의 "고난받는 종" 이야기다. 그런데 원래 여기서 말하는 종은 메시아가 아닌 것으로 보인다.

물론 이 장에 예수를 지목한 구절은 나오지 않는다. 그런데 그 사실을 처음 알게 된 많은 기독교인 독자가 더 놀랄 점은, "메시아"라는 단어 역시 단 한 번도 등장하지 않는다는 것이다. 놀랄 만한 일이다. 기독교인이 「이사야서」 53장을 읽으면서 그 이야기를 예수 이야기라고 생각하지 **않기**가 더 어렵기 때문이다.

> 그는 멸시를 받아 사람들에게 버림을 받았으며,
> 간고를 많이 겪었으며, 질고를 아는 자라 …
> 그는 멸시를 당하였고, 우리도 그를 귀히 여기지 아니하였도다.
> 그는 실로 우리의 질고를 지고 우리의
> 병고를 당하였거늘 …
> 그의 찔림은 우리의 허물 때문이요,
> 그가 상함은 우리 죄악 때문이라.
> 그가 징계를 받으므로 우리가 평화를 누리고,
> 그가 채찍에 맞으므로 우리가 나음을 받았도다.
> (「이사야서」 53장 3-5절)

이 이름 모를 여호와의 종은 다른 사람들 때문에 고난을 받을 뿐 아니라 하나님이 그 명예를 회복시켜 주기까지 한다. 이것이 예수의 부활을 뜻하는 게 아니면 뭐란 말인가?

극심한 고통이 말끔히 가시고
떠오르는 빛을 보리라.
나의 의로운 종이 자기 지식으로 많은 사람을 의롭게 하며,
또 그들의 죄악을 친히 담당하리로다.
그러므로 내가 그에게 존귀한 자와 함께 몫을 받게 하며
강한 자와 함께 탈취한 것을 나누게 하리니,
이는 그가 자기 영혼을 버려 사망에 이르게 하며
범죄자 중 하나로 헤아림을 받았음이라.
그러나 그가 많은 사람의 죄를 담당하며
범죄자를 위하여 기도하였느니라.
(「이사야서」 53장 11-12절)

기독교인이 이 구절을 읽고 '예수 이야기로구나' 하고 생각하지 않기가 그토록 어려운 이유는 수백 년 동안 신학자들이 이 구절은 기독교의 구세주가 강림하기를 고대하는 메시아 기원적 예언이라고 주장해 왔기 때문이다. 누구든 이 구절을 처음 읽고 이것이 예수 이야기라는 해석을 들으면 자연히 앞으로도 계속 그런 방향으로 읽을 수밖에 없다. **당연히** 예수에 관한 구절이지! **아니면** 누구 얘기겠어? 예수의 십자가 달림과 부활을, 그 일이 실제로 일어나기 수백 년 전

에 예언한 구절이라고.

그렇더라도, 중요한 사실 한 가지를 짚고 가야겠다. 이 구절에 단 한 번도 "메시아"라는 단어가 등장하거나 이것이 메시아에 대한 이야기임을 꼭 집어 명시한 부분이 없을 뿐 아니라, 기독교가 출현 하기 전 어느 유대인이건 이 구절을 메시아에 관한 내용으로 **여긴 적이 있다는** 증거조차 없다. 그럴 만도 하다. 기독교의 태동 이전에 는 아무도 메시아가 죽었다가 되살아난 사람일 거라고 생각하지 않 았던 것이다.

오늘날 기독교 독자들에게는 괴상하고, 직관에 반하는 생각으로 보일 수 있다. 그러나 역사를 거슬러 가 보면 거의 확실하다. 고난받 는 구세주 개념은 기독교 등장 이전에 어떤 유대교 문헌에도 나오지 않는다. 메시아가 고난을 받고 다른 이들을 위해 죽는다는 개념은 최초로 기독교도들이, 자기들이 예수에 대해 "안다"고 생각하는 두 가지 사실을 기반으로 설파하기 시작했다. 예수가 바로 메시아라는 것, 그리고 그가 십자가에 매달려 사망했다는 것이 그것이다. 여기 에서 그들은 다음의 결론을 도출했다. '메시아는 고난을 받다가 죽 어야 했던 인물이다.'

그러나 전통 유대교에서는 아니었다. 대신 유대인들은 메시아 가 이스라엘을 압제자에게서 해방시켜 줄 위대하고 강력한 지배자 일 거라고 줄곧 믿었다. 메시아는 엄청난 권능으로 무장한 대장이거 나 하늘에서 강림한 온 우주의 강력한 심판관일 거라 믿었다. 백 명 의 유대인이 있으면 메시아가 누구이며 어떤 존재인가에 대해 백 가 지의 견해가 있었지만, 그 모든 견해에 한 가지 공통점이 있었다. 다들 메시아는 미래의 어느 날 이스라엘을 공정하고 강력하게 다스릴 위엄과 권세가 있는 인물일 거라 생각했다는 것이다.[5]

그런데 예수는 누구인가? 법을 어겨서 이스라엘의 적들에게 체포돼 재판을 받고, 모두가 보는 앞에서 고문받다가 십자가에 달려 죽은 순회 설교자에 불과하지 않은가. 메시아 후보에도 못 오를 인물이란 말이다.

기독교도들은 그럼에도 불구하고 예수가 메시아라 믿게 되었고, 자연히 성경에서 그 생각을 뒷받침해 줄 증거(모두가 그전까지 믿었던 것과 반대로, 메시아는 고난을 당할 것이며 죽음에서 되살아날 것임을 암시하는 구절)를 찾기 시작했다.[6] 「이사야서」 53장은 자연스러운 선택이었다. 기독교 사상가들은 이 구절을 택해 메시아를 예언한 글로 널리 알렸고, 그런 행보는 이후로 줄곧 「이사야서」 53장의 해석에 영향을 미쳤다.

그러나 그 구절이 다른 무언가를 이야기하고 있다고 볼 만한 몇 가지 견고한 이유가 있다. 우선, 해당 구절이 쓰인 역사적 맥락을 강조할 필요가 있다. 「이사야서」 중 해당 부분은 바빌로니아 군대가 예루살렘을 함락하고 유대인 포로들을 대거 바빌론으로 끌고 간 후에 쓰였다.[7] 이 바빌론 유수幽囚는 크나큰 고난이었고, 선지자 이사야는 그들에게 희망을 주기 위해 이 글을 쓴 것이었다. 끌려간 이들은 이스라엘 백성이 지은 죄 때문에 고난을 받는 것이고 애초에 그 죄 때문에 이스라엘이 하나님께 벌을 받은 것이지만, 이스라엘 백성은 언젠가 자기네 땅으로 돌아갈 것이며 이후 좋은 일들이 일어날 거라고 말이다. 여기서 고난받는 자들을 하나님의 "종servant"으로 칭하고 있다. 그들은 하나님 뜻을 받들고 있는serving 자들이다.

어떤 독자들은 여기서 종은 한 사람일 수밖에 없다고 주장한다. 어쨌거나 하나님의 종이라고 한 개인으로 지칭했지 않은가. 그러나 여기서 알아야 할 점은 히브리어 성경에서는 한 무리의 사람을 한 사람으로 표현하기도 하며, 그런 경우가 꽤 많다는 것이다. 한 국가를 사람 이름 하나로 명명하기도 한다. 이스라엘왕국을 갈라놓은 내전 후, 남쪽으로 분리된 나라를 야곱의 아들 중 하나의 이름을 딴 "유다"왕국으로 명명한 것도 그런 맥락이다. 분명 집단을 지칭하는데, 한 사람의 이름을 붙여 불렀다. 「에스겔서」 38장과 39장에 나오는 "곡과 마곡"도 그렇고, 「다니엘서」 7장에서 다니엘이 목격한 세상을 지배하는 무시무시한 "짐승들"도 그런 경우다. 각각을 한 마리의 짐승으로 표현했으나 실은 하나의 국가 집단을 상징한다.

「이사야서」 53장이 단 한 사람, 다른 이들의 죄를 위해 죽을 미래의 메시아를 지칭하는 것이라 볼 수 없는 또 다른 이유는 그 구절이 종의 고난을 미래의 일이 아닌 **과거**의 사건으로 묘사하고 있다는 점이다. 그는 멸시를 **받았고** 버림을 **받았다**. 그는 우리의 질고를 **졌고**, 우리 허물 때문에 찔림을 **당하였다**. 반면에 (이것이 핵심인데) 그가 그런 수고를 인정받는 것은 **미래**의 사건으로 묘사된다. "극심한 고통이 말끔히 가시고 떠오르는 빛을 **보리라**." "전리품을 **나눌 것**이다." 그러므로 저자는 이미 고난을 겪었으나 결국에는 하나님에게 인정받을 (한 집단에 대한 은유로 표현된) 누군가를 칭하고 있는 것이다.

그 "주님의 종"이라는 자가 도대체 누구인가? 저자가 쓴 구절의 역사적 맥락이 중요한 판단 요소임은 분명하지만, 논란을 종식시킬 더 결정적인 단어가 또 나온다. 「이사야서」의 저자는 꼭 집어 그 종이 누군지 말하고 있다. 독자 대부분은 해당 구절을 일차적 의미로 읽지 않기 때문에 이를 잘 알아채지 못한다. 그러나 성서학자들은 이미 오래전부터 알아챈 바로, 「이사야서」에는 이 종에 대해 이야기하는 네 개의 두드러진 구절이 있다. 그 구절들이 그의 정체를 알려준다. 가장 명확한 것이 「이사야서」 49장 3절로, 하나님이 그 종에게 직접 이렇게 말씀하신다. "내게 이르시되, '너는 나의 종이요, 내 영광을 네 속에 나타낼 이스라엘이라' 하셨느니라." 고난받는 종은 이스라엘인 것이다.

정리하자면, 「이사야서」 53장은 애초에 훗날 강림하실 메시아에 대한 내용이 아니다. 포로가 된 이스라엘왕국에 관한 이야기다. 이스라엘 백성 가운데 일부는 남이 지은 죄 때문에 끔찍이 고생하고 있었다. 하지만 하나님이 그들을 회복시켜(말하자면 죽음에서 되살려) 주실 거라고, 나라가 멸망했음에도 그들이 살던 땅으로 도로 데려와 다시금 살게 해 주실 거라고 했다. 그렇기에 해당 구절은 우리가 「이사야서」 26장 19절에서, 그리고 「에스겔서」 37장의 유명한 '마른 뼈의 골짜기' 구절에서 본 내용과 궤를 같이한다. 다만 후대의 독자들이 왜 이 구절을 나라가 아니라 개인을 두고 하는 얘기로 오독하는지는 충분히 이해가 간다.

「이사야서」의 이 구절이 쓰이고 약 300년 후 유대교 묵시론자들은 이 세상과 이 세상에 사는 사람들을 마구 파괴하는, 하나님과 대적한 거대 세력들로부터 모든 악이 파생한다고 믿기 시작했다. 하나님의 계율을 지키려는 사람은 누구나 이 악의 세력들에게 공격받을 목표가 된다고 말이다. 이 거대한 힘은 다른 존재, 인간 부하들을 수하로 부려 의로운 자들을 짓밟고 벌하며 때로는 죽이기까지 한다. 그러나 결국에는 하나님이 최후의 승자가 될 것이다. 심판의 날이 다가오고 있으며, 모든 인간이 신 앞에 재판을 받고 의로운 행위에 대해 상을 받거나 죄에 대해 벌을 받을 것이다. 이는 그때에 살아 있는 사람뿐 아니라 죽은 사람에게도 마찬가지이며, 죽은 자들은 그 육신이 되살아나 천국에 들어가거나 심판을 받아 멸할 것이다. 일부 유대교 사상가들은 「이사야서」 53장의 하나님의 종 운운한 구절을 하나님이 결국 그분을 위해 고난받은 이들을, 이사야가 믿었던 것처럼 집단으로만이 아니라, 개인적으로도 죽음에서 되살려 내 그들의 수고를 인정할 것임을 뒷받침하는 구절로 해석했다.

파수꾼의 서에 나오는 부활

죽은 자가 훗날 육신으로 부활한다는 개념이 최초로 등장한 것은 성경에 포함되지 않았으나 기원전 마지막 200년간 성서 못지않게 널리 읽혔던 유대교 문헌 중 하나에서였다. 오늘날 「에녹 1서」로 알려진 외경이다. 가명을 내세운 「에녹서」의 저자는 자신이 바로, 죽지 않은 최초의 인간 에녹이라고 주장한다. 「창세기」 5장 24절은 이렇게 말한다. "에녹이 하나님과 동행하더니, 하나님이 그를 데려가시므로 세상에 있지 아니하였더라." 종말에 대한 묵시를 글로 가장 잘 쓸 사람, 세속의 현실을 설명해 줄 하늘나라의 비밀을 가장 잘 이야기해 줄 수 있는 사람이 누구겠는가? 저 위 하늘에서 실제로 하나님과 함께 살아 본 자 아니겠는가! 「에녹 1서」는 이 인간이면서 하늘나라에 거주해 본 인물에게 내려진 여러 가지 특별한 계시를 담고 있다.

분량이 꽤 되는 이 외경은 각각 다섯 편의 글을 모아 엮은 것이다. 다섯 편 모두 에녹의 환시와 경험을 담고 있지만, 다섯 개의 서書는 각기 다른 저자가 각기 다른 시기에 쓰였고 나중에야 하나의 작품으로 취합되었다.[8] 여기서 우리는 가장 먼저 쓰인 부분, 지금은 「에녹 1서」에서 6장부터 36장까지에 해당하며 학자들이 '파수꾼의 서'라고 부르는 부분만 살펴볼 텐데, 예수가 탄생하기 약 200년 혹은 250년 전에 쓰인 것으로 추정된다.

파수꾼의 서는 에녹과는 상관없지만 대신 노아 시대에 일어난 홍수를 묘사한, 히브리어 성경 전체에서 가장 베일에 싸인 짤막한 구절을 좀 더 자세히 이야기한다. 「창세기」에서 노아의 홍수가 일어나기 전 배경을 서술한 부분에 이런 내용이 나온다.

사람이 땅 위에 번성하기 시작할 때에 그들에게서 딸들이 나니, 하나님의 아들들이 사람의 딸들의 아름다움을 보고 자기들이 좋아하는 모든 여자를 아내로 삼는지라. … 당시에 그리고 그 후에도 땅에는 네피림이 있었고 하나님의 아들들이 사람의 딸들에게로 들어와 자식을 낳았으니, 그들은 용사라. 고대에 명성이 있는 사람들이었더라. (「창세기」 6장 1-2절, 4절)

이 묘한 구절은 모종의 천사 같은 존재, 지상에 내려와 여자들을 임신시키고 자식을 낳아 반신반인 혼종의 거대한 부족을 일군 "하나님의 아들들"의 이야기를 하는 것으로 보인다. 하나님이 세상을 멸하려고 보낸 홍수는 일면 이들을 절멸하기 위한 것이기도 했다.

「에녹서」의 초반부에는, 여기서 "파수꾼들"이라 칭하는 이 하나님의 아들들에 관한 외경 성격의 일화들이 장황하게 실려 있다. 그중 한 일화에서 천사 대장 세미하자가 다른 천사 200명을 이끌고 하늘에서 내려오는데, 이 천사들이 지상의 여자들을 임신시키고 마법을 가르친다. 이들의 자손인 네피림은 거인족으로, 작물을 마구 먹어 치우고 그러고도 허기를 채우지 못해 인간까지 먹어 치우면서 세상을 황폐화한다. 하나님은 네피림족을 벌하기로 하고, 영원한 고문형을 선고해 그들을 지상에서 쓸어버릴 홍수를 보낸다. 그랬는데도 악의 세력은 여전히 파괴를 멈추지 않는다. 파수꾼들의 시체에서 악마가 나와 계속해서 극악무도한 짓을 벌인 것이다.

이 파수꾼의 서는 우리에게 최초로 알려진 묵시론적 문헌으로, 선과 악이 이 세상을 무대로 벌이는 전쟁이 주된 내용이다. 하나님은 선한 자들이 이 땅에 돌아올 수 있도록 이 싸움에 개입하여 파수꾼으로 현신한 악의 무리를 멸한다. 전투가 계속되는 와중에 에녹은 여러 차례 환시와 사건을 경험하면서 하늘나라의 사정을 엿보게 되는데, 그중에는 훗날 닥칠 심판과 죽은 육신의 부활과 관계된 내용도 있다.

핵심 구절을 보면, 천사 라파엘이 에녹을 데려가 이미 죽은 영혼들이 심판의 날까지 억류돼 있는 모습을 보여 준다(22장). 에녹은 네 개의 깊은 골짜기가 있는 높은 산으로 안내받는데, 골짜기마다 각각 다른 부류의 죽은 자들 영혼이 각기 다른 영원한 운명을 기다리고 있었다. 그중 한 군데에는 의로운 자들의 영혼이 대기 중인데, 딱 봐도 심판의 날 부활할 이들이다. 두 번째 골짜기에는 이승에서 제대로 벌을 받지 않은 죄인들의 영혼이 머무르고 있다. 이들은 각자에게 합당한 영원한 고문이 선고될 심판의 날을 기다리면서 이 임시 거처에서 고문을 받는다. 세 번째 골짜기에는 첫 번째 골짜기 거주민만큼 의롭게 살지는 않았지만 두 번째 골짜기 거주민만큼 악행을 저지르지도 않은, 죄인에게 살해당한 영혼들이 거주하고 있다. 이들은 구체적으로 명시되지 않은 심판을 따로 받게 될 텐데, 첫 번째 거주민이 받는 것만큼 좋지는 않을 테지만 두 번째 거주민이 받는 것만큼 끔찍한 것도 아닐 것이다. 마지막으로, 두 번째 골짜기 거주자들과 달리 자신이 저지른 범죄와 악행에 대해 이미 벌을 받은 죄인들의 영혼이 머무는 골짜기가 있다. 이들은 심판의 날 부활하지도 소멸하지도 않고, 이 음울한 골짜기에 영원히 거할 것이다.

기독교 저술인 「베드로묵시록」 같은 후대 문헌과 비교하면, 여기에 묘사된 최후의 운명들은 다소 모호하며 그다지 상세하지도 않다. 그러나 기본적 개념은 다 담겨 있다. 미래에 닥쳐올 심판의 날이 등장하고, 의로운 사람보다 의롭지 못한 사람이 더 많으며, 의로운 정도에 따라 각기 다른 정도의 상벌을 받을 거라고 암시한다.

심판의 날에는 천사 종족인 파수꾼들도 고난받을 것이다. 앞선 장에서 그들이 최후의 명운이 정해질 때까지 칠십 세대 동안 지하에 억류되어 있을 거라는 얘기가 나온다(「에녹 1서」 10장 12절). 좋은 운명은 아닌 것 같다. 그들은 "불의 심연에 던져질 것이고, 고문받고 투옥된 채 영영 입을 다물게 될 것이다. 그런 다음 〔세미하자도〕 불에 타서 그들과 같이 멸할 것이다. 그들은 다 같이, 온 세대가 다할 때까지 거기 묶여 있으리라"고 나온다. 그런데 이 심판은 타락한 천사들에게만 해당하는 게 아니다. 그들과 한패를 이뤘던 인간들도 같은 운명을 맞을 것이다.

반면에 의로운 자들은 영원토록, 믿을 수 없을 정도의 즐거움을 누리며 사는 상을 받을 것이다.

> 그때가 되면 온 세상이 의로움으로 경작될 것이며, 온 땅에 나무가 심길 것이며, 축복으로 가득 찰 것이다. … 거기 심긴 포도나무는 열매를 풍성히 맺을 것이고, 그 땅에 파종된 모든 씨앗은 각각 수천 개의 싹을 낼 것이요, 각각의 올리브 알은 10배스(약 37리터. — 옮긴이)의 기름을 낼 것이라. (「에녹 1서」 10장 18-20절)

말 그대로 낙원이고, 이 정원에서 영생을 누리는 것이다. 그때가 되면 세상은 모든 죄와 불의, 부정함이 씻겨 나갈 것이다. "사람의 모든 자손이 의로워질 것이며, 모든 나라가 나를 섬기고 경배할 것이다 …. 이 땅에서 모든 오염과 모든 죄악, 모든 역병, 모든 고난이 씻겨 나갈 것이다."(「에녹 1서」 10장 22절) 이보다 더 좋을 수 있을까? 하나님이 다시금 권능을 펼쳐 세상을 지배할 것이다. 더는 고통도 불행도 없을 것이다. 이제껏 의로운 삶을 살았으며 영원한 상을 누리기 위해 죽음에서 부활한 이들에게는 앞으로 영원히, 유토피아 같은 삶이 펼쳐지는 것이다.

이런 기본적인 묵시론적 세계관이 정경 밖의 초기 유대교 문헌에서 다수 발견되며, 그중에는 「에녹 1서」를 이루는 다른 문헌들도 있다.[9] 그러나 언젠가 일어날 부활에 대해 서술한 가장 잘 알려진 구절은 다름 아닌 유대교 경전에서, 구체적으로는 히브리어 정전正典에서 가장 마지막에 쓰인 「다니엘서」에 나온다.

묵시문학으로서의 다니엘서

분명 「다니엘서」는 구약의 마지막 서임을 **자처**하지는 않는다. 일인칭시점으로 서술한 「다니엘서」의 저자는 자신이 기원전 6세기에 바빌론 유수를 겪은 유대인이라고 밝힌다. 그러나 비판적 학자들은 그것이 문학적 장치임을 오래전에 간파했다. 「다니엘서」가 실은 그보다 약 400년 후, 페르시아왕국 지배기에 유대Judea로 이름을 고친 유다왕국이 '마카베오 전쟁'으로 알려진 유대인 독립전쟁으로 분수령에 달한 지독한 기독교 박해기라는 극단적 시기를 겪고 있을 무렵 쓰였다는 것을, 다름 아닌 「다니엘서」에 실린 증거가 여실히 보여 준다.[10]

기원전 323년, 레반트 지역 국가들을 정복한 지 얼마 되지도 않아 알렉산드로스 대왕이 젊은 나이로 사망했다. 그가 정복한 영토들은 휘하 지휘관들이 나눠 가졌다. 기원전 198년까지 대략 100년 동안 유대는 이집트의 프톨레마이오스 왕가가 통치했다. 그러다가 시리아를 지배하던 셀레우코스 왕조에게 넘어갔다. 30년 가량 시간이 흐르는 동안 유대의 상황은 점점 악화되었다. 시리아의 군주 (안티오쿠스 에피파네스로 더 잘 알려진) 안티오쿠스 4세가 그리스 문화를 강제로 이식해 광대한 제국을 통합하려고 한 것이다. 많은 유대 백성이 그러한 진보적 사고를 기꺼이 받아들여 그리스 언어와 그리스식 의복 및 문화, 제도, 심지어 종교까지 아우르는 수용 정책을 지지했다. 다른 한편에는 조상의 전통을 따라 신을 섬기는 것을 허락받지 못하고 나아가 코셔 율법을 어기고 남아 할례 관습을 멈추도록 강요받는 것도 모자라 이를 어길 시 사형을 감수해야 하는 것에 분노하는 유대인도 많았다. 안티오쿠스는 사실상 그들에게 유대인이기를 그만두도록 강요한 것이다.[11]

그러다 결국 기원전 167년에 마카베오가家라고 알려진 일족의 주도로 반란이 일어났다. 처음에 이 반란은 일련의 게릴라 접전으로 시작했지만 점차 대규모 봉기로 번져 끝내 안티오쿠스의 군대를 격멸하고 셀레우코스 왕조를 영토에서 축출하기에 이르렀다. 유대는 다시 독립국가가 되었고, 기원전 63년 로마군이 정복 전쟁의 일환으로 쳐들어와 영토를 차지할 때까지 100년간 그 상태를 유지했다.

「다니엘서」는 바로 이 시기, 안티오쿠스 에피파네스가 유대를 지배한 시기에 저술되었다. 첫 여섯 장章은 유대인 망명자 다니엘과 그 일행이 이국의 수도 바빌론에서 외세 지배에 저항하면서 겪은 일들을 위주로 인상적인 전승 설화들을 담고 있는데, 저자가 살아간 시대의 유대인들이 셀레우코스 왕조가 유대인의 땅을 헬레니즘화(그리스화)하려는 시도에 어떻게 맞서면 좋을지 암시하는 일종의 우화이다. 후반부 여섯 장에는 다니엘이 목격한 묵시적 환영들이 펼쳐진다. 이 충격적이고 강렬하며 기이한 이야기들은 노골적으로 인류의 미래와 임박한 대재앙을 예언하며, 그 내용은 하나님이 악한 세력들을 멸하고 승리하는 데서 정점을 이룬다. 가명의 저자가 보기에 여기서 악의 세력은 유대 민족의 고향을 황폐화하는 거대 제국들을 좌지우지하는 군주들, 특히 안티오쿠스 에피파네스가 대표하는 셀레우코스 왕조다.

비판적 학자들은 '파수꾼의 서'를 쓴 익명 저자가 자신이 에녹이라고 주장했던 것처럼 "다니엘"도 실은 가명을 쓰고 있다고 확신한다. 사실 인간 선지자가 천국의 현실을 환영으로 경험하는(그리고 보통은 매우 상징적 언어로 서술되고, 때로는 몹시 기이한 이미지로 묘사되는) 이런 유의 묵시론적 글은 거의 항상 가명으로 발표된다. '묵시문학'으로 분류되는 이런 글은 속세의 참혹한 상태에 대한 거시적 원인을 대고, 더불어 하나님이 엄청난 고난과 재난 끝에 어떻게 모든 불의를 바로잡고 자신이 창조한 세상을 본래의 선한 세상으로 회복시키며 그 세상을 타락시킨 모든 존재에게 정의를 내릴지 설명하는 묵시론적 관점을 제시하는 하나의 문학 장르다(신약의 「요한계시록」도 여기 속하는데, 앞으로 자세히 살펴볼 것이다). 「에녹1서」 중 가장 처음 저술된 장들을 필두로 이러한 묵시문학 여러 편이 대략 400년간 유통되었다.

묵시문학이 전형적으로 가명을 달고 발표되는 데에는 두 가지 이유가 있다. 우선, 천국의 비밀을 만천하에 드러낼 작정이라면 그 비밀을 만유의 하나님과 매우 비범하고 특별한 관계를 맺고 있는,

남달리 위대한 영적 지도자의 입을 통하는 게 분명 자연스러울 것이다. 그래서 우리에게 전해지는 묵시문학은 에녹이나 다니엘뿐 아니라 무려 유대 민족의 시조인 아브라함과 모세, 심지어 아담을 저자로 내세우는 것이다.[12]

과거의 유명한 종교적 인물을 저자로 내세울 때 또 하나의 이점은, 그런 글들이 보통 미래를 예견한다고 주장한다는 데 있다. 묵시문학은 지금 고난받는 자들에게 조만간 하나님이 개입해 악의 세력을 멸하고 그분의 백성에게 상을 주실 테니 조금만 더 참고 견디라고 말하며 달래려는 의도로 쓴 글이다. 이런 메시지를 전달하는 한 방법은 (먼 과거의 인물이라고 하는) 저자의 입을 빌려 실제 저자가 그 글을 쓰고 있는 시점까지 일어난 일, 그리고 그 시점을 지나서 일어날 일을 예언하는 것이다. 미래에 대한 이런 "예측"을 풀어놓는 것은 실제 저자가 그가 글 속에서 "예측한" 사건들 이후 시점에 살고 있으니 비교적 쉬웠을 것이다. 독자는 저자가 사실은 미래를 예측하는 대신 자신이 이미 살아 본 과거를 서술하고 있는 것을 모른 채, 예언의 정확성에 감탄하면서 이 선지자가 비밀스럽고 신비로운 지식을 엿보도록 허락받았다고 믿게 된다. 전부 실현되지 않았는가! 그가 우리 시대**까지의** 사건들을 예언한 바가 실현됐다면, 그가 앞으로 일어날 거라 예언한 바도 똑같이 실현될 게 분명하다.

그렇다면 가명 저술은 글쓴이가 독자들에게 자신은 곧 일어날 일을 알고 있다고 믿게 만들어, 힘겨운 시기를 겪고 있는 이들을 위안하기 위한 문학적 장치인 셈이다. 「다니엘서」는 분명 그 경우에 해당한다. 「다니엘서」의 저자는 몇백 년 전에 썼다고 주장하면서 유대의 미래를 보여 주는 환영을 상세히 묘사한 다음, 이름을 명시하지는 않으면서 안티오쿠스 에피파네스의 지배와 그의 최후를 길게 서술한다. 진짜 저자는 안티오쿠스의 치하에 살고 있음이 확실하며, 실제로 안티오쿠스가 '약속된 땅'에서 벌어질 최후의 전투에서 사망할 것을 예견한다(「다니엘서」 11장 40-45절). 이 예언만은 실현되지 않았는데, 「다니엘서」가 안티오쿠스가 기원전 164년 페르시아에서 사망하기 이전에 쓰였음을 말해 준다.

다니엘서에 나오는 '죽음에서 부활함'

「다니엘서」는 히브리어 성경에서 종말의 때에 죽은 자들이 부활할 거라고 최초로, 또한 유일하게 예언한 서다. 「다니엘서」 11장 45절은 그 사건이 안티오쿠스가 사망한 직후에 일어날 거라고 예언했다. 연속절인 12장 1-3절은 유대인들의 이 새로운 사후 세계관을 이해할 핵심 열쇠다.

그때에 네 민족을 호위하는 큰 군주 미가엘이 일어날 것이요. 또 환난이 있으리니. 이는 개국 이래로 그때까지 없던 환난일 것이며, 그때에 네 백성 중 책에 기록된 모든 자가 구원을 받을 것이라. 땅의 티끌 가운데에서 자는 자 중에서 많은 사람이 깨어나 영생을 받는 자도 있겠고, 수치를 당하여서 영원히 부끄러움을 당하는 자도 있을 것이며. 지혜 있는 자는 궁창의 빛과 같이 빛날 것이요. 많은 사람을 옳은 데로 돌아오게 한 자는 별과 같이 영원토록 빛나리라.

큰 군주 미가엘은 대천사장, 곧 하나님이 이끄는 천군天軍의 사령관이자 하나님이 지정한 이스라엘의 수호자다. 안티오쿠스의 지배가 끝나면서 엄청난 불행의 시기가 닥칠 테고, 얼마 후 하나님이 개입하실 것이다. "많은 사람"이 죽음에서 되살아날 것이다. 이 글에서 의외인 점은 모든 사람이 부활한다고 하지 않은 것이다. 그러나 다른 한편으로는, 파수꾼의 서에 실린 예언도 그렇게 말하고 있다. 어느 한 골짜기에 거하는 무리는 부활하지 못할 거라고 말한 부분이다. 하지만 다니엘이 "많은 사람"이 부활할 거라고 언급한 사실은 그가, 「이사야서」 26장 19절이나 「에스겔서」 37장과 다르게, 한 집단 즉 이스라엘 전체를 염두에 두고 말하고 있지 않음을 보여 준다. 그는 인간 개개인을 이야기하고 있다.

게다가 그는 그들의 육신이 그대로 되살아날 거라고 말한다. 이는 사람들이 영혼 상태로 영생을 얻는 "영적" 부활 같은 게 아니다. 전적으로 육체적인 경험이다. 이 사람들은 "잠들어" 있다고 나오는데, 이는 "죽음"을 완곡히 표현할 때 흔히 쓰는 말이며, 구체적으로는 "티끌 가운데" 자고 있다고 나온다. 이는 다니엘이 육신의 되살아남을 이야기하고 있음을 말해 준다. 곧 되살아날 것들이 지금 땅속에 있다고 말이다. 그런데 땅속에 있는 것이 뭔가? 시체다.

학계에서는 이 "영생을 받을 자들"이 정확히 누구를 말하는가를 두고 논쟁을 이어 가고 있다. 「다니엘서」 11장 33절, 35절이 암시한 것처럼, 마카베오 전쟁 이전에 박해받다 순교한 유대 민족의 지도자들인가? 믿음 있는 유대인 전부를 말하나? 선하고 의로운 삶을 살기 위해 애쓴 사람 모두를 일컫나? 누구든 하나님에게 특별히 축복받은 사람들일 것이다. 이 구절이 구약 전체에서 "영생"이라는 단어를 사용한 유일한 구절인 걸 보면 말이다.[13]

이들은 부활하여 새 삶을 얻을 뿐 아니라 새 장소로 인도되기까지 한다. 이들은 더 이상 흙무덤 안에 거하지 않고 천국으로 들려 올라가 천사들과 같은 생활을 하면서 "별과 같이 영원토록 빛날" 것이다. 고대 유대교 및 기독교 문헌 중에 부활한 성도가 별처럼 된다는, 혹은 아예 실제로 별이 된다는 표현이 나오는 글이 상당수 있다. 이 개념은 하늘의 별이 사실은 천사이며(「욥기」 38장 6-7절을 참고하라) 의로운 인간은 죽은 후 천사 같은 존재가 된다는 관념에 뿌리를 두고 있다. 예를 들면, 에녹에 관한 몇몇 고대 유대교 전설도 실제로 그렇게 말하고 있다.[14] 다니엘은 믿음 있는 자가 실제로 별이 된다는 말은 하지 않지만, 별과 같이 되어 하늘에서 빛날 거라고 한다.

악한 자들은 운이 그렇게 좋지 않다. 악한 자들 가운데에 부활하는 사람도 '있긴 있'지만, 영광을 얻는 대신 수치를 당하고 영원히 부끄러움을 당한다. 이들은 안티오쿠스 에피파네스 치하에서 신앙심 깊은 유대인들을 박해한 자들, 「다니엘서」 11장 33-35절이 이야기한 흉폭한 죄인들일까? 아니면 유대 민족의 반대편에 섰던 사람 모두를 일컫는 걸까? 그도 아니면 유대인 박해에 가담했건 하지 않았건 세상에서 가장 사악한 인간들을 말하는 걸까? 어느 쪽이건, 다소 의외이며 어쩌면 꽤 의미심장한 점은 저자가 그들이 영원히 고문받을 거라고 말하지 않은 것이다. 그들은 영원히 **고문받는** 게 아니라 영원히 **멸시받는다**고 되어 있다. 아니면 그 대신에 죽음에서 되살려져 자신이 지은 잘못을 직시하고 수치를 당한 다음 완전히 소멸할 운명일 수도 있다. 어쨌건 이런 불명예스러운 결말을 맞은 자들은 자신들이 압제하고 박해했던 이들에게 영원한 경멸의 대상이 될 법도 하다.

오직 파멸을 위해 되살아나는 육신들

다른 초기 유대교 문헌들도 영원한 고문이 아닌 영원한 멸망(존재가 완전히 소멸하는 것)을 이야기한다. 우리에게 '솔로몬의 시편'으로 알려진 기원전 1세기 작作 외경도 그중 하나인데, 시 형식을 빌려 의로운 자들과 죄지은 자들이 대조적으로 맞이하는 영원한 명운을 여러 군데에서 읊고 있다.

> 의로운 자의 생은 영원히 (계속되지만)
> 그러나 죄인들은 다른 곳으로 인도받아 파멸을 맞고
> 그들에 대한 어떤 기억도 남아 있지 않게 되리라.
> (「솔로몬의 시편」 13편 11절)

> 죄인들의 멸함은 영원하여
> 하나님이 그의 의로움을 살펴실 때 그는 기억되지 않으리라 …
> 그러나 여호와를 두려워하는 자는 일어나 영생을 얻고

그들의 삶은 여호와의 빛 안에 거할 것이며,

영원토록 끝나지 않으리니.

(「솔로몬의 시편」 3편 11-12절)

죄인은 여호와의 심판이 내리는 날 영원히 소멸할 것이며

그날 하나님이 심판으로 이 땅을 굽어 살피시리라.

그러나 여호와를 경외하는 자는 그 안에서 자비를 얻겠고

그들의 하나님이 내리시는 자비로 인해 살리라.

그러나 죄인들은 영원히 소멸하리라.

(「솔로몬의 시편」 15편 11-13절)

이 글에서 보면 양자택일의 운명은, 「다니엘서」처럼 그냥 "많은 사람"에게만이 아니라, 모든 의로운 자와 모든 죄인에게 적용되는 듯하다. 여기서는 두 부류의 인간이 나오는데, 이 둘은 대조되는 운명을 맞을 것이다. 한 무리는 자비를 입어 하나님의 빛 속에 영원토록 살 것이다. 다른 무리는 그러지 못할 것이다. 후자는 고문을 받는 게 아니라 파멸될 운명이라고 나온다. 이들은 아무도, 심지어 하나님마저 그들을 기억하지 못할 정도로 존재가 완전히 소멸될 것이다. 그러니까 상을 받느냐 벌을 받느냐의 문제가 아니라 생과 멸의 갈림인 것이다.

부활과 불멸성

흔히들 고대 이교 사후 세계관과 유대교 사후 세계관의 핵심적 차이는 고대 그리스인들이 영혼의 불멸이라는 개념을 생각해 냈다면 유대인들은 육신의 부활을 믿게 되었다는 것이라고 한다.[15] 이러한 특징 부여는 그것에 일말의 진실이 있다 해도 지나친 단순화이며, 아예 입증이 가능한 수준으로 문제성을 띤다.

분명 불멸성에 대한 플라톤의 견해와, 예를 들어 부활에 대한 다니엘의 견지 사이에는 다른 점들이 있다. 플라톤이 볼 때 영혼은 **본질적으로** 불멸성을 띤다. 영혼은 항상 존재하는 것이 그 본질이기에, 항상 존재할 것이다. 육체와 달리 영혼은 죽을 수가 없다. 이 논리에는 일종의 이원론적 인류학이 깔려 있다. 인간은 서로 부딪히는 두 가지 실체, 곧 필멸의 육체와 불멸의 영혼으로 이루어져 있으며 죽을 때 그 둘은 서로에게서 분리된다는 것이 그것이다.

이는 우리가 여태껏 살펴본 고대 이스라엘 문헌, 그리고 후대 유대교 문헌 대부분과 명백히 다른 부분이다. 이 둘은 인간 존재를 일원론적으로 보는 관점을 전제로 한다. 영혼은 육체와 독립적으로 존재할 수 있는 별개의 실체 혹은 물질이 아니라는 것이다. 인간은 살아 있을 수 있는 육체이지만, 생명의 숨이 육체를 떠나면 인간은 죽는다. 그 시점에는 육체도 숨도 살아 있는 게 아니다. 육체는 분해되어 사라지며, 그러면 계속해서 살아갈 영혼 또한 남아 있지 않다.

후대 유대교의 부활 신조에서는, 하나님이 생의 숨결을 육신에 불어넣어 죽음을 되돌리고 그 육신이 다시는 죽지 않게 한다는 내용이 나온다. 고대 그리스의 관점과 다르게, 여기서는 인간이 불멸의 존재로 **만들어진다**. 불멸성은 하나님이 부여하는 것이며, 실제 인간 본질에 내재한 성질이 아니다. 더구나 이 유대교 문헌에서 이야기하는 개념은 인간이 죽을 수 없다는 게 아니라 그와 정확히 반대로 인간이란 죽는 존재라는 것이다. 하나님이 인간을 죽음에서 되살려야 하는 것도 바로 인간이 정말로 죽었기 때문이다.

이는 분명히 불멸성에 대한 신조는 아니다. 하지만 이 설명을 읽다 보면 우리가 앞서 살펴본 어떤 글 때문에 어리둥절해질 것이다. 만약 유대교 전통 신조에서 인간이 정말로 죽고 영혼은 죽음 이후 계속해서 살지 않는다면, 훗날의 심판을 위해 "영혼들"을 붙잡아 두는 네 곳의 체류지(거대한 산 속의 "골짜기")가 나오는 「에녹 1서」 22장은 어떻게 설명할 텐가?

이렇게 보니 이교의 관점과 유대교의 관점이 항상 깔끔하게 구분되는 건 아닌 듯하다. 육신이 영원히 산다는 것을 별 어려움 없이 믿었던 이교도들도 있었다. 『오디세이아』에 등장하는 메넬라오스가 대표적이다.[16] 또한 유대인 중에도 영혼의 불멸을 믿는 사람들이 있었다. 「에녹 1서」에도 그런 징후가 있었고, 앞으로 우리가 살펴볼 문헌 자료들에서는 보다 명확하게 드러난다. 따라서 이교도는 영혼의 불멸을 믿었고 유대교도는 육신의 부활을 믿었다는 식으로 무 자르듯 구분하는 건 지나친 단순화다. 역사적 현실은 그보다 훨씬 뒤죽박죽이었다.

그렇다고 예수가 출현하기 전까지 긴 세월 동안 유대교 안에서 발전해 온 부활 신조의 비교 불가한 중요성을 부인하는 건 아니다.

아닌 게 아니라, 기독교가 출현한 시점에 이르러서는 유대인 **대다수**가 어떤 변형이든 이 신조에 뿌리를 둔 믿음을 받아들인 뒤였다. 즉, 훗날 육신이 회복되고 소생할 텐데 그것도 일시적 부활이 아니라 영생을 시작하기 위함이며, 육신 없이 영혼만 있는 형태가 아니라 육신과 영혼을 다 갖춘 온전한 인간으로서 살게 될 것을 믿었다는 얘기다. 앞으로 확인하겠지만 이는 예수와 그의 제자들이 택한 견지이기도 하며, 그렇기에 이들은 인간이 죽으면 영혼이 육신에서 분리되어 천국이나 지옥에 간다는 견지를 지지하지 않았다. 반대로, 이들은 유대교 묵시론자들이었다. 심판의 날 부활하는 것은 육신이며, 그날 의로운 자들은 영생을 얻고 악한 자들은 영원히 소멸할 것이라고 믿은 것이다.

7장

왜 부활을 기다리는가?
: 죽음 직후의 사후 세계

구약성경이 쓰인 시대 말미에 대두된, 인간 개개인이 부활할 거라는 개념이 주로 신정론적 의문에 대한 답으로 생겨난 것임을 살펴보았다. 악한 자가 떵떵거리며 잘살다가 죽어서 아무 벌도 받지 않는다면, 그것이 어찌 공평한가? 아니, 어찌 하나님이 공정하다 할 수 있는가? 혹은 의로운 자가 하나님의 뜻을 따르다가 고난을 당하고 비참하게 죽는다면 이 또한 어찌 공정하다 할 수 있는가? 분명 우리가 이 필멸의 세상을 떠날 때에 어떤 식으로든 보상이 주어지지 않겠는가 말이다.

외경인 「에녹 1서」가, 그리고 정경인 「다니엘서」가 보여 줬듯, 유대인 사상가들은 이 모든 질문에 합당한 설명이 되는 사후 세계관을 만들어 냈다. 종말의 때가 오면 하나님이 모든 잘못된 것을 바로잡을 것이다. 하나님이 세상을 다시금 지배하실 것이다. 죽은 자들이 되살아나며, 하나님은 신실하게 살아간 자들에게는 상을 내리고 그들을 괴롭혔던 적들에게는 벌을 내림으로써 그분 백성의 명예를 회복시켜 주실 것이다.

바로 이 궁극의 명예 회복이라는 개념이 훗날 사후 세계관에 또 다른 변곡점을 불러왔다. 시간이 흐르면서 유대교 사상가들은 어째서 정의가(하나님이 내리는 상과 벌도 포함해) 미래의 어느 시점에야 이루어지는 것인지 의문을 갖게 되었다. 정의란 엄중할 뿐 아니라 신속히 이루어져야 하는 것 아닌가? 이런 의문을 파고든 끝에 일부 유대인들은 부활이 일어나기 전에 대기 기간이 없이, 죽음 직후의 사후 세계가 있다고 믿게 되었다. 이러한 사후 세계관의 변화는 후대 사상의 발전에 결정적으로 작용했고, 훗날 기독교의 천국과 지옥 관념도 그 과정에서 생겨난 것이다. 더불어, 부활 신조가 불확실과 어려움과 박해의 시기에 생겨났듯 죽음 직후 상벌이 이루어진다는 후대의 개념도 환난의 시기에 생겨났다.

그 전환 과정을, 200년의 시간차를 두고 살아간 두 저자가 똑같은 이야기를 각각 서술한 두 건의 유대교 문헌을 통해 확인할 수 있다. 첫 번째 글은 하나님의 정의가 훗날 다가올 심판의 날에 이루어질 것임을 상정하며, 두 번째 글은 우리가 죽으면 그 즉시 정의가 이루어진다는 견지를 고수한다. 둘 다 고문과 죽음의 위협 앞에서 조상의 전통을 극렬히 사수한 소수의 유대인 무리에 초점을 맞추고 있다. 고대 유대교 역사에 등장하는, 유명한 여덟 순교자가 그 주인공이다.

사후 세계와 순교의 역할

이 사건들의 내막을 알려 주는 가장 유용한 원전은 '마카베오 1서, 2서'로 알려진 유대교 외경이다(「마카베오서」는 총 4서로 알려져 있는데, 가톨릭에서는 1서와 2서를 정경으로 인정한다.— 옮긴이). 기원전 167년 시리아와 그 군주인 안티오쿠스 에피파네스에 저항하는 유대 민족의 반란을 주동한 마카베오가의 이름을 딴 경전이다. 이 반란으로 결국 이스라엘은 약속의 땅에서 자치국으로 우뚝 설 수 있게 되었다.

「마카베오서」는 안티오쿠스가 예루살렘을 침략해 소중한 유대교 성전에서 보물을 약탈하고, 수없이 많은 유대인을 사살하고, 도시를 불태우고, 유대인에게 모세의 율법을 포기하고 그리스의 종교를 따를 것을 강제하는 법령을 만드는 등 유대인을 압제한 과정을 묘사하고 있다(「마카베오 1서」 1장). 안티오쿠스는 영토 구석구석을 헬레니즘화하려고(즉, 그리스 문화와 종교를 받아들이게 하려고) 몇 세기에 걸쳐 이어져 온 유대교의 성전 예배를 금지하는 동시에 이교 우상을 모신 제단과 전당을 짓고 유대인에게 이교 신전에 제물을 바칠 것을 강요했고, 유대교 회당 경내에 이교 신상을 설치하는가 하면, 유대인에게 돼지고기를 억지로 먹이고, 남아 할례를 금지했다. 그의 명령을 어긴 자는 누구든 사형에 처했다. 남자아이에게 할례를 시켜 준 여자들은 교수형에 처해진 자기 자식과 나란히 처형당했다.

여기서 우리가 논하려는 유대인의 사후 세계관과 관련해서는

「마카베오 2서」가 특히 중요하다. 기원전 124년으로 거슬러 가는 이 서는 유대인의 관습과 종교를 열성적으로 옹호하는데, 유대 민족이 안티오쿠스의 탄압에 어떻게 독실하고 굳건하고 열정적으로 저항했는지 보여 주려는 의도로 저술되었다.[1] 「마카베오서」는 「에녹 1서」나 「다니엘서」처럼 '묵시문학'은 아니다. 그보다는 역사 서술이라고 봐야 한다. 그렇지만 곳곳에 묵시론적 주제가 드러나며, 특히 다가올 심판의 날에 관한 구절이 그렇다. 「마카베오서」에서는 죽음 직후에 상을 받는다는 개념이 아직 등장하지 않고, 대신 부활할 때 상을 받는다고 나온다.

「마카베오 2서」는 일곱 형제와 그 어머니 이야기로 가장 잘 알려져 있다. 이들은 모두 무시무시한 고문과 끔찍한 죽음을 마주하고도, 단지 돼지고기 한 점 먹는 정도라 해도 자신들의 신앙과 조상에게 물려받은 관습을 저버리기를 거부한, 독실하고 열성적인 유대인이었다(「마카베오 2서」 7장). 안티오쿠스는 이들을 다 잡아들여, 뜻을 굽히고 금기인 돼지고기를 먹지 않는다면 "채찍과 가죽 매"로 고문하겠다고 협박한다(「마카베오 2서」 7장 1절). 하지만 그들은 꿋꿋이 버틴다. 형제 중 한 명이 가족을 대표해 묻는다. "우리를 심문해서 무엇을 알아내려고 하는 것이오? 우리는 조상의 율법을 어기느니 차라리 죽을 각오가 돼 있소."(「마카베오 2서」 7장 2절)

이 말을 들은 왕은 크게 노하고, 이어서 모든 고대 문헌을 통틀어 가장 모골이 송연해지는 고문 장면이 펼쳐진다. 안티오쿠스는 병사들에게 불을 크게 피우고 거대한 무쇠솥을 그 위에 얹어 달구게 한다. 그리고 형제 중 첫째를 잡아다가 "나머지 형제들과 어머니가

지켜보는 가운데"(「마카베오 2서」 7장 3절) 그의 혀를 자르고, 머리 가죽을 벗기고, 손과 발을 절단하게 한다. 그러더니, 아직 살아 있는 그를 시뻘겋게 달궈진 솥에 던져 넣어 산 채로 튀겨 버린다. 연기가 자욱이 퍼지는데도 남은 형제들과 어머니는 겁에 질려 움츠러들거나 결심이 흔들리지 않는다. 대신 그들은 서로를 격려한다. "주 여호와께서 우리를 굽어 살피시며 진리 안에서 우리를 동정하시니…." (「마카베오 2서」 7장 6절) 어떻게 이런 상황에서 저런 생각을 할 수 있는지 궁금해지지만, 이어진 서술에서 그 이유가 나온다. 상상조차 어려운 끔찍한 고문과 죽음을 겪으면서도 신앙을 굳건히 지키면 심판의 날 상을 받으리라고 굳게 믿기에 그럴 수 있는 것이다.

이러한 심리는 둘째 형제가 병사들에게 붙잡혔을 때 더욱 분명해진다. 그는 죽기 전 안티오쿠스에게 으름장을 놓는다. "저주받을 지어다, 너는 우리를 지금의 생에서 없애 버리지만 만유의 왕께서 우리를 되살려 새로 찾은 삶을 영원히 누리게 해 주실 것이다. 우리가 그분의 유법을 지키다 죽었기 때문이다."(「마카베오 2서」 7장 9절) 지금 고통을 받으면 훗날 부활할 때 하나님이 그 수고를 인정해 줄 거라고 믿고 있음을 알 수 있다. 다음 형제도 혀와 두 손을 자르겠다는 위협을 받자, 양손을 내밀며 선언한다. "이것들은 하늘로부터 받았으나 그분의 율법에 비하면 이까짓 것 잃어도 그만이고, 그분에게서 언젠가 돌려받기를 바랄 뿐이다."(「마카베오 2서」 7장 11절) 일단 부활하면 회복과 건강, 온전함을 다 얻을 거라고 믿는 것이다.

넷째 형제는 자기 순서가 되자 훗날 부활할 때 믿음 깊은 자들이 좋은 운명을 맞을 것임을 한 번 더 확인하는 건 물론, 올곧은 자의 명운을 현 권력자들의 명운과 비교하기까지 한다. "우리는 한낱 사람의 손에 죽지만 하나님이 다시 일으켜 주시리라는, 그분께서 주신 희망을 품을 수 있다. 하지만 너희가 부활해 다시 사는 일은 없을 것이다!"(「마카베오 2서」 7장 14절) 여기서 주목할 부분이 있다. 심판의 날 왕이 받게 될 벌에 대해서는 한마디도 하지 않는다는 점이다. 의로운 자들은 상을 받을 테지만 악한 자들은 부활해 새 삶을 누리지 못할 거라는 말뿐이다. 선택지는 죽음 후의 삶, 아니면 죽음 후 죽음밖에 없다는 얘기다.

그러나 이 장을 처음 읽는 독자라면 어떤 구절은 악한 자들을 위해 완전한 소멸이 아닌, 영원한 형벌이 준비돼 있다는 얘기로 읽힐 수 있다. 그 예로, 다섯째 형제는 폭군에게 말한다. "어디 계속해 보거라, 주님의 강한 권능이 너와 네 후손들을 고문할 지어다!"(「마카베오 2서」 7장 17절) 이 말은 왕이 죽음 후 고통당할 것임을 경고하는 것으로 들릴 수 있으나, 더 자세히 보면 화자는 훗날 죽음 후 닥칠 고문에 대해서는 한 마디도 하지 않으며 악한 자가 되살아나 심판을 받는다는 얘기도 하지 않는다. 대신 그는 고대 유대인의 글에서 흔히 보이는 예언적 예측을 하는 것으로 보인다. 현세에서 의로운 자를 박해하는 사람은 결국 현세에서 대가를 치르리라는 것이다. 하나님이 복수해 주실 것이다. 고문하는 자들은 비참하게 죽게 되리라. 신이 즉결심판을 한다는 이러한 관점은 후대의 문헌에 이르러서야 죽음 이후의 삶이라는 사후 세계관으로 변모된다.

죽음 직후의 사후 세계

「마카베오 2서」에 기록된 사건을 약 200년 뒤에 쓰인 「마카베오 4서」에 기록된 동일 사건의 서술과 비교하면 참으로 놀랍다.[2] 특히 중요한 부분은 사후 세계관의 차이다. 「마카베오 4서」의 저자는 선조가 남긴 「마카베오 2서」를 정보의 출전으로 삼았지만, 저술 목적은 사뭇 달랐다. 「마카베오 4서」는 박해기에 율법을 엄수한 유대인들의 신실함을 묘사하는 게 아니라, 나름의 철학적 주장을 펼치는 데 초점을 두고 있다. 우리 모두 일반적으로 열정이 아닌 이성에 따라 행동을 결정해야 한다는 주장이다. 저자는 마카베오가의 순교자들을 본보기 삼아 제시한다. 그들은 장기적으로 자신에게 이득이 될 것을 알았기에 쾌락보다 육체적 고통을 택했다. 저자는 여기서, 말하자면 고대식 비용편익분석을 제시하고 있다. 당장의 고통은 나중의 쾌락을 가져다줄 것이라는 분석이다.

「마카베오 4서」는 서술의 초점을 철학적 논지로 옮겨 놓을 뿐 아니라 새로운 사후 세계관도 제시한다. 이 무렵에는 유대인들의 사고가, 최소한 일부 저술가들 가운데서는, 이미 변화한 뒤였다. 이제 논의의 초점은 언제인지 모를 심판의 날 의로운 자들이 부활하면서 일어날 일들에 맞춰져 있지 않다. 대신 이 저자는 우리가 죽으면 즉시 상을 받을 거라고 믿는다. 아무도 기다릴 필요 없다. 게다가, 악한 자들을 위해 준비된 사후의 운명도 있다. 그들은 그냥 죽은 채로 있는 게 아니라 벌을 받을 텐데, 율법을 끝까지 지킨 자들이 살아생전 당한 그대로 고문당할 것이다. 준 대로 받는 것이다.

이런 맥락에서 「마카베오 4서」는 일곱 형제와 어머니의 일화를 조금 다른 각도에서 묘사한다. 그럼으로써 여느 유대교 저자들, 궁극적으로는 플라톤에게서 유래한 메시지, 중요한 건 육체가 아니라 영혼이라는 메시지를 강조한다. 육체적 고문은 일시적이지만, 하나님을 거역한 자의 영혼은 사후에 영원히 고문당할 것이다. 형제들이 어느 시점에 서로에게 이렇게 말한 것과 같은 맥락이다. "자신이 우리를 죽이는 줄 아는 자를 두려워하지 말라. 하나님의 계명을 어긴 자를 기다리고 있는 영혼의 괴로움과 영원한 고문이 엄청나기 때문이다."(「마카베오 4서」 13장 14-15절)

여기서는 고문당한 육신이 훗날 얻을 새 삶이 아니라 그들의 영혼에, 그리고 박해하는 폭군에게 하나님이 내릴 복수에 초점을 두고 있다. "이 죄들을 하나님의 정의가 끝까지 쫓았으며, 저주받아 마땅한 폭군도 끝까지 쫓을 것이다. 그러나 아브라함의 아들들이 승리를 거둔 그 어머니와 더불어 아버지들의 찬양을 들으며 다 함께 모여 있으니, 이들은 하나님께로부터 순수하고 불멸하는 영혼을 받았음이라."(「마카베오 4서」 18장 22-23절) 즉, 언젠가 일어날 부활을 기다릴 필요가 없다는 얘기다. 왜냐면 일곱 아들과 그 어머니는, 죽은 후, 이미 그들의 조상과 함께 모여 있으며 영생을 누릴 영혼을 얻었으니 말이다. 여기서 플라톤의 견지와 다른 점은 이 유대인들의 영혼은 본래 불멸성을 띠지 않는다는 것이다. 이들은 하나님께 받은 선물로 불멸을 얻은 것이다. 하지만 초점은 어쨌거나 플라톤적 논지, 즉 육체보다 영혼이 우선한다는 데에 있다. 게다가 여기서는 불분명한 미래의 어느 시점이 아니라 지금 당장 영원한 생을 얻는다는 것도 또 하나의 차이점이다.

일화 속 어머니가 보인 인내력과 아들들에게 신앙을 버리느니 고문을 견디라고 밀어붙인 고집이 칭송받을 이유가 바로 그것이다. 아들들을 낳은 장본인이 직접 그들을 불멸의 존재로 다시 태어날 수 있게 해 주고 있으니 말이다. 그래서 저자는 어머니를 이렇게 극찬한다. "금강석 같은 마음을 가지고 아들 전부에게 영원불멸의 거듭남을 선사하려는 듯, 그녀는 아들들에게 신앙을 위하여 죽음도 불사하라고 호소하고 종용했다."(「마카베오 4서」 16장 13절) 믿는 자에게 죽음은 그저 영원불멸로 가는 계단일 뿐이다.

그러나 박해자들에게는 영원한 재앙으로 가는 길목이다. 하나님의 복수는 고대 히브리 예언자들이 주장하고 「마카베오 1서」와 「마카베오 2서」의 저자가 암시한 것처럼 그저 이번 생에서 일시적인 벌로 찾아오지 않을 것이다. 앞으로 맞이할 생에서 영원토록 계속될 것이다. 첫째 형제도 그렇게 말한다.

극심한 고난과 인내로 말미암아 우리는 덕이라는 상을 받을 것이며, 하나님을 위해 우리가 고난을 당했기에 하나님과 함께하리라. 허나 너희는 우리를 향한 너희의 피의 굶주림 때문에, 그에 합당하게 신의 심판을 거쳐 영원히 불의 고문을 받을 것이다. (「마카베오 4서」 9장 8-9절)

여기에 저자가 말하는 진정한 정의가 있다. 이번 생에서 의로운 자들에게 가한 해를 죽음 후의 생에서 악한 자들이 그대로 당할 거라는 것이다. 고문관들은 고문당할 것이며, 그것도 아주 익숙한 방식으로 당할 것이다. 솥에 형제들을 튀겨 버린 폭군은 자신이 튀겨질 텐데, 의식을 잃을 때까지 고작 몇 분 튀겨지고 끝나지 않을 것이다. 오히려 그는 "불에 영원히 고문"당할 것이다. 하나님은 영원하시니 그분의 정의 또한 영원할 것이다. 그리하여 셋째 형제는 하나님을 믿지 않는 왕에게 이렇게 선언한다. "너는, 네 신앙 없음과 피의 굶주림 때문에, 끝나지 않는 고문을 당하리라."(「마카베오 4서」 10장 10-11절) 일곱째 형제도 같은 점을 강조한다. "불경한 압제자여, 악한 자들 가운데서도 가장 믿음 없는 자여 … 네가 그분의 종들을 살해하고 종교 제의를 따르는 자들을 바퀴 형틀에 매달아 고문한 것이 부끄럽지도 않더냐? 이로 인해 정의가 너를 위해 강렬하고도 영원한 불과 고문을 준비해 두었으며, 그 벌은 영원토록 너를 놓아주지 않을 것이다."(「마카베오 4서」 12장 11-12절)

사후 세계관의 변화

시간이 흐르면서 고대 이스라엘에서 사후 세계에 대한 이해가 어떻게 변했는지 되짚어 볼 필요가 있다. 관점의 변화가 직선적으로 이루어진 것은, 그러니까 전 세계 모든 유대인이 각 시기에 똑같은 생각을 가지고 있었던 것은 아니었다. 오히려 사고의 전환은 이론의 여지없이 굴곡졌으며, 어떤 사상가들은 자신의 견지를 그대로 고수하고 또 어떤 사상가들은 동시에 여러 가지 관점을 품는 양상으로,

각기 다른 시점에 각기 다른 지역에서 사고의 전환이 진행되었다. 그러나 아주 거칠게 말하자면, 어떤 이들은 죽음이 이야기의 끝이라고 본다. 죽음 이후 죽음은 있어도 죽음 이후 삶은 없다는 것이다. 한편 다른 이들은 이스라엘왕국의 생에 초점을 맞춰, 이스라엘이 멸망 후 회복하는 과정을 이야기한다. 또 어떤 이들은 초점을 인간 개개인에게 맞춰, 종말이 와서 모두가 심판받을 때 국가가 아니라 개인이 부활하는 모습을 그리기 시작한다. 더 후대에는 몇몇 사상가가 종말의 때가 아닌 인간이 죽는 시점에 정의가 이루어지며 그래서 의롭게 산 자들은 불멸의 영혼을 상으로 받고 악하게 산 자들은 영원한 형벌을 받는다고 주장하기 시작한다. 숨이 떠난 육신으로 무덤에 누인 자는 사후에 아예 존재를 멈춘다는 개념에서부터 천국에 올라간 영혼이 영원한 생을 누릴 거라는 개념까지, 참으로 극적인 사고의 전환이 이루어진 셈이다.

종말의 때에 모든 죽은 자의 육신이 부활한다는 믿음에서 모두가 죽는 시점에 즉시 상과 벌을 받는다는 믿음으로의 이 마지막 전환은 왜 일어난 것일까? 나는 두 가지 요인이 작용했다고 본다. 하나는 유대교 믿음에 내재된 요인이고, 하나는 외부적 요인이다.

한 가지 단순한 사고 변화가 중대한 역할을 했을 것임을 어렵지 않게 상상할 수 있다. 하나님의 백성이 고통과 불행을 겪고 있는 상황에서, 미래 어느 시점에 부활이 일어난다는 신조가 하나님의 정의로움에 대한 타당한 설명이 되려면 하나님이 나중에 그분을 위해 고난받은 자들의 수고를 인정해 주리라는 것(나중에 그들을 죽음에서 되살려 영원한 상을 주시리라는 것) 정도로는 불충분했다. 묵시론자들은 고난이 이미 충분히 오래 이어졌다고, 이보다 더 나빠질 수는 없는 지경에 이르렀다고 보았다. 그렇게 생각하자 미래의 부활이 머지않았다고 믿게 되었다. 목전에 닥쳤다고 말이다. 우리가 제일 먼저 살펴본 정경 묵시 예언서인 「다니엘서」가 취한 견지도 바로 그것이었다. 「다니엘서」는 안티오쿠스 에피파네스가 죽자마자 그 일이 일어날 거라고 예견했다(「다니엘서」 11장 45절에서 12장 1절을 보라). 뒤이어 출현한 수많은 묵시론자도 다니엘의 선례를 따라 심판과 부활이 곧, 어쩌면 다음 달 내에 일어날 거라고 주장했다.

그런데 그 일이 일어나지 않으면 어떻게 되는 걸까? 상황이 악화되기만 한다면? 악한 자들이 그 어느 때보다 더 번영한다면? 의로운 자들의 고난이 더 심해지기만 한다면? 하나님은 어디에 계신가? 왜 이걸 내버려 두시는 건가?

이런 의문들이 사후 세계에 대한 생각에 변화를 가져왔다. 정의는 언제인지 모를 먼 미래가 아니라 죽음 직후에 일어난다고 생각하게 된 것이다. 죽는 즉시 정의가 이루어진다고 말이다. 죽으면 곧장 심판을 받는 것이다. 악한 자는 저지른 죄에 대해 벌을 받을 것이고, 사랑으로 가득한 삶을 산 사람, 남을 보살피고 옳은 일을 하며 신을 섬기고자 애쓴 사람은 상을 받을 것이다. 벌도 상도 단기적으로, 이를테면 한 번의 생애 동안만 지속되지는 않을 것이다. 하나님은 영원하시니 그분이 내리는 상과 벌도 영원하다. 영원한 삶 아니면 영원히 계속되는 고문. 이것이 모든 인간에게 똑같이 주어진 선택지이다. 이러한 사고의 변화는 확실히 기독교에서 천국과 지옥 신조가 생겨나는 데 핵심적으로 작용했다.

그러나 이 변화에는 아마도 내재적 사고 전환 이상의 것이 작용했을 것이다. 앞서 「마카베오 4서」의 저자가 육체보다 영혼의 중요성을 강조한, 대중적인 플라톤주의 견지를 단순화한 형태가 매우 익숙한 사람으로 보인다고 지적한 바 있다. 그가 떠올리는 사후 세계는 단순히 세속의 육체 그대로 소생해 영생을 사는 것이 아니라, 불멸의 영혼으로 누리는 축복받은 상태에 초점을 두고 있다. 물론 불멸의 영혼도 육체적 성질을 가지고 있다. 이 점은 반대 상태, 즉 영원히 벌을 받는 상태를 보면 명백해지는데, 왜냐면 영원히 벌을 받으려면 고문을 당하고 고통을 느낄 여지가 있다는 사실이 전제되기 때문이다. 저자가 영원히 정신적 고통만 받는 상태를 상상하고 있음을 암시하는 내용은 어디에도 없다. 정신적 고통 역시 저자가 상상한 그림의 일부이긴 해도 말이다. 저자는 이승에서 순교자들이 감내한 고문이 사후에 닥칠 생에서 그들의 고문관들에게 똑같이, 영원히 반복되리라고 생각하는 듯하다. 그렇다 해도, 방점은 영혼과 육체는 다르며 전자가 후자보다 우월하다는 플라톤적 사고로 이미 옮겨 갔다. 무엇으로 이 변화를 설명할 수 있을까? 가장 먼저 떠오르는 답은, 고대 지중해 지역의 한층 심화된 헬레니즘화이다.

알렉산드로스 대왕이 지중해 동부를 제패한 후 그와 그 후계자들은 자신들이 정복한 영토에 헬레니즘 문화를 심었다. 그리스식 관행과 제도, 문화를 강제한 건 안티오쿠스 4세인 에피파네스만이 아니었다. 이런 식의 헬레니즘화는 지중해 동부 전역에서 광범위하게 이루어졌고, 다양한 영토에 거주하던 온갖 민족에게 지대한 영향을 끼쳤다. 마카베오가가 이끈 봉기에도 불구하고 헬레니즘화는 이스라엘 주민에게도 엄청난 영향을 끼쳐, 그중 다수가 모세의 율법을 지키려고 애쓰면서도 한편으론 그리스식 사고에 점점 물들기 시작했다. 여기에는 영혼과 육체를 그리스철학식으로 구분하는 사고도 포함되었다.[3]

「마카베오 4서」의 내용과 사후 세계관은 그러므로 저자가 알아채지 못했음이 거의 확실한, 몹시 흥미로운 역설을 보여 준다. 저자가 헬레니즘 문화에 대한 유대인들의 뜨거운 저항을 찬양하면서도 한편으로는 헬레니즘 철학, 그중 특히 충동에 대한 이성의 우월함과 육체에 대한 영혼의 우선함을 강조하는 사고를 부지불식간에 옹호하고 있다는 것이다.

사후 세계관의 역사를 되짚으면서 반드시 주목해야 할 점은, 그것이 훗날 육신이 부활한다는 하나의 관점에서 죽는 즉시 영혼이 상벌을 받는다는 다른 한 관점으로 곧장, 똑 떨어지게 전환되지 않았다는 것이다. 실제로는 여러 유대교 저술가들이 오늘날 많은 기독교인이 그러듯, 한 시점에 두 관점을 동시에 품고 있었을 확률이 높다. 이는 다수의 초기 유대교 문헌에서 확인할 수 있으며, 그중 가장 놀라운 내용은 「에스라 4서」로 알려진 위서에 나온다.[4]

두 가지 관점을 취하기
: 에스라 4서에 나오는 하나님의 심판

「에녹 1서」와 「다니엘서」처럼 「에스라 4서」도 묵시문학으로, 이 땅의 백성들에게 닥친 참상을 이해시킬 천국의 비밀을 설명하기 위해 고대 유대교의 유명한 성자에게 나타났다는 기이하고 상징적인 환시를, 필명을 내세운 저자가 묘사한 글이다. 이 경우 미상의 작자는 자신을 바빌론 유수 이후의 이스라엘 역사에서 매우 중요한 인물인 에스라라고 밝히고 있다. 역사 속 인물 에스라는 바빌론에 끌려갔던 사람들이 고향에 돌아온 후 민족의 핵심 지도자로 부상한 인물 중 한 명이었다. 에스라는 특히 그 자신과 다른 귀향한 이스라엘인들이 예루살렘을 재건하고 그 땅에서 다시 일어서면서 철저히 따르겠다고 맹세한 모세의 율법을 어느 누구보다 깊이 알고 있는 사람으로 알려진 터였다(「느헤미야서」 8-9장과 「에스라서」 7-10장을 보라). 왕이 없는 상황에서 귀향한 유대인들은 방향성과 조언을 제공하고 리더 노릇을 해 줄 인물로 에스라를 바라봤다.

「에스라 4서」는 바빌로니아왕국이 예루살렘을 무너뜨리고(기원전 586년) 30년 후에 있었다는 "에스라"와 대천사 우리엘의 일곱 차례 만남과 몇 건의 묵시적 환영을 묘사한다. 이 이야기의 바탕에 깔린 질문에는 하나님이 외세에 멸망한 그분의 백성을 버리신 게 아닐까 하는 선지자 에스라의 근심이 숨어 있다. 「에스라서」에 묘사되는 여러 상황에서 그는 하나님이 사실은 공정하시며 조만간 정의를 실현하실 거라는 얘기를 듣는다. 종말이, 그리고 최후의 심판이 머지 않았다고 말이다.

학자들은 이 묵시론적 글이 에스라가 살던 시대, 즉 바빌로니아에 의한 예루살렘의 멸망 시점 30년 뒤가 아니라 600년 후, 이번에는 로마제국에 의해 예루살렘이 두 번째로 멸망한 시점(기원후

70년)에 일어난 사건을 기록한 것이라는 데 의견을 모은다.[5] 저자는 앞선 시대의 상황에 처해 있는 척하면서 자기 시대 사람들에게 하나님은 여전히 전능하시며 그분의 백성을 사랑하신다는 희망을 주려는 것이다. 이 글에 명백히 드러난 주안점 중 하나는 하나님의 정의다. 이 정의는 대부분 죽음 후에 실현된다. 저자는 분명 미래의 어느 날 죽은 자들이 부활할 거라고 믿는다. 그런데 부활하기 전, 죽은 자들이 즉각적인 심판을 따로 받는다는 것이다. 달리 말하면, 이 저자의 사후 세계관에는 상과 벌이 주어지는 **중간** 상태가 존재하며 그 뒤에 영구적 결과가 따르는 심판의 날이 온다는 것이다.

「에스라 4서」에는 처음부터 신정론적 논제들이 그 중심에 깔려 있다. 저자는 어째서 하나님이 선택하신 나라인 이스라엘이 외세들에 탄압받는지, 하나님이 그 외세들은 "아무것도 아니고, 거품과 같은 존재들"이라고 했고 "그들의 풍요로움을 양동이 속 물 한 방울에 비교"(「에스라 4서」 6장 56절)했는데도 불구하고 어째서 그런 일이 벌어지는지 도통 이해하지 못한다. 이에 천사 우리엘은 비록 이스라엘은 멸망했으나 하나님이 결국 이스라엘의 적들을 상대로 승리하실 거라고 답한다. 그 일은 "땅이 그 안에 잠들어 있던 자들을 내놓을"(「에스라 4서」 7장 32절) 종말의 때에 일어날 거란다. 하나님이 심판의 자리에 앉으실 것이며, 그때가 되면 더 이상 연민과 인내를 베풀지 않으실 것이다. 대신, 정의가 실현될 것이다. "고문의 구덩이가 나타날지며, 그 맞은편에는 휴식의 장소가 있을 것이다. 지옥의 용광로가 모습을 드러낼지며, 그 맞은편에는 기쁨 넘치는 낙원이 펼쳐질 것이다."(「에스라 4서」 7장 36절)

히브리어 성경에 나오는 예언들과는 달리 여기서는 다시금 위대한 존재로 회복되는 게 국가가 아닌 인간 개개인이다. 유대 민족을 괴롭힌 자들은 지옥 불에 떨어져 벌받을 것이다. 믿음 깊은 유대인들은 낙원의 동산에 들어갈 것이다. 이런 식으로 저자는 어떤 이들을 기다리고 있는 "불과 고문"과 다른 이들에게 찾아올 "기쁨과 휴식"을 극명히 대조해 묘사한다(「에스라 4서」 7장 38절).

에스라는 이러한 전망에 기뻐하지만, 동시에 얼마나 많은 이가 영원한 고문을 받게 될까 싶어서 조금 경악한다. 그 숫자는 과하다 싶을 정도다. "너울이 물 한 방울보다 훨씬 큰 것처럼, 구원받을 자보다 소멸하는 자가 더 많다."(「에스라 4서」 9장 15-16절) 아예 구원받는 자는 숲속의 풀 한 포기 같고 저주받은 자는 나머지 나무들 전부와 같다고 한다. 왜냐면 "지극히 높으신 분께서 이 세상을 다수를 위하여 만드셨으나, 그 뒤에 올 세상은 한 줌을 위한 것"(「에스라 4서」 8장 1절)이기 때문이다.

저주받은 다수가 에스라의 적들임에도, 그는 이렇게까지 되어야 할 이유를 이해하지 못한다. 그러자 천사는 "은이 금보다 더 풍부하고 황동이 은보다 풍부하며, 또한 철이 놋쇠보다 많고, 납이 철보다 많고, 진흙이 납보다 많은 것과 같다"(「에스라 4서」 9장 56절)고 설명해 준다. 이 가운데 어떤 금속이 가장 귀한가? 가장 희귀한 금속이다. 하나님은 다수가 아니라 소수를 보고 흡족해하실 것이다. 게다가 심판에 대해 얘기하자면, 사람들은 마땅히 받을 것을 받는다. "이 땅에 거하는 자들은 고문을 받을 것이요, 그들은 알 만큼 알고 있음에도 부정을 범했고 계율을 받았음에도 그것을 지키지 않았기

때문이라."(「에스라 4서」 7장 72절)

하지만 에스라의 근심을 덜어 주기 위해 천사는, 상은 영원하나 벌에는 끝이 있음을 내비친다. "나는 소멸하는 무수히 많은 자를 두고 슬퍼하지 않을 것이니. 그들은 지금 안개 같고, 불꽃이나 연기와 비슷하기 때문이다. 불이 붙어 뜨겁게 타 버린 후 꺼진다."(「에스라 4서」 7장 61절) 그렇다면 영원히 계속되는 벌은 없는 것으로 보인다. 벌은 악한 자들을 죽이고 멸하는 불 정도인 듯하다. 그 후에 악한 자들은 그냥 사라져 더는 존재하지 않게 될 것이다.

이렇게 에스라는 훗날 부활과 응보의 시간이 오리라는 것을 알게 된다. 하지만 그 사이에는 어떻게 되는 걸까? 에스라는 죽음과 부활 사이의 중간 상태에 대해 구체적으로 캐물으면서 이렇게 질문한다. "죽은 후에, 우리 모두가 각자의 영혼을 내놓자마자, 우리는 주님께서 세상을 재창조하실 때까지 쉬게 되는 것입니까, 아니면 즉시 고문당하는 것입니까?"(「에스라 4서」 7장 75절) 그러자 천사는 고문은 사실 죽는 순간 시작된다고 말해 준다.

> 혼이 육신을 떠나 애초에 그것을 주신 분께로 돌아간 후 … 실컷 경멸하고 지극히 높으신 분의 길을 좇지 아니한 자, 그리고 그분의 계율을 증오하고 하나님을 두려워하는 이들을 미워한 자들이라면 그런 자들의 혼은 〔좋은〕 거처에 들어가지 못할 것이며 즉시 고문의 장소들을 돌아다니리라 …. (「에스라 4서」 7장 78-80절)

의로운 자들도 마찬가지다. 그들은 "필멸의 육신에서 분리될"

때 휴식을 얻을 것이다. 「다니엘서」 12장에 나오는 의로운 자들의 부활과 비슷하게, 「에스라 4서」에도 이들이 "별들이 발하는 빛과 같이 되어, 이후로는 타락할 수 없게 될 것"(「에스라 4서」 7장 97절)이라고 쓰여 있다. "자신이 살면서 섬긴 이의 얼굴을 바라본" 자들은 "영광을 얻을 때에 상을 받을"(「에스라 4서」 7장 98절) 것이라고 되어 있다. 이 구절은 그러니까 기독교가 부상하던 시기에 쓰인 유대교 문헌에서, 환희에 찬 순간의 환시를 묘사한 구절이다.

이 시기에 쓰인 다른 유대교 문헌들도 사후의 정의 실현과 미래에 일어날 죽은 자들의 부활 두 가지 모두를, 비록 강조의 균형추는 전자에 더 쏠려 있으나 동시에 주장하고 있다. 그런 예라 할 만한 또 다른 가명 작가의 묵시문학이 있다. 이스라엘의 옛 위인 중 한 명, 이번에는 다름 아닌 유대 민족의 조상 아브라함과 관계된 글이다.

죽음 직후에 무조건 실현될 사후의 운명
: 아브라함전서

「아브라함전서」는 「에스라 4서」와 대략 같은 시기에 쓰였으며 「에스라 4서」처럼 사후 세계의 성질에 대해 이야기하고 있다. 그러나 「아브라함전서」는 죽음 직후에 이루어지는 상벌에만 초점을 맞추고 있으며 종말의 때에 온다는 부활과 심판에는 상대적으로 훨씬 덜 치중한다는 점에서 「에스라 4서」와는 대조적이다.[6]

이야기는 유대 민족의 조상 아브라함이 때가 왔는데도 끈질기게 죽기를 거부하는, 해학적인 순간을 묘사하면서 문을 연다. 하나님은 995세가 된 아브라함에게 이제 그만 죽어서 영혼이 육신에서 떨어질 때가 되었음을 알리기 위해, 자신의 "총사령관"격인 대천사 미가엘을 보낸다. 그런데 미가엘이 찾아오자 아브라함은 그를 위해 연회를 열어 천사를 곤경에 빠뜨린다. 실체 없는 천사라, 실제로 먹거나 마실 수 없기 때문이다. 만찬이 파한 후 아브라함은 미가엘을 따라 천국의 상을 받으러 가기 싫다고 떼쓰면서, 시간 끌기 작전으로 아직 육신이 있을 때 온 세상을 구경시켜 달라고 조른다.

천사 미가엘이 하늘을 나는 마차에 아브라함을 태우고 하늘 위에서 함께 지상을 내려다보는데, 이때 아브라함은 수많은 인간이 죄를 짓는 광경을 목격한다. 정의로운 분노에 휩싸인 아브라함은 하나님께 저들을 멸해 주십사 기도하고, 하나님은 자신이 창조한 가장 경건한 인간의 요청을 안 들어줄 수 없어서 그렇게 한다. 하지만 살육은 어처구니없을 지경까지 계속되고, 이에 하나님은 아브라함이 나머지 인류를 너무 자세히 들여다보지 않는 편이 낫겠다고 판단한다. 안 그러면 지상에 남아나는 이가 없게 될 터이기 때문이다. 그래서 미가엘은 대신 아브라함을 사후 세계로 데려가 구경시켜 준다.

둘이 "천국의 첫 번째 대문"에 다다랐을 때 아브라함은 두 갈래로 길이 나 있는 것을 본다. 하나는 폭이 넓고 탁 트인 길로 무수히 많은 "영혼"을 천사들이 이끌고 있고, 다른 하나는 곧고 좁은 길인데 거기에는 영혼이 몇 없다. 여기까지 삼인칭으로 이어지던 서술은 갑자기 일인칭으로 바뀌어, 아브라함이 자신이 목격한 바를 이야기하기 시작한다.

두 갈래 길로 연결된 대문들 사이에는 번쩍이는 불빛이 감싼 무시무시한 왕좌가 놓여 있다. 그 왕좌에는 태양처럼 밝게 빛나는 귀인이 앉아 있다. 나중에 우리는 그가 세상에 태어난 자들 가운데 최초의 의인인 아벨임을 알게 된다(「창세기」 4장을 참고하라). 그의 앞에는 탁자가 하나 있고 그 위에 두께 270센티미터, 너비 480센티미터에 이르는 책이 놓여 있다. 탁자 오른편에 천사 하나가 잉크와 파피루스를 들고 서서 각 영혼이 행한 의로운 일들을 적고 있다. 왼편에서는 다른 천사 하나가 죄를 기록한다. 탁자 앞에는 저울을 든 세 번째 천사가 각 영혼의 죄와 선행을 측정해 최종 운명을 결정한다. 그의 왼쪽에는 헷갈리게도 천사 또 하나가 죄인들을 (어떻게 인지는 모르지만) 시험할, 불이 든 나팔을 들고 서 있다.

영혼들은 차례로 한 명씩 옥좌에 앉은 이에게 심판을 받고, 각자가 한 행위가 천사들에 의해 책에 기록된다. 저울을 든 천사가 그 행위를 측정하고, 나팔을 든 천사가 그들을 시험한다. 한 영혼이 이 평가를 다 거쳤을 때쯤이면 결정이 내려진다. 의로운 영혼들에게는 천국의 상이 주어진다. 죄인들은 고문이 이루어지는 "가장 혹독한 징벌의 장소"로 보내진다.

이 모든 절차는 복잡할 것 없어 보인다. 선행보다 악행을 더 저지른 사람은 벌받을 운명에 처하고, 죄보다 의로운 행동을 더 많이 한 사람은 구원을 받는다. 그런데 아브라함이 지켜보고 있는 중에, 악행과 덕행을 똑같이 쌓은 영혼이 옥좌 앞에 불려 나온다. 천사들은 어찌할 바를 모른다. 왜냐면 선행과 악행 중 어느 한 쪽을 더 많이 행했어야 구원을 받든 벌을 받든 하기 때문이다. 아브라함은 미가엘에게 저 영혼을 위해 자신과 함께 기도하자고 하고, 둘이 기도하자 그 영혼은 구원받는다.

이 일로 아브라함은 더 너그러운 마음을 품게 되고, 이승의 그 많은 사람을 죽여 달라고 하나님께 청한 것을 후회하게 된다. 그는 그 죽임 당한 자들을 위해 기도하고, 그들은 다시 살아나 남은 명을 채운다. 하나님은 이어서 아브라함에게, 이승에서 때 이른 죽음을 맞은 사람은 누구든 죽은 후 더는 벌받지 않을 거라고 귀띔해 준다.

비록 이 글은 주로 죽음 직후의 삶을 이야기하지만, 저자는 이제는 단단히 뿌리내린 죽음 후 맞이할 심판이라는 개념도 모른 체하지 않는다. 오히려 그는 **두 가지** 추가적 심판을 언급한다. 종말의 때에 모든 이가 이스라엘의 기독교 선조들에게 (어떤 방법으로 이루어질지는 이야기하지 않지만) 심판받을 것이며, 그다음엔 최종적으로 하나님께 심판받을 것이라고 말이다. 이에 따라, 모든 인간이 세 번의 "최후" 심판을 받는다. 한 번은 인간(아벨)에게, 또 한 번은 이스라엘(그 백성 가운데 믿음 있는 자들)에게, 그리고 또 한 번은 하나님에게 받는 것이다. 그 마지막 심판의 가장 마지막이 진짜 최후의 심판이다. 그 후에는 항소심도 없다.

이야기는 하나님이 죽음을 아브라함에게 보내는 것으로 마무리된다. 죽음조차 아브라함을 고분고분히 죽게 하는 데 약간의 초자연적 술수를 동원해야 했다. 아브라함이 죽자 그의 육체는 땅에 묻히고 그의 영혼은 천국에 간다. 이 결말 부분이 중요한데, 이 글이 여태껏 암시해 온 것을 재확인시키기 때문이다. 이 글의 저자가 훗날 이루어질 심판이라는 개념을 받아들이고는 있지만, 여기에 죽은 자의 부활은 언급되지 않는다. 사람이 죽으면 그의 육신은 땅에 묻히며, 그 사람의 육신은 거기서 끝이다. 계속해서 사는 것, 천국에 들어가거나 고문을 당하는 것은 그의 영혼이다.

그러나 죄인들이 받는 고문이 영원히 계속되는지 여부는 명확치 않다. 앞서 말했듯, 하나님은 이전에 (이승에서) 벌을 받은 사람은 다시 벌주지 않겠다고 결정했다. 이는 "영구적" 벌이란 영원히 계속되는 고문이 아니라, 최후의 심판에서 그 사람의 존재가 완전히 소멸되는 것임을 의미한다. 이 땅에서 이미 자신이 저지른 죄의 대가로 죽임을 당한 사람은 죽은 후 그 죄에 대해 벌을 받지 않아도 된다. 그런 일은 다른 식으로 죽은 악한 자들에게만 일어날 것이다.

그러나 상은 영구적인 것으로 보인다. 의로운 자들은 천국에서, 성도들에게 둘러싸인 채 늘 하나님 곁에서 영원토록 살 것이다.

예수 시대 유대인들의 믿음

어느 한 시기에 평균적인 유대인이 어떤 견지를 가지고 있었는지는, 특정 시기에 이교도들이 어떤 견지를 품었는지와 똑같이 알아내기 어렵다. 잔존하는 문헌 자료가 하나같이 고등교육을 받은 이들이 쓴 것이기 때문이다. 이 모든 문헌이 즉, 교양 있는 엘리트층이 남긴 자료라는 얘기다. 상류계급 지식인층이 교육받지 못한 이들, 타인의 생각과 관점, 생각, 편견, 추정에 광범위하게 노출될 시간도, 더 결정적으로는 그럴 자원도 없었던 집단의 관점을 과연 공정하게 대변했을지 결코 확신할 수 없다. 하층민들 대부분(그러니까, 거의 모든 이)은 아마 부모가 믿는 것을 덩달아 믿었을 것이다. 다만 그게 뭐였는지 우리가 알 수 없기에, 보통 사람들이 일반적으로 어떤 사후 세계관을 가지고 있었을지 우리는 거의 알지 못한다.

다시 말하지만, 우리에게는 고고학자들이 발굴한 유물이 있다. 예를 들면 무덤 안에서 혹은 무덤터에서 발견된, 선물이나 조리 도구 같은 것이다. 몇몇 연구자가 이런 증거 자료를 가지고 꽤나 인상적으로 분석과 결론을 도출했다.[7] 그러나 다른 연구자들은 그런 연구의 문제를 인지했다. 이 유물들은 자체적으로 해석을 제공하지 않는데, 우리에게는 당대 사람들이 무슨 생각으로 그 물건을 고인이 된 사랑하는 이의 시체와 함께 묻었는지 얘기해 줄 인터뷰 대상도, 읽어 볼 문헌 자료도 없다. 그러니 오만 가지 해석이 가능하다.

우리에게는 유대교 명문銘文 자료도 있는데, 이 유물은 어느 정도 유용하지만 유물 자체가 워낙 드물어서 큰 도움이 안 된다. 가장 많은 정보를 주는 자료는 이 문제를 놀라운 각도에서 분석한, 역사학자 피터르 빌럼 판데르 호르스트의 연구다.[8] 그는 자신이 연구 대상으로 삼은 1000년의 시기에 약 1억 6500만 명의 유대인이 살았다고 추산했다. 그 시기로부터 전해지는 비문碑文이 1600건 정도 되고, 그중 600개는 글자를 거의 알아볼 수 없거나 심하게 손상되었거나 고인의 이름 말고는 아무 정보가 없다. 그럼 우리에게는 1억 6500만 명의 유대인에 대한 약 1000건의 비문이 있는 셈이다. 이 1000건의 비문이 전체를 대표한다고 할 수 있을까? 한번 어림잡아 계산해 보라. 그 정도 말고는 달리 할 수 있는 게 없다.

그보다 더 절망스러운 건 이 1000건의 비문을 분석한 후 판데르호르스트가 내린 결론이다. "우리가 살펴본 비문은 대부분 죽음 후의 삶에 대해 유가족이나 고인 둘 다 어떤 생각을 품고 있었는지에 대해 실망스러울 정도로 적은 정보를 제공"하고 있으며, 더 나쁜 건 "그 유물 증거가 해석 불가한 경우가 많다는 것이다."[9] 어떤 비문은 죽음 후 계속되는 삶을 암시하기는 하지만 구체적인 얘기는 하지 않는다. 몇몇 비문은 훗날 부활할 가능성을 암시한다. 또 어떤 비문은 사후의 삶으로 건너간다고 생각되는 망자에게 용기를 내라고 격려한다. 그런가 하면, 별이 되어 불멸성을 얻을 운명을 암시하는 비문도 있다. 거기 묻힌 사람의 영혼이 창공에서 빛나는 별이 될 거라고 말이다. 또 다른 비문은, 누구든 죽으면 아예 더 이상 존재하지 않는다고 이야기한다.[10]

이 비교적 적은 양의 데이터는 그래도 우리에게 한 가지 중요한 정보를 제공한다. 바로, 해당 시기 전반에 걸쳐 유대인 사회에 다양한 사후 세계관이 존재했다는 것이다. 이는 예수가 살았던 시기에, 심지어 예수의 고향인 갈릴리와 그 남쪽의 유대에서도 그랬다. 이 점만큼은 기원후 첫 세기의 선구적인 유대교 명사인, 저명한 역사가 요세푸스(37년~100년)가 분명하게 확인시켜 주었다.

상류층 출신에 고등교육을 받은 요세푸스는 연줄이 많았고 팔레스티나의 (사회적, 문화적, 종교적, 정치적, 군사적) 공사公私에 깊이 관여했다. 그는 많은 저서를 남겼는데 그중에는 직접 지휘관으로 참여한 봉기를 포함한 유대 민족 전쟁(66년~70년)에 대한 기술이 담긴 7권짜리 책도 있었다. 또한 (아담이 있었던!) 유대 민족의 시초부터 요세푸스 본인이 살았던 때까지 아우른 21권짜리 유대 민족 역사서도 있다. 이 두 저작에서 요세푸스는 1세기에 팔레스티나에 살았던 유대인의 사고에 영향을 미친 각기 다른 여러 유대인 집단을 언급하면서, 그들의 각기 다른 관점에 다양한 사후 세계관이 녹아 있었다고 지적한다.[11]

우리에게 다른 원전들을 통해서도 소개된 적 있는, 에세네파派라고 불린 한 집단은 보통 그 유명한 사해문서를 쓴 장본인들로 알려져 있다.[12] 이들은 가능하면 다른 죄 많은 유대인들과 거리를 두고 때로는 수도원 같은 공동체에서 살면서, 자기네 순수성을 유지해야 한다고 믿은 매우 독실한 분리주의 지파였다. 요세푸스의 말에 따르면, 에세네파는 매우 그리스적인 사후 세계관을 가지고 있었다. 육신은 영원하지 않아서 소멸하게 되어 있지만 영혼은 불멸이라 사라지지 않는다는 주의였다. 육신이 죽은 후 영혼은 해방될 것이고, 도덕적으로 산 자들은 그 후 매우 즐겁고 만족스러운 삶을 누린다는 식이었다.

한편 바리새파는 신약성경과 후대 랍비들이 남긴 글을 통해 우리에게 알려진 집단이다. 이들은 자기네 세대를 위해 유대교 율법을 해석하는 데 전념해, 현세의 삶을 위해 고대로부터 전해진 모세의 계율에 대한 자세한 해석을 제공하고 율법이 요구하는 경건함을 보전하는 데 주력했다. 요세푸스의 설명에 따르면 바리새파는 사람이 죽으면 선한 자의 영혼은 "다른 육신으로" 옮겨 간다고 믿었다. 현대인에게는 이 내용이 환생에 대한 이야기로 들릴 수 있으나, 요세푸스의 말은 통상 바리새파가 부활 신조를 신봉했다는 뜻으로 본다.

영혼이 헐벗은 채 남아 있지 않고 다시 육신을 찾을 것이라고 믿었다고 말이다. 반면에 악한 영혼들은 "영원한 벌을 받게" 될 거라고 믿었다.

요세푸스가 이 글에서 언급한 세 번째 무리, 사두개파에 대해서는 별로 알려진 바가 없다. 예수의 시대에 이들이 유다에서 실세였는데도 말이다. 아쉽게도 그들 중 누구도 저작을 남기지 않았다. 그러나 다른 무리들이 남긴 언급을 보면, 이들은 예루살렘 성전에서 드리는 예배에 특히 집중했으며 모세의 율법에 나와 있는 예배 규정을 엄격히 지키려고 했다. 요세푸스는 그들이 이렇게 현세의 예배에 집중한 데에는 어떤 사후 삶의 가능성도 부정하는 사고가 깔려 있는 거라고 확신을 가지고 지적한다. "죽음 후 영혼의 존속이나 지하 세계에서 이루어지는 처벌 또는 상에 대해 그들은 어떤 가능성도 인정하지 않았다." 보아하니 그들은, 영혼이 영속하는 게 아니며 부활도 일어나지 않을 거라고 생각한 듯하다. 그들에게 중요한 건 지금 현재의 생이며, 이러한 견지는 「전도서」를 비롯해 우리가 살펴본 다른 자료들과 궤를 같이 한다.

이 세 무리가 품었던 견지에 대해 요세푸스가 제시한 설명이 전적으로 옳은지도 확인 불가능하며, 당대 평범한 사람들의 생각도 알기 어려운데 이는 당시 유대인 인구의 압도적 다수가 이 세 무리 중 어디에도, 혹은 다른 어느 무리에도 속하지 않았던 탓이 적지 않다. 그래도 요세푸스가 나열한 관점들은 예수가 활동한 시대에 유대인들이 품었던 세 가지 굵직한 선택지를 어느 정도 잘 설명해 준다. 완전한 존재 소멸과 불멸 그리고 부활, 이렇게 세 가지를 말하는 것이다. 우리가 살펴본 다른 원전들을 길잡이 삼아 보면, 셋 중 마지막 견지가 당시 대다수가 광범위하게 품었던 믿음이었다. 인류가 종말을 맞을 때에 하나님이 이 땅에 오셔서 죽은 자들을 부활시킬 거라는 믿음 말이다.

그것이 역사적 인물 예수와 그의 가장 초창기 제자들이 품었던 견지였음은 거의 확실하다. 이들은 사람이 죽으면 그의 영혼이 곧바로 천국이나 지옥에 간다고 믿지 않았다. 그보다는 (머지않아 올) 종말의 때에 하나님이 이 세상을 심판하실 것이며, 악의 세력을 멸하고 모든 죽은 자들을 생전의 육신 그대로 되살려 낼 텐데, 그중 일부는 이 땅에 세워질 유토피아 같은 하나님 나라에 들어갈 것이며 어떤 이들은 다시 돌아올 가망도 없이 완전히 사라져 버릴 것이라고 믿었다.

8장

예수와 사후 세계

오늘날 우리가 사는 세계에서 20억 명 이상의 인구가 예수를 믿으며, 그중 대부분은 그 신앙 덕분에 자신은 찬란한 사후 세계를 누릴 거리고 믿는다. 그런데 예수가 실제로 어떤 사후 세계관을 가지고 있었는지 아는 이가 그중 몇이나 될까? 내 추측으로는, 극소수일 것이다.

예수가 품었던 뜻을 어떻게 알 수 있을까

예수가 어떤 견지를 품었는지 알아내는 데는 엄청나게 복잡한 문제가 따른다. 예수는 기독교 전체에서는 물론이고 특히 기독교의 사후 세계관에서도 가장 중요한 인물이다. 동시에 예수는 우리가 이 책에서 논의하는 인물 중 유일하게 아무 저작물도 남기지 않은 사람이기도 하다. 우리가 앞서 「시편」이나 「이사야서」, 「전도서」의 저자가 어떤 사후 세계관을 가지고 있었는지 알고자 했을 때(혹은 이 책의 뒷장에서 바울서신이나 「요한복음」 아니면 「요한계시록」에 드러난 관점을 알고자 할 때)는 그 저자들이 쓴 구절을 읽으면 그만이었다. 예수의 경우는 그럴 수 없다. 예수가 직접 쓴 구절은 단 한 문장도 없기 때문이다. 우리에게 예수의 말이라며 전해진 것들이 훨씬 후대에 제삼자의 펜촉에서 나온 기록뿐이라면(설령 그들이 예수의 말을 인용했다고 명시했다 하더라도) 그것이 진짜 예수의 말인 줄 우리가 어찌 알겠는가?

일면, 예수의 말이라고 하는 구절들이 거의 확실하게 예수가 하지 않은 말인 것이 문제다. 개중에는 현대에 들어서야 예수의 어록이 아님이 밝혀진 구절들도 있다.

그중 가장 흥미롭고 은근히 재미난 사례 하나는, 1950년 폴 R. 콜먼노턴이라는 프린스턴대학 고전학 교수가 신뢰도 높은 저널에 발표한 연구 논문에 처음 등장했다. 이 논문에서 콜먼노턴은 자신이 어떻게 해서 예수의 이 "미발표된 어록"을 발견했는지 설명했다. 그는 제2차세계대전 당시 프랑스령 모로코에 주둔했는데, 전투가 잠시 소강상태에 들어갔을 때 페달라라는 마을의 모스크에 방문할 기회가 있었다. 거기서 누가 아랍어로 쓰인 오래되고 두꺼운 책을 보여 줬는데, 그 책에 그리스어로 쓰인 한 페이지가 삽입되어 있었다. 그리고 마침 그리스어는 콜먼노턴의 전공 분야 중 하나였다.

그는 그 페이지를 훑어보다가 거기에 굉장히 중요한 내용이 담겨 있음을 알아챘다. 가만 보니 「마태복음」에 대한 고대 그리스어 해석의 일부인 것 같았다. 그것을 사진으로 찍을 상황이 안 돼서 콜먼노턴은 나중에 살펴보기 위해 그 내용을 신중히 필사했다. 그러다 시간이 났을 때 제대로 살펴본 그는 거기에서 사후 세계와 관련해 예수가 남긴, 아직 알려지지 않은 말을 발견하고 깜짝 놀랐다.

해당 주석은 유명한 「마태복음」 24장의 "충성된 종과 악한 종의 비유"를 다루면서 예수가 악하고 순종하지 않는 종을 갈기갈기 찢어 바깥 어두운 곳으로 쫓아내 "슬피 울며 이를 갈게 하리라"(「마태복음」 25장 30절)는 마지막 구절을 논하고 있었다. 그런데 콜먼노턴이 베껴 온 그리스어 주석본에서는 구절이 거기서 끝나지 않고 예수와 제자들 간의 대화가 더 이어졌다. 추가된 구절에서 예수의 제자들은 예수가 한 말에 어리둥절해하며 그럴듯한 반문을 제기했다. "그렇지만 선생님, 이가 없는 자들이 어찌 그럴 수 있단 말입니까?" 그러자 예수는 이렇게 답했다고 한다. "오, 믿음이 약한 자여! 근심하지 말지어다. 이가 없으면 이를 줄 테니."

재미난 이야기이고, 진짜라고 하기에는 너무 그럴듯한 이야기이다. 조사해 보니 **정말** 그럴듯하지만 **가짜**였다. 콜먼노턴이 전쟁 발발 이전에 지도하던 대학원생 중에 훗날 신약 그리스어 원전 해석 분야에서 세계 최고 학자가 된 브루스 메츠거가 있었다. 콜먼노턴이 그 논문을 발표하고 몇 년 후, 메츠거는 그 논문이 처음부터 끝까지 위조였음을 폭로하는 반박 논문을 냈다. 콜먼노턴이 발견했다는 고대 그리스어 주석본은 아예 존재하지도 않았다. 아무도 그 원고의 존재 여부를 확인하지 않았을 뿐 아니라, 심지어 메츠거는 전쟁 발발 전인 1930년대부터 콜먼노턴이 수업 때마다 예수가 남겼다는 바로 그 말을 농담처럼 던졌던 것을 똑똑히 기억했다. 메츠거는 자신의 전 지도 교수가 이 발견 일화 자체를 지어냈음을 조목조목 입증했다. 그건 그렇다 쳐도 어째서 콜먼노턴은 군이 학술 논문을 발표한 걸까? 어쩌면 성서 연구 학계의 동료들을 상대로 칠 만한 그럴싸한 말장난이라고 생각했는지도 모르겠다.[1]

예수가 남긴 말을 지어낸 건은 이 건이 처음도 마지막도 아니었다. 예수가 사후 세계에 대해 남겼다는 다른 말 중에도 똑같이 감탄스럽고 똑같이 누군가의 위조일 확률이 높은 것이 많다. 고대로부터 전해 내려오는 기독교 격언도 마찬가지다. 그 좋은 예가 바로 2세기 교부敎父 중 한 명인 파피아스 주교의 글이다. 파피아스의 저술이 온전한 상태로 전해지지 않은 것은 몹시 애석한 일이다. (신약성서의 복음서들이 세상에 나오고 겨우 몇십 년 후인) 기원후 130년경 파피아스 주교는 『주님의 어록 해설Exposition of the Sayings of the Lord』이라는 5권짜리 저술을 발표했다. 이 저서는 온전히 보전되지 않아 후대의 교부들이 남긴 인용문을 통해서만 접할 수 있는데, 그중 몇 건은 매우 흥미로운 내용을 담고 있다.[2]

한 구절에서 파피아스는, 그의 말로는 흠잡을 데 없는 권위자들에게서 직접 들은 예수의 말 한마디를 전한다. 예수가 다가올 하나님 나라에서 펼쳐질 찬란한 사후 세계에 대해 이야기하며 계도하기를, 거기서는 사람들이 환상적인 낙원에 살면서 그 땅에서 온갖 풍요를 누릴 거라고 말했다는 것이었다. 예수는 하나님 나라에 있는 모든 포도나무마다 만 개의 가지가 날 것이요, 모든 가지에는 다시 만 개의 잔가지가 날 것이며, 잔가지마다 만 개의 순이 돋을 것이고, 그 순마다 만 개의 송이가 열릴 것이요, 송이마다 만 개의 포도알이 달릴 것이고, 알 한 개를 짜면 스물다섯 잔의 포도주가 나올 것이라고 말한다. 이 얼마나 좋은 시절인가. 밀 줄기도 마찬가지다. 줄기마다 만 개의 이삭을 맺을 것이요, 이삭마다 만 개의 밀알이 맺힐 것이며, 밀알 하나마다 10파운드(약 4.5킬로그램)의 밀가루를 내리라.

예수는 정말로 하나님 나라가 이런 모습일 거라 믿었을까? 그랬을 수도 있지만, 성경 주해가 대부분은 이 구절이 후대에 지나치게 열정 넘치는 추종자들이 곧 자신이 누릴 영광을 한껏 기대하면서, 예수가 한 말이라며 과장을 보태 떠든 것이라고 본다.

예수의 가르침이라는 이 어록은 보다시피 신약성경에 포함되어 있지 않다. 신약은 예수가 무엇을 가르쳤는지 알고자 하는 사람이 일반적으로 들춰 보는 자료가 아니다. 예수가 실제로 (사후 세계에 대해서든 다른 것에 대해서든) 뭐라고 말했는지 알고 싶다면, 그냥 복음서를 펼쳐서 거기 뭐라고 적혀 있는지 읽는 게 맞지 않을까? 신약을 연구하는 가장 비판적인 학자들마저 「마태복음」과 「마가복음」, 「누가복음」, 「요한복음」이 역사적 인물 예수에 대해 알고자 하는 이에게 가장 좋은 자료라는 데 동의하는데 말이다. 그러나 복음서들도 완벽하지는 않다. 오히려 19세기 이래로 학자들은 복음서들이 예수가 실제로 한 말을 공부하는 자료로 삼기에는 매우 문제적일 수 있음을 인정했다.

문제를 돌파하는 방법들

제일 먼저 지적할 점은 복음서들이 원래 익명으로 발표된 글이라는 것이다. 각 저자들은 자신이 예수의 사도라고 주장하지 않는다. 그보다도, 딱히 어느 누구라고도 밝히지 않는다. 그들은 자신의 정체를 밝히지 않고서 그 기록을 남겼다. 전통적으로 네 복음서의 저자는 예수가 직접 택한 제자 두 명, 즉 세리稅吏 마태와 "예수가 가장 사랑한 제자" 요한, 그리고 나중에 합류한 사도들의 두 동행, 즉 베드로의 비서 마가와 바울의 여행 동지 누가인 것으로 지목된다. 하지만 학계에는 몇 세기 동안 전승된, 이 네 사람을 원저자로 보는 관점이 틀렸다고 볼 이유가 이미 오래 전에 제시됐다.[3]

우선, 이 기록들의 저술 연대에 문제가 있다. 최초의 복음서는 기원후 70년경에 쓰인 「마가복음」이며 마지막 복음서는 아마 기원후 90년에서 기원후 95년경 쓰인 「요한복음」일 거라는 점은 현재 널리 인정되고 있다. 거의 모두가 생각하는 바와 같이 예수가 정말로 기원후 30년경에 사망했다면, 이는 예수의 어록 가운데 잔존하는 가장 초기의 기록조차 예수가 그 말을 하고서 40년 내지 65년이 지난 후 글로 옮겨졌다는 뜻이 된다. 더 골치 아픈 점은 복음서의 저자들이 팔레스티나에 거주하고 아람어를 구사하며 교육 수준이 낮았던 하층계급 사람들(이를테면 예수의 제자들)이 아니었다는 점이다. 복음서들은 두 세대 후 로마제국의 다른 지역에 살았던, 교육 수준 높고 그리스어를 구사한 기독교도들이 쓴 것이었다.[4]

이 저자들이 예수가 실제로 어떤 말을 했는지 어떻게 알았을까?

틀림없이 정보 출처가 있었을 것이다. 그리고 정보의 거의 대부분은 구전이었을 것이다. 말인즉슨, 우리의 복음서 저자들은 예수가 수십 년 전 했다는 말을, 40년 내지 65년 동안 매해 그 말을 되풀이해 온 사람들에게서 전해 들었다는 것이다.

언뜻 생각하기에 구술문화권에 사는 사람들이라면 유명한 스승이 했다는 말을 전할 때 그 말을 토씨 하나 바꾸지 않고 정확히 보전하기 위해 애썼을 것 같다. 그런데 오늘날의 구술문화와 고대 서사의 구술 방식을 둘 다 연구한 결과, 실제로는 그러지 않더라는 것이 드러났다. 말은 발화하는 순간 변한다. 항상 변해 왔고 앞으로도 항상 변할 것이다.[5]

그러니 고대 기독교의 이야기꾼들이 예수가 한 말을 전할 때도 말을 줄이거나, 늘이거나, 수정하거나, 심지어 지어내면서 때때로 말을 바꿨음에는 의심할 여지가 없다. 이것이 사실임을 알 수 있는 이유는 그 누구도 예수가 한 말이라고 진지하게 주장할 수 없는 예수의 말을 전하는, 신약성경 밖의 원전들이 있기 때문이다. 이 기록들은 어디에서 왔을까? 누군가 지어냈다는 얘기다. 그럼 신약성경에 실린 내용은 어떨까?

비판적 연구자들은 신약성경에 실린 예수의 어록 일부도 마찬가지일 거라고 입을 모아 얘기한다. 물론 전부 그렇다는 건 아니다. 예수의 말이라고 기록된 구절 중 상당 부분이 예수가 실제로 (다른 언어로) 한 말의 꽤 괜찮은 근사치임이 거의 확실하며, 예수가 품었던 생각과 가르침에 대한, 타당한 수준으로 신빙성을 띠는 안내 자료가 된다. 다른 일부는 아마도, 조금이든 상당량이든, 수정됐을 것이다.

또 다른 일부는 자기들이 믿는 바를 예수가 말했다고 믿고 싶었던 기독교 이야기꾼들이, 자기네 견지의 신빙성을 높일 요량으로 예수가 발화한 것이라고 꾸며낸 것일 게다.

신약성경의 복음서들마저 변조되거나 심지어 누군가 지어낸 예수 어록을 담고 있음을 알 수 있는 한 가지 이유는, 한 복음서와 다른 복음서에 실린 예수의 말을 대조해 볼 수 있기 때문이다. 그렇게 해 보면 일치시키기 굉장히 어려운, 어떤 경우 매우 유의미한 차이가 여러 군데 발견된다.[6] 이럴 경우 역사가는 어떻게 해야 할까? 예수의 어록 일부가 실제 그가 한 말이 아니라면, 예수가 사후 세계에 대해서든 다른 무엇에 관해서든 뭐라고 가르쳤는지 우리가 어떻게 알 수 있을까?

그래서 연구자들은 복음서에 (혹은 다른 출전에) 실린 예수의 말 중에 어떤 것이 그가 실제로 했을 가능성이 높은 말인지 판단하는 데 도움 될 결정적 방법을 몇 가지 고안해 냈다. 여기에는 오늘날 과거의 **누구든** 그 사람이 말했다고 회자되는 바를 진짜로 그 사람이 발화했는지 알아낼 때 사용할 법한, 조금은 뻔하고 상식적인 법칙들도 포함된다.

그에 따르면, 예를 들어 어떤 사람이 했다는 말을 전하는 상충하는 다수의 출처가 있을 때, 그 사람이 살았던 시대와 가장 근접한 시기에 나온 출처를 당연히 우위에 둘 것이다. 발화 시점에서 멀어질수록 그 사람이 했다는 말이 바뀔(혹은 변조될) 확률도 높아지니 말이다. 예수가 남긴 말의 경우 가장 초기에 쓰인 「마가복음」 그리고 어쩌면 「마태복음」 정도가, 예를 들면 더 후대에 쓰인 「누가복음」

이나 「요한복음」보다 더 우선시할 만하다. 그러나 이 초기 복음서에 (혹은 어느 복음서에라도) 실린 내용조차 전부 무비판적으로 받아들여서는 안 된다. 예수가 남겼다는 말 한 마디 한 마디를 면밀히 뜯어보고, 예수가 실제로 한 말이라고 판단할 이유를 쌓는 것이 중요하다.

예를 들어 예수가 어떤 말을 했다고 다수의 독립적 출처에 기록되어 있을 경우, 당연히 그 말은 다른 누가 지어낸 것이 아니다. 독립적 출처들인 만큼 그중 어느 하나도 다른 출처에서 내용을 가져오지 않았을 테니 말이다. 이럴 경우 해당 내용은 바로 그 사람이 했을 법한 말(정확히 그가 한 말은 아니더라도)일 확률이 높아진다.[7] 게다가 그 사람이 했다는 말 일부가 그 말을 기록한, 편견을 가진 기록자가 생각하기에 그 사람이 말하지 않았기를 바랄 법한 내용이라면 (예를 들어 기록된 말이 기록자가 개인적으로 믿는 바와 상충한다면) 그 말은 당연히 기록자가 지어낸 말이 아니며 따라서 당사자가 실제로 말했을 가능성이 크다. 반대로 어떤 사람이 했다는 말이 당사자의 역사적 맥락에 비추어 말이 안 된다면(예를 들어, 1920년대의 조리사가 전자레인지에 대해 불평했다고 한다면) 누가 봐도 그 말은 진짜가 아니다.

즉, 학자들은 어떤 사람의 말이 후대에 와서야 기록됐을 때 그 사람이 정말로 그 말을 했는지 진위를 가리기 위해 출처에 대입해볼 여러 방법을 알고 있다. 지난 세기의 비판적 학자 대부분은, 위의 방법들을 역사적 인물 예수에게 대입하면 다른 건 다 차치해도 예수가 우리가 이전 장章에서 논한 유대교의 묵시론적 관점을 지지했다

는 것만은 명백해진다는 데 동의했다. 이러한 견지를 입증하는 증거
는 차고 넘치는 데다 다른 여러 연구에서 충분히 논의되었기에 여기
에 자세히 설명할 필요는 없을 듯하다.[8] 그 시대 여러 유대인처럼 예
수도 세상이 악의 세력들, 그 당시 엄청난 고통을 불러온 사탄과 그
수하의 악귀들에게 조종당한다고 믿었다는 정도로 정리하면 충분하
다. 그러나 예수는 동시에, 하나님이 곧 개입해 그런 외부 세력들을
멸하고 이 땅에 선한 왕국을 세우리라는 것 또한 믿었다. 사실 이 다
가올 하나님 나라가 예수가 설파한 가르침과 믿음의 가장 중요한 핵
심이라 해도 무리가 없다. 최초로 기록된 예수의 이 말이 가장 오래
된 복음서 첫 구절에 나온다. "때가 찼고 하나님의 나라가 가까이 왔
으니, 회개하고 복음을 믿으라."(「마가복음」 1장 15절)

　이는 묵시론적인 이미지다. 이 악한 시대에는 하나님이 정해 두
신 제한 시간이 있다. 그 시간이 이제 다 되었다. 하나님의 나라, 더
이상 고통도 불행도 고난도 없는 그 나라가 목전에 와 있다. 사람들
은 그에 대비해 회개해야 한다. 예수는 심판의 날이 다가오고 있으
며 그날이 오면 많은 사람의 운이 뒤바뀔 거라고 믿었다. 하나님 편
에 섰다가 (이 세상의 지배자들이 악의 힘에게서 권세를 얻었기에)
그로 인해 고난받은 자들은 하나님의 권능이 다시 발휘될 때에 명예
를 회복할 것이다. 지금 당장 번성하고 부와 권세 넘치는 타락한 삶
을 실컷 누린 자들은 멸망할 것이다. 그런 다음엔 제일 먼저였던 사
람이 가장 나중이 되고 나중이었던 사람이 가장 먼저가 될 것이다.
높임을 받았던 자는 낮아질 것이고 낮춰진 자는 드높여질 것이다(이
에 대해서는 「마태복음」 20장 16절, 23장 12절을 참고하라).

예수는 이 일이 가까운 시일 내에 일어나리라 믿었다. 그의 제자들에게도 단도직입적으로 이렇게 말했다. "여기 서 있는 사람 중에는 죽기 전에 하나님의 나라가 권능으로 임하는 것을 볼 자들도 있느니라."(「마가복음」 9장 1절) 예수는 사람들이 천국에 갈 거라고 말하고 있지 않다. 제자들 중 몇몇이 아직 살아 있을 때에 세상의 종말이 닥치고 낙원 같은 하나님 나라가 이 땅에 도래할 거라고 말하고 있다. 혹은, 다른 구절에서 제자들이 세상의 종말이 언제 오느냐고 물었을 때 한 대답을 보자. "내게 진실로 너희에게 이르노니, 이 세대가 지나가기 전에 이 일이 다 일어나리라."(「마가복음」 13장 30절. 강조는 저자가 더함.)

예수는 사람이 죽으면 천국이나 지옥에 간다고 가르치지 않았다. 그는 심판의 날이 곧 올 것이며 그때에 하나님이 모든 악한 것을 멸하고 죽은 자들을 되살려 악한 자는 벌을 주고 믿음 있는 자들은 상을 줘 하나님의 영원한, 낙원 같은 나라에 데려갈 거로 가르쳤다.

이 대략적인 가르침을 염두에 두고서, 예수가 그 새로운 하나님 나라에서 맞이할 새로운 삶에 대해 뭐라고 했는지 한층 더 파고들어 보자.

대부분은 멸하리라

예수는 다가올 하나님 나라가 믿음 있는 유대인들만을 위한 것이라고 생각하지 않았다. 하나님의 뜻을 따른 모든 사람을 위한 것이라고 생각했다. 사실 그 왕국에 들어갈 자격이 안 되는 유대인이 많았다. 예수가 「마태복음」에서 말했듯, "동서로부터 많은 사람이 이르러" "천국에서" 여러 유대 민족의 장로들과 함께 잔치를 즐길 테지만 이스라엘의 많은 자손은 "어두운 데 쫓겨나 거기서 울며 이를 갈게 될"(「마태복음」 8장 10–12절) 터였다. 여기서 중요한 건 예수가 하나님 나라에 들어가지 못한 자들이 고문당할 거라고 말하지 않았으며 영원한 불에 대해서도 일언반구 없다는 점이다. 대신 어두운 데라는 장소가 나온다. 이는 명백히 비유적 표현이다.

하나님 나라 바깥에는 깨닫지 못한 자들("어두운 데 있는" 자들)의 세계가 있다. 바깥에 있는 이들이 자신들이 놓친 영원한 기쁨을 너무 늦게 깨닫는 바람에, 그곳에는 비통함이 넘친다(울면서 이를 간다지 않는가). 이들은 어떻게 될까? 이 구절에서 예수는 그에 대해 한마디도 하지 않는다. 그럼 그들은 그냥 죽고 마는 것이며 그걸로 끝인 걸까?

내가 주장하는 논지 중 하나는, 예수가 남긴 말을 면밀히 읽으면 사실 그가 죄인들이 죽은 뒤 당하는 고문에 대해 어떤 생각도 가지고 있지 않았음을 알 수 있다는 것이다. 그들에게 죽음은 불가역적인 것이고, 이야기의 끝이다. 그들에게 벌은 자신이 완전히 소멸되어, 하나님의 영광된 나라에 들어가 영생을 영위할 구원받은 자들과 달리, 다시는 존재하지 못하게 된다는 것이다.

예를 들자면, 일찍이 산상수훈에서 예수는 인간이 통과할 수 있는 두 개의 문이 있다고 말한다. 하나는 "좁고", 험난한 길로 이어져 있다. 삶은 늘 그런 식이며, 그 길을 택하는 사람은 얼마 없다. 다른 문은 "넓찍하고", "쉬운 길"로 이어진다. 대부분 사람은 이 경로를 택하지만, 그것은 "멸망"에 이르는 길이다(「마태복음」 7장 13-14절). 예수는 이 길이 영원한 고문으로 이어진다고 말하지 않는다. 이 길을 택한 자들은 멸망해 완전히 사라질 것이다. 어쨌거나 그 길은 안 밟는 게 좋다.

다가올 심판의 날에 대한 예수의 가르침 대부분은 최종적이고 완전한 멸망이라는 이 개념에 초점을 맞추고 있다. 이런 점에서 예수는 "좋은 열매"(「마태복음」 3장 10절)를 맺으면서 하나님을 기쁘게 하는 삶을 살라고 종용했던, 그의 선임자 격인 세례자 요한과 매우 비슷했다. 요한이 선언하기를 그렇게 살지 않는 사람은 썩은 나무와 같아서 심판의 날이 닥쳤을 때 "찍혀 불에 던져질" 거라고 했다. 찍혀서 불에 던져진 나무는 어떻게 될까? 완전히 소진돼 존재하지 않게 된다. 영원히 타는 게 아니다.

예수가 품었던 생각도 비슷했다. 죄인들이 맞을 최후는 절멸이라는 것이다. 「마태복음」 13장 36절부터 43절에 나오는 "가라지의 비유"에서 그가 설명했듯, 시대가 종말을 맞을 때 하나님이 권능한 천사, 예수가 "인자人子"(이 천사에 대해서는 「다니엘서」 7장 13-14절을 참고하라)라고 부른 자를 보내 이 땅을 심판하게 할 것이다. 이 인자는 다른 천사들을 보내 모든 죄지은 자와 악한 자를 모으게 한 후 "풀무 불에 던져 넣을" 것이다. 그럼 거기서 죄인들은 울면서 이를 갈 것이다. 그렇지만 아마 영원히 그러지는 않을 것이다. 죽을 때까지 불에 탄 이들은 그냥 죽고 만다. 이는 의로운 자, "아버지의 나라에서 해와 같이 빛날" 자들과 극명히 대조된다. 「다니엘서」

12장에서와 같이 하나님 편에 선 믿는 자들은 종말의 때에 그 빛이 영원히 꺼지지 않는, 하늘에서 빛나는 별처럼 될 것이다.

「마태복음」 13장에 나오는 다른 묘사에서, 예수는 다가오는 심판을 그물에 걸린 물고기 중 좋은 물고기만 골라내는 어부에 비유한다(「마태복음」 13장 47-50절). 어부가 원치 않는 나쁜 물고기는 어떻게 될까? 그냥 던져 버린다. 그것들을 잡아다 고문하지 않는다. 나쁜 물고기들은 그냥 죽는다. 이와 같이 최후의 심판 때 천사들도 악한 자들 사이에서 의로운 자들을 선별해 내 전자는 타는 불에 던져 버릴 거라고 예수는 말한다. 던져진 자들은 불에 타 사라질 것이다. 1세기에 이 말을 들은 사람들은 "불로 인한 절멸"이라는 표현을 듣고서 지옥의 영원한 불이 아닌 가정집에서 피우는 불(혹은 범죄자의 화형)을 떠올렸을 것이다. 화형에 처해 죽는 사람은 죽어 가는 동안 고통에 울고 비명 지른다. 하지만 열흘이나 만 년 동안, 혹은 백억 년 동안 계속 울고 비명 지르지는 않는다. 그냥 죽는다.

예수는 종종 이런 "절멸"의 이미지를 더욱 경악스럽게 묘사해, 하나님 나라에 들어가지 못한 죄인들이 죽임을 당할 뿐 아니라 제대로 된 땅에 묻히지도 못할 거라고 말한다(기억하겠지만 이는 고대 사회에서 인간이 당할 수 있는 최악의 운명이다). 그런데 그보다 더 심한 것이 기다리고 있는데, 예수는 죄인들이 제대로 묻히지도 못한 채 이스라엘인이 상상할 수 있는 가장 불결하고 역겹고 저주받은 곳인, 게헨나라는 골짜기에 버려질 거라고 한다. 예를 들어 다른 사람을 "미련한 놈"이라고 부른 자는 게헨나에 던져질 거라고 예수는 경고한다(「마태복음」 5장 22절). 그 뒤 구절에서는 만약 자신의 눈이

나 손이 죄를 짓는다면 차라리 눈을 파내고 손을 잘라 낸 뒤 불구가 된 채 하나님 나라에 들어가는 것이 눈과 손이 멀쩡한 채 게헨나에 던져지는 것보다 낫다고 말한다(「마태복음」 5장 29-30절). 다른 구절에서도 예수는 "소자 중 하나"를 실족게 하고 그 악행 때문에 게헨나에 던져지느니 맷돌을 목에 걸고 물에 뛰어들어 죽는 편이 낫다고 한다. 그곳에서는 "구더기도 죽지 않고 불도 꺼지지 않는다"는 말까지 나온다(「마가복음」 9장 42절, 47-48절).

게헨나가 호락호락한 곳이 아닌 건 분명하다. 하지만 대체 뭐길래 그럴까?

게헨나에 대한 예수의 가르침

신약성경의 영어 번역문이 때로 그리스어 "게헨나Gehenna"를 "지옥hell"으로 뭉뚱그리는 것은 매우 안타까운 일이다. 이러면 오늘날 성경을 읽는 사람들은 명백히 잘못된 이미지를 떠올리게 된다. 예수가 이야기하는 곳을 사람들이 생전에 저지른 죄의 대가로 영원히 끝나지 않는 불 고문을 받는 장소인 지하 세계라고 착각할 수밖에 없다. 게헨나가 가리키는 건 절대 그런 게 아니다. 오히려 게헨나는 예수가 살았던 시대에 유대인들 사이에서 아주 잘 알려진 장소였다. 게헨나는 예루살렘 외곽에 있는 불경한 골짜기, 말 그대로 하나님에게 버림받은 곳이었다.

이 골짜기는 구약에서 몇 차례 등장하는데, 가장 먼저 「여호수아」 15장 8절에서 "힌놈의 아들의 골짜기"로 등장한다. 히브리어로는 '게이 벤 힌놈gei ben Hinnom'이다. 우리는 힌놈이 누구인지 모르지만, 그의 아들이 어느 시점에 골짜기를 소유했던 모양이다. 뒤에 언급된 구절에서는 대신 힌놈의 골짜기라고(정확히는 '게이 힌놈 gei-hinnom'이라고) 부른다. 더 나중에는 게힌놈gehinnom이라는 단어가 아예 게헨나가 되었다. 보통은 옛 예루살렘 남서쪽 골짜기를 가리키는 지명으로 이해된다.

학자들은 게헨나가 불을 피우는 쓰레기장이었다고 오래전부터 주장해 왔다. 바로 그래서 "구더기도 죽지 않고" "불도 꺼지지 않는"다는 것이다. 그곳에는 늘 불타는 쓰레기가 있으니까. 그런데 이 주장을 뒷받침할 근거가 없는 것으로 드러났다. 이 주장의 원출처는 13세기 초의 랍비 다비드 킴치가 쓴 「시편」 주해 한 구절인 것으로 추적된다. 고고학도 그 어떤 고대 문헌도 이 주장을 뒷받침하지 못한다.[9] 오히려 해당 장소는 고대 유대인들 사이에서 쓰레기장이 아니라 이교 신에게 어린이를 제물로 바친 장소로 악명 높았다.

「열왕기하」 23장 10절에서는 가나안의 신 몰렉Molech을 "벤힌놈의 골짜기(힌놈의 아들의 골짜기, 곧 게헨나)인 도벳"에서 숭배했으며, 거기서 일부 이스라엘인들이 "몰렉에게 드리기 위하여 자기의 자녀를 불 [사이]로 지나가게" 했다고 나온다. 고대 다른 곳에서도 인간을 제물로 바치는 풍습이 자행되었지만 히브리어 성경 저자들은 이를 저주받을 짓으로 간주했던 듯하며, 게헨나는 그 저주받을 관행으로 가장 잘 알려진 곳이었다. 그런고로, 이 구절에 따르면 선한 왕 요시야가 종교 개혁을 감행하면서 유다 사람들이 다시 이스라엘의 신인 여호와를 섬기도록 했을 때 그곳을 "더럽게 하여" 거기서 아동 번제를 더 이상 행하지 못하게 했다.

여러 면에서 이 불경한 골짜기는 그 골짜기 바로 위의 가장 높은 곳에 있는 것, 즉 여호와에게 헌정된 성전, 하나님이 몸소 거하는 지성소至聖所의 정반대인 장소를 상징했다. 그런 게헨나는 이스라엘이 받드는 신의 적인 이교 신을 위해 가늠조차 어려운 온갖 잔혹하고 흉악한 관행이 이루어지는 장소, 글자 그대로 불경스럽고 신성모독적인 장소였다.

게헨나에 대한 이스라엘인들의 반감은 구약의 「예레미야서」에 잘 나와 있다. 「예레미야서」는 곧 닥쳐올 유다왕국의 멸망을 통탄스러운 어조로 수차례 예언한다. 그중 한 구절에서 선지자 예레미야는 유다 사람들이 "자녀들을 불에 사르려고" "힌놈의 아들 골짜기"에 제단을 세웠기 때문에 하나님이 그분의 백성을 멸망케 할 작정이라고 선포한다. 예레미야는 이제 그곳의 이름이 바뀔 거라고 선언한다. 그곳은 이제 "죽임의 골짜기라 말하리니, 〔거기에〕 남은 자리가 없을 만큼 매장했기 때문이다. 이 백성의 시체가 공중의 새와 땅의 짐승의 밥이 될 것이나 그들을 쫓을 자가 없을 것이라."(「예레미야서」 7장 29-34절) 세상에서 가장 불경한 이곳은 하나님이 그분의 백성 가운데 순종하지 않는 자들을 몽땅 죽이는 곳일 될 것이다. 짐승들이 그들의 시체를 파먹을 것이다. "죽지 않는 구더기"를 떠올려보라(이 부분은 「예레미야서」 19장 6-9절을 참고하라).

히브리어 성경 외에 게헨나를 신의 징벌이 이루어지는 장소로 언급한 가장 초기의 증거는, 앞서 살펴봤듯, 예수가 살았던 시대보다 적어도 200년 앞서 쓰인 「에녹 1서」 27장에 나온다. 에녹은 대천사 우리엘과 만났을 때 한번은, 어째서 그런 "저주받은 골짜기"가 이스라엘의 "축복받은 땅" 한가운데에 있는지 묻는다. 그러자 천사가 대답한다.

저주받은 골짜기는 영원히 저주받은 자들을 위한 곳이다. 여기에 저주받은 자들이 전부 모일지니, 그들은 제 입으로 주 여호와를 거스르는 온당치 않은 말을 뱉은 자들이라 …. 여기에 그들이 다 모일지니, 여기서 최후의 날에 그들의 심판이 있으리라. 영원히 의로운 자들이 지켜보는 가운데, 그들에게 의로운 심판의 광경이 펼쳐질 것이다.

이 구절을 보면 예수가 살았던 시대 한참 전부터 게헨나는 최후의 심판에서 하나님의 적들이 살육당할 부정不淨한 장소로 인식되었음을 알 수 있다. 그리고 이 심판은 "영원히" 지속될 거라고 했다. 예수가 본 게헨나도 마찬가지였다. 하나님의 적들이 사체가 되어 죄로 물든 이 끔찍한 장소에 던져질 것이고, 거기서 그들은 절멸하여 하나님과 그의 선함에서 영원히 떨어질 것이라고 했다.

예수는 이 '불경한 게헨나'라는 개념과, 의롭게 산 자들에게 경멸받는 죽은 자들에 대한 다른 성경 구절을 결합한다. 다음은 위대한 예언서 「이사야서」의 마지막 구절로, 여기에서 하나님은 그의 백성에 대해 예언하면서, 심판 후 "그들이 나가서 내게 패역한 자들의 시체들을 볼 것이라. 그 벌레가 죽지 아니하며 그 불이 꺼지지 아니하여 모든 혈육에게 가증함이 되리라"(「이사야서」 66장 24절)고 말한다. 이 시체들은 **죽어 있다**. 고문당하고 있지 않다. 이 멸망한 적들이 벌레에 먹히고 불에 타 버려 완전히 더럽혀지는 꼴을, 그리고 제대로 묻히지도 못한 채 썩고 타 버리게 내버려진 꼴을 의로운 자들이 몹시 흡족해하며 구경할 것이다. 이 벌은 결코 돌이킬 수 없을 것이다. 하나님이 멸한 자들에게 구원이란 없다. 영원토록. 예수도 게헨나에 대해 가르칠 때 고문이 아니라 절멸을 염두에 두고 있는 것이다.

그래서 예를 들어 「마태복음」 10장 28절에서도 예수는 사람들에게 "몸은 죽여도 영혼은 능히 죽이지 못하는" 자들을 두려워하지 말라고 한다. 바꿔 말하면, 육체적 죽음은 두려워할 필요가 없다는 것이다. 우리는 어떤 식으로든 모두 죽는다. 그 죽음을 조금 일찍 맞게 할 사람을 두려워할 필요는 없다. 대신 "몸과 영혼을 능히 게헨나(개역개정 성경은 '지옥'으로 옮김.— 옮긴이)에 멸하실 수 있는 이를 두려워하라"고 예수는 말한다. 여기서 주목할 점은 예수가 하나님이 우리의 영혼을 단순히 "죽인다"고 말하지 않은 것이다. 하나님이 영혼을 "멸한다"(또는 "절멸한다")고 했다. 멸한 후에는 아예 존재하지 않을 것이다.

이는 훗날의 부활을 기대할 여지가 있었던 유대인들의 관점과 대조된다. 이들이 볼 때, 육신에 생기를 불어넣는 "영혼"이나 "숨"은 죽는 순간 몸에서 떠나간다. 그랬다가 부활할 때 다시 돌아와 육신을 되살릴 것이다. 그렇지만 그런 일은 육신은 죽었으나 생명력은 복구된 사람에게만 일어날 수 있다. 생명력마저 멸하면 부활해서 하나님 나라에 들어갈 수 없다. 그 사람에게는 죽음만이 기다리고 있다. 생명력은 하나님만이 멸할 수 있다. 하나님이 생명력을 멸하면 그 사람은 육체만이 아니라 완전히 죽는다. 절멸되어 아예 존재하지 않게 되는 것이다.

더욱 절망적인 것은 이 하나님의 적들이 땅에 묻히지도 못한 채 하나님에게 멸시받고 버려진, 철저히 황폐한 장소로 악명 높은 게헨나에 내던져질 거라는 것이다. 이는 그냥 땅에 묻히지 못하는 것보다 나쁘다. 나중에 고문당할 가능성을 암시해서가 아니라 휴식의 장소, 평화를 누릴 수 있는 장소로 옮겨질 일말의 가능성도 배제하기 때문이다. 죄인들은 벌레가 갉아 먹고 불에 타는 송장 신세가 될 것이다. 그들에게는 생에 대한 어떤 희망도 다시는 없을 것이다.

예수가 말한, 성자들이 받을 상

예수의 어록 중에 구원받은 자가 하나님 나라에서 누릴 축복에 대한 말보다 죄인이 게헨나에서 맞을 끔찍한 운명에 대한 말이 출처를 대기가 더 쉽다. 그건 그렇지만, 복음서에 반복해서 등장하는 한 가지 가르침을 우리는 이미 살펴보았다. 다가올 하나님 나라에서 호화로운 잔치가 열릴 것이고 거기서 구원받은 자들이 위대한 유대교 조상들, 곧 야곱의 열두 아들과 여유롭게 먹고 마시리라는 것이다. 지극한 기쁨이 흘러넘치는 낙원의 광경이다.

다른 핵심 구절에는 죽은 자들이 부활한 뒤 어떤 삶이 펼쳐질지에 대한 예수의 설명이 담겨 있다. 가장 이른 시기의 기록은 「마가복음」 12장 18절부터 27절까지다. 일차적인 맥락을 보자면, 예수가 유월절을 지내러 예루살렘에 도착했는데 예수에게 적대적인 무리인 사두개파가 찾아와 논쟁으로 함정을 놓아 예수를 당황케 하려는 장면이다. 앞서 살펴봤듯, 묵시론을 믿지 않는 사두개파는 훗날 죽은 자가 부활하리라는 것도, 그리고 당연히, 어떤 형태든 사후 세계가 존재한다는 것도 믿지 않았다. 그런데 예수가 전하는 가르침의 핵심이 묵시론적 메시지였기에, 이 반대론자들은 자기들이 예수의 가르침에 담긴 오류를 만천하에 드러내겠다고 작정한 터였다.

그들은 예수 앞에 나아가 어떤 상황을 상정한다. 모세의 법에 따르면, 결혼한 남자가 자식을 남기지 않고 죽으면 그의 형제가 죽은 형의 아내와 결혼하여 형의 이름으로 가정을 꾸리게 되어 있다(「신명기」 25장 5-6절을 참고하라). 이는 형의 혈통을 보존하기 위함이었다. 사두개파는 영악하게도 한 남자에게 여섯 동생이 있는 가상의 상황을 제시한다. 그는 결혼했지만 자식 없이 죽었고, 그래서 형제 중 둘째가 형수를 자기 아내로 맞았다. 하지만 그도 자식 없이 죽었다. 그런 식으로 계속돼, 일곱 형제 모두가 그 불쌍한 여인과 결혼하였다. 마침내 부인도 죽었다. 여기서 사두개파는 다가올 부활에 대한 예수의 논지에서 빤한 부조리를 발견했다고 생각하고, 함정을 놓는다. 일곱 명 모두 그 여인과 결혼했다면, 부활했을 때 그중 누가 남편이 되는 것인가?

예수는 늘 그렇듯 이런 질문에 조금도 당황하지 않고, 적대자들에게 그대로 돌려준다. 먼저 예수는 사두개파 무리가 부활을 예언한 성경 구절이나 그 일을 실현할 하나님의 권능을 아예 잘못 이해하고 있다고 지적한다. 그들이 미처 깨닫지 못한 사실은 부활하면 아무도 결혼한 상태가 아닐 거라는 것이다. 대신, 되살아난 자들은 "하늘에 있는 천사들"과 같을 거라고 한다. 그들은 미혼 상태이며, 아마도 그런 상태에 대해 영원히 만족해할 거라고 말이다. 그러니 여인은 누구의 아내도 아닐 것이다.

이어서 예수는 히브리어 성경에서 하나님이 불붙은 가시덤불 속에 나타나 모세에게 "나는 … 아브라함의 하나님, 이삭의 하나님, 야곱의 하나님이니라"(「출애굽기」 3장 6절)라고 한 것을 상기시킨다. 이 이스라엘 조상 세 명은 모세가 태어나기 몇백 년 전에 살다 갔는데, 예수는 하나님이 굳이 현재형으로 쓴 "~이다to be"라고 쓴 함의를 부각시키려는 것이다. 하나님은 내가 그들의 하나님 '이다'라고 했지, 그들의 하나님 '이었다'고 하지 않았다. 예수가 생각하기에 하나님이 내가 그들의 하나님 '이다'라고 말한 사실은 그들이 여전히 살아 있음을 가리킨다. 그들은 죽어 소멸하지 않았다. 언젠가 부활이 일어날 때까지 존재가 유지되고 있었다. 때로 "~이다" 같은 단순한 표현이 다른 어떤 단어보다 중요하다.

그뿐 아니라, 예수가 말하기로는 이스라엘의 조상들이 부활할 때는 다른 의로운 자들과 함께 단지 또 한 번의 삶을 영위하다가 두 번째 죽음을 맞기 위해 기나긴 빈사 상태에서 소생되는 게 아니었다. 그들은 천사들의 삶과 비슷한 영광된 불멸의 삶을 선물받을 터였다. 여기서 예수는 「다니엘서」를 시작으로 우리가 이미 다른 문헌에서 살펴본 견지를 취하고 있다. 죽은 자가 부활한다 함은 고양된 삶을 영원토록 누릴 수 있게 됨을 의미한다는 견지다. 죄와 고난으로 가득한 지금 세상에서 영위하는 우리네 삶을 단순히 되풀이하는 수준이 아니라는 얘기였다. 하나님이 거느린 거룩하고 권능 있는 천사들이 누리는 삶, 더 이상 어떤 악의 흔적도 남아 있지 않은 세상에서 누리는 축복받은 삶일 터였다.

예수, 양, 그리고 염소

예수의 사후 세계관은 최후의 심판 때 "양을 염소에서 분리하는" 작업에 대한 설명에 가장 자세히 적혀 있다(「마태복음」 25장 31-46절). 이 이야기는 「마태복음」에만 나오지만, 그것이 예수가 실제로 한 말이라고 판단할 몇 가지 이유를 살펴보겠다.

해당 구절은 종말의 때에 무슨 일이 일어날지 그리고 그에 어떻게 대비해야 할지 예수가 설명한, 두 장에 걸친 "묵시적 담론"(「마태복음」 24-25장)의 막바지에 나온다. 논의를 마무리하면서 예수는 다가올 심판의 날을 묘사하는데, 온 우주의 위대한 심판자인 인자가 보좌에 앉아 그의 앞에 모인 만국을 심판한다고 했다(「마태복음」 25장 31-46절). 단지 이스라엘의 의로운 자와 악한 자만 심판하는 게 아니라 이교도까지 전부 심판하는 것이다. 인자는 그 앞에 모인 사람들을 전부 두 무리로 분류하는데, 양은 자신의 오른편에, 염소는 왼편에 둔다. 그런 다음 양들을 보면서, 하나님이 그들이 살아생전 행한 모든 선행에 대한 상으로 준비하신 멋진 하나님 나라에 들어오게 된 것을 환영한다. "내가 주릴 때에 너희가 먹을 것을 주었고, 목마를 때에 마시게 하였고, 나그네 되었을 때에 영접하였고, 헐벗었을 때에 옷을 입혔고, 병들었을 때에 나를 돌보았고, 옥에 갇혔을 때에 와서 보았"기 때문이다(「마태복음」 25장 35-36절) 양들은 어리둥절해져서 그게 무슨 소리냐고 묻는다. 전에 당신을 **만난 적도** 없는데. 어떻게 그런 일들을 했단 말인가? 그러자 인자는 "내가 진실로 너희에게 이르노니, 너희가 여기 내 형제 중에 지극히 작은 자 하나에게 한 것이 곧 내게 한 것"(「마태복음」 25장 40절)이라고 대답한다.

그런 다음 인자가 염소 무리를 향해 고개를 돌리자 구원의 말은 저주로 바뀐다. 그는 그들을 호되게 꾸짖으며 쫓아 버린다. "나를 떠나 마귀와 그 사자들을 위하여 예비된 영원한 불에 들어가라."(「마태복음」 25장 41절) 왜일까? 그가 도움이 필요했을 때, 즉 굶주리거나 목마르거나 나그네 되거나 헐벗거나 병들었거나 옥에 갇혔을 때 그들은 돕지 않았기 때문이다. 염소들도 영 이해하지 못한다. 전에 인자를 본 적이 없어서 도움을 줄 기회조차 없었으니 말이다. 그러자 인자는 "이 지극히 작은 자 하나에게 하지 아니한 것이 곧 내게 하지 아니한 것"(「마태복음」 25장 45절)이라고 답한다.

예수가 이런 말을 실제로 했을 거라고 믿을 타당한 이유 하나는 바로 이 구절이 말하는 핵심이다. 사람들은 다른 무엇도 아닌 자신의 도덕적 행동 때문에, 영광된 하나님 나라에 들어가거나 아니면 그곳에서 고통스럽게 배제될 것이다. 곤경에 처한 사람을 도우면서 선하게 살아온 사람은 구원을 얻을 것이다. 이것이 해당 구절(혹은 이와 매우 유사한 구절)이 아마도 예수가 실제로 한 말을 대변한다고 볼 이유다. 예수 사망 후 초창기의 제자들은 하나님에게 참된 인간으로 인정받는 길은 예수를 믿는 것(특히 예수의 죽음과 부활을 믿는 것)이라고 굳게 믿었다. 이는 다음 장에서 그가 남긴 글을 살펴볼 사도 바울뿐 아니라, 복음서 저자들도 당연히 포함해 우리가 아는 모든 초기 기독교도가 품었던 믿음이다.

만약 후대의 기독교 이야기꾼이 부활의 때에 구원받는 길에 대한 예수의 가르침이라며 말을 지어낸다면, 구원이 실제 예수를 믿는 것과 아무 관계없고 대신 선행을 베풀며 살면 된다고 얘기하겠는가? 양들은 예수를 믿지 않았을 뿐 아니라 예수에 대해 들어 본 적도 없다는 것을 떠올려 보라. 물론 후대의 어느 기독교도가 지어낸 이야기일 수도 있다. 하지만 초기 기독교 저술가들 가운데 "선한 사람이 되는 것" 자체가 부활의 때에 하나님에게 상을 받기에 충분하다고 믿은 사람은 단 한 명도 알려진 바 없다. 이는 곧 해당 구절이 후대 기독교도들이, 자기들이 믿는 바를 예수가 말해 줬기를 바라는 마음에 예수가 한 말로 지어낸 구절일 가능성이 적다는 얘기다. 고로 그 말을 우리가 복음서에서 접하는 것은 그것이 예수가 실제로 한 말이기에 그렇다는 뜻이다.

그건 그렇지만, 사후 세계에 대한 이런 얘기를 우리가 어떻게 해석해야 할까? 제일 먼저 강조할 점은, 해당 구절이 심판의 날 일어날 일을 있는 그대로 묘사한 게 아니라 우화임이 거의 확실하다는 것이다. 마태가 이해한 바였음이 분명한데, 그가 해당 구절을 다가올 종말과 거기에 어떻게 대비해야 할지에 대한 예수의 가르침을 보여 주는 다른 우화 세 편 바로 뒤에 배치한 것을 보면 짐작할 수 있다. 충성된 종과 그렇지 못한 종의 비유(「마태복음」 24장 45-51절), 열 처녀의 비유(「마태복음」 25장 1-13절), 그리고 달란트 비유(「마태복음」 25장 14-30절)를 말하는 것이다. 이 뒤에 이어지는 해당 구절도 대상을 있는 그대로 묘사한 게 아니라 그냥 비유다. 예수가 그날 말 그대로 양과 염소가 분류될 거라고 생각한 게 아니다.

그렇다 해도, 어떤 사람은 상을 받고 또 어떤 사람은 벌을 받는 최후의 심판이 이루어지리라는 것은 상정하고 있다. 상은 복잡할 것 없고, 이해하기 쉽다. 의로운 자들은 하나님 나라를 물려받아 거기서 지극한 행복을 누리며 영원히 살 것이다. 그럼 악한 자들이 받는 벌은 어떤가? "영원한 기쁨"에 반대되는 "영원한 고문"인가? 언뜻 그리 보일 수 있다. 예수가 다음과 같이 갈무리하며 우화를 마무리한 걸 보면 말이다. "그들[죄인들]은 영벌에, 의인들은 영생에 들어가리라."(「마태복음」 25장 46절) 영원한 벌을 뜻하는 구절로 읽힌다, 안 그런가?

그럴 수도 있다. 하지만 여기서는 예수가 그려 보인 대조를 한층 깊이 들여다봐야 한다(성경 주해가들도 흔히 놓치는 지점이다). 예수는 "영원한 고문"과 "영원한 상"을, 혹은 "영원한 불행"과 "영원한 행복"을 대비시키고 있지 않다. 악한 자가 받을 영원한 벌을 영원한 **삶**과 대조하고 있다. 삶의 반대는 무엇인가? 고문이나 불행이 아니다. 죽음이다.

그런데 죽음이 어떻게 "영원한 벌"일 수 있단 말인가? 궁극의 형벌인 건 맞다. 아직까지 몇몇 문명국에서 범죄자에게 내리는 궁극의 형벌이 사형인 것처럼 말이다. 그런데 왜 영원한 벌일까? 끝이 없는 벌이기에 그렇다. 악한 자는 멸망하며, 다시는 되살아나 생을 살지 못한다. 그들이 맞는 죽음은 되돌릴 수 없는 죽음이다. 그들은 영원한 벌을 받는 셈이다.

하지만 염소들이 영원한 불에 들어간다고 하지 않았는가(「마태복음」 25장 41절)? 물론 그랬다. 하지만 여기서도 영원한 것은 불이지, 불에 타는 죄인들이 아니다. 불은 영영 꺼지지 않는다.[10] 화장용 불이 시체가 다 타 버린 후에도 계속 타오르듯(아니면 더 적절한 비유로, 사형집행인이 다스리는 불이 사형당한 자가 죽은 뒤에도 계속 타오르듯) 영원한 벌로 내려지는 불도 계속 타오른다. 결코 죽지 않는 구더기처럼 불도 결코 타오르기를 멈추지 않지만, 벌을 받는 사람은 이미 소멸되었다. 더는 세상에 존재하지 않는다.

예수와 사후 세계

이렇게 간추려진 예수의 사후 세계관에 신약성경 독자 일부는 의문을 품을 수도 있다. 제일 중요한 구절들은 빼놓고 간추린 것 아닌가 하고 말이다. 인간이 죽으면 부활하는 대신 그 즉시 영생과 기나긴 형벌이 실현된다는 관점을 뒷받침하는 것으로 보이는 「누가복음」 16장의 부자와 나사로 일화라든가, 영생이 그저 먼 훗날 찾아올 현실이 아닌 지금의 현실임을 이야기한 「요한복음」 3장과 11장은 왜 빼놓았나?

맞다, 나는 일단 그 구절들을 한 구석으로 치워 놓았다. 그럴 만한 이유가 있어서다. 뒤에 나올 장에서 나는 해당 구절들이 예수가 실제 한 말이 아니라 후대 제자들이 예수의 말로 둔갑시킨 얘기라는 지론을 펼칠 것이다. 이는 가볍게 내린 판단이 아니며, 예수의 말을 내가 원하는 의미로 왜곡하려 함도 아니다. 앞서 소개한 비판적 판별법, 즉 가장 초기에 기록된 예수의 말(예를 들면 「마가복음」과 「마태복음」에 실린 말), 특히 후대 기독교도들이 지어낸 예수의 말이라고 퍼뜨린 것이 아닌 말이 진짜일 확률이 높다는 원칙에 따라 내린 판단이다.

내가 중요하게 여기는 또 하나의 판단 기준이 있는데, 어떤 말이든 예수가 남긴 말이 갈릴리 출신 유대인이라는 1세기 초 인간 예수의 역사적 배경에 들어맞아야 한다는 것이다. 예수가 철저히 묵시론적 관점을 품었다는 것은 비판적 학자들도 한 세기가 넘도록 전반적으로 확신해 왔다고, 앞에서 지적했다. 이번 장에서 내가 제시한 논제는 예수가 품었던 세상에 대한 묵시론적 이해가 그의 사후 세계관에까지 확장 적용되었다는 것이다. 예수는 인간 개개인이 죽는 순간 어떻게 될지에 초점을 두지 않았다. 예수는 주로 우주의 심판관, 즉 인자의 모습으로 강림하실 하나님이 머지않아 행하실 일, 이 세상을 쥐고 흔드는 악의 세력을 멸하고 유토피아 같은 영원한 왕국을 이 땅에 세우실 위대한 행위에 방점을 두었다. 하나님이 원하신 대로 (이웃을 자신처럼 사랑하고 어려운 사람을 도와 가며) 산 자들은 그 왕국에 들어갈 터였다. 반대로 자기만 알고서 죄와 악을 일삼는 삶을 산 자들은 멸망하여 다시는 존재하지 못하게 될 터였다.

당대의 다른 묵시론자들과 마찬가지로 예수도 이 응보의 날이 곧 오리라고 믿었다. 그날이 목전에 닥쳤다고 말이다. 예수도 자신의 세대에 심판이 이루어질 거라고 믿었다. "여기 서 있는 사람 중에는 죽기 전에 하나님의 나라가 권능으로 임하는 것을 볼 자들도 있느니라."(「마가복음」 9장 1절)

그런데 그날이 오지 않으면 어떻게 될까? 그럼 조정을 해야 한다. 예수의 가르침을 받아들인 사람들이 그 가르침을 달리 해석하고 어쩌면 수정까지 해야 한다. 처음에는 조금 수정하겠지만 나중에는 아마 더 철저하게 바꿀 것이다. 그러다 신자들이 점점 멀게만 느껴지는 심판의 날에 일어날 일만이 아니라 그 사이에, 자신들이 죽을 때 당장 어떤 일이 일어날지 궁금해하기 시작하면서, 결국 기독교 전통에서 예수의 묵시론적 사후 세계관은 흐릿해지고 지워질 것이다. 시간이 더 흐른 뒤에는 예수를 믿는 자들이 죽음 직후 이루어질 상과 벌에 거의 전적으로 초점을 맞추기 시작할 것이다. 오늘날에도 수많은 그리스도교 신자가 믿고 있는 천국과 지옥의 개념이 바로 후대에 생겨난 이 사후 세계관에서 이어진 것이다.

9장

예수 사후의 사후 세계관
: 사도 바울

초기 기독교에서(아니, 기독교 역사 전체에서) 예수 다음으로 중요한 인물은 사도 바울이었다. 바울이 없었다면 오늘날의 기독교는 다른 모습이었을 것이다. 하지만 일각에서 주장하듯 바울이 기독교의 단독 창시자, 즉 구원이 예수의 죽음과 부활을 통해 온다는 개념을 생각해 낸 장본인이라는 얘기는 아니다. 그런 개념은 바울 이전에 사도들과 그들이 개종시킨 사람들이 신봉했던 개념이며, 바울이 그들과 합류하기 전 기독교도를 박해한 이유이기도 했다.[1]

바울이 중요한 인물인 이유는 다른 데 있다. 우리가 아는 어떤 초기 기독교 인물보다 더 많은 이교도에게 기독교를 전파했으며 그 덕분에 기독교가 유대교 내 정체불명의 소규모 분파에서 로마제국 전역으로 확장할 힘을 가진(그리고 결국에는 몇 세기 후 로마제국의 국교가 될) 종교로 변모했다는 사실 말이다. 그 못지않게 중요한 사실은, 예수의 제자들이 십자가형을 당한 범죄자가 세상의 구원자일지 모른다는 게 대체 무슨 의미인지 이해하려고 머리를 쥐어뜯는 동안 바울은 기독교 안에서 일부 핵심적 신학 이론이 발전하는 데 중차대한 역할을 했다는 것이다.

기독교 신학에 대한 바울의 중대한 기여에는 예수의 가르침과 핵심적 부분에서 차이가 있는 그의 사후 세계관도 포함된다.

바울의 관점

예수의 경우와 마찬가지로, 바울이 여러 사안에 대해 실제로 어떻게 생각했는지 알기란 쉽지 않다. 하지만 이 경우는 문제가 좀 다르다. 바울을 연구하는 데에는 그가 살다 간 후 수십 년이 지나서야 기록된 문헌 자료에 의존할 필요가 없다. 우리에겐 바울이 직접 쓴 편지들이 있기 때문이다. 문제는 신약성경에 실린 몇 통을 포함해 바울이 썼다고 하는 편지 다수가 사실은 바울이 쓴 게 아니라, 후대의 추종자들이 독자들에게 자신이 바울이라고 믿게 하려고 그의 이름을 내세워 바울인 척하면서 쓴 것임이 거의 확실하다는 것이다.[2] 그렇다 해도, 비판적 학자들은 신약에 실린 바울서신 중 일곱 통은 바울 본인이 직접 쓴 편지라는 데 대부분 의견을 모으고 있다.[3]

여기에 더해 우리에게는 바울의 행적을 담은 전기傳記적 기록인 신약의 「사도행전」도 있다. 물론 역사적 인물 예수에 대해 알고자 했던 이들에게 복음서들이 문제를 안겨 준 것과 똑같이 「사도행전」도 역사가들에게 문제를 안겨 준다. 「사도행전」은 거기에 기록된 사건들이 일어나고 몇 년 후 쓰였는데, 저자가 사도 바울이 한 말과 행동을 충분히 알지 못한다고 믿을 만한 몇 가지 이유가 있다. 그렇게 의심하는 이유 중 하나는 「사도행전」이 전하는 바울의 말과 행적이 바울 본인이 바울서신에 쓴 것과 상충한다는 것이다.[4]

그건 그렇다 쳐도, 본인이 쓴 서한과 부분적으로 역사적 기록이라 할 「사도행전」을 놓고 바울의 생애와 가르침을 상당 부분 종합해 볼 수 있다. 주어진 자료들을 면밀히 읽어 보면, 바울이 처음에 매우 독실하고 남달리 철두철미한 유대교 계율 준봉자였음을 명백히 알 수 있다. 그는 유대인으로 태어나 자랐고 자기 종교에 대한 광적 신앙심을 가진, 팔레스티나 외곽 그리스어 생활권 지역 출신자였다. 주변 유대인들이 웬 십자가형을 당한 사내가 세간의 기대와는 정반대로, 예언된 메시아라고 떠들고 다니는 걸 처음 들었을 때 바울은 그 주장이 터무니없을 뿐 아니라 위험하기까지 하다고 생각했다. 적에게 멸망한 데다 공개적으로 수치당하고 고문받다가 죽은 자가 메시아라니 안 될 말이었다. 메시아는 이스라엘의 압제자들과 대적해 승리하고 이 땅에 새 왕국을 세울 위엄 있고 권능 있는 자라야 했다. 예수는 메시아가 갖춰야 할 자격과 정반대인 조건의 인물이었다.

바울은 기독교도를 극렬히 박해하다가 어느 날 자신이 직접 환시를 경험한다. 나중에 그는 예수가 자신에게 나타났다고, 죽은 지 몇 년 지난 예수가 살아 있는 걸 자신이 똑똑히 봤다고 주장했다(「고린도전서」 9장 1절, 15장 8절). 이 환시를 경험하고 바울은 예수가 부활했다고 믿게 되었다. 당연히 하나님이 예수를 되살렸어야만 가능한 일이었다. 이는 예수가 정말로 하나님의 사랑을 받는 자라는 뜻이었고, 그것은 곧 예수의 죽음이 단순히 신의 오판이나 대실수가 아니라는 증거였다. 바울은 이 모든 것이 그때까지 베일에 감춰져 있던 하나님의 놀라운 계획의 일부라고 믿게 되었다. 하나님이 예수를 속죄양으로 삼은 것이었다. 예수의 이 희생 없이는 구원도 있을 수 없었다. 바울은 예수 그리스도의 죽음과 부활이 세상을 구원하기 위해 하나님이 마련하신 수단이라고 결론 내렸다. 인간이 (하나님이 이 세상을 멸할 때든 아니면 그 사람이 죽을 때든) 심판을 피할 수 있는 유일한 길은 예수를 믿는 것뿐이었다.

이는 예수가 직접 설파한 메시지가 아니다. 앞서 이야기했듯 예수는 하나님 나라가 회개하여 하나님께 돌아온 자들, 이웃을 제 몸 같이 사랑하는 선한 삶을 산 자들에게 올 거라고 가르쳤다. 그러나 바울은 구원이 오직 예수의 죽음과 부활을 통해서만 온다고 설교했다. 이 둘은 본질적으로 각기 다른 메시지다. 둘이 노골적으로 상충한다는 얘기가 아니다. 연구자들은 그 문제에 대해 다양한 견해를 내놓고 있다.[5] 하지만 확실히 두 견해가 동일한 것은 아니다. 그리고 이 차이는 전혀 다른 사후 세계관을 이끌어 냈다. 이 경우 차이점들이 절대적이지는 않다. 짐작 가능하듯, 두 관점 간에 논리적 연속성과 변화가 둘 다 존재하며 그 두 가지를 다 제대로 파악하는 것이 중요하다.

바울서신이 말하는 다가올 심판

바울의 사후 세계관을 비롯해 그의 신학적 견해를 이해하기 위해 살펴볼 가장 좋은 원전은 그가 로마 교인들에게 보낸 서신이다. 바울의 다른 편지들과 다르게 이 서신은 바울이 직접 설립하지 않았고 사실 방문한 적도 없는(당연히 로마에 있는) 교회에 보낸 편지였다. 그러나 바울은 그곳을 방문하고 싶다는 뜻과, 제국의 더 서쪽을 무대로 할 그의 선교활동을 교인들이 지원해 줬으면 좋겠다는 뜻을 비친다(「로마서」15장 22-24절). 방문 전에 그는 로마의 교인들에게 자신의 선교활동이 품은 참뜻을 알리고자 했다. 어느 정도는 로마 교인들이 바울의 선교활동에 대한 왜곡된 내용을 듣고 그에 대한 의심을 품고 있었음을 알았기 때문이리라. 바울은 오류를 바로잡기 위해 편지를 쓰면서, 거기에 복음에 대한 자신의 해석을 최대한 명료히 설명한다. 그런데 이 "좋은 소식"에는 매우 현실적인 나쁜 소식도 포함되어있다. 하나님께서 곧 인간을 심판하실 텐데, 준비가 안 된 이들은 벌을 받을 것이라는 소식이다. 한 가지 희망이라면 구원받는 사람도 있을 거라는 것이다. 로마 교회에 보낸 이 편지에 담긴 뚜렷한 불안 유발 요소는, 바울의 말에 따르면 그중 누가 곧 닥쳐올 이 하나님의 진노에서 구원을 받을지 분명치 않다는 것이다.[6]

「로마서」의 처음 세 장章은 다가올 심판의 날에 초점을 맞추고 있다. 2장에서 바울은 자신도 똑같이 악하며 벌받을 짓을 저지르고 있음을 깨닫지 못한 채, 자기 자신이 구원받을 것을 굳게 믿고 남에게만 의롭지 못한 삶을 산다고 손가락질하는 자들을 향해 설교한다.

"남을 판단하는 사람아, 누구를 막론하고 네가 핑계하지 못할 것은 남을 판단하는 것으로 네가 너를 정죄함이니, 판단하는 네가 같은 일을 행함이니라." 그러면서 바울은 이렇게 묻는다. "네가 하나님의 심판을 피할 줄로 생각하느냐?" 오히려 "진노의 날 곧 하나님의 의로우신 심판이 나타나는 그날에 임할 진노를 네게 쌓는" 꼴이라고 그는 일침을 가한다(「로마서」 2장 1-5절).

이어서 바울은 이 다가올 심판에 대한 자신의 견지를 자세히 늘어놓는다. "하나님께서 각 사람에게 그 행한 대로 보응하신다." 즉, 바울이 설명하길 인내하며 선한 일을 행한 자들은 모두 "영광과 존귀와 썩지 아니함과 영생"을 얻을 것이라는 얘기다. 하지만 진리를 따르지 않고 악을 행하며 산 자는 "진노와 분노"를 얻을 것이라고 했다. 그 사람이 유대인이든 이방인이든 상관없다. 악하게 살면 "환난과 곤고"가 닥칠 것이다. 그러나 선을 행하며 산 자는 "영광과 존귀와 평강"을 얻을 것이다(「로마서」 2장 6-10절).

이 모든 설교가 예수가 한 말이라고 기록된 내용들(일례로, 양과 염소의 우화)과 대부분 일치한다. 이것이 바로 연속성이다. 그러나 바로 다음 장에서 바울은 구원이 선을 행한 자들에게 오는 것이 아니라 오직 예수를 믿는 사람에게만 온다고 분명히 이야기한다. 어째서 "선함"으로 충분치 않을까? 바울이 죄를 짓지 않고 살 수 있는 사람은 사실상 **아무도** 없다고 믿은 것도 한 이유다. 바울은 구약을 인용해 이렇게 선언한다. "의인은 하나도 없나니, 하나도 없다. 깨닫는 자도 없고, 하나님을 찾는 자도 없다."(「로마서」 3장 10-11절) 세상은 죄로 가득 차 있으며 유대인이든 이교도든 모두가 죄에 푹 절어 하나님을 거스르는 짓을 저지른다는 것이다.

　매우 심각한 상황이다. "의로운" 사람이 구원을 받을 것이다. 하지만 "의로운" 자가 아무도 없다. 바울이 과거에 그랬듯 모세의 율법을 지키는 데 삶을 바친 유대인 중에도 없다. 모범적 유대인이 되는 것으로 죄를 만회할 수는 없다. 할례를 받고(남자인 경우), 코셔를 지키고, 안식일을 엄수하고, 다른 율법들을 따른다 해도 소용없다. 죄에 흠뻑 전 사람은 율법도 돕지 못한다.

　그런데 하나님께서 해결책을 제시하셨으니, 바로 "하나님의 의가 나타나"(「로마서」 3장 21-22절)게 하는 메시아, 곧 예수의 죽음이다. 모두가 죄를 지은 것과 같이, 하나님이 "이 예수를 그의 피로써 믿음으로 말미암은 화목제물로 삼으셨기에" 모두가 "예수 안에 있는 속량으로 말미암아" 값을 치르지 않고 "의롭게" 될 수 있다. 여기서 의롭다 함은 하나님이 보시기에 올바른 사람이라는 뜻이다. 누구든 "예수를 믿음"으로써 이 구원을 얻을 수 있다(「로마서」 3장 21-26절).

　바울이 처음에는 선한 사람이 다가올 심판의 날 하나님의 진노를 피할 거라고 해 놓고 다음 장에서는 그리스도 외에는 구원받을 자격이 되는 사람이 한 명도 없다고 한 것은 모순으로 보일 수 있다. 하지만 잘 보면 모순이 아니다(적어도 바울의 논리로는 아니다). 바울은 이전의 다른 기독교도들과 마찬가지로, 예수를 믿겠다고 개종한 사람은 세례를 받고 곧바로 기독교 공동체의 일원이 된다고 믿었다. 세례라고 하는 이 입회 의식은 바울이 생각한 구원과 사후 세계에서 다른 무엇보다도 근본적인 요소였다. 「로마서」 6장에 따르면,

세례를 받은 사람은 그리스도와 하나가 된다. 그리스도가 죽어서 "장사된" 것과 같이 사람도 "물속으로" 들어가 상징적으로 장사된다. 그런데 바울이 생각하기에 이는 단순히 상징이 아니다. 그리스도의 죽음을 체험함으로써 그와 함께하는, 진정 신비로운 경험이다. 예수가 사망했을 때, 그는 세상의 죄를 위해 죽은 것이었다. 어떤 의미로 예수는 죄를 사망케 했다. 그리스도 안에서 세례받은 사람은 "죄에게 죽은" 몸이 된다. 죄는 더 이상 그 사람을 지배하지 못한다. 따라서 세례를 받은 사람은 하나님의 진노가 닥치는 날 죄와 죄인들이 당할 멸망을 피해 갈 수 있다. 혹은 바울의 표현대로 하면 그들이 세례를 받아 그리스도와 함께 죽은 것처럼, "또한 그와 함께 살" 것이다(「로마서」 6장 8절). 바울의 견지에서 이는, 미래에 닥칠 죽은 자들의 부활을 이해할 열쇠다. 그렇다. 이론대로라면, 바울이 「로마서」 2장에서 말한 것처럼 구원받는 것은 "선을 행한" 자들이다. 하지만 이 표현은 메시아 예수를 믿고 그의 죽음 안에서 그와 하나 된 사람만을 가리킨다. 이들은 이제 죄를 모르는 자들이 되었고 따라서 하나님의 뜻을 실제로 행할 수 있는 자들이며, 그러니 종말이 닥쳐 하나님의 노여움이 세상을 덮칠 때에 구원을 받을 것이다. 그때에 그들은 죽음에서 부활할 것이다.

이는 딱 봐도 예수의 가르침과 많이 다르지만, 초기에 바울이 세운 교회들에서 표준적인 가르침으로 자리 잡는다. 이교였다가 바울이 개종시킨 자들이 세상의 종말이 곧 닥칠 것이며 악의 세력은 멸망할 테지만 하나님 편에 섰던 자들은 구원을 받을 거라는 유대교 묵시 신앙의 한 줄기를 받아들였다. 그런데 이 관점에 몇 차례 중대한 변화가 있었고, 그 변화는 유대교 묵시론자 대부분이 품었던 생각에서 멀어지는 방향으로 진행되었다. 바울과 이 개종자들에게는 예수의 죽음과 부활을 믿는 자, 그런 믿음으로 세례를 받은 자들만이 미래의 이 구원을 받을 수 있었다. 그들을 제외하면 누구도 하나님 편에 선 게 아니었다. 오직 예수 그리스도를 믿으면서 세례를 받은 신자만이 임박한 심판의 날이 닥쳤을 때 행복한 영생을 누리는 축복을 받을 터였다.

그건 그렇다 치고, 그 일이 어떤 식으로 일어날 거란 말인가? 바울은 그의 서신 중 가장 흥미로운 두 개의 구절에서 이를 설명한다.

예수의 재림

바울 같은 기독교도들은 예수에 대한 그들의 믿음이 다른 유대인에게 황당하게 느껴질 것을 잘 알았다. 예수가 하나님을 믿는 자들의 적들을 멸한다든가 이 땅에 새 왕국을 건설한다든가, 메시아에게 기대되는 일 중 아무것도 해 내지 못했으니 말이다. 대신 기독교도들은 메시아가 고난받다가 죽을 운명이었다고 생각했다. 그런데 그들에게는 그게 이야기의 끝이 아니었다. 예수가 나중에 가서는 메시아에 대한 예언을 전부 실현할 거라고 그들은 믿었다. 그러니 예수는 그 일을 완수하기 위해 돌아올 터였다.

이 일이 어떻게 이루어질지에 대해 바울이 최초로 한 설명은, 우리에게 전해지는 그의 서한 중 가장 먼저 쓰였으며 그에 따라 모든 사료를 통틀어 우리에게 전해지는 가장 오래된 기독교 저술이 되어 버린 「데살로니가전서」에 나온다. 「로마서」를 제외한 다른 모든 바울서신과 마찬가지로, 「데살로니가전서」도 바울이 마케도니아의 테살로니카라는 도시에 직접 세운 교회를 수신자로 한다. 바울은 선교사로 이 도시에 와서 예수의 죽음과 부활에 관한 복음을 전한 뒤 예수가 머지않아 영광된 모습으로 이 땅에 돌아와 세상을 심판하고 믿는 자들을 구원할 거라고 설파했다. 「데살로니가전서」를 보면, 이교였다가 바울의 설교를 듣고 개종한 이들이 이 메시지를 전심으로 받아들였고 인류 역사의 종말이 오기를 한껏 고대했음이 명백히 드러난다. 그들은 그 일이 당장 일어날 거라고 기대했다. 하지만 그런 일은 일어나지 않았고, 그러는 사이 기독교 공동체의 일원 중 일부가 세상을 떴다. 그러자 상당한 수준의 혼란과 불안이 발생했다. 죽은 사람들은 그럼 그리스도가 가져온다는 구원을 못 받게 된 건가? 그리스도가 세울 유토피아 같은 나라에 못 들어가는 건가?

신도들의 불안을 알게 된 바울은 주로 그들의 두려움을 잠재우기 위해 이 자상한 편지를 쓴다. 핵심 구절은 「데살로니가전서」 4장 13부터 18절이다. 바울은 테살로니카 교인들에게, 너희가 "자는" 자들(즉, 죽은 자들)에 대해 "알지 못함"을 원치 않는다는 말로 운을 뗀다. 그러고는 예수 그리스도가 죽었다가 다시 살아난 것처럼 그분이 돌아오실 때에 그리스도 안에서 죽은 자들을 데리고 오실 거라고 그들을 안심시킨다.

이어서 바울은 예수가 강림하실 때에 어떤 일이 벌어질지, 눈이 휘둥그레질 시나리오를 그려 보인다. 먼저 그는 "주께서 강림하실 때까지 우리 살아남아 있는 자도, 자는 자보다 결코 앞서지 못하리라"고 단언한다. 오히려 "주께서 호령과 천사장의 소리와 하나님의 나팔 소리로 친히 하늘로부터 강림하시리니, 그리스도 안에서 죽은 자들이 먼저 일어날" 거라고 한다. 그때에서야 "우리 살아남은 자들"도 "구름 속으로 끌어 올려 공중에서 주를 영접하게" 될 거라고 말한다. 그러더니 바울은 "우리가 항상 주와 함께 있을" 거라고 신도들을 안심시킨다.

그렇다면 이것은 미래 어느 날 이루어질 죽은 자들의 부활에 대한, 두드러지게 새로운 해석이다. 바울은 세상을 선하게 살아간 자들의 부활에 대해, 또는 악하게 살아간 자들의 부활에 대해서도, 일언반구가 없다. 그는 오로지 메시아 예수를 믿은 자들에게만 초점을 맞추고 있다. 부활은 오직 그들의 것이라고 말이다. 바울의 이해에 따르면, 우리가 사는 세상은 뚜렷이 구분된 "3층"의 세계로 이루어져 있다. 우선 하나님이 거하시고 이제는 부활한 예수도 함께 거하시는 "저 높은 곳"이 있다. 다음에는 우리가 사는 땅, 즉 "이 아래"가 있다. 그리고 죽은 자들이 거하는 "한참 아래" 층이 있다.

이 시나리오에서 예수는 이 땅의 층에서 살았다가 죽어서 "저 아래로" 내려갔다. 그랬다가 "위로" 들어 올려졌다. 우리가 사는 층이 아니라 우리 위의 하늘, 곧 하나님이 거하는 층으로 올라간 것이다. 그렇지만 예수는 다시 "아래로" 내려올 것이고, 저 한참 아래 있는 자들(죽은 신자들)은 "위로" 들려 올라갈 것이며, 여기 가운데 층에 거하는 자들(살아 있는 신자들)은 그들을 따라 구름 위로 들려 올라가 하나님을 만날 것이다. 바울이 그렇다고 이 땅과 천국 사이의 허공에 사람들이 영원히 머물 거라는 뜻으로 한 말이 아니라, 예수를 믿는 자들이 하늘로 올라가 거기서 그분을 만난 뒤 다시 이 땅으로 예수를 모시고 내려와 그분의 나라를 세우도록 도울 거라는 의미로 한 말로 보인다.[7]

어떤 면에서 다가올 부활에 대한 이 해석은 예수의 가르침과 일맥상통하는 듯 보인다. 예수도 우주의 심판, 곧 인자가 세상을 심판하러 이 땅에 올 거라고 믿었다. 그런데 이제는 다른 누구도 아닌 예수가 구름을 타고 강림할 거란다. 그러나 현대의 성경 주해가들이 보기에는 석연찮은 부분이 굉장히 많다. 심판의 날 이전에 죽은 기독교도에게는 그 사이 어떤 일이 일어나고 있는 걸까? 그들은 종말의 날까지 말 그대로 "잠든" 상태, 그러니까 일종의 혼수상태에 빠져 있는 것인가? 예수가 재림하기 전 막간에 그들의 영혼은 천국에 올라가 있는 것인가? 잠시 존재하기를 멈춘 건가? 그뿐 아니라, 그들이 부활할 때 그들의 육신도 예전 그대로 소생하는 걸까 아니면 육신은 어떻게든 달라져 있을까? 예를 들면 불멸의 육신이 되는 것일까? 해당 구절에 그런 얘기는 나오지 않는다. 바울의 대답을 알려면, 다른 문헌 자료를 들여다봐야 한다.

영광된 변모, 부활한 육신

가타부타할 것 없이, 다가올 부활에 대한 바울의 해석 중 가장 중요한 구절은 「고린도전서」 15장이다. 심지어 이 장은 "부활의 장"

이라고도 불린다. 이 장은 또한 신약성경 전체에서 가장 많이 오독되는 구절 중 하나이기도 하다. 성경을 가볍게 읽는 독자들은 대개 바울이 이 장을 예수가 죽음에서 부활했음을 증명하기 위해 썼다고 생각했다. 그러나 이는 틀린 해석이다. 15장은 예수가 부활했음을 **전제로 하며**, 바울과 그의 편지의 독자인 코린토스 교인들도 그렇게 알고 있다.「고린도전서」15장에서는 이 전제를 바울이 독자들 가운데 회의론자들을 설득하기 위해 제시하는 논지를 뒷받침하는 데 이**용**한다. 미래 어느 날, 예수가 부활했듯 그분을 믿는 자들 또한 부활할 것이다. 죽은 육신들이 되살아날 테지만, 땅에 묻힌 상태 그대로는 아닐 것이다. 완연히 변한 모습일 것이고 불사의 육신, 영적 육신으로 거듭난 상태일 것이다. 여전히 육신은 육신일 것이다. 하지만 예수의 육신이 그랬듯, 영광되게 변한 육신일 것이다.

이 구절을 이해하려면 약간의 맥락 파악이 필요하다. 바울은 테살로니카 교회에 복음을 전하는 선교 임무를 마치고 얼마 후, 아카이아 동쪽 지협에 위치한 도시 코린토스에 교회를 세웠다. 늘 그렇듯, 일단 교회를 세우고 교회가 잘 돌아가기 시작하자 바울은 이 새싹 공동체를 떠나 다른 선교 대상지로 옮겨 갔다. 얼마 후 그는 코린토스 교회가 앓고 있다는 골칫거리에 대해 전해 듣는데, 보통 심각한 문제들이 아니었다. 교회 안에 생겨난 거대하고 골 깊은 분파들, 각자 자기네 지도자를 내세우는 분파 내의 잦은 내분, 기독교도인데 매춘을 하고 와서 교회 안에서 떠벌리고, 또 누군가는 자기 계모와 동침하는 등 집단 도덕불감증 사례들, 주일 성찬식에 몇 명이 일찍 와서 배가 터지게 먹고 포도주도 몽땅 마셔 버려서 나중에 도착한 빈곤한 교인들이 먹을 것을 하나도 안 남겨 놓는다든지 하는, 예배 의식에서 일어나는 아수라장 등 골칫거리가 이만저만이 아니었다. 바울은 편지를 보내 문제를 하나씩 짚어 나간다.

하지만 그는 공동체의 삶에 가장 위협이 된다고 간주한 문제를 가장 마지막으로 남겨 둔다. 그 문제란 것이 현대의 독자에게는 그리 심각하게 비치지 않을지 모른다. 그러나 바울은 코린토스 교인 일부가 "죽은 자 가운데 부활이 없다"(「고린도전서」 15장 12절)는 신학적 지론을 떠들고 다니는 것에 경악한다. 바울은 이를 엄중한 문제로 여겼는데, 그가 전하는 복음 전체가 하나님의 원대한 계획이 정점에 이르는 묵시론적 미래에 달려 있기 때문이다. 그래서 바울은 15장 전체를 훗날 반드시 실제적이고 물리적이며 영광스러운 부활이 일어날 것이며 그때 되살아난 육신이 불멸의 존재로 변모할 것임을 증명하는 데 할애한다. 설득이 쉽지 않았던 모양이다.

학자들은 왜 이것이 애초에 예수를 믿는 사람들에게 문젯거리가 됐는지를 두고 논쟁해 왔다. 그들이 육신의 부활 대신 어떤 일이 벌어질 거라고 생각했는지는 분명치 않다. 어떤 성경 주해가들은 코린토스 교인들이 어떤 형태로든 죽음 이후의 삶이 존재할 가능성을 부인했던 게 틀림없다고 봤지만, 그럴 리는 없다. 15장 후반에서 바울이 교인들에게, 미치고 팔짝 뛰도록 애매한 말로, 너희들이 죽은 자들을 위하여 세례를 행하지 않느냐고 상기시키는 걸 보면 말이다. "만일 죽은 자들이 도무지 다시 살아나지 못하면 … 어찌하여 그들을 위하여 세례를 받느냐?"(「고린도전서」 15장 29절) 코린토스의 신도들이 이 "죽은 자들을 위한 세례"에서 정확히 뭘 하고 있었는지는 영 분명치 않으며, 이에 대해 지난 세월 동안 어림잡아 2만 가지의 서로 다른 해석이 나왔다. 혹시 살아 있는 기독교도들이, 기독교로 개종했으나 죽기 전 세례를 받지 못한 신도들을 대신해 세례를 받은 것인가? 개종하지 않고 죽은 친지들을 위해, 그들이 부디 구원을 얻기를 바라며 대신 세례받은 걸까? 아니면 보통의 죽은 사람들을 위해, 그러니까 예수 그리스도 이전에 살다 간 그 사람들도 구원받을 수 있도록 세례를 받은 걸까? 혹은 전혀 다른 이유일까? 우리는 알 길이 없다. 하지만 해당 구절은 그들이 어떤 형태든 사후의 삶을 믿었음을 거의 확실히 보여 준다. 왜냐면 세례가 고인이 된 사람들에게도 어떻게든 효력이 있는 것으로 간주된 듯하기 때문이다.

그렇다면 그들은 왜 죽은 자가 부활한다는 개념을 거부할까? 어떤 학자들은 이 문제의 코린토스 교인들이 우리가 살펴본 후대의 다른 기독교도들처럼 예수를 믿는 자라면 그들이 예수 그리스도를 믿기로 하고 세례를 받았을 때 어떤 면에서 이미 "죽음에서 부활한" 것이라 믿었기에(그 예로 「에베소서」 2장 1-6절을 참고하라) **미래의** 부활은 믿지 않은 거라고 주장했다. 그랬을 수도 있으나, 바울은 코린토스 교인들이 스스로를 이미 부활한 신도로 여겼다는 말을 딱히 하지 않는다. 이 학자들은 후대 일부 기독교도의 관점을 초기 바울서신에 투사해 해석한 건지도 모른다.

가장 단순한 해석은 이 이교도 출신 개종자들이 기존의 이교 사후 세계관을 기독교적 신념에 융합했으리라는 것이다. 그리스어를 사용하고 그리스 문화에 영향받은 이들 이교도 출신은 영혼이 불멸이고 불사하며 사후의 생에서는 영혼이 육체로부터 분리되어 영원히 영혼의 상태로 존재한다는, 매우 플라톤주의적인 관념을 흡수하며 자랐을 것이다. 어쩌면 이 이교 출신 개종자들은 기독교인이 된 후에도 여전히 그리 생각했는지 모른다. 이들의 사고방식에서는 육신 상태로 영원히 사는 삶이란 황당하고 심지어 혐오감마저 불러일으키는 개념이기에, 이들에게 죽은 자의 부활이란 존재하지 않는다. 문제가 되는 것은 육신이다. 영원히 사는 것은 영혼이다. 만약 이교 출신 개종자들이 이렇게 생각했다는 관점이 맞는다면, 바울은 그것을 바로잡기 위해 편지를 쓰고 있는 것이다. 예수가 죽음에서 육신 그대로 되살아났듯 예수를 믿는 자들도 종말의 때에, 인류의 역사가 정점을 맞는 그 순간 죽음에서 되살아날 것이라고 말이다.

부활에 대한 바울의 가르침

자기 논리를 주지시키기 위해 바울은 「고린도전서」 15장을, 코린토스 교인들이 기독교 공동체에 처음 합류했을 때 받아들인 교의를 요약하면서 시작한다. 예수 그리스도는 세상의 죄를 위해 죽었고 죽음에서 되살아났으며, 부활한 후 사도들뿐 아니라 다수의 사람에게 모습을 보여 심지어 한 번에 500명의 사람에게 나타났고 마지막으로 바울 자신에게도 나타났다는 내용이다(「고린도전서」 15장 1-8절). 이 많은 사람이 실제로 예수를 **목격했다**. 예수가 육체적으로 되살아났기에 가능했던 일이다.

바울 같은 유대인에게 보통 "부활"은 언제나, 논쟁의 여지없이 육신의 부활을, 육신이 되살아나는 것을 뜻했다. 이 유대교식 부활 개념은 따라서 영혼의 불멸을 내세우는 그리스식 사후 세계관과 상충했다.[8]

바울은 "예수 그리스도 안에" 거하는 자들은 예수와 똑같은 경험을 할 거라는 논지를 전달하려 한다. 예수가 (육신 그대로!) 부활했다면, 신도들 또한 그럴 것이다. 반대로 신도들이 죽음에서 되살아나지 못한다면, 그렇다면 예수도 그러지 않았던 게 틀림없다. 그리고 만약 예수가 죽음에서 부활하지 않았다면 그가 구원을 가져오지 않았다는 얘기이며, 그러면 자신이 하나님 보시기에 의롭게 되었다고 믿은 자들도 사실은 구원받지 못할 것이다(「고린도전서」 15장 12-19절).

하지만 바울이 (그리고 그가 최초로 개종시킨 이들이) 생각하기에 예수는 부활했으며, 그 이유만으로 예수는 "부활(개역개정 성경 및 현대인의 성경에서는 "잠자는 자들"로 옮겼다.― 옮긴이)의 첫 열매"(「고린도전서」 15장 20절)라 불릴 만하다. 이는 농업을 연상시키는 심상이다. 첫째 날 거둬들이는 수확분("첫" 열매)은 그 뒤에 거둬들일 수확분을 말해 준다. 첫째 날 수확한 밀은 본질상 둘째 날 거둬들일 밀과 다르지 않다. 예수는 그러므로 자신을 믿는 자들에게 어떤 일이 일어날지 보여 주고 있는 셈이다. 예수가 육신의 본질 그대로 되돌아왔듯, 예수를 따르는 자들도 그렇게 될 것이다.

코린토스 교인 중 몇몇은 이 부활 개념과 관련해 있을 법한 반문을 제기했는데, 바울은 답변하기 위해 먼저 그 질문에 대해 진술한다. 지난 세월 동안 다른 많은 이가 다음과 같은 난제를 겪어 왔다.

내 몸은 내가 겪는 모든 문제의 원천이다! 나는 내 몸을 별로 좋아하지도 않는다. 그런데 이 몸뚱이로 영원히 살아야 한다고? 말도 안 되는 소리다. 신체는 노화하고, 다치고, 병들고, 죽고, 썩는다. **그런 상태**로 영원히 살아야 한다고? 그뿐인가. 다음 중 정확히 어떤 육신이 부활하는 것인가? 내가 십 대 때 가졌던 몸? 육체적 기량이 최고치에 달했던 시기의 몸? 내가 늙고 병약해졌을 때의 몸이라고? 진심인가? 게다가 내 모든 육체적 결함과 상처, 부상을 그대로 다 가지고 부활하는 건가? 그럼 맹인은 영원토록 맹인으로 사는 건가? 신체가 마비된 사람은 영원히 마비된 몸으로 살고? 선천적 장애가 있는 사람은 별수 없이 영원히 장애를 안고 살라는 말인가? 코린토스 교인들은 비꼬듯 이렇게 반문했다. "죽은 자들이 어떻게 다시 살아나느냐? 어떠한 몸으로 오느냐?"(「고린도전서」 15장 35절)

그런데 역사적 배경을 들여다보면, 이들 1세기 코린토스의 바울 반대자들(특히 그리스 문화에서 태어나 플라톤에서부터 계승된 사상에 물들어 있던 이들)에게는 한층 더 심각한 문제가 있었을 것이다. 이들의 사고 체계에서 육체는 더 세밀한 입자로 이루어졌고 불멸의 성질을 띤 영혼이 영원히 살기 위해서는 던져 버려야 하는, 거칠고 부피가 큰 입자로 이루어진 존재였다. 그러나 바울은 다르게 본다. 그는 영혼의 불멸성을 전혀 믿지 않는다. 하지만 다가올 부활을 논할 때는 그도 단순히 죽은 시체가 임사 체험에서 되돌아와 소생한다는 주장을 하는 게 아니다. 바울이 보기에는 그냥 육체가 있고 평범하지 않은 육체가 있다. 그가 떠올리는 부활한 육신은 완전히, 철저히 달려진, 전혀 다른 종류의 육신일 터였다.

바울은 땅에 묻히는 인간의 육신은 풀로 자라나는 어떤 곡식의 "맨 알맹이" 같다고 주장한다. 자라나는 것은 땅에 심긴 것과 긴밀히 엮여 있고 연관되어 있지만 동시에 엄청나게 다르다. 도토리를 땅에 심으면 그것은 거대한 도토리가 아니라 떡갈나무로 자란다. 인간도 마찬가지다. 육신이 땅에서 나올 때 그것은 "하나님이 뜻대로 주신 형체"(「고린도전서」 15장 38절)로 변해 있다. 이는 "하늘에 속한 형체도 있고 땅에 속한 형체도 있"으며, "해의 영광이 다르고 달의 영광이 다르며 별의 영광도 다른데 별과 별의 영광이 다른 것처럼" 이 형체들도 각기 다른 영광을 얻기 때문이다(「고린도전서」 15장 40-41절).

바울은 훗날 있을 부활은 이런 식이 될 거라고 주장한다. 땅에 묻히는 육신은 부패가 가능하며 한시적이다. 그러나 부활할 때는 썩지 않으며 영원한 육신으로 부활할 것이다. "약한 것으로 심고 강한 것으로 다시 살아나며, 육의[psychic] 몸으로 심고 신령한[pneumatic] 몸으로 다시 살아나나니."(「고린도전서」 15장 43-44절) 육신은 육신이지만, 세상에 존재하는 가장 고운 "물질" 곧 프뉴마pneuma, 혹은 영靈으로 이루어져 있을 것이다. 따라서 부활은 되살아난 육신이 결코 병들거나 죽지 않는 영적 육신으로 바뀌는, 영광스러운 전환이다.

이어서 바울은 15장에서(아니, 「고린도전서」 전체에서) 사고의 외연을 가장 확장시키는 발언을 한다. 이 구절에서 그는 부활이 일어날 때, 즉 어떤 현상이 발생해 필멸의 육신을 불멸의 육신으로 변화시킬 때 구체적으로 어떤 일이 일어나는지, 「데살로니가전서」에서보다 더 자세하게 묘사한다. 바울은 이를 위대한 "신비"라고 표현한다.

> 우리가 다 잠잘[죽을] 것이 아니요, 마지막 나팔에 순식간에 홀연히 다 변화되리니! 나팔 소리가 나매 죽은 자들이 썩지 아니할 것으로 다시 살아나고, 우리[살아 있는 자들]도 변화되리라. 이 썩을 것이 반드시 썩지 아니할 것을 입겠고, 이 죽을 것이 죽지 아니함을 입으리로다. (「고린도전서」 15장 51-53절)

이 일이 일어날 때 "사망을 삼키고 이기리라"고 되어 있다. 그럼 사망은 더 이상 치명적인 "쏨[독침]"을 갖지 못하게 될 것이라고.

이렇듯, 바울은 정말로 부활이 일어날 거라고 믿고 있다. 그것은 육체의 부활일 것이다. 다만 인간의 육신은 불멸의 썩지 않는 몸, 더는 병들거나 다치지 않고 또 어떤 식으로든 고통받거나 죽지도 않는, 더 이상 굵은 입자로 이루어지지 않은, 완벽하고 영광된 존재로 변하는 것이다. 영원한 생을 영위하기에 완벽한, 영적인 육신이 되는 것이다.

바로 이 이야기를 하던 맥락에서, 바울 어록 가운데 가장 많이 오해받는 구절이 등장한다. 수많은 현대 독자가 오독했을 뿐 아니라, 기독교 역사 전체에 걸쳐 완전히 해석이 뒤틀려 버린 구절이다. 여기서 바울은 이렇게 주장한다. "혈과 육은 하나님 나라를 이어받을 수 없다."(「고린도전서」 15장 50절) 이 말은 흔히 (바울이 뜻한 바와 정확히 반대되게) 육신을 지닌 채 영생을 누릴 수 없다는 의미로 해석된다. 하지만 틀렸다. 완전히 틀렸다. 바울의 관점에 따르자면 영생은 육신으로 **살게 될** 것이다. 단, **영광됨을 입은 육신으로 살 것이다.**

바울 입장에서 "혈과 육"이라는 표현은 그저 이 땅에 살고 있던, 육체를 가진 인간들을 뜻한다(「갈라디아서」 1장 16절을 참고하라). 바울 생각에 사람들이 세속의 상태 그대로 하나님 나라에 들어가지 않을 것은 확실했다. 변화가 먼저여야 한다. 이 세상 것이 아니게 된 그들 몸의 굵은 입자는 영적인 물질로 변모해야 한다. 그러지 않으면 불멸의 존재가 될 수 없다. 따라서 바울이 그려 보이는 대조는 하나님 나라에 들어갈 수 없는 "육체적" 존재와 들어갈 수 있는 "비육체적" 존재의 대조가 아니다. 우리가 현재 (끊임없이 불만족스럽고 비참하게도) 갇혀 있는, 거친 물질로 이루어진 "혈과 육의 육신"과 예수가 이 땅에 재림하고 역사가 정점에 이르면서 영광을 입을 "영적 육신"을 대조하고 있는 것이다.

그 결과, 영혼의 "불멸함"과 소생한 육신의 "부활"이라는 고대의 이분법에 더해 바울은 이제 제3의 지론, 즉 "변화하여 불멸이 된 영적 육신"이라는 개념을 제시하고 있다. 그렇게 된 상태로 영생을 살게 될 거라는 주장이다.

그건 그렇다 쳐도, 그사이에는 어떻게 되는 걸까? 그 일이 일어나기 전에 사망한 수많은 기독교도는? 그들에게는 어떤 일이 일어나고 있는 걸까?

우리가 아는 한, 역사적 예수의 가르침을 두고는 이런 혼동이 생긴 적이 없다. 어쩌면 예수가 죽음과 부활 사이에 일어날 일에 대해

한 번도 얘기한 적이 없어서일 수도 있다. 그 사이가 그리 길지 않을 거라 생각해서 그런 것이다. 하나님 나라가 올 날이 임박했다고 믿었으니까. 그러나 바울은 그 막간에 대해 고민해야 했다. 처음에 그는 종말이 예수의 재림과 함께 머잖아 일어날 거라 믿었다. 바울 자신이 살아 있는 동안 그렇게 되리라 생각했다. (그가 예수가 재림할 때 "우리 살아남은 자들" 운운한 것을 떠올려 보라[「데살로니가전서」 4장 17절].) 하지만 그는 역사가 정점에 이르기 전에 죽은 다른 사람들이 있음을 알고 있었다. 그러다 나중에는 그 자신도 종말이 오기 전에 죽는 게 아닐까 의문을 품기 시작했다. 그럼 어떻게 되는 걸까?

고린도후서에 나오는 중간 상태

바울이 코린토스 교회에 첫 번째 편지를 쓰고 얼마 후, 그곳 공동체에서는 또 다른 문젯거리들이 떠올랐고 이에 바울은 두 번째 편지에 그 문제들을 다뤄야겠다고 판단했다. 예상 가능한 전개대로, 바울은 비록 표현은 달리하지만 이전에 제시한 견지를 유지한다. 「고린도후서」에서는 훗날 부활할 때 일어날 영광된 육신의 변화에 대한 이야기는 덜 한다. 코린토스의 개종자들에게 이미 한 이야기를 반복할 필요는 없다고 생각한 듯하다. 대신 어떤 한 구절에서 그는 모두가 다 "그리스도의 심판대 앞"에 서서 각자가 "선악 간에, 그 몸으로 행한 것"을 따라 받게 될 거라고 확언한다(「고린도후서」 5장

10절). 여기서 바울은 「고린도전서」와 다르게, 다가올 부활 자체에 대한 이야기보다, 누구에게는 벌로, 또 누구에게는 상으로 모두에게 닥쳐올 심판에 대한 이야기를 주로 늘어놓는다. 당연히 상은 죽음에서 부활한 이들에게 올 것이다.

하지만 바울이 전하려는 이야기는 그것이 다가 아니다. 사실 이 특정 구절은 최후 심판의 날을 다룬 부분이 아니라 심판의 날이 오기 전에 죽은 사람은 어떻게 되는지를 이야기한 부분 말미에 나온다. 그가 사용한 표현이 답답할 정도로 모호하긴 하지만, 바울은 죽은 신자들이 부활하기 전에 기분 좋은 내세 비슷한 것을 누릴 것을 암시한다. 그는 이런 말로 운을 뗀다. "만일 땅에 있는 우리의 장막 집이 무너지면, 하나님께서 지으신 집, 곧 손으로 지은 것이 아니요 하늘에 있는 영원한 집이 우리에게 있는 줄 아느니라."(「고린도후서」 5장 1절)

언뜻 이 말은 죽은 자들이 즉시 천국에서 새 육신을 얻는다는 얘기로 들린다. 그렇게도 볼 수 있다. 하지만 바울이 「고린도전서」에서 새 육신은 부활 때까지 주어지지 않을 것임을 명징하고 단호하게 얘기한 것을 고려하면, 일부 성서 주해가들은 그런 의미가 아닐 거라고 해석했다. 많은 연구자가 바울을 상당히 일관성 있는 사도로 평가하며, 그래서 여기서도 바울이 비록 심판의 날이 오기 전에 죽을지라도 예수를 따르는 자들이 부활하면서 얻게 될 '영광되게 변모한 육신'을 이야기하고 있는 것으로 본다. 이 구절에서 다른 점은 바울이 "벗은 자"로(즉 육신이 없는 자로) 발견되기 싫어서 자신도 이 새로운 육신을 어서 "입고" 싶다고 강조하는 것이다(「고린도후서」

5장 2-4절). 그런데 왜 바울이 육신 없는 채로 발견된다는 것일까?

단서는 그가 육신을 입고 살아가는 현재의 비참한 상태를 한탄한 문장에 있다. 바울은 예수를 믿는 사람은 항상 인생이 살맛 날 거라고, 이 땅의 삶에서 많은 보상과 혜택을 얻을 거라고 생각한 기독교 복음주의자들과 노선이 달랐다. 오히려 바울은 「고린도후서」에서 시종일관 그리스도의 진정한 사도라면 그의 현재 생이 박해와 고난으로 가득 차 있음을 강조한다. 실제로 바울은 자신이 고통받는다는 사실을 음미하는데, 자신의 현재 비참한 삶이 십자가에 달린 메시아의 삶을 모사하고 있기 때문이다. 바울의 관점에서는, 누구든 극한의 고난을 받는 삶을 살지 않는 자는 당연히 예수의 사도라 할 수 없다. 이것이 「고린도후서」 11장 거의 전부에서 말하는 취지이며 우리가 여기서 논하고 있는 구절, 바울이 자신이 이 땅에서 겪는 고난을 훗날 "지극히 크고 영원한, 중한 것"을 가져다줄 "잠시 받는 환난"으로 일축해 버린 구절(「고린도후서」 4장 17절)에서도 전조를 보인 가르침이다.

믿는 자라면 모두가 경험하는 한 가지 괴로움은 "몸으로 있는 자는 주와 따로 있다"(「고린도후서」 5장 6절)는 것이다. 바울은 실제로 물리적으로 예수와 함께 있기를 너무나 간절히 원해서, 현 상황을 뒤집어 "차라리 몸을 떠나 주와 함께"하기를 바란다. 이는 바울이 자기가 죽으면 주님의 곁으로 갈 거라고 믿고 있음을 보여 준다. 하지만 동시에 그는 육신을 입지 않은 채 "벗은 자로 발견"되고 싶지 않다고 말한다. 이 알쏭달쏭한 구절을 어떻게 해석하면 좋을까? 바울은 어떻게 두 가지를 다 취하겠다는 건가? 육신에서 벗어나고 싶은데 동시에 육신에서 떨어져 있지 않겠다니?

바울의 이 말을 이해하려면, 그가 '그리스도를 믿는 자들이 죽으면 그리스도의 곁으로 안내받는다'고 말하고 있음을 알아채야 한다. 당연히 그 시점에서 그들은 죽어 없어질 육신을 그대로 입고 있지 않다. 그들의 육체는 죽어 무덤 속에서 썩고 있다. 그러나 동시에 아직은 영광되게 변한 불멸의 육체, "하늘에 있는 영원한 집"을 입고 있지도 않다. 그런 육신은 오직 부활할 때만 얻을 것이다.

따라서 바울이 한 말은 두 가지 해석이 가능하며, 둘 다 그가 "벗은 자로 발견"될(즉, 육신 없는 상태로 발견될) 것을 전혀 고대하지 않는다는 말을 어떤 의미로 한 것인지 파악하는 것에 달렸다. 자신이 죽으면, 어쨌든 벗은 채로 있는 건 상상할 수도 없으므로, 천국에서 거할 때 임시로 취할 육신을 얻을 거라 생각하거나 아니면 (이쪽이 더 그럴듯한데) 바울도 자신이 잠시 동안은 육신 없이 벗은 채로 있게 될 것임을 인정하는 것이다. 후자의 경우 바울은 그 상황이 (결코 그가 원하는 바가 아니기에) 전혀 달갑지 않으나 예수의 곁에 있을 기대감이 벗은 상태에 대한 두려움을 압도하므로, 그는 이 혐오스러운 필멸의 육신을 입고 계속 사느니 벗은 채로 예수와 함께하는 편이 더 낫다고 여긴다. 결국 그의 "벗은 상태"는 잠시 동안, 그러니까 예수가 영광 속에 재림하면서 죽은 자들의 부활이 일어날 때까지만 유지될 테니 말이다.

죽음의 큰 유익

예수를 믿는 자들이 사망 시점부터 부활 전까지 주님 곁에 머물면서 보내는 일종의 막간의 상태가 있을 거라고 바울이 믿었다는 또다른 확고한 증거가 있다. 이 단서는 성경의 다른 서書, 바울이 필리피의 교회에 보낸 서한인 「빌립보서」에 나온다. 바울은 감옥에서 필리피라는 도시에 있는 개종자들에게 이 편지를 써 보냈다. 이것이 로마에서 마지막 투옥 때였는지, 아니면 수차례에 걸친 선교활동 중에 겪은 여러 차례 투옥 중 한 번이었는지는 알 수 없다. 이 편지가 분명히 말해 주는 점은 바울이 이미 상당 기간 감옥에 있었고 사법절차가 자신에게 불리하게 종결될 가능성도 고려하고 있다는 점이다. 아예 그는 자신이 예수가 재림하기 전에 죽을지도 모른다고 생각하고 있는데, 이는 「데살로니가전서」와 「고린도전서」를 쓴 당시의 바울이라면 꿈도 안 꿨을 일이다. 그 당시의 바울은 그 영광스러운 일이 일어날 때 자신이 아직 살아 있을 거라고 굳게 믿었으니 말이다(그때만 해도 자신이 "살아 있는 자들" 가운데 하나일 것임을 암시하고 있다).

바울이 예수가 하늘에서 구름을 타고 강림해 죽은 자들을 되살리고 그 성도들의 육신을 불멸의 육신으로 변모시킬 거라는 믿음을 버린 것은 아니다. 그 점에 대해서는 꽤나 명확한 논조를 유지한다. 심지어 「빌립보서」에서 자신이 "어떻게 해서든지 죽은 자 가운데서 부활에 이르려" 한다고 말하고, 나중에는 믿는 자의 "시민권"은(즉, 그들이 궁극적으로 헌신하고 속할 곳은) 이 땅이 아닌 하늘에 있다고도 이야기한다. 왜냐면 "주 예수 그리스도"가 하늘에서 구원자로 강림해 "우리의 낮은 몸을 자기 영광의 몸의 형체와 같이 변하게 하실" 것이기 때문이다(「빌립보서」 3장 11절, 20-21절). 「데살로니가전서」와 「고린도전서」에서 이야기한, 영광된 육신으로 변할 날이 올 거라는 믿음이 여전히 강하게 남아 있음을 알 수 있는 대목이다.

그런데 바울 자신이 먼저 죽을 수도 있게 됐다. 문제의 구절(「빌립보서」 1장 19-26절)에서 바울은 먼저, 자신이 감옥에서는 물론이고 더욱 극심한 고난을 마주하고도 부디 그리스도에 대한 믿음을 저버리는 어떤 짓도 행하지 않기를 지극히 열망한다는 말로 진심을 비친다. 이는 바울 자신이 "간절한 기대와 소망을 따라 아무 일에든지 부끄러워하지 아니하고 지금도 전과 같이 온전히 담대하여, 살든지 죽든지 내 몸에서 그리스도가 존귀하게 되게 하려"(「빌립보서」 1장 20절) 그러는 것이다. 부끄러운 일, 예수 그리스도가 못마땅히 여길 일은 설령 죽음을 마주하고라도 절대로 하지 않고 싶다는 것이다.

자신의 삶 전체를, 그리고 죽음마저도 예수 그리스도에게 바쳤기 때문이다. "내게 사는 것이 그리스도니, 죽는 것도 유익함이라."(「빌립보서」 1장 21절) 이 짧고 외우기 쉬운 구절 역시 보통 이상으로 중요하다. 바울은 죽음이 불가피하니 담대하게 마주해야 한다고 말하고 있는 게 아니다. 그보다 깊은 뜻이 있다. 바울에게는 죽는 게 실제로 **이로움**이며, 그 이유를 그는 이렇게 설명한다. "차라리 세상을 떠나서 그리스도와 함께 있는 것이 훨씬 더 좋은 일이라 그렇게 하고 싶다."(「빌립보서」 1장 23절) 바울은 죽으면 그리스도와 함께 있을 수 있기 때문에 죽는 게 낫다고 생각한다. 이 명료한 진술에서 「고린도후서」 5장에 대한 우리의 해석이 재확인된다. 즉, 바울은 중간 상태가 있다고 봤다는 것이다. 예수를 믿는 자들 가운데 먼저 죽은 사람은 예수의 곁으로 즉시 가게되지만, 그 상태로 영원히 있는 것은 아니다. 바울은 예수가 재림할 때 죽은 자들이 부활할 거라는 믿음을 버리지 않는다. 먼저 죽은 자들은 자기 육신으로 돌아올 테고 그 육신은 예수의 육신과 똑같이 영광된 불멸의 영적 육신으로 변할 것이다. 그리고 운이 좋아서 그때에 살아 있는 자들도 똑같은 변화를 겪을 것이다. 다만 바울은 이제 그 일이 일어나기 전에 자신이 죽을지도 모른다고 생각할 뿐이다.

　내가 보기에는, 바울이 점진적으로 이런 관점에 도달한 것 같다. 이는 바울이 기독교 선교 사역에 막 나섰을 때 품고 있었던 생각이 아니다. 「데살로니가전서」 편지를 썼을 때 품었던 생각도 아니다. 만일 그 시점에 이 같은 생각을 품었더라면 테살로니카 교인들의 고민에 전혀 다른 조언을 해 줬을 것이다. 교인들은 공동체 안에서 먼저 사망한 성도들을 두고 속상해하면서, 예수가 재림할 때 받았을 복된 상을 그들이 놓친 게 아닐지 걱정했다. 당시 바울이 중간 상태가 존재함을 믿었더라면 분명 테살로니카 교인들에게, 먼저 죽은 성도들은 이미 예수님 곁에 가 있으니 부활을 기다릴 필요가 없으며 따라서 사정이 훨씬 나은 거라고 알려 줬을 것이다. 그런데 바울은 그렇게 말하지 않았다. 그때는 아직 중간 상태라는 개념을 생각해 내지도 못했을 것이다.

　시간이 흐르면서 바울이 그런 개념을 떠올리게 됐을 거라 추측할 수 있다. 예수는 끝내 재림하지 않고, 바울은 자신도 죽을지 모른다는 것을 깨달았다. 그 가능성을 곱씹다가 바울은 그렇게 되는 것도 그리 나쁜 일은 아닐 거라는 데 생각이 이르렀다. 설마 하나님이 그분의 성도들을 웬 지하 세계에 버려두고 종말을 하염없이 기다리게 한다거나, 성도들이 한동안 어디에도 존재하지 않는 상태로 있게 내버려 두지는 않으실 거라 생각한 것이다. 분명 현재의 생에 그리스도 안에서 받는 축복을, 그 생을 떠난 뒤에도 경험할 수 있을 거라 믿었던 것이다. 먼저 사망한 성도들은 필시 어딘가로 갈 터였다. 바울은 그들이, 한동안은 그리스도와 함께 있을 곳으로 떠난다고 믿게 되었다. 예수를 믿는 자들을 위해 준비된 사후의 운명이 따로 있다고 말이다.

그럼 안 믿는 자들은 어떻게 되는가? 예수가 죄인들이 영원한 고문을 당할 거라고 가르치지 않았다는 것은 이미 확인했다. 대신 예수는 죄인들이 소멸될 거라 생각한 듯하다. 어쩌면 그들은 죽음에서 부활해, 성도들과 달리 영원한 하나님 나라에 들어가는 영광을 얻지 못할 것만 똑똑히 확인한 뒤, 그 참담한 깨달음을 마주하고서 고통스럽게 절멸할지도 모른다고 말이다. 영원토록 지속되는 고문은 당하지 않을지언정 그들의 죽음은 영원할 것이라고.

바울도 동의했을까? 그랬다는 단서가 있다. 바울은 믿지 않는 자들을 향해 이미 나타나고 있는 "하나님의 진노"를 대놓고 언급한다(「로마서」 1장 18절). 그는 또한 그 하나님의 진노가, 믿는 자들이 영원한 구원을 얻는 종말의 때에 예사롭지 않은 방식으로 드러날 거라고 믿는다. 바울은 예수의 성도들은 "노하심에 이르게 될" 자들과 다를 거라고 강조한다(「데살로니가전서」 5장 9절). 그런데 여기서 말하는 진노가 대체 뭘까? 영원한 고문인가? 바울은 그렇게 말하지 않는다. 대신 그는 믿지 않는 자들은 예수가 재림할 때에 "갑자기 이른 멸망"을 당할 거라고 한다(「데살로니가전서」 5장 3절). 무슨 말이냐면, 예수가 가르친 바와 같이 악한 자들은 곧 닥칠 심판의 날에 완전히 소멸할 거라는 얘기다.

이는 바울이 나중에 「고린도전서」에서, 죽은 자들이 부활할 때 일어날 일을 이야기하면서 한 얘기와 일치한다. 예수 그리스도가 재림하고 죽은 자들이 영생을 누릴 변모한 육신을 입을 때, 그때에는 그리스도가 "모든 권세와 능력을 멸할" 것이다(「고린도전서」 15장 24절). 멸한다 함은 더 이상 존재하지 않는다는 말이다. 종국에는 하나님 아버지의 영광을 드러내지 않는 어떤 것도 세상에 존재하지 않게 될 것이다. 가장 머리를 때리는 구절은, 죽음조차 살아남지 않으리라고 한 부분이다. "맨 나중에 멸망받을 원수는 사망이니라."(「고린도전서」 15장 26절) 더 이상 죽음이 존재하지 않을 것이며, 그렇다면 죽음을 맞은 사람들도 더 이상 없을 것이다. 그냥 더는 존재하지 않게 되는 것이다. 고문을 당하고 있는 게 아니라, 세상에서 사라져 영영 다시는 돌아오지 않는 것이다.

이것이 바울과 예수 두 사람 모두의 가르침이었던 듯하다. 하지만 이 가르침은 시간이 지나 후대 기독교도들에 의해 수정된다. 그들은 성도들이 영원한 기쁨을 누릴 뿐 아니라 죄인들은 영원한 고문을 당할 거라는 개념을 확고히 하기에 이르렀고, 그럼으로써 긴 세월 동안 기독교인 대부분이 기독교의 두 창시자 중 어느 쪽도 믿지 않았던 지옥의 존재를 믿게 하는 아이러니를 만들었다.

10장

수정된 예수의 사후 세계관
: 후대의 복음서들

바울은 예수의 초기 제자들 중 예수의 가르침을 발전시키거나 변형한 유일한 사람이 아니었다. 예수의 추종자 대다수가 그렇게 한 것은 불가피한 일이었다. 예수가 기대했던 것처럼 하늘에서 우주의 심판자가 강림하면서 시작될, 임박한 그 종말은 일어나지 않았다. 예수의 추종자들은 그냥 예수가 틀렸던 거라고 결론짓는 대신, 예수의 말이 오인됐거나 잘못 인용됐다고 생각했다. 그래서 그들은 예수의 가르침을 새 시대에 맞게 새 어법으로 옮겨, 그들이 당면한 상황과 연관된 것으로 만들었다. 기독교인들은 늘 그렇게 해 왔고, 앞으로도 늘 그럴 것이다.

이런 이유로, 후대에 예수의 가르침을 기록한 기독교 저술가들이 예수 사망 후 상당한 시간이 흐른 뒤 자리 잡힌 자신들의 이해를 반영하게끔 예수의 어록을 군데군데 수정한 것도 놀랍지 않다. 사후 세계에 대한 예수의 가르침도 포함해서 말이다.

수정된 예수의 가르침

앞서 살펴봤듯 신약성경의 복음서들은 예수 사망 후 약 40년에서 60년이 지난 뒤 쓰였다. 이 정도면 꽤 긴 시간이다. 예수가 영광된 하나님 나라가 즉시, 사도들이 아직 살아 있을 때 도래하기를 기대했는데 그렇게 되지 않았다면, 자연히 후대에 예수의 가르침을 전파하는 추종자들은 그 가르침을 바꿀 마음이 들었을 것이다. 도래한 종말의 시점에 대한 예수의 예측을 (조금 연기하는 식으로) 수정하든가, 아니면 메시지의 핵심을 바꿔서 예수가 더는 인류 역사에 곧 나타날 하나님 나라에 대해 설교하는 게 아니라 인간 각자가 죽을 때 어떻게 될지 이야기하기 시작한 걸로 보이게끔 말이다. 예수의 가르침을 이런 식으로 변경한 이들의 주장에 따르면, 이 땅에 도래할 하나님 나라는 이제 예수를 믿는 자라면 모두가 들어갈 수 있는, 천국에서 하나님과 함께하는 나라가 되었다.

이렇게 예수의 가르침을 완전히 변형시키게 된 것은 후대 기독교 공동체의 구성이 이유일 수 있다. 당시 기독교 공동체 구성원 대다수가 다가올 심판의 날에 대한 묵시론을 들으며 자란 유대인이 아니라, 육체의 부활보다 영혼의 불멸을 강조하는 세계관을 내세우는 그리스 문화에 물들어 자란 이교도 출신이었던 것이다. 이런 이들에게 영생이란 사후 상과 벌이 이루어지는 세계였을 것이다.

그런데 우리에게 전해지는 복음서들을 자세히 들여다보니, 「마가복음」과 「마태복음」에 나타난 철저히 묵시론적인 예수의 가르침에서 「누가복음」에 나타난 조금 덜 묵시론적인 가르침으로, 더 후대에 쓰인 「요한복음」의 비非묵시론적 가르침으로, 거기서 더 나아가 「요한복음」의 저술 연대로부터 20년쯤 후에 쓰인 외경 「도마복음」에 나타난 반反묵시론적 가르침까지, 변화의 궤적을 그려 볼 수 있다. 한마디로 예수가 남긴 말이 시간이 흐르면서 탈묵시론화한 것이다.

유대교의 묵시론은 본질적으로 이원론이어서, 현실 세계가 두 개의 근본 요소(선과 악, 하나님과 사탄)로 이루어져 있다고 본다. 그뿐 아니라 인류 역사 전체도 두 시대, 즉 멸망을 앞둔 현재의 악한 시대와 하나님이 최고 지배자로 군림하실 미래로 나뉜다고 강조한다. 이는 종이에 왼쪽에서 오른쪽으로 선을 쭉 긋고 각 연대를 그 선에 점으로 찍어 표시할 수 있는, 일종의 "수평적" 이원론이다. 기독교도들은 예수의 가르침을 탈묵시론화하면서, 미래에 대한 이원론적 해석은 그대로 유지했다. 대신 수평적 이원론 연대 그래프의 축을 반 바퀴 돌려 **수직적** 개념으로 만들었다. 그렇게 해서 이제 왼쪽에서 오른쪽으로가 아닌 아래위로 흐름을 파악하게 했다. 이제 방점은 시간(현 시대와 도래할 시대)이 아닌 공간에 있다. 이 땅에 펼쳐진 끔찍한 세상, 그리고 하늘에 펼쳐진 영광된 세상으로 나뉘는 것이다. 더 이상 "지금과 그때"가 아니라 "아래와 위"가 되었다.

이 새로운 개념은 그래서 여전히 이원론적이지만, 훗날 펼쳐질 하나님 나라를 강조하는 대신 이제 저 위의 세상에서 하나님 나라를 누릴 미래를 선언한다. 하나님 편에 서는 자는 누구든 죽는 순간 하나님 나라에 갈 거라고 말이다. 이것이 저 아래 지옥과 저 위의 천국이라는 기독교적 가르침의 시초다.

예수의 가르침에서 탈묵시론화가 보이기 시작하는 것은 신약성경의 가장 긴 어록인 「누가복음」과 「사도행전」 두 권에서다. 이 두 권은 그리스어 교육을 받은 후대의 한 기독교인이 썼는데, 아마 예수의 시대에서 두어 세대 지난 기원후 80년에서 기원후 85년경에 썼을 것으로 추정된다. 「누가복음」은 예수의 탄생과 생애, 사망 그리고 부활을 기록하고 있으며, 「사도행전」은 이야기를 그 시점부터 이어 가 로마제국에서 이루어진 기독교의 확산을 예수의 사도들, 그중에서도 특히 사도 바울의 선교활동을 위주로 서술한다.[1] 이 두 권 중 복음서에서는 예수의 입을 통해 그리고 「사도행전」에서는 사도들의 입을 빌려, 사후 세계에 대한 가르침을 전한다. 이 두 권에서 시종일관 이야기하는 사후 세계관이 약 50년 전 역사적 인물 예수가 직접 전한 사후 세계관과 사뭇 다른 점이 새삼 놀랍다.

사후 상벌 개념의 시초

「누가복음」의 저자는 예수의 말씀과 행적을 기록으로 남긴 사람이 자신 이전에도 "여럿" 있었음을 인정하면서 운을 뗀다(「누가복음」 1장 1-4절). 그러면서 저자는 「누가복음」을 쓴 목적이 면밀한 조사를 바탕으로 "정확한" 기록을 전하려 함이라고 말한다. 물론 이 말에 숨어 있는 의미는, 자신보다 앞서 복음서를 쓴 저자들은 충분히 조사를 하지 않았으며 그래서 그들이 남긴 기록은 전반적으로 정확하지 않다는 것이다.

누가가 사용한 정보의 출처 가운데 하나는 「마가복음」임이 거의 확실한데, 여기서 단어 하나까지 그대로 가져다가 동의하는 구절이 많이 나온다.[2] 하지만 누가는 「마가복음」의 말을 바꾸고 첨언하기도 한다. 예수가 종말과 다가올 하나님 나라에 대해 했다는 말 부분에서는 확실히 그렇다.

한 예로, 「마가복음」에서 예수가 생애 끝 무렵 재판에 회부된 이야기 그리고 대제사장 가야바에게 심문받는 이야기를 전하는 구절에서, 예수가 가야바에게 당신은 우주의 심판관인 인자가 하늘에서 강림하는 것을 직접 보게 될 거라고 말한다(「마가복음」 14장 62절). 바꿔 말하면, 대제사장이 아직 살아 있는 동안 역사의 종말과 심판의 날이 올 거라는 뜻이다. 누가는 후대에 기록하면서, 같은 장면을 묘사하되 예수의 말을 바꾼다. 「누가복음」에서 예수는 대신 "이제부터 인자가 하나님의 권능의 우편에 앉아 계시리라"(「누가복음」 22장 69절)고 말한다. 이로 인해 예수가 이야기한 미래(수평적 이원론)가 저 위의 하늘나라(수직적 이원론)에 대한 진술이 되었다.

「누가복음」에서는 또한 하나님의 나라가 단순히 미래에 실현될 사건이 아닌 지금의 현실인 것으로 시종일관 이야기한다. 독자들에게 널리 오독되는, 「누가복음」 17장 20-21절의 유명한 예수의 한마디가 그런 맥락에서 나온 것이다. 예수가 적대적인 바리새인들에게, 하나님의 나라는 이미 너희들 가운데 와 있다고 한 구절(「마가복음」에는 없고, 오직 「누가복음」에만 나오는 "하나님 나라는 너희 안에 있느니라"라는 이 구절)이다. 이 진술은 예수가 하나님 나라가 각 사람의 "안에" 있다고 선포하는 것으로 받아들인 이들에 의해 종종 오역되고 또 잘못 해석된다. 예수가 그런 의미로 말했을 리 없다.

자신의 적인 바리새인들, 예수가 보기에 각자의 내면에 하나님 나라
가 있을 리 없는 자들을 상대로 발화하고 있으니 말이다. 대신 예수
는 하나님 나라가 그들 "가운데" 있다고 말한다. 누가는 이것이, 예
수가 그들과 함께하는 동안 그들이 예수의 말이나 행적을 통해 여
기 이 땅에서 하나님 나라를 볼 수 있다는 의미로 한 말이라고 생각
한다. 예수가, 그리고 그로 인해 하나님 나라가, 그들 가운데 있다
고 말이다. 누가가 복음서를 쓰고 있을 때쯤은 예수가 살다 간 지 몇
십 년은 지난 뒤이며, 하나님 나라에 대한 예수의 가르침도 수정되
고 있을 무렵이다. 이제 하나님 나라는 미래에 실현될 사건인 동시
에 당장의 현실이기도 하다.

　그렇다고 누가가 묵시론적 메시지를 아예 내다 버렸다는 얘기
는 아니다. 그는 여전히 미래 어느 날, 예수든 후대의 신자들이든 부
활할 것으로 굳게 믿는다. 예수의 부활을 이야기한 부분에서는 정말
로, 육신 그대로 죽음에서 되살아났음을 특별히 강조하기까지 한다.
아예, 예수의 무덤에 묻힌 육신이 무덤에서 나온 바로 그 육신이라
고 주장한다(사실상 바울의 주장과 모순되는 관점이다). 앞서 살펴
봤지만, 바울은 예수의 육신이 완전히 영광된 육신으로 변모해, "혈
과 육"에서 "영적 육신"으로 변했다고 믿었다. "혈과 육은 하나님
나라를 이어받을 수 없다"는 말도 그런 맥락에서 나온 것이다. 누가
의 생각은 다르다. 그가 보기에 예수의 부활한 육신은 그의 시체가
소생한 것이다.

　이 얘기는 예수가 부활한 직후를 묘사한 주목할 만한 구절에 나
오는데, 오직 「누가복음」에만 나온다. 예수가 제자들 앞에 나타나

자, 제자들은 자신들이 "영혼"(「누가복음」 24장 37절에 나오는 '영')을 보고 있다고 생각해서 자연스레 겁에 질린다. 누가가 여기서 영을 가리키며 사용한 단어는 놀랍게도 **프뉴마**pneuma다. 이는 바울이 우리가 부활할 때 얻게 될 육신을 칭하면서 사용한 단어다(「고린도전서」 15장 44절). 하지만 누가는 그런 뜻으로 쓴 게 아니다. 누가는 예수가 프뉴마 같은 육신을 얻었음을 부정하려 든다. 그렇기에 누가의 기록에서 예수는 제자들에게 자신은 분명히 **프뉴마**가 아니며 육체적인 존재, 육신 그대로 죽음에서 되살려진 시체라고 확신시킨다. 그래서 제자들에게 자신을 잘 보고 만져 보라고, "영(프뉴마)은 살과 뼈가 없으되 너희 보는 바와 같이 나는 있느니라"(「누가복음」 24장 39절)고 말한다. 그래도 제자들이 믿지 못하자 예수는 구운 생선 한 덩이를 달라고 하더니 그것을 먹어 보인다. 그걸로 증명된다. 예수는 전과 똑같은 존재, 죽음에서 물리적으로 돌아온 육으로 이루어진(아마 소화관까지 갖춘) 몸이지, 바울이 상상했던 영광된 영적 육신이 아니다.

누가는 예수가 죽음에서 육체적으로 부활했음을 믿는 것과 같이, 종말의 때에 부활이 일어날 것도 분명히 믿고 있다(「사도행전」 17장 31절, 23장 6절, 24장 14-15절을 보라). 하지만 가장 의미심장한 부분은, 역사적 인물 예수와 다르게 누가는 영원한 삶이 우리가 죽는 즉시 시작된다는 견지를 주장하는 것이다. 바울과 마찬가지로, 하지만 그보다 더 단호하게 누가는 예수를 믿는 사람이 죽으면 곧장 천국으로 간다고 믿는다.

그 믿음이 가장 극명하게 드러난 구절이 누가가 예수의 십자가

형을 기록한 구절인데, 누가의 주요 정보 원천인 「마가복음」의 내용과 사뭇 다르다. 「누가복음」에서는 예수가 십자가에 달려 있는 동안 옆에 나란히 매달린 두 강도 중 한 명과 잠깐 대화를 나누는데, 이 강도는 "당신의 나라에 임하실 때에 나를 기억하소서"라고 부탁한다(「누가복음」 23장 42절). 이 범죄자는 미래에 벌어질 어떤 사건이 자신을 구원해 줄 수 있다고 믿는 것이다. 그러나 예수는 오직 「누가복음」에만 나오는 다음의 유명한 말로 그의 생각을 살짝 고쳐 준다. "내가 진실로 네게 이르노니, 오늘 네가 나와 함께 낙원에 있으리라."(「누가복음」 23장 43절) 주목해야 할 구절이다. 강도가 죽는 순간 즉시 낙원에 들어갈 것임을 암시하고 있다. 그는 미래의 어떤 묵시론적 사건을, 다가올 하나님 나라를 기다릴 필요가 없다.

일부 성서 독자들은 예수가 한 이 말에서 구두점을 달리 찍어야한다고 오래도록 주장해 왔다. 고대 그리스의 필사본에는 구두점이 전혀 사용되지 않았다는 사실과, 그러므로 현대의 번역가들이 임의로 넣은 것이라는 점을 근거로 내세운 주장이다. 그래서 쉼표를 옮기면, 예수는 대신 이렇게 말하는 것이 된다. "내가 진실로 너에게 오늘 말하노니, 너는 나와 함께 낙원에 있으리라." 이렇게 되면 예수는 그에게 두 사람이 바로 그날, 고통이 끝나자마자 낙원에 있게 되리라고 말하고 있지 **않은** 게 된다.

언뜻 보면 이 해석이 말이 되는 것 같지만, 그럴듯한 반론도 만만치 않게 제기된다. 일견 위와 같은 해석은 사실, 매우 근본적인 수준에서부터 성립하지 않는 말이다. 예수가 그자에게 낙원에 대해 뭔가 말하려는 것뿐이라면 어째서 하필 그날〔"오늘"〕 말해 주고 있음을 언급할까? 어차피 그자에게 그날 말고 다른 날 말해 줄 수 있는 것도 아니지 않나? 그런데 여기서 어쩌면 더 중요한 점은, 「누가복음」에서 "오늘"이라는 단어가 십여 차례 등장한다는 것이다. 매번 그 단어는 어떤 의미심장한 사건, 보통은 여기서 논하는 구절처럼 구원과 관련된 사건이 일어나고 있는 날을 가리킨다(「누가복음」 2장 11절, 4장 21절, 13장 32-33절, 19장 9절을 읽어 보라). 단순히 〔구원과는 무관한〕 어떤 사건이 일어날 거라고 **말한** 날을 가리킨 경우는 결코, 단 한 번도 없다. 굳이 무엇 때문에 그러겠나?

예수를 믿는 사람은 죽는 즉시 낙원에 들어갈 수 있다는 누가의 관점은 그가 예수의 행적을 기록한 두 번째 책인 「사도행전」에 등장하는 최초의 기독교 순교자 스데반의 이야기에서 재확인된다. 스데반은 적잖이 적대적인 논조인 장황한 설교(「사도행전」 7장 거의 대부분)로 유대교인 반대파들의 심기를 건드리더니, 설교 끝에 하늘을 올려다보며 "인자가 하나님 우편에 서신 것"이 보인다고 외친다(「사도행전」 7장 56절). 유대교 장로들은 스데반이 하나님을 모독했다고 여겨 크게 노하고, 떼로 그에게 돌을 던져 즉결 처형한다. 스데반은 죽기 직전 "주 예수여, 내 영혼을 받으시옵소서"라고 외친다(「사도행전」 7장 59절). 여기서도 '영혼'이라는 의미로 **프뉴마**를 썼다. 스데반의 **프뉴마**는 이제 그의 육신이 멸하면서 천국으로 가 주 예수와 함께 거할 것이다. 이는 그리스 문명의 영향이 배어 있는 신학 관념이다. 의로운 자에게는 죽자마자 상이 주어진다. 종말의 때가 닥쳐 육신이 부활할 순간을 기다리지 않아도 된다.

누가가 품었던(역사적 인물 예수가 남긴 어록에서 발견되는 어

떤 말과도 다른) 사후의 상벌 개념은 그가 남긴 가장 유명한 구절이
자 어쩌면 신약성경 전체에서 사후 세계와 관련된 이야기로 가장 잘
알려진 구절에서 가장 확고하고 흥미롭게 드러난다. 바로 '부자와
나사로' 일화다.

누가복음 속 사후의 영광과 고문

이 이야기는 「누가복음」 16장 19-31절에서, 다른 여러 우화 및
예수가 남긴 다른 말들과 더불어서 등장한다. 여기서 예수는 두 사
람의 생애를 대조해 보인다. 좋은 옷을 입고 매일 끼니를 풍족히 먹
는, 이름 모를 부자가 있다. 그런데 그의 집 대문 앞에 나사로라 하
는 거지가 배를 곯고 드러누워 부자의 식탁에서 버려지는 음식이라
도 감지덕지 받아먹는다. 눈물겨운 장면이다. 심지어 개들도 와서
나사로의 몸에 난 상처를 핥는다.

그러다 둘 다 죽는다. 나사로는 천사들에게 몸이 들려 올라가
"아브라함의 품"에 안기는데, 이는 초기 유대교 자료에 단 한 번도
나오지 않는 표현이지만 아마도 그냥 나사로가 천국으로 들려 올라
가 잔칫상에서 이스라엘왕국의 시조인 아브라함과 나란히 기대어
앉는다는 뜻일 것이다. 반면에 부자는 땅에 묻혀 저승에 간다. 물론
그다지 유쾌한 곳은 아니다. 부자는 불구덩이에서 고문받는다. 그가
올려다보자 저 멀리 아브라함과 그 옆의 나사로가 보인다. 그는 아
브라함에게 도와 달라고 애원한다. 나사로를 보내 손가락에 물을 묻

혀 내 혀를 축이게 해 달라고 청한다. 하지만 아브라함은 부자에게 너는 사는 동안 좋은 것을 죄다 누렸지만 나사로는 아무것도 못 누렸지 않느냐 상기시킨다. 이제 둘의 입장이 뒤바뀌었고, 그 누구도 어떻게 해 줄 수 없다고. 둘 사이에 건널 수 없는 골짜기가 천국과 고문의 장소를 갈라놓고 있다. 누구도 반대편으로 건너갈 수 없다.

그러자 부자는 이번에는 아브라함에게, 나사로를 이승에 아직 살아 있는 자신의 다섯 형제에게 보내 그들을 기다리고 있을 처참한 운명을 경고하게 해달라고 애원한다. 아브라함은 거절한다. 형제들이 유대교 경전을 읽기만 하면 어떻게 살아야 좋을지 알 거라고 말이다. 하지만 부자는 끈질기게 조른다. 만일 죽은 자가 살아서 돌아가면 형제들도 문제의 중함을 알아채고 회개할 거라고. 아브라함은 부자에게, 네 형제들이 "모세와 선지자들에게 듣지 아니하면 비록 죽은 자 가운데서 다시 살아나는 자가 있을지라도 권함을 받지 아니하리라"(「누가복음」 16장 31절)고 말하며 대화를 끝내 버린다.

후대의 기독교 독자들은 종종 이 마지막 문장을 읽다가 어떤 사실을 깨닫고 깜짝 놀란다. 그들은 **이미 죽음에서 되살아난** 자가 있음을 알고 있다. 그런데도 사람들은 여전히 말을 듣지 않는다!

감동적이고 인상적인 이야기다. 이 이야기에 나타난 사후 세계관은 우리가 예수의 가르침이라며 익히 들었던 어떤 사후 세계관과도 다르다. 여기서는 죽는 즉시 상과 벌을 받는다는 관점이 분명히 드러난다. 상은 구체적으로 묘사되어 있지 않지만 쉽게 짐작할 수 있다. 나사로는 위대한 성도들이 한자리에 모인 연회에 참석해 한껏 즐기고 있다. 부자는 그와 대조적으로 불구덩이에서 고통당하며, 물한 방울도 간절한 처지이지만 도무지 벗어날 희망이 보이지 않는다.

두 묘사에 드러난 물질성을 어떻게 해석할지, 쉽게 파악이 안 된다. 아브라함은 "품"이 있고, 나사로는 손가락이 있으며, 부자는 혀가 있고 보아하니 불 고문에 고통을 느낄 수 있는 신경계통도 있다. 여기서 묘사된 사후 세계는 제 기능을 하는 신체 부위를 갖춘 육체 상태로 존재하는 삶이다. 게다가 두 사람의 운명은 둘 다 영구적인 것으로 보인다. 두 사람 사이에는 거대한 골이 있다. 둘 중 누구도 자신이 있는 곳을 떠날 수 없다. 나사로는 이제(어쩌면 앞으로 영원히) 낙원에 있고, 부자는 저승의 불구덩이에 거한다.

이 이야기에 나타난 사후 세계관을 분석하려면, 누가가 이 이야기를 우화로 그려 보이고 있음을 아는 게 중요하다. 심오한 영적 교훈을 주기 위해 지어낸 가공의, 단순한 이야기라는 것이다.[3] 현실을 있는 그대로 묘사한 게 아니다. 누가가 직접 우화라고 칭한 건 아니지만, 「누가복음」에서 예수가 이야기한 거의 모든 우화도 마찬가지로 아무도 대놓고 우화라고 하지 않는다. 「누가복음」의 이 부분은 우화로 꽉 차 있다. 정확히 말하면 이 부분에는 우화 스물두 편이 촘촘히 배치되어 있다. 그중 몇 개는 "어떤 사람"이 이러저러한 일을 했다는 문장으로 이야기가 시작된다. 그 바로 앞 부분의 두 이야기도 그렇다. 하나는 「누가복음」 15장 11절의 돌아온 탕아 우화이고 다른 하나는 「누가복음」 16장 1절의 불의한 청지기 우화다. 「누가복음」 16장 19절의 이 부자와 나사로 이야기도 마찬가지다.

이것이 우화, 즉 특정한 의도를 강조하기 위해 지어낸 이야기인 만큼 불 고문을 받는 육체라든가 바싹 타들어 가는 혀, 물에 찍은 손가락, 저승과 낙원에 있는 자들 간의 의사소통 등, 사후에 우리를 기다리고 있는 세계의 묘사를 글자 그대로 낱낱이 파고드는 건 잘못된 접근일 것이다. 이것은 교훈을 전달하기 위한 가공의 이야기이다. 그 교훈이 특정한 사후의 삶 개념에 뿌리를 두었을지는 몰라도, 결국은 사람들에게 지금 현재 어떻게 살아야 할지 가르치기 위해 만들어 낸 이야기다. 이 우화의 경우 교훈은 우리가 부富와 어떤 관계를 맺어야 하느냐에 대한 것이다.

독자 중 몇몇은 이 우화를 읽고 이것은 딱히 부에 관계된 이야기가 아니라 선한 사람과 나쁜 사람에 대한 이야기라고 넘겨짚기도 한다. 그렇게 해석하면 상을 받은 나사로는 의로운 사람이고 부자는 죄인이 된다. 그런데 놀라운 점은 이 우화에 의인과 죄인에 대한 내용이 한 마디도 없다는 것이다. 이야기가 강조하는 것은 등장인물의 부와 빈곤이지, 그들의 죄와 의로움이 아니다. 그런데도 몇몇 학자는 이 이야기의 궁극적 교훈이 죄에 대한 것이라고 봤고, 고대로부터 전해지는 다른 우화들, 사후에 부자와 가난한 자의 운명이 뒤바뀐다는 다른 가공의 이야기들을 그 주장의 근거로 들었다. 그중 (최소한 종교사학자들 사이에서) 가장 유명한 건 이집트의 세트네라는 남자와 그의 아들 시오시레의 이야기이다.[4]

이야기에서 두 주인공은 집 창밖으로 한 갑부의 관이 거한 의전을 받으며 묘소로 이동하는 것을 목격한다. 뒤이어 가난한 거지의 시체가, 아무도 장례를 지켜봐 주는 사람 없이, 깔개에 실려 가는 것을 본다. 세트네가 아들에게 말한다. "위대한 신 프타에게 맹세컨대, 곡소리로 예우를 받는 부자가 쓸쓸히 묘지로 옮겨지는 가난한 자보다 얼마나 행복하냐?" 시오시레는 가난한 사람이 사후 세계에서는 부자보다 훨씬 나은 처지를 누릴 거라고 대답해 아버지를 놀라게 한다. 그리고 그 말을 입증해 더더욱 놀라게 한다.

시오시레는 아버지를 지하 세계로 모셔 가는데, 그곳에서 그들은 불의한 자들이 어떻게 벌을 받는지 목격한다. 개중에는 머리 위에 손이 닿을 듯 말 듯 음식과 음료가 달려 있는데 결코 먹지는 못해 극심한 배고픔과 갈증에 시달리는 자들도 있다. 그들 중에 큰 연회장으로 들어가는 거대한 문 앞에 누워 있는 한 남자가 유독 눈에 띈다. 그 대문의 돌쩌귀가 그의 한쪽 눈알에 고정되어 있어서 문이 여닫힐 때마다 그는 도와 달라고 애원하며 소리치고 있다. 그런데 자세히 보니 그 사람은 세트네와 시오시레가 일전에 호화로운 의전을 받으며 실려 나가는 걸 봤던 그 갑부다. 지하 세계에 다다른 그가 생전에 저지른 악행과 의행을 심판받았는데, 기준에 심각하게 미달했던 것이다. 눈알로 대문을 받치고 있는 것이 그가 받은 벌이다.

세트네와 시오시레는 또한 의로운 자들이 받는 상도 목격하는데, 고급 옷을 입은 한 부유한 남자가 오시리스 신 옆에 서 있는 모습을 목격한다. 자세히 보니 그는 울어 주는 이 없이 땅에 묻혔던 가난한 남자다. 그의 생이 심판받았을 때 그는 악행보다 선행을 훨씬 많이 한 것으로 판결받아서 갑부가 수의로 입었던 바로 그 옷을 상으로 받은 것이다.

시오시레는 눈앞의 상황을 이렇게 요약한다. "새겨 보십시오, 아버지 세트네여. 이승에서 베풀며 사는 자는 저승에 가서 베풂을 받습니다. 악행하며 사는 자는 악행을 받고요. 그렇게 공포되어 있고 앞으로도 영원히 그럴 것입니다." 그러니 찢어지게 가난하지만 의롭게 사는 것이 더럽게 부유하면서 악하게 사는 것보다 훨씬 낫다는 얘기다. 영생의 대문을 받치는 신세가 되느냐, 열고 들어가는 사람이 되느냐가 여기에 달렸다.

아마도 부자와 나사로 우화가 가르치는 것도 바로 그것, 의로운 삶을 살라는 암묵적 교훈일 것이다. 그런데 이집트 설화와 달리 부자와 나사로 우화는 죄와 의로움에 대해 한마디도 하지 않기에, 일부 성경 주해가들이 다른 식의 해석을 내놓았다. 어쩌면 부자의 문제는 그가 전반적으로 악하게 산 게 아니라, 더 정확히는 자신의 부를 가난한 이들을 돕는 데 쓰지 않았다는 것일지도 모른다고 말이다. 나사로가 부자네 집 대문 앞에 쓰러져 굶어 죽어 가는 동안 부자는 매일 배가 터지게 잔치를 즐겼다는 구절이 그것을 암시한다는 것이다. 그 부자는 인간도 아니다. 부자가 굶주린 나사로에 대해 뻔히 알고 있었던 게 분명하다는 점이 이 주장을 뒷받침한다. 저승에 간 그가 나사로의 이름을 부르는 것이 그 증거다.

게다가 이 해석을 대입하면 이야기의 나머지도 말이 된다. 부자는 유대인임이 분명하다. 아브라함을 "아버지"라고 부르며, 형제들과 마찬가지로 그도 "모세와 선지자들"의 말을 귀담아들었어야 마땅하다고 한 것을 보라. 모세의 율법은 유대인들에게 "네 이웃 사랑하기를 네 자신과 같이 사랑하라"(「레위기」 19장 18절)고 가르친다. 부자는 어떤 방법을 쓰든 쉽게 도와줄 수 있었음에도, 나사로가 굶어 죽게 내버려 두었다.

또 어떤 학자들은 보다 더 극단적인 견지를 취해, 부자가 가난한 자를 돕기 위해 자신의 자원을 사용하지 않은 게 문제가 아니라 부를 소유한 것 자체가 문제라고 주장한다.[5] 「누가복음」에 정말로 그렇게 말하는 듯한 다른 구절들이 있다. 예를 들어 「누가복음」에서 예수가 내린 여덟 가지 축복을 이야기한 구절을 보면(신약에서는 「누가복음」에만 이런 구절이 나온다) "가난한 자는 복이 있다"(「누가복음」 6장 20-25절)고 선언한다. "너희 가난한 자는 복이 있나니, 하나님의 나라가 너희 것임이요." 「마태복음」에서는 예수가 **심령이** 가난한 자를 축복한다(「마태복음」 5장 3절). 「누가복음」은 다르다. 「누가복음」에서 예수는 돈이 없는 자들에 대해 이야기하고 있다. "지금 주린 자는 복이 있나니, 너희가 배부름을 얻을 것임이요"라는 구절이 그렇다. 이들은 「마태복음」 5장 6절처럼 "의로움"에 굶주리고 목마른 자들이 아니라, 실제로 먹고 마실 게 없는 자들이다.

지금 고통받는 자들이 받는 축복은, 「누가복음」에 나오는 부자들의 운명과 대조된다. 이 대비의 이유는 부자들이 의롭지 않아서가 아니라 단지 가진 게 많아서다. "화 있을진저, 너희 부요한 자여. 너희는 너희의 위로를 이미 받았도다. 화 있을진저, 너희 지금 배부른 자여. 너희는 주리리로다."(「누가복음」 6장 24-25절) 이는 「누가복음」에서 예수가 추종자들에게 가진 것을 몽땅 팔고 돈을 나눠 주라고 구체적으로 지시한 이유를 설명해 준다. 다 나눠 줘야 "하늘에 둔 보물"(「누가복음」 12장 33절)을 얻을 수 있다. 뒤에는 이렇게 단호히 말하기도 한다. "너희 중에 누구든지 자기의 모든 소유를 버리지 아니하면 능히 내 제자가 되지 못하리라."(「누가복음」 14장 33절)

역사 속 인물 예수가, 부자이면서 구원을 얻는 것은 불가능하다고 선언한 것이나 마찬가지다. "낙타가 바늘귀로 나가는 것이 부자가 하나님의 나라에 들어가는 것보다 쉬우니라."(「마가복음」 10장 25절) 단, 여기서 예수는 곧 도래할 나라를 이야기하고 있고, 「누가복음」에서는 사람이 죽는 즉시 일어날 일에 대해 이야기하고 있음이 다르다.

어찌 됐건, 역사 속 인물 예수가 부자와 나사로 이야기를 하지 않았음은 이제 다들 알 것이다. 결말이 반박 못할 증거다. 아브라함이 부자에게 나사로를 네 형제들에게 보내 봤자 소용없다고, 죽음에서 **정말로** 되살아난 사람이 얘기해도 그들은 믿지 않을 거라고 말한 부분이, 저자가 예수의 운명과 부활이 사람들을 회개로 이끌 것이라는 기독교의 선언을 알고 있음을 전제로 한다. 「사도행전」에 나오는 사도들의 설교도 비슷한 논점을 다시금 강조한다(「사도행전」 2장 22-39절, 3장 14-21절을 읽어 보라). 게다가 누가가 보기에 하나님 앞에 나아간다 함은 단순히 정신적으로 복종하는 문제가 아니다. 부자가 하나님 앞에 나아가려면 자신의 부 전부를 가난한 자를 돕는 데 써야 한다.

우리는 예수도 바울도 악행에 따르는 영원한 벌에 대해서는 한마디도 가르치지 않았음을 확인했다. 「누가복음」의 부자와 나사로 우화는 성경에서 처음으로 그러한 개념이 제시된 부분이다. 아니, 그런 얘기가 나오는 **유일한** 구절이다. 이어서 나는 그것이 후대에 저술된 신약성경의 가르침도, 심지어 「요한계시록」에 나오는 가르침도 아님을 증명할 것이다. 그런데도 이것은 기독교의 표준 교리가 된다. 천국과 지옥 신조는 오직 「누가복음」에서 예수의 가르침으로 포장된 이 가상의 이야기, 후대 독자들이 의로운 자와 악한 자 각각이 맞이할 사후 세계를 있는 그대로 묘사한 구절로 받아들인 이 이야기에만 뿌리를 두고 있다.

현세에 맞이할 영생: 요한복음

기독교 초기 몇 세기 이래로 줄곧 「요한복음」은 예수의 생애를 기록한 공관복음과 사뭇 다른 복음서로 인식되어 왔다. 「요한복음」은 도입부부터 다른 복음서들보다 훨씬 더 고양된 위치로 예수를 그려 보인다. 여기서 예수는 단순히 유대인의 메시아 또는 세상의 죄를 대신해 죽을 하나님의 아들이 아니다. 여기서 예수는 구체적으로, 억겁보다 먼 과거에 하나님 아버지와 함께 계셨으며 우주를 창조한 후 인간으로 현신한 신적 존재다. 앞의 세 복음서에서 저자들이 예수를 어떤 의미로든 신으로 인식하고 있다는 중요한 단서를 비치는 정도였다면, 「요한복음」에서는 표현에 모호함이 전혀 없다. 예수는 곧 신이다(「요한복음」 1장 1-18절을 읽어 보라).[6]

이런 변화는 네 번째 복음서인 「요한복음」에 실린 예수의 말에도 반영되어 있다. 앞의 세 복음서에서 예수는 자신의 정체에 대해 극히 드물게만 언급하며, 자신을 정확히 신이라 선언한 적은 한 번도 없다. 하지만 「요한복음」에서는 다르다. 여기서 예수는 "나와 아버지는 하나이니라"(「요한복음」 10장 30절), "아브라함이 나기 전부터 내가 있느니라"(「요한복음」 8장 58절), "나를 본 자는 아버지를 보았거늘"(「요한복음」 14장 9절) 같은 말을 한다. 「요한복음」에만 나오는 이런 격상된 지위 선언은 심각한 반발을 야기하는 요인으로 묘사되는데, 유대교 장로들이 예수가 자신을 하나님과 동일 선상에 놓음으로써 극히 혐오스러운 신성모독을 저질렀다고 생각하기 때문이다. 그들은 그 죄로 예수를 처단하려고 수차례 돌을 든다(「요한복음」 8장 59절, 10장 31절).

「요한복음」에서 또 하나 다른 점은 사후 세계에 대한 예수의 가르침이다. 앞서 살펴봤듯 「요한복음」은 정경 복음서 가운데 가장 마지막으로, 대략 예수 사후 60년 내지 65년이 지나서 쓰였다. 예수가 살다 간 때로부터 이렇게 멀어진 시점에 저술됐기에, 여기에 실린 예수의 메시지는 더욱 철저히 탈묵시론화되었다. 「요한복음」에서 예수는 더 이상 하나님이 곧 개입하사 영광된 하나님 나라를 세울 거라는 얘기는 하지도 않는다. 대신 저 위의 천국에 대한 얘기와 거기에 가려면 자신이 하는 말을 믿어야 한다는 얘기를 주로 한다.

그렇다고 심판의 날이 곧 도래한다는 메시지의 잔재가 전혀 없는 건 아니다. 예수는 몇 차례 "마지막 날"을 언급하며(예를 들면 「요한복음」 6장 39절, 7장 37절, 11장 24절), 한번은 자신을 믿는 자들은 그날에 "다시 살리리라"는 말도 한다(「요한복음」 6장 40절). 가장 유명한 구절은 오늘날에도 장례식에서 흔히 낭독되는 예수의 선언이다.

내 아버지 집에 거할 곳〔킹 제임스 성경에는 "대저택mansions" 으로 번역됐다〕이 많도다. 그렇지 않으면 너희에게 일렀으리라. 내가 너희를 위하여 거처를 예비하러 가노니, 가서 너희를 위하여 거처를 예비하면 내가 다시 와서 너희를 내게로 영접하여 나 있는 곳에 너희도 있게 하리라. (「요한복음」 14장 2-3절)

그러니까 이제 예수는 죽은 뒤 천국으로 가 하나님 곁에 있을 이로 그려진 것이다. 또한 예수는 자신을 믿는 자들도 천국에 데려갈 것처럼 이야기하고 있는데, 많은 독자가 이것을 죽은 뒤 받을 상이 예정돼 있다는 뜻으로 받아들인다. 만약 그 해석이 맞다면, 「누가복음」에 나오는 죽는 순간 낙원에 간다는 구절과 비슷하다. 그러나 예수의 영광된 재림("내가 다시 와서")을 이야기하는 구절로 읽을 수도 있는데, 그럴 경우 이는 우리가 바울의 저술에서도 살펴본 개념인, 예수가 재림할 때 그를 믿는 자들을 죽음에서 되살릴 거라는 초기 기독교의 묵시론적 믿음의 잔재라고 볼 수 있다. 만일 그 해석이 맞는다면, 「요한복음」에서 예수의 물리적 재림을 언급한 더 예전의 관점이 언급된 몇 안 되는 구절 중 하나가 된다.

다른 복음서들과 다르게 「요한복음」에는 지금 여기, 즉 현세에서 이루어질 영원한 상과 벌에 대한 언급이 훨씬 자주 나온다. 예수를 따르는 자들과 거부하는 자들 모두 종말론에서 이야기하는 심판의 날과 그날 죽은 자들이 부활하는 날까지 하나님께 축복 또는 저주를 받을 순간을 기다리지 않아도 된다. 죽은 뒤 곧바로 상이나 벌을 받지도 않을 것이다. 대신 「요한복음」에서는 예수를 믿는 사람은 누구든 **이미** 영생의 기쁨을 누리고 있다고 이야기한다. 5장에서 예수는 적들에게 이렇게 말한다.

내가 진실로 진실로 너희에게 이르노니, 내 말을 듣고 또 나 보내신 이를 믿는 자는 영생을 얻었고 심판에 이르지 아니하나니 사망에서 생명으로 옮겼느니라. (「요한복음」 5장 24절)

영원한 생은 훗날 올 막연한 어떤 무엇이 아니다. 지금 당면한 현실이다. 예수를 믿는 자들은 영생을 **얻었다**. 그래서 예수는 이렇게 말한다.

진실로 진실로 너희에게 이르노니, 죽은 자들이 하나님의 아들의 음성을 들을 때가 오나니 곧 이때라, 듣는 자는 살아나리라. (「요한복음」 5장 25절)

「요한복음」 다른 구절들에서와 같이 이 구절에는 예수가 재림할 때 부활이 일어날 거라는 옛 묵시론적 관점의 흔적이 남아 있는 듯하지만, "때"가 이미 이르렀다는 저자의 해석이 그 관점을 덮어 버린다. 그때가 곧 "이때"다. 예수를 믿는 사람은 이미 영생에 들어갔다. 미래에 일어날 어떤 일을 기다릴 필요가 없다. 이 정도면 예수가 전한 메시지를 상당한 수준으로 탈묵시론화한 것이다.

같은 논리가 심판에도 적용된다. 이 문제는 「요한복음」의 가장 주목할 만한 장의 마지막 구절에 명료하게 압축되어 있다. "아들을 믿는 자에게는 영생이 있고, 아들에게 순종하지 아니하는 자는 영생을 보지 못하고 도리어 하나님의 진노가 그 위에 머물러 있느니라." (「요한복음」 3장 36절) 마지막 동사가 현재형이다. 믿지 않는 자들은 이미 하나님의 진노를 겪고 있다.

예수를 믿는 자라면 누구에게든 영생이 지금 여기에 있다는 요한의 가르침은, 「요한복음」에서 가장 기억에 남는 에피소드 중 하나인 나사로의 부활 일화(「요한복음」 11장)가 더없이 훌륭하게 전달하고 있다. 이 구절에 나오는 나사로는 당연히 「누가복음」 16장 우화에 등장하는 나사로와 다른 인물이다. 다만 성경 주해가들은 혹시 요한이 나중 시점에 복음서를 쓰다가 나사로라는 이름을 가졌으며 이론상으로는 죽음에서 부활했을 수 있는 사람이 등장하는 우화를 주워듣고는, 실제로 이야기가 그렇게 전개되도록 서사를 만들어 낸 게 아닐까 오래도록 궁금해했다. 이는 불가능하지는 않지만, 입증하기는 매우 어렵다.

이 이야기에서 예수는 나사로 그리고 그의 누이 마리아, 마르다와 친한 친구 사이다. 이야기 초반에 나사로가 병에 걸리는데, 누이 동생들이 예수가 고쳐 줄 거라 생각하고 그를 찾아와 소식을 전한다(「요한복음」 11장 1-3절). 여기서, 대다수 독자가 알아채지 못했을 뿐 신약성경 전체를 통틀어 실로 가장 인상적인 구절이 나온다. "예수께서 본래 마르다와 그 동생과 나사로를 사랑하시더니, 나사로가 병들었다 함을 들으시고 그 계시던 곳에 이틀을 더 유하셨다." 예수가 나사로를 이렇게나 사랑하신다! 그가 아프다는 소식을 듣고 그와 멀리 떨어진 곳에 이틀을 더 머무셨단다.

왜 그랬는지는 요한이 설명해 준다. 예수는 나사로가 처한 상황으로 "영광을 입으려고" 그렇게 한 것이었다. 예수는 자신이 하나님의 아들인 것을 증명하기 위해 나사로가 죽기를 원했다. "내가 거기

있지 아니한 것을 너희를 위하여 기뻐하노니, 이는 너희로 믿게 하려 함이라."(「요한복음」 11장 15절)

　우리의 논의와 관련하여 특히 중요한 부분은, 예수가 기적을 행하기 전 나사로의 누이 중 한 명과 나눈 대화다. 예수가 그들이 사는 마을인 베다니에 도착했을 무렵 나사로는 이미 숨을 거둬 땅에 묻힌 지 나흘째였다. 저자는 나사로가 정말로, 완전히 죽었음을 강조한다. 마르다는 예수가 왔다는 소식을 듣고 그를 찾아가 가볍게 책망한다. "주께서 여기 계셨더라면 내 오라버니가 죽지 아니하였겠나이다."(「요한복음」 11장 21절) 하지만 이어서, 아직은 기적이 일어날 여지가 얼마든지 있음을 내비친다. "그러나 나는 이제라도 주께서 무엇이든지 하나님께 구하시는 것을 하나님이 주실 줄을 아나이다." (「요한복음」 11장 22절)

　예수의 대꾸는 역사적 인물 예수 자신의 가르침과 바울의 저술 모두에 담긴 옛 관점의 정수를 보여 준다. "네 오라비가 다시 살아나리라." 당연히 이 말은 옛 관점에 비추면 최후의 날 인자가 세상을 심판하러 올 때에 죽은 자들이 다시 살아나 상을 받으리라는 뜻이었을 것이다. 마르다도 예수가 그런 뜻으로 한 말이라고 받아들였다. "마르다가 이르되 '마지막 날 부활 때에는 다시 살아날 줄을 내가 아나이다'."(「요한복음」 11장 24절)

　그런데 예수는 「요한복음」 외에 신약성경 어디에서도 찾아볼 수 없는 말로 마르다의 착각을 바로잡는다. "나는 부활이요 생명이니, 나를 믿는 자는 죽어도 살겠고 무릇 살아서 나를 믿는 자는 영원히 죽지 아니하리라."(「요한복음」 11장 25-26절) 예수는 마르다가

이 말을 믿는지 묻고, 마르다는 예수가 진정 그리스도요 하나님의 아들임을 믿는다고 답한다. 그러자 예수는 기적을 행해 나사로를 되살린다.

이 기적을 해당 구절의 서사적 맥락에 맞춰 해석하려면, 「요한복음」 내내 예수가 다름 아닌 자신에 대해 한 말이 진실임을 입증하려고 기적을 행하고 있음을 파악하는 것이 중요하다. 예수가 자신에 대해 하는 이런 주장들은 오직 「요한복음」에만 나온다. 한번은 자신이 "생명의 떡"이라고 주장하는데, 자신이 영생에 이르는 자양분을 줄 수 있다는 의미다. 예수는 떡 몇 덩이를 몇 배로 불려 그 말을 증명해 보인다(「요한복음」 5장). 나중에는 자신이 "세상의 빛"이라고 하며, 태어날 때부터 장님인 사람이 시력을 얻게 해 그 말을 입증한다(「요한복음」 9장). 그러더니 여기서는, 이 마지막 표적을 행하기 전에 자신이 부활이자 생명이라고 말한다. 그러고는 나사로를 부활시켜 그 말을 증명한다.

이 복음서에서는 아무도 영생을 얻기 위해 나중에 하나님이 행하실 묵시론적 행위, 종말의 때에 일어날 죽은 자들의 부활을 기다릴 필요가 없다. 심지어 그러기 위해 죽을 필요도 없다. 그리스도를 믿는 사람들은 이미 영생을 얻었으니까. 믿지 않는 자들은 하나님의 진노 아래 있고 말이다. 영생은 바로 지금 도래해 있다.

「요한복음」이 오래도록 가장 사랑받는 예수의 생애와 말씀의 기록이긴 했지만, 「요한복음」에 나타난 영생에 대한 관점은 기독교 신학사에서 종점(아니면 최소한 막다른 벽)에 부딪혔음이 드러났다. 후대의 기독교인들은 대체로 자신이 지금 현재 천국의 기쁨을 맛보고 있다고 생각하기보다, 죽을 때 자신이 어떤 명운을 맞을지 알아내는 데 훨씬 더 관심을 보였다. 그러나 「요한복음」에 나온 사후 세계관은 곧바로 죽음을 맞지는 않았다. 일부 기독교 분파는 이 같은 예수 가르침의 탈묵시론화를 한층 부추기기까지 했다. 신약성경에 포함되지 않은 후대의 복음서인 「도마복음」에는 보다 더 급진적인 관점도 담겨 있을 정도다. 여기서 예수는 묵시론적 메시지가 전혀 섞이지 않은 말을 전하는 데 그치지 않고, 묵시론적 관점을 공격하기까지 한다. 이제 우리는 (예수 본인이 지지했다고 일부가 주장하는) 반反묵시론 운동의 영역으로 들어간다.

우리 안의 하나님 나라

「도마복음」은 1945년 이집트 나그함마디 근방에서 발굴된 파피루스 문서에 기록되어 있던, 소위 영지주의 복음서들 중 가장 유명한 복음서다. 「도마복음」은 예수의 114개 말씀으로 이루어져 있으며, 다른 내용은 없다. 그중 절반가량이 더 이른 시기에 「마태복음」, 「마가복음」, 「누가복음」에서 발견된 예수 말씀의 이형이다. 학계에서 관심을 가장 많이 얻은 것은 나머지 절반이다. 종합적으로 분석하면 여기 실린 말씀들은 일단 다 이해하면 영생을 얻을 수 있다는, 은밀한 신비주의적 지식으로 제시되어 있다. 제일 첫마디부터 이러한 의도를 잘 보여 준다. "이는 살아 계신 예수가 하시고 디두모 유다 도마가 받아 적은 숨은 말씀이다. 예수께서 말씀하시길 '누구든 이 말의 의미를 찾는 자는 죽음을 맛보지 아니하리라' 하셨다."[7] 성서 주해가들에게 이보다 더 부담스러운 숙제는 없었다. 영생을 얻을 (유일한) 길이 「도마복음」 말씀의 정확한 의미를 알아내는 거라니!

여기서 예수가 했다는 말 대다수가 실로 신비롭고, 뜻을 가늠하기 어렵다. 하지만 바꿔 생각해 보면, 그 말들이 단순하고 명쾌했다면 **개나 소나** 영생을 얻었을 것이다. 일부 구절은 구원을 위해 올바른 지식을 얻을 필요에 정확히 초점을 맞추고 있다. 영생은 예수를 무작정 믿어서가 아니라 예수가 이야기하는 비밀스러운 진리를 알고 그 진리대로 살아야 얻을 수 있다는 얘기다. 특히 진리에 속한 자들은 육체의 필요나 요구에 마음을 기울이지 않고 외려 삶의 물리적 실재를 혐오하며 그들이 원래 거했던 천국에 돌아가기를 열망할 것이라고 말한다.

이 천국으로의 회귀는 이 땅에 실제로 하나님 나라가 도래하는 미래의 묵시론적 순간에 일어나지 않을 것이다. 오히려 여기서 예수는 하나님 나라가 무슨 미래의 종말론적 순간에 나타날, 인간 바깥에 존재하는 영역이 아니라고 설교한다. 이 반묵시론적 주제의 중요성은 「도마복음」 초반(말씀 3)과 마지막(말씀 113) 두 구절에서 훗날 도래할 하나님 나라에 대한 옛날식 해석(즉, 역사 인물인 예수 가 했던 해석)을 예수가 바로잡고 있는 것이 증명한다.

그래서, 이 복음서 도입부에서 예수는 하늘에서든 지상에서든 실제적이고 물리적인 하나님 나라가 올 거라고 설교하는 자들을 지탄한다.

예수께서 말씀하시길, "너희를 인도하는 자들이 말하기를 '보라, 나라가 하늘에 있다' 하면 하늘의 새가 너희를 앞설 것이다. 그들이 너희에게 말하기를 '나라가 바다에 있다'고 하면 물고기가 너희를 앞설 것이다. 오히려 나라는 너희 안에 있고, 너희 밖에 있다." (「도마복음」 말씀 3)

바꿔 말하면 하나님 나라는 우리가 보거나 들어갈 수 있는 장소가 아니다. 그것은 우리 안의, 그리고 우리 주변의 실재다. 말씀집거의 끝에서도 이 메시지는 한 번 더 강조된다.

사도들이 예수에게 말하기를, "나라가 언제 옵니까?" 〔예수께서 가라사대〕 "나라는 그것을 기다린다고 해서 오지 않을 것이다. '보라, 여기 있다' 혹은 '보라, 저기 있다'고 말할 수도 없다. 오히려 아버지의 나라는 이 땅 위에 펼쳐져 있으나 사람들이 그것을 보지 못할 뿐이다." (「도마복음」 말씀 113)

하나님 나라는 나중에 도래할 장소, 여기 혹은 저기 있다고 말할 수 있는 장소가 아니다. 그것은 어디에나 있고, 지금 존재한다. 사람들은 자기 안에서든 일상의 경험에 산재한 조각으로든, 지금 당장 그것을 발견할 수 있어야 한다.

그래서 「도마복음」에는 예수와 제자들의 이런 대화가 나온다.

제자들이 예수께 묻기를, "죽은 자들의 안식은 언제 일어납니까? 그리고 새 세상은 언제 옵니까?" 그러자 예수께서 말씀하시기를, "너희가 기다리는 것은 이미 와 있다. 다만 너희가 그것을 깨닫지 못할 뿐이다." (「도마복음」 말씀 51)

죽은 자의 부활은 훗날 새 세상이 펼쳐지면서 일어날 사건이 아니다. 바로 지금, 말씀의 숨은 뜻을 깨달은 자들에게 이미 일어난 일이다. 이 말씀들을 이해하면 훗날 이 땅에 오실 그분만이 아니라 지금 여기 우리 곁에 와 계신 "예수를 볼" 수 있다.

뿐만 아니라 예수를 진정 보려면 이 생의 열망과 욕망을 버리고 육체의 요구를 초월해 우리에게 주어진 영적 진리를 추구해야 한다. 그렇기에, 이 관점을 가장 생생히 서술한 구절에서 예수는 육신의 관심과 요구를, 그리스도가 진정 누군지 알고자 한다면 다 벗어 버리고 혐오해야 할 옷에 비유한다.

제자들이 말하기를, "언제 우리에게 나타나실 것이며 언제 우리가 예수님을 볼 것입니까?" 그러자 예수께서 가라사대, "너희가 아이들처럼 부끄러움 없이 옷을 다 벗고 그것을 발아래 두고 밟을 때 비로소 살아 있는 자의 아들을 볼 것이며 비로소 두려워하지 않을 것이다." (「도마복음」 말씀 37)

예수의 말을 해석하고 수정하기

이렇게 우리가 살펴볼 마지막 복음서인 「도마복음」에서 우리는, 예수의 입을 빌렸으나 역사적 인물 예수가 실제로 한 말과 극적으로 다른 말들을 읽어 볼 수 있다.[8] 그러나 이 글을 쓴 익명 저자가 예수가 전하는 메시지를 바꾼 것이 앞선 복음서들의 저자들과 두드러지게 다른 행동이라고 생각하면 오산이다. 기독교 전파 운동의 초기부터 줄곧, 예수의 말을 기록한 이들은 그것을 자신들이 새로이 처한 상황에 맞아떨어지도록 바꾸고, 당대에 더 말이 되는 경구로 옮기고, 나아가 역사 속 인물 예수가 취했던 관점과 달라지더라도 저자들 자신의 관점을 구현하고 그 진수를 담도록 바꾸었다. 이는 다가올 하나님 나라에 대한 묵시론적 메시지를 포함해, 예수의 가르침 전부에 해당한다.

그러나 「도마복음」에 실린 예수의 말씀에 대한 해석은, 아마도 여러 가지 이유로, 널리 호응을 얻지 못했다. 무엇보다, 이 또 하나의 예수 어록은 끝내 신약성경에 포함되지 못했다. 정경으로 채택된 책들은 믿는 자들에게 실현될 굉장하고도 영원한 상과 죄인들에게 닥칠 끔찍한 벌에 대해 이야기했다. 이러한 관점은 시간이 흐르면서 여러 방향으로 발전해 나갔다. 2세기 무렵에는 예수의 추종자들 가운데 예수의 사후 세계관을 받아들인 사람은 극히 소수였다. 대신 그들은 훗날 오늘날의 우리에게 전해진 기독교적 신조의 근간을 만든, 천국과 지옥 개념을 받아들였다.

11장

요한계시록과 사후 세계의 신비

신약성경에서 「요한계시록」만큼 독자들을 매료하고 당황시키는 책은 없을 것이다. 「요한계시록」은 세상의 종말이 닥치고 하나님이 이 세상에 진노를 쏟아 내 대규모 재앙과 파멸을 내려 모든 악의 세력, 즉 사탄과 그의 사자使者들, 나아가 저승과 사망 자체까지 철저하고도 가차 없이 멸망시킬 그때에 어떤 광경이 펼쳐질지를 상세히 묘사하고 있다. 그런데 「요한계시록」 전반에 깔린 풍성하고 다층적인 상징주의 기법이 완벽에 가까운 역설을 만들어 낸다. 이름이 "요한계시록"인데 뭘 계시하는 건지 아무도 명확히 알지 못한다는 점이다.

기독교 역사를 통틀어 우리가 사는 시대에 이르기까지, 자신만만한 성서 주해가들은 서로 극단적으로 대립하는 견해들을 제시해 왔다. 「요한계시록」은 미래에 일어날 일을 있는 그대로 묘사하고 있는 것인가? 이 책에 묘사된 범우주적 난관들이 혹시 이 땅에 일어날 실제적 재앙 말고 다른 것을 상징하는 것일 수도 있지 않을까? 적그리스도는 조만간 나타날 것인가? 숫자 666으로 대표되는 신비로운

"짐승"의 정체는 대체 무엇인가? 이미 지금 세계를 지배하고 있는 사악한 폭군인가, 아니면 가까운 시일 내에 부상할 다른 압제자인가? 우리 살아생전에 아마겟돈이 일어날 거라고 내다봐도 좋은가? 어쩌면 몇 주 내로 그 일이 일어나는 건 아닐까?

역사를 통틀어 헤아릴 수도 없이 많은 「요한계시록」 해석자가 자신이 죽기 전에 그 예언이 실현될 거라고 주장했다. 그들 모두가 부정할 여지없이, 명백하게 틀렸다. 그들이 노력과 독창성이 부족한 해석을 했기 때문이 아니라, 마지막 한 명까지 전부 다 「요한계시록」이 인류 역사에서 아직 발생하지 않은 사건들을 이야기하고 있다고 생각했기 때문이다. 이번 장에서 나는 정확히 이러한(독자 대부분이 취하는) 접근이 왜 틀렸는지 얘기하고자 한다. "짐승"(하나님의 궁극의 적, 소위 적그리스도)의 숫자인 666이 히틀러나 교황, 혹은 사담 후세인이라고 생각한 것, 인류 역사의 종말이 1844년 또는 1988년에 혹은 9·11 테러 직후에 닥치리라고 믿은 것은 착오였다. 단순히 시점을 잘못 계산한 게 아니라, 해석에 근본적 오류가 있었던 것이다. 「요한계시록」은 성경의 다른 모든 책들과 마찬가지로 당대에, 당대 사람들을 염두에 두고 쓰였으며, 따라서 저자가 어떤 의미로 썼는지 우리가 이해하려면 「요한계시록」을 해당 시대의 역사적 맥락에 가져다 놓아야 한다.

더불어 「요한계시록」이 어떤 **종류**의 글인지도 알아야 한다. 나는 「요한계시록」이 저자가 사망하고 수천 년 후에 일어날 일을 예측한 것이 아니라는 논지를 펼칠 것이다. 저자는 자신이 살고 있는 시대에 일어날 거라고 믿은 일들을 묘사했다. 그것도 당시 유행한 '묵시문학'이라는 장르를 차용해 묘사했다. 묵시문학 형태를 취한 글은 하고많은데, 특히 마카베오 전쟁부터 기원후 2세기 사이의 400년 간 이 장르가 몹시 흥했다. 우리도 벌써 세 편이나 살펴보았다. 바로 「에녹 1서」와 「다니엘서」, 「에스라 4서」다. 「요한계시록」을 (맥락 바깥으로 끄집어내 해석하는 대신) 당대의 맥락 안에서 이해하려면 우리는 이 장르의 글이 어떤 기능을 했는지, 특히 특유의 기이한 상징이 어떻게 사용됐는지 좀 더 깊이 알 필요가 있다.

그렇게 하는 게 지금 우리 논의에서 중요한 이유는, 후대 기독교가 받아들인 천국과 지옥 개념이 「요한계시록」에 나오는 천국 같은 예루살렘, 성도들이 영원히 거할 장소, 진주로 된 대문과 금으로 만든 길이 있는 도성, 그리고 죄인들의 종착지인 영원한 "불의 못"에 대한 무시무시한 묘사에 깊이 영향을 받았기 때문이다. 이제 곧 증명해 보일 테지만, 만약 「요한계시록」의 나머지 부분이 독자가 상징적으로 해석할 것을 의도하고 쓰였다면, 우리는 다음의 불가피한 질문을 마주한다. 성도들과 죄인들이 맞이할 영원한 운명에 대한 이 묘사를 왜 글자 그대로 받아들여야 하나?[1]

묵시문학이라는 장르

제목 "요한계시록Revelation"은 단순히 그리스어 "묵시"의 라틴어형으로, 앞에서도 얘기했지만 '폭로하다' 또는 '드러내다'라는 뜻이다. 고대 묵시문학 장르에 속한 글들은 거의 다 가명으로 쓰였으며, 그 이유는 앞에서 이미 설명했다. 신에게 권능을 받은 이 예지자들에게 '드러난' 천상의 신비는 아무나 볼 수 없는 것이었다. 그래서 저자들은 과거의 유명한 성인, 만유의 신비를 드러내 줄 하늘의 계시를 받기 위해 특별히 선택된 자임을 자처한 것이다.

묵시문학이 주로 가명으로 발표된다는 '규칙'의 가장 유명한 예외 사례는 다름 아닌 「요한계시록」이다. 저자는 자신이 요한이라는 사람이라고 밝힌다(「요한계시록」 1장 1절, 9절). 자신이 **어느** "요한"인지는 안 알려 주는 것이 우리에게는 실망스러운 점인데, 워낙 흔한 이름이기에 그렇다. 후대의 독자들은 그를 예수의 사도인 세베대의 아들 요한, 곧 「요한복음」의 저자로 알려진 이와 동일 인물로 추정했다. 그러나 학자들은 오래전부터, 심지어 기원후 3세기부터, 이 두 문헌은 분명히 각기 다른 사람이 쓴 것임을 알고 있었다. 우선 둘의 문체가 판이하다(디킨스의 소설 한 쪽과 문예창작학과 2학년생의 과제 한 쪽을 나란히 놓고 읽는 것 같다). 「요한계시록」을 쓴 요한이 어느 요한이건 문장력이 뛰어난 사람도, 「요한계시록」의 원어인 고대 그리스어에 능통한 사람도 아니었다. 「요한복음」과 다르게 「요한계시록」은 문체가 극히 아마추어 수준이다. 심지어 군데군데 기초 문법을 틀린 부분도 있다.

그뿐 아니라, 두 책에 담긴 신학적 관점도 현저히 다르고 심지어 상충하기까지 한다. 차이가 가장 두드러진 부분이 "종말"에 대한 관점을 말하는 구절이다. 앞서 살펴본 「요한복음」은 예수의 메시지를 철저히 탈묵시론화하여 예수가 더 이상 종말의 때에 일어날 일을 예언하지 않을 정도다. 반면 「요한계시록」은 종말에 관한 얘기뿐이다.

따라서 이 두 저자는 관심사가 다르고 신학 이론도 서로 대립하는 각자 다른 두 사람이다. 역설적인 점은, 요한이라는 사람이 썼다는 「요한계시록」은(원서명은 '계시록Revelation'이다.— 옮긴이) 요한이라는 이름이 안 붙은 반면 요한이라는 사람이 썼다고 주장하지 않는 네 번째 복음서는 '요한복음'으로 불린다는 것이다. 두 책을 각각 누가 썼는지에 대해서라면, 우리에게 알려진 바가 거의 없다. 둘 다 세베대의 아들 요한은 아닐 것이다. 갈릴리 시골에서 태어난 하층민 날품팔이였던, 세베대의 아들 요한은 글을 쓸 줄 몰랐을 게 거의 확실하기 때문이다(「사도행전」 4장 13절에서 요한을 노골적으로 "학문 없는"자라 칭한 것을 보라).[2]

우리가 주목할 부분은 저자의 정체가 아니라 「요한계시록」의 의미다. 묵시문학은 (「에녹 1서」든 「에스라 4서」든 아니면 「다니엘서」나 「요한계시록」이든) 하나님에게 신비롭고 알쏭달쏭한 계시를 받은 사람이 일인칭으로 쓴 산문체의 글이다. 계시록 중에는 (우리가 「다니엘서」에서 봤듯이) 훗날 이 땅에 일어날 일을 심히 은유적으로 서술한 글도 있다. 그런가 하면 「에녹 1서」처럼 천국에서 벌어지는 일의 기이한 환시를 묘사한 내용도 있다. 두 종류(지상의 미래와 저위의 세상) 계시 모두 언제나 고도로 상징적인 언어로 서술된다. 환상적인 형상의 짐승과 천사, 기타 생물들의 기이한 묘사, 신이 하는 일에 대한 몇 중의 은유, 하늘의 어떤 장소나 구조에 대한 혼란스러운 비전 묘사, 미래에 일어날 사건에 대한 상세하지만 불투명한 설명이 매우 흔하게 발견된다. 이런 상징적 환시는 독자들에게뿐 아니라, 놀랍게도 서술을 하는 화자 자신에게도 일관되게 종잡을 수 없다. 이런 글의 공통점 중 하나는 (비록 「요한계시록」에서는 일관되게 발견되지 않지만) 그런 환영이 보통은 저자에게, 지금 보이는 장면이 무슨 뜻인지 설명해 주는 천사 같은 통역자를 거쳐 전달된다는 것이다.

대부분 경우는 본문 자체에 상징을 해석할 열쇠를 제공해서, 독자가 신중히 그리고 열심히 해석하면 그 상징성을 말이 되게끔 이해할 수 있다. 이러한 묵시문학이 궁극적으로 전하는 핵심은 현실 세상의 거대한 미스터리와 지상에서 벌어지는 수수께끼 같은 사건들에도 불구하고 세상의 최고 지배자는 하나님이라는 것이다. 악이 도무지 이해할 수 없는 방식으로 힘을 과시할지라도, 결국 전능하신 주님은 단 한 분뿐이며 그분이 세상을 통제하신다. 모든 역사가 이루어지고 이 세상이 종말을 맞을 때 하나님이 권능을 행사해 그분에게 대적하던 모든 세력을 물리칠 것이다. 이야기에 사용된 상징들은 이 궁극의 진리를 그려 보인다.

요는 우리 자신이 저 위의 세상으로 들려 올라갔을 때 실제로 목격할 것을, 혹은 장차 이 땅에서 실제로 발생할 일을, 시간 순서에 맞춰 있는 그대로 묘사해 설명하고자 함이 아니다. 대신 글자 그대로는 형용이 불가한 것을 매우 신비주의적인 언어를 사용해 형용하고 그럼으로써 눈에 보이는 것 너머에 있는 궁극의 존재를 받아들이고자 함이다. 이 세상과 세상에서 일어나는 모든 일의 주主이신 하나님을 말하는 것이다.

요한계시록과 그 상징성

「요한계시록」에 드러난 사후 세계 이미지를 이해하려면 먼저 「요한계시록」 서사의 전체적 흐름을 파악해야 한다. 「요한계시록」은 저자에게 심히 상징적인 그리스도의 환영인 "인자 같은 이"가 나타나 그에게 소아시아의 일곱 교회에 격려하고 권고하는 편지를 쓰라고 지시하고, 앞으로 목격할 환영을 미리 설명해 주는 장면으로 시작한다. 훗날 이 땅에서 일어날 일의 전조 격인 하늘나라의 환영이다(「요한계시록」 1장 12-20절).

요한이 일곱 교회에 편지를 쓴 뒤(「요한계시록」 2-3장), 본격적인 계시는 4장에서부터 시작된다. 여기서 요한은 하늘에 뚫린 문을 통해 위로 올라오라는 지시를 받는다. 그가 올라가 보니 번개와 우레가 치는 한가운데에 하나님이, 흰 옷을 입고 금관을 쓴 장로 스물네 명과 모든 살아 있는 것을 대표하는 네 종의 생물에게 둘러싸여 그들의 영원한 찬양을 들으며 찬란히 보좌에 앉아 계신 모습을 본다. 이어서 요한은 보좌에 앉은 이의 손에 일곱 개의 인으로 봉한 두루마리 문서가 들려 있는 걸 본다. 두루마리에는 지상에서 일어날 일이 자세히 묘사돼 있다. 예언자 요한은 두루마리를 펼치기 위해 인을 뗄 자격이 되는 사람이 아무도 없는 것을 보고 슬피 운다. 그러자 장로 중 한 명이 그에게, 사실은 자격이 되는 자가 한 명 있다고 말해 준다. 다음 순간 요한은 보좌 옆에 "일찍 죽임을 당한 것 같은 어린양"이 서 있는 것을 본다. 그 양은 물론 그리스도다(「요한계시록」 4장 1절-5장 14절).

양은 하나님에게서 두루마리를 넘겨받아 봉인을 차례차례 뗀다 (「요한계시록」 6장). 봉인을 하나 뗄 때마다 이 땅에 전쟁과 기근, 경제적 붕괴, 죽음 등 대규모 재앙이 하나씩 벌어진다. 여섯째 인을 뗀자 우주적 재앙이 벌어지는데, 태양이 검게 변하고 달은 붉은 빛을 띠며 하늘에서 별이 후드득 떨어지고 하늘이 사라져 버린다. 이쯤 되면 모든 존재가 멸망을 맞았구나, 온 우주가 파괴되었구나 싶을 것이다. 그런데 이제 겨우 6장이다.

일곱 번째 봉인을 뗀자 이번엔 하나의 재앙이 아닌 새로운 일련의 재앙이 펼쳐진다. 일곱 천사가 나팔을 하나씩 들고 나타난다. 천사들이 한 명씩 나팔을 불 때마다 새로운 재앙이 세상을 덮친다. 땅과 바다 위 그리고 하늘에 자연재해가 발생하고, 무시무시한 짐승들이 나타나 세상을 황폐화한다. 엄청난 수의 사람이 죽거나 말도 못할 고통을 당한다(「요한계시록」 8-9장). 일곱 번째 나팔이 종말의 서막을 알린다. "짐승"(소위 적그리스도)이 거짓 예언자와 함께 출현한다(「요한계시록」 12-13장). 그런데 곧이어 또 다른 천사 일곱이 각각 하나님의 진노가 담긴 대접을 하나씩 들고 나타난다. 천사들이 차례로 땅에 대접 안에 든 내용물을 붓자 역병과 온갖 불행, 사망 등 또 한 차례의 재앙이 연달아 발생한다(「요한계시록」 15-16장).

종말은 엄청난 위력을 지닌 "바벨론의 음녀", 즉 성도들에게 박해를 가한 성읍 바빌론이 멸망하면서 온다(「요한계시록」 17장). 지상에서는 울고불고 하늘에서는 한껏 기뻐하는 가운데, 바빌론이 함락된다(「요한계시록」 18-19장). 그러더니 하늘에 있는 그리스도와 그가 이끄는 천국의 군대가 짐승 그리고 짐승과 한패를 이룬 세력과 맞서 최후의 우주적 전쟁이 벌어진다. 하지만 결국에는 대적이 안 되는 싸움이다. 그리스도가 순식간에, 압도적으로 승리한다. 하나님의 적들은 철저히 짓밟히고 짐승과 거짓 예언자는 "유황불 붙는 못"에 던져진다(「요한계시록」 19장 20절).

그러자 하늘에서 한 천사가 내려와 사탄을 잡아들여 무저갱에 천 년 동안 가둬 두고, 한편 그리스도는 신앙 때문에 죽임을 당한 수많은 순교자와 함께 이 땅을 다스린다. 이렇게 "천 년"이 흐른 끝에 사탄은 잠시 풀려나 이 땅에 일시적으로 환난을 일으키지만, 마침내 붙잡혀 마찬가지로 불의 못에 던져지고, 그곳에서 짐승과 거짓 예언자와 함께 "밤낮 괴로움을 받는"다(「요한계시록」 20장 10절).

그다음엔 최후의 부활이 이루어진다. 모든 인간이 심판을 받기 위해 죽음에서 일으켜진다. "생명의 책"에 자기 이름이 기록된 자들은 상을 받고, 책에 기록되지 않은 자들은 불의 못에 던져진다. 「요한계시록」은 하늘에서 모든 성도가 영원히 머무를 거처인 새 예루살렘이 이 땅에 내려오는 환시를 보여 주면서 마무리된다. 그곳은 온통 금으로 만들어졌고 사방에 진주로 만든 대문도 있는, 넓이가 1500평방마일(약 3800제곱킬로미터)에 달하는 엄청나게 큰 곳이다. 하나님과 그의 어린양이 빛을 발하기 때문에 불을 밝힐 필요도 없다. 더 이상 두려움도 어둠도 없고 고통과 불행, 고난, 눈물도 없는, 영원히 기쁨만 누리면 되는 곳이다. 선善이 영원히 다스릴 것이며, 의로운 자들은 그 빛에 영원히 거할 것이다(「요한계시록」 21-22장). 예언자 요한은 자신이 본 환영이 진실이며 그리스도가 "속히 오실" 것임을 강조하면서 이야기를 마친다(「요한계시록」
22장 20절).

요한계시록 속 상징들

숨이 멎을 듯 벅찬 이 환영에 등장하는 그 어떤 장면도 종말의
때에 순서대로 일어날 일을 있는 그대로 묘사한 것으로 읽어서는 안
된다. 이 사건들을 시간순으로 나열하기란 불가능하다. 앞에서도 지
적했지만, 「요한계시록」의 3분의 1도 안 지났는데 온 세상이 벌써
멸망한 것을 보라. 게다가 저자 자신도 이 기록은 상징임을 암시하
며, 아예 자신이 나열한 상징들을 해석할 열쇠를 쥐여 주기까지 한
다. 이는 핵심이 되는 두 구절로도 쉽게 입증된다.

17장에서 하나님의 진노의 대접을 땅에 붓는 일곱 천사 중 하나
가 예언자 요한을 데려가 "많은 물 위에 앉은 큰 음녀"를 보여 준다
(「요한계시록」 17장 1절). 요한은 이 음녀가 땅의 임금들이 "더불어
음행을 저지른" 여자라는 설명을 듣는다. 광야에 나간 요한은 한 여
자가 일곱 머리와 열 뿔이 달린 붉은 빛 짐승을 타고 있는 모습을 본
다. 여자는 자줏빛과 붉은빛 옷을 입고 금과 보석과 진주로 치장하
고 있다. 한 손에는 가증한 것들로 가득 찬 금잔을 들고 있으며, 이
마에는 "이름이 기록되었으니, 비밀이라. '큰 바벨론이라, 땅의 음녀
들과 가증한 것들의 어미라'"라고 나온다. 그 여자는 "성도들의 피
와 예수의 증인들의 피에 취"했다(「요한계시록」 17장 6절). 여기서

킹 제임스 성경은 17세기식 영어로 우리에게 살짝 혼란을 준다. 요한이 이 엄청난 탕녀를 보고 "크게 감탄했다"고 옮긴 것이다. 다행히 현대 영어가 문제를 해소해 준다. 알고 보니 요한이 크게 놀랐다는 뜻이었다. 놀랄 만도 하다.

　대체 이 "바벨론의 음녀"가 누구, 또는 무엇이기에 이럴까? 예언자 요한조차 그것을 알아내지 못하고, 이에 천사가 "지혜 있는 뜻이 여기 있다"(「요한계시록」 17장 9절)고 달래며 설명해 준다. 천사는 우선, 음녀가 올라탄 짐승이 무저갱에서 올라올 운명이라고 말한다(「요한계시록」 17장 8절). 조금 더 읽어 본 독자들은 「요한계시록」 20장 2절에서 이 무저갱에 갇히는 것이 바로 사탄임을 알아챈다. 거기서 사탄은 용, 옛 뱀으로 지칭된다. 음녀는 그렇다면 사탄의 지지를 받는 존재다.

　그래서 이 여자가 도대체 누구란 말인가? 천사는 계속해서 짐승의 일곱 머리가 사실은 여자가 앉아 있는 일곱 산이라고 설명한다(「요한계시록」 17장 9절). 고대에 살다 간 사람이라면 누구든 이쯤 되면 여자의 정체를 수월히 파악했을 것이다. 단서를 이해 못 한 사람들을 위해 천사가 마지막 답을 가르쳐 준다. "네가 본 그 여자는 땅의 왕들을 다스리는 큰 성이라."(「요한계시록」 17장 18절)

　요한의 시대에 세상을 다스린 도시가 누구인가? 고대에도 이미 "일곱 언덕(일곱 머리 달린 짐승 위)에 지어진" 도시로 유명했던 로마다. 여자는 왜 "바벨론"이라 불릴까? 바벨론(바빌론)은 기원전 586년에 예루살렘을 멸망시키고 바빌로니아의 왕 네부카드네자르(느부갓네살)의 지시로 성전을 불태운 도시다. 그로부터 600년 뒤인 기원후 70년, 예루살렘을 멸망시키고 베스파시아누스 황제의 명으로 두 번째 성전을 불태운 것은 로마다. 로마는 궁극적으로 하나님의 적인 사탄이 지배하는 도시, 이 땅의 경제적 착취(그래서 음녀는 호화로운 옷을 입고 많은 장신구를 걸치고 있다)와 기독교도 박해(음녀가 순교자들의 피에 취하는 구절을 주목하라) 둘 모두에 책임이 있는 도시다. 그런고로, 「요한계시록」의 저자가 보기에 하나님의 적은 로마제국과 그 황제들이다. 21세기인 지금, 언제라도 곧 나타날 웬 사악한 여자가 아니다.

「요한계시록」을 세심하게 읽은 독자라면 17장에서 말하는 짐승이 이미 13장에서도 등장한 것을 알아챌 것이다. 13장에 "바다에서 나온" 짐승이 등장하는데, 여기서도 열 개의 뿔과 일곱 개의 머리가 달려 있다. 게다가 "온 땅이" 경배하며 "짐승을 따랐다"고 되어 있다. 이 13장의 짐승은 큰소리치고 신성모독을 하며, 성도들과 싸움도 벌인다. 13장 끝에 저자가 짐승의 정체를 밝히면서 「요한계시록」 전체를 통틀어 가장 수수께끼 같은 구절이 나온다. "지혜가 여기 있으니, 총명한 자는 그 짐승의 수를 세어 보라. 그것은 사람의 수니, 그의 수는 육백육십육이니라."(「요한계시록」 13장 18절) 「요한계시록」의 다른 판 필사본에는 이 짐승의 숫자가 666이 아니라 616으로 나온다. 이 모든 내용을 어떻게 해석하면 좋을까?

지난 몇백 년 동안 번뜩이면서도 터무니없는 해석이 수없이 나왔다. 각 세대의 독자들은 이 적그리스도가 자기네 시대에 출현했다고 주장했고, 각 세대의 저술가들은 사실 그 짐승이 무솔리니이고 헨리 키신저이며 그도 아니면 심지어 교황 바오로 6세라며 자기네가

"증거"도 댈 수 있다고 큰소리쳤다. 그러나 「요한계시록」의 이 저자는 현대가 아니라 자기 시대의 맥락에서 쓴 것이고, 그가 사용한 상징은 그가 살았던 시대의 맥락에 빗대어 해석해야 가장 말이 된다.

우리가 17장의 짐승은 사탄이 지배하는 로마와 로마의 군주들임을 안다면, 저자가 13장에서도 그런 뜻으로 말한 것이라고 추정할 수 있다. 그건 그렇지만 숫자 666은 어떻게 해석한다? 저자는 사실 게마트리아Gematria라고 하는, 고대의 문학 해석 형식에 기대고 있다. 게마트리아는 단어와 이름의 숫자 값을 셈하는 해석법이다. 그리스어나 히브리어 같은 고대어에서는 각 알파벳이 숫자의 기능도 했는데, 그래서 예를 들면 그리스에서 1은 알파로 표기하고 2는 베타로 표기하는 식이었다. 이렇게 모든 글자가 숫자 값을 가졌으며, 단순히 각 글자의 값을 더해 단어의 숫자 값을 계산할 수 있었다. 「요한계시록」의 저자는 짐승이 666(혹은 616)의 숫자 값을 띠는 이름을 가진 사람임을 암시하고 있다.

현대의 성경 주해가들은 이 수수께끼의 답을 이미 오래 전에 알아냈다. 오래 전부터 기독교도들이 로마 황제들 가운데 최초의 대적으로 간주한 사람은 네로 황제(기원후 54년~기원후 68년 재위)였다. 그가 추진한 무자비한 기독교 박해가 참혹한 피의 순교를 불러왔기 때문이다. 그의 히브리어 이름 "카이사르 네론Caesar Neron"을 숫자로 변환하면 666이 되는 것은 우연이 아니다. 더 놀라운 것은, "네론" 대신 "네로"라는 다른 표기가 있는데 이렇게 마지막 'n'을 떼어 내면 616이 된다는 것이다.

「요한계시록」의 저자는 "바다에서 솟아오른 짐승"과 "바벨론의 음녀"를 묘사했을 때, 둘 다 말 그대로의 짐승과 말 그대로의 음녀를 이야기한 게 아니었다. 21세기에 출현할 어떤 인물을 이야기한 것도 아니다. 짐승과 음녀의 심상을 상징으로 사용해 도시인 로마와 로마 제국 그리고 제국의 군주들(저자가 살아간 시대에 기독교의 적들)을, 호환해 가리키고 있는 것이다. 즉, 「요한계시록」을 이해하는 핵심 열쇠는 거기에 등장하는 상징들을 상징 자체로 알아보는 것이라는 얘기다.

자, 그럼 앞의 질문으로 돌아가 보자. 「요한계시록」이 상징으로 가득하고 독자가 은유적으로 해석하도록 의도한 게 분명하다면, 왜 그토록 끔찍하게 들리는 영원한 "불의 못"이라든가 환상에나 존재할 듯 아름다운 "새 예루살렘"은 사후 세계를 **있는 그대로** 묘사한 것으로 받아들여야 하나? 사실은, 그것들 역시 말로는 직설적으로 전할 수 없는 세계를 상징적으로 묘사한 것이다. 나는 불의 못이 죄인들을 기다리고 있는 영원한 고문이 아니라 다음 생에 대한 어떤 희망도 없는, 죄인들의 완전하고도 영원한 궁극적 소멸의 상징이라고 본다. 새 예루살렘은 예수를 따르는 자들이 다음 생에 얻을, 상상조차 안 되는 유토피아적 삶을 뜻하는 것이고 말이다.

순교자들이 맞는 사후 세계

「요한계시록」에 처음으로 사후 세계에 대한 언급이 나오는 것은 6장에서 다섯 번째 봉인을 떼는 구절이다(「요한계시록」 6장

9-11절). 지상에서는 아무 일도 일어나지 않지만, 예언자 요한은 "하나님의 말씀"과 "그들이 가진 증거"로 말미암아 "죽임을 당한" 영혼들이 제단 아래에서 큰 소리로 하나님께 이렇게 울부짖는 것을 본다. "땅에 거하는 자들을 심판하여 우리 피를 갚아 주지 아니하시기를 어느 때까지 하시려 하나이까?" 여기서 제단은 물론 하나님과 인간의 접촉 매개이며, 그리스도를 믿다가 죽임을 당한 이 순교자들은 신과 접촉할 수 있는 특별한 권한이 있음을 알 수 있다. 그들은 믿음을 지킨 대가로 명예와 노고를 인정받기를 원한다. 하지만 그들의 소망은 번번이 실현이 미뤄진다. 대신에 각자 흰 예복을 받은 다음, 순교할 운명인 다른 기독교도 동지들 전부 자기 명을 다할 때까지 "잠시 쉬라"는 말을 듣는다.

이 다른 순교자들은 7장, 여섯 번째 인을 뗀 후의 장면에서 묘사된다. 두 무리가 등장하는데, 각 지파에서 1만 2000명씩 모인 14만 4000명의 유대인 그리고 "각 나라"의 사람들 가운데 "아무도 능히 셀 수 없는 무리", 이렇게 둘이다(「요한계시록」 7장 4-9절). 이는 어마어마한 숫자이고, 요한의 시대에 실제로 믿음을 지키다 순교한 기독교도의 수라고 보기에는 부적합하다. 박해의 시기에 고통받는 쪽 입장에서는 자기네 전체 인구가 심각하게 축소된 것처럼 보이게 마련이다. 그러나 해당 시기에는 기독교도를 다 합쳐도 14만 4000이 안 되었고, 순교가 주기적으로 일어난 게 아니라 상당히 드물었음을 설득력 있게 보여 주는 최근 연구도 많다.[3]

여기서 매우 놀라운 점은, 「요한계시록」 전체에서 이 순교자들이 천국에 거하는 유일한 영혼인 듯 그리고 있다는 것이다. 다들 편

안히 지내고 하나님에게 좋은 대우도 받는데, 이들 말고 다른 성도들도 신에게 그런 호사스러운 대접을 받을 운명이라고 말하는 구절은 없다. 믿음을 지키다 죽은 순교자들은 특별한 상을 받았다. 나머지 의로운 자들은 최후의 심판 후 새 예루살렘에서 지상의 영광된 삶을 장차 물려받을 것이다(아마 이 순교자들도 천국의 제단 아래 임시로 거하고 있다가 장차 그렇게 될 것이다). 그런데 우리가 보기엔 다소 유감스럽게도, 「요한계시록」은 최후의 심판 이전에 죽은 그 많은 신도가 어떤 일을 겪고 있는지는 전혀 이야기하지 않는다. 그들은 지하 세계 어딘가에 있는 걸까? 무덤 속에 잠들어 있나? 한동안 그냥 존재하기를 멈춘 걸까? 아무런 언급이 없다.

저자가 언급한 것은 최후의 날까지 살아남은 죄인들에게 어떤 일이 일어날 것인가이다. 14장을 보면, 하늘에 천사가 나타나 "큰 성 바벨론이 무너졌도다"라고 외친다(「요한계시록」 14장 8절). 이는 예언자 요한이 다가올 로마의 멸망을 내다보는 구절이다. 또 다른 천사가 나타나 "짐승"의 편에 선 자들은 모두 "하나님의 진노의 잔에 섞인 것 없이 부은 포도주를 마실" 거라고 선언한다(「요한계시록」 14장 10절). 이 끔찍한 형벌은 딱히 "불의 못"으로 묘사되지는 않았지만, 여기서 말하는 하나님의 적들은 "거룩한 천사들 앞과 어린양 앞에서 불과 유황으로 고난을 받으리니, 그 고난의 연기가 세세토록 올라가리로다. … 그들은 밤낮 쉼을 얻지 못하리"라고 나온다(「요한계시록」 14장 10-11절).

대조가 극명하다. 그리스도의 순교자들은 하나님에게 옷도 얻어 입고 천국에서 "쉼"도 얻어 가며 영광 가운데 거하는(「요한계시록」

6장) 반면, 세속의 적들로 순교자들을 박해하고 죽인 자들은 "쉼을 얻지 못"하고 밤낮으로 불구덩이에서 고통받을 것이다(「요한계시록」 14장). 저자가 그들이 글자 그대로 영원히 튀겨질 거라는 뜻으로 말했을 리는 없다. 뒤의 구절에서 그들이 받을 "최후의" 심판을 언급한 걸 보면 말이다. 순교자들과 마찬가지로 그들은 영원한 생이 시작되기를 기다리는 동안 임시적 운명을 경험하고 있을 뿐이다.

불에 타는 이미지는 누가 봐도 상징이지, 사람들이 영원히 불에 구워지는 것을 있는 그대로 묘사한 게 아니다. "그 연기"가 "세세토록" 올라간다는 말은 그들에게 운명을 되돌릴 기회가 없다는 뜻이다. 그들이 받는 벌이 영구적이기에 그렇다. 이 은유 표현은 성경에서 흔히 등장하는데, 글자 그대로를 의미한 적은 한 번도 없다. 「이사야서」 34장, 에돔의 비통한 운명을 묘사한 구절에서도 이 표현이 나온다. 에돔의 티끌이 "유황이 되고, 그 땅은 불붙는 역청이 되"리라고 나와 있다. 에돔의 땅이 "불타는 역청이 되어, 밤에나 낮이나 꺼지지 아니하고 그 연기가 끊임없이 떠오를 것"(「이사야서」 34장 10절)이라 했다. 하지만 오늘날 중동으로 여행 가면 천 년째 끊이지 않고 연기를 하늘로 올려 보내면서 불타고 있는 에돔을 볼 거라 기대하는 사람은 한 명도 없다. 이사야는 에돔이 영원토록 멸망할 거라는 뜻으로 한 말이다.

「요한계시록」의 저자도 마찬가지다. 로마를 지지한 자들은 다가올 세상에서 편히 쉬지 못할 것이다. 결국 그들은 20장에 나오듯, 영영 소멸할 것이다. 그러니 우리는 14장에서 예언자가 고문이 영원히 지속될 것을 암시했다고 걱정할 것 없다. 실제로는 여섯 개 장章 동안 지속되는 고문을 뜻한 것이니 말이다. 그의 기록을 연대순으로, 액면 그대로 받아들여서는 안 된다는 것과 애초에 그런 의도로 쓴 것도 아님을 우리는 이미 확인했다. 그게 아니라면 여섯 번째 인이 떼어진 후 언제고 멸망할 로마제국도 존재하지 않았을 것이다.

악한 자들이 받을 심판

무시무시한 "불의 못"은 「요한계시록」 19장에 처음 등장한다. 그리스도가 천상의 군대를 대동하고 강림해 "최후의 전투"에 임한다. 빛이 번쩍 하면서 이 땅의 적들이 궤멸되고 벌을 받는다. 그리스도의 초인적 적수들(짐승과 그의 거짓 선지자)은 산 채로 "유황으로 타오르는 불의 못"에 던져진다. 한편 그들의 인간 동지들은 "검에 죽으매", 모든 새가 "그들의 살로 배불렀다."(「요한계시록」 19장 20-21절) 말인즉슨 죽은 자들은, 지금은 일단, 죽어 있다는 얘기다.

저자가 짐승이 실제로는 로마제국을 말하는 것임을 이미 밝혔다면, 어떻게 제국이 산 채로 유황불 못에 던져졌을지 상상하기 힘든 건 당연하다. 불과 유황은 성경에서 하나님의 심판을 뜻하는 표현으로 자주 사용된다. 「창세기」까지 거슬러 가면 거기서도 하나님은 소돔과 고모라의 극악무도한 죄인들에게 불과 유황을 비처럼 내리고 있다(「창세기」 19장 24절). 에스겔은 신비로운 곡Gog의 왕국이 종말의 때에 비슷한 운명을 맞을 것을 묘사한다(「에스겔서」 38장 22절). 「시편」의 저자는 하나님이 악한 자들에게 숯불과 유황을 내릴 거라고 말한다(「시편」 11편 6절).

이 이미지는 기독교도들이 과거에 불에 타 참혹한 죽음을 맞았음을 아는, 아니면 최소한 그 얘기를 들은 적이 있는 사람들에게 유독 통쾌하게 다가왔을 것이다. 저자의 말에 따르면, 박해당한 기독교도의 적들이 그와 유사한 운명을 맞게 될 터였다. 그러나 이들이 설 곳은 일정 시간이 지나면 불이 꺼지는 화형대가 아니었다. 영원히 불이 꺼지지 않아서 솟구치는 연기도 결코 멈추지 않는, 새빨갛게 달궈진 연못에 통째로 들어가는 것이었다.

이와 대조되게, 순교자들은 더 바랄 게 없을 만큼 좋은 상을 받는다. 하나님의 적들이 영원한 불의 파도에서 허우적대는 동안, 그들이 과거에 죽인 순교자들은 되살아나 그리스도와 함께 천 년 동안 이 땅을 다스린다(「요한계시록」 20장 1-6절). 독자들이 「요한계시록」을 읽으면서 종종 간과하는 점은 이 땅을 다스리는 영광의 천 년이 "예수를 증언함과 하나님의 말씀 때문에 목 베임을 당한 자들"(「요한계시록」 20장 4-5절)에게만 약속되어 있다는 것이다. 모든 성도(예를 들면 자기 침상에서 평온하게 죽음을 맞이한 자)가 누릴 운명이 아니다. 그들도 따로 영광을 누릴 날을 맞겠지만, 그날은 순교자들이 그리스도와 함께 이 땅에서 천 년의 시간을 누린 뒤에야 올 것이다.

그 기간이 다했을 때, 사탄이 무저갱에서 돌아와 온 나라들을 유혹해 성도들과 대적시킬 것이다(「요한계시록」 20장 7-9절). 그러나 사탄과 그 무리는 곧 패할 것이다. 적군은 하늘에서 쏟아진 불에 궤멸될 것이다. 사탄에게는 더 심한 운명이 기다리고 있다. 불의 못에 내던져져, 거기서 이미 천 년간 쉼 없이 불에 구워지고 있던 짐승과 그의 거짓 선지자와 합류할 것이다. 이후 그 셋은 "세세토록 밤낮 괴로움을 받"을 것이다(「요한계시록」 20장 10절). 앞선 천 년은 시작에 불과했던 것이다.

주목할 점은, 이 유황불 연못에 인간은 없다는 것이다. 짐승의 추종자들은 전부 검에 베여 처단되었다. 이미 다 죽었다. 그러나 이어서 최후의 심판이 닥친다.

죄인들의 최후

죽은 자들(악한 자든 의로운 자든)이 받을 심판은 「요한계시록」 20장 11절부터 15절까지 간명하게 묘사된다. "크고 흰 보좌"가 준비되어 있고, 모든 죽은 자들이 "큰 자나 작은 자나" 그 보좌에 앉은 이 앞에 불려 나간다. 예외는 없다. 거기에 책이 펼쳐져 있고, 옆에 다른 한 권의 책이 또 있다. 후자는 생명책이다. 책들에는 생명을 얻어서 산 모든 자들이 행한 일이 기록돼 있고, 모든 "죽은 자들이 자기 행위에 따라 책들에 기록된 대로 심판을 받았다."(「요한계시록」 20장 12절) 누구든 "생명책"에 기록되지 못한 자는 저주를 받아 "불 못에 던져졌다." 그뿐 아니라, 죽음과 음부(지옥)마저 못에 던져진다. 저자는 이렇게 말한다. "이것은 둘째 사망, 곧 불 못이니라."(「요한계시록」 20장 14절)

물론 이번에도, "죽음"이나 "지옥"으로 불리는 살아 있는 존재들이 말 그대로 불로 부글부글 끓는 연못에 던져져 영원히 벌받는 모습은 상상이 안 된다. 이는 사실 하나님에게 대적하는 모든 존재의 궁극적 파멸을 묘사한 구절이다. 하나님은 생을 기록하는 자다. 죽음은 그의 적이며 그래서 죽음은, 죽은 자들이 속한 세계 전체와 함께 영원히 멸할 것이다. 더는 존재하지 않게 되는 것이다. 연못을 "두 번째 죽음(둘째 사망)"이라고 한 이유가 바로 이것이다. 이미 죽은 인간 모두를 포함해, 죽어 있는 모든 것의 최종적 소멸을 뜻한다. 그들에게 더 이상 삶은 없다. 영원토록.

앞서 우리는 예수와 바울 둘 다 악한 자들이 절멸되어 다시는 살지 못할 거라고 믿었음을 확인했다. 두 사람은 죄인들이 영원히 고문당할 거라고 설교하지도, 믿지도 않았다. 하나님의 궁극의 복수는 그들이, 성도들이 영원한 하나님 나라에 들어갈 때 받을 영광을 자신들 또한 누릴 거라는 희망도 없이, 완전히 소멸되게 하는 것이다. 「요한계시록」에도 같은 관점이 담겨 있다. 비록 후대 기독교인들이 상징적인 "불의 못"을 말 그대로 (그저 백만 천만 년 동안이 아니라) 풀려나거나 구제받을 가망 없이 영원히 죄인들이 불에 탈 지옥의 불구덩이로 바꿔 버렸지만, 예언자 요한은 그의 주 예수와 그에게 선구자 격인 바울의 관점에 동의했다. 죄인들에게는 죽음이 이야기의 끝이다. 생은 힘들 때나 좋을 때나, 심지어 박해와 순교를 당하면서도 꿋꿋이 하나님 편에 섰던 자들에게만 온다. 이들은 적들이 마침내 멸망한 후, 영원토록 지속될 천국의 상을 받을 것이다.

성도들에게 약속된 영광된 운명

요한이 묘사한 구원받은 이들이 받을 축복은 상상을 뛰어넘는 엄청난 것이어야 말이 된다. 우리가 지금 사는 세상은 누가 봐도 악과 죄, 고통과 불행, 고난, 죽음으로 가득 차 있다. 이 세상은 멸망할 것이다. 이 세상에 존재하는 모든 나쁜 것은 그와 함께 사라질 것이다. 세상은 원래 선한 곳으로 창조되었다. 처음에는 하나님의 사랑을 받는 이들이 영원토록 행복하게 살도록 창조된 정원(말 그대로 낙원)이었다. 그러나 세상은 부패하고 타락했고, 진정 끔찍한 곳이 되어 버렸다. 그래서 하나님은 다시 시작할 것이다.

하나님의 모든 적들과 그들이 거하던 세상이 멸망한 후, 하나님은 "새 하늘과 새 땅"을 창조할 것이다(「요한계시록」 21장 1절). "새 예루살렘", 하나님의 도성이 하늘에서 내려올 텐데, 예수를 믿고 따른 성도들이 거주하는 어마어마하게 큰 곳이다. 이제 그들은 하나님 곁에서 사는 것이다. 더 이상 고통도 문젯거리도 어려움도 없는 유토피아 같은 삶을, 그것도 영원히 누릴 것이다. 하나님이 "모든 눈물을 그 눈에서 닦아 주시니, 다시는 사망이 없고 애통하는 것이나 곡하는 것이나 아픈 것이 다시 있지 아니하리니. 처음 것들이 다 지나갔음이러라."(「요한복음」 21장 4절) 진귀한 보석처럼 빛날 이 예루살렘 성에는 이스라엘 열두 지파의 이름을 딴 열두 개의 문이 있고 열두 사도의 이름을 새긴 열두 개의 기초석이 있을 것이다. 이 영광스러운 구원이 이스라엘과 그 교회의 성스러운 전통을 토대로 세워질 것이라는 뜻이다. 성벽은 벽옥으로 지었고 성 자체는 금으로 되어 있는데 유리처럼 맑을 것이다. 이 성은 하나님의 영광으로 빛이 나고, 그 어떤 속된 것도 들어가지 못할 것이다.

그런데 이렇게 환상적인 찬란함을 묘사한 구절에도, 똑같이 영광으로 가득하지만 몹시 신비로운「요한계시록」자체와 마찬가지로 모호한 점은 있다. 하나님이 모든 악한 존재와 그들과 한편이 된 자들을 멸했다고 했는데도, 성 안에서 기른 열매가 만국을 "치료" 할 거라고 한 부분이다(「요한계시록」 22장 2절). 대체 어떤 나라들을 말하는 것이며, 선한 존재만 남아 있다면 왜 그들이 치료받을 필요가 있다는 걸까? 왜 저자는 "땅의 왕들"이 자기네 나라의 보물(말 그대로 "영광"이라고 되어 있다)을 가지고 성으로 들어갈 거라고 했을까(「요한계시록」 21장 24절)? 이들은 어떤 왕이며 어느 왕국의 왕인가? 그리고 성은 왜 이미 가진 것보다 더 많은 보물을 필요로 하거나 원한단 말인가? 게다가 어째서, 그와는 반대로 예언자 요한은 무엇이든 "속된" 것을 가지고서는 성으로 들어갈 수 없다고 한 걸까(「요한계시록」 21장 27절)? 세상에 속된 것이 어떻게 남아 있을 수 있나? 하여간「요한계시록」은 신비로운 책이다.

요한계시록의 변치 않는 메시지

누군가 우리가 사는 세상 너머 또 다른 현실의 환상적이고 강력한 환영을 묘사한다면 그것은 당혹스럽고 받아들이기 힘든 그림이 될 수밖에 없다는 게 합리적인 추정이다. 그 세계는 종잡을 수 없는 곳이다. 요한은 천상의 세계를 묘사하면서, 때때로 독자에게 자신이 심히 상징적인 언어를 사용하고 있음을 대놓고 일러 준다. 짐승은 당시 세상을 지배하고 있던, 일곱 언덕에 지어진 도성이고, 이 성은 광야의 음녀로 묘사되기도 한다. 그 도성을 지배하는 인간의 이름은 숫자로 변환하면 666이 된다. 이야기는 계속 이런 식으로 진행된다. 가끔씩 비치는 단서로만 그 뜻을 유추해야 하는, 괴상한 상징으로 가득한 환영이다. 그 단서가 노골적일 때도 있고, 교묘할 때도 있다. 혹은 아예 이해가 불가능한 것도 있다. 상징은 본질적으로 명제적 진리를 액면 그대로 표현한 것이 아니며, 장차 일어날 일을 직접적으로 드러낸 것으로 해석할 경우 「요한계시록」이 "앞뒤가 맞지" 않는 것도 바로 그래서다. 요한이 그렇게 무미건조하게 설명하고 싶었다면, 우주적이고 신비로운 환영을 늘어놓지 않았을 것이다.

비록 환영의 어떤 부분은 해독해서 설명하기 어렵고 또 어떤 부분은 아예 조리가 안 맞는다 해도, 저자가 전달하려는 핵심은 명확하다. 서사 전반에 깔려 있는 메시지는, 비록 지금은 그렇게 보이지 않겠지만 이 세상의 궁극적 지배자는 하나님이라는 것이다. 우리는 불행과 고통의 온상에 살고 있는지도 모르고, 상황이 점차 악화되고 있는지도 모른다. 그러나 하나님이 이 세상을 통제하고 계시며, 전부 계획대로 흘러가고 있다. 종말이 오기 전 모든 지옥문이 열릴 텐데, 그런 다음엔 하나님이 세상사에 개입해 그동안 타락한 모든 것을 회복시키고 모든 잘못을 바로잡을 것이다. 최후에는 선이 이길 것이다.

이는 세상의 사악한 지배자들과 그들 편에 선 무리에게는 나쁜 소식이다. 요한은 꼭 집어 로마제국을 염두에 두고 있었다. 당시 로마제국은 중동의 나라들을 초토화하고는 자기네 정책을 강제했고, 그 나라들을 경제적으로 수탈하고 정치적으로 압제했으며 군사적으로 지배했다. 하나님이 그런 로마제국과 그들의 편에 선 자들을 전부 멸할 것이다. 로마의 황제들과 귀족들은 당장은 남들의 희생으로 호화로운 삶을 즐길지 모르나, 권세를 빼앗기고 절멸할 것이다. 그들의 지배를 기꺼이 받아들이고 압제에 가담한 자들은 전부 하나님의 심판이 내릴 때 철저히 소멸할 것이다.

반면 악이 다스린 시기에 하나님 편에 섰던 자들은 상을 받을 것이다. 옳은 일을 한 대가로 고난받을지 모르나(심한 경우 믿음을 지키다가 죽을 지도 모르나) 잊히지도 버림받지도 않을 것이다. 미래는 실상 그들의 것이며, 그 미래란 더 이상 고통도 불행도 고난도 없는(오직 진주로 만든 대문이 있는 금빛 성과 천국의 영광만 영원토록 있는) 유토피아 같은 곳에서 하나님과 다른 모든 성도 들과 함께 누리는 영생이다. 여기서 금과 진주는 당연히 상징이다. 하지만 요한에게 죽음 이후 영광된 삶을 누릴 가망은 실제다. 그것은 믿음을 지킨 자들, 오직 그들에게만 올 미래다.[4]

12장
육신으로 사는 영생

사후死後에 지각이 있는 "영혼"으로 살아간다는 개념에 명백히 내재된 문제들은 고대 회의주의자들도 때때로 지적했었다. 죽으면서 육신을 이승에 남겨 두고 온다면, 생전에 사랑했던 사람을 어떻게 알아보고 어떻게 함께할 수 있단 말인가? 눈이 없는데 그들을 어떻게 보고, 귀가 없는데 그들이 하는 말을 어떻게 듣고, 손이 없는데 그들을 어떻게 만진단 말인가? 신경계가 없는데 어떻게 통각으로 고통을 느끼며 극도의 물리적 쾌락을 경험하고, 뇌가 없는데 생각은 또 어떻게 한단 말인가?

그런데 기독교의 부활 신조는 종종 그보다 더 황당한 개념 취급을 받아, 비기독교인들에게 꽤나 조롱을 받았다. 다른 것도 아니고 자기 **몸뚱이**를 그대로 지닌 채 영원한 삶을 살 수 있다고 심각하게 믿는 사람이 세상에 어디 있느냐는 것이었다. 많은 고대인(대표적으로 플라톤)이 육체가 곧 문제라고 여겼다. 육체야말로 수많은 고통과 불행의 원천이라고 말이다. 철학을 전심으로 추구하는 목적이 육체에서 해방되기 위함이라면, 어찌 그 육체를 가지고, 억지로 영원토록 살란 말인가? 그뿐 아니라 (묵시론적 관점을 반대하는 자들이 묻기를) 부활한 육신이라는 게 어떻게 말이 되나? 부활한 나는 몇 살인가? 내 몸의 불완전한 부분과 결함도 그대로 유지하는 건가? 질병과 부상을 그대로 지닌 채 부활하는 건가? 더 이상 필요 없는 부위들(예를 들면 소화기관 일체라든가)도 같이 부활하나? 살아생전의 머리카락과 손톱까지 그대로?

그런데도 (전부는 아니라도) 많은 기독교도가 (그전에 유대교 묵시론자들이 그랬던 것처럼) 그렇게 될 거라고 주장했다. 2세기 기독교 지식인이자 변증가였던 순교자 유스티누스도 기독교도들이 "제 육신이, 죽어 땅에 묻혀 있을 텐데도, 소생할 것을 기대했다"(『제1변증서』 18)고 확인시켜 주었다. 이어서 그는 육신의 부활이 그리 터무니없는 얘기는 아니라고(육신의 탄생보다 딱히 더 황당한 개념은 아니라고) 주장했다. 인간의 씨 하나가 사람으로 자랄 것을 누가 상상이나 했겠는가? 신이 육체를 가지고 태어나는 인간의 탄생이라는 기적을 이루셨으니, 소생한 육신으로 재탄생시키는 두 번째 기적도 보여 주실 것이었다.

이교의 육신 부활론 조롱

그러나 기독교에 반대하는 이교도들은 사후에 육신이 되살아난다는 개념을 괴상하고 우스꽝스러운 것으로 취급했다. 이러한 거부를 가장 단호하고 효과적인 말로 표현한 사람은, 2세기 말에 발표한 한 편의 저서 외에는 달리 알려진 바가 없는 지식인 켈수스다. 켈수스는 저서 『진리 *The True World*』에서 지식을 바탕으로 그리스도교를 공격했다. 이 책의 내용은 우리가 어느 정도로든 재건이 가능했던, 이교에서 나온 최초의 기독교 반박문이다. 안타깝게도 글의 원본은 보전되지 못했고, 후대의 기독교 저술가이자 훌륭한 저술을 다수 발표한 알렉산드리아의 오리게네스가 남긴 인용문으로만 전해진다. 그 인용문이 담긴 책이 바로 켈수스의 저작이 유포되기 시작하고 반세기 남짓 지나서 내놓은 반박문인 『켈수스를 논박함』이다.[1]

이 반론에서 오리게네스는 조목조목 반박할 목적으로 켈수스의 원문을 길게 인용한다. 덕분에 우리는 켈수스가 기독교의 주장에 대하여 펼친 논리적 반박을 본인의 문장 그대로 읽을 수 있게 되었다. 최후의 심판과 죽은 자의 육신 부활 개념이 그가 보기에 특히 황당했던 모양이다. 그래서 켈수스는 이렇게 재기 넘치게 공격한다.

하나님이 (마치 조리사처럼!) 불을 내리실 때 인류의 나머지 전부가 속속들이 구워 삶아지는데 자신들만 살아남을 거라고, 그것도 당시에 살아 있는 사람만이 아니라 죽은 지 오래 됐는데 예전의 육신을 똑같이 가지고 흙에서 다시 일어난 사람도 그럴 거라고 상정하는 건 어리석은 짓이다. 이는 지렁이들이나 바랄 일이다. 대체 어떤 인간의 영혼이 이미 썩어 버린 몸뚱이에 대한 열망을 여전히 품고 있단 말인가? 이 신조를 당신들(유대인) 일부와 기독교도 일부는 받아들이지 않는다는 사실 자체가 그것이 얼마나 역겨운지를, 그

리고 얼마나 혐오스럽고 가당치도 않은지를 말해 준다. (『켈수스를 논박함』 5, 14)

우리도 앞으로 자세히 살펴보겠지만, 일부 기독교도가 이 개념을 받아들이기를 거부했고 심지어 일부 유대인도 그랬다는 것을 켈수스가 알아챈 것이 흥미롭다. 여기서 그가 사두개파를 염두에 두고 있음이 분명하다. 켈수스는 이어서 반론의 근거를 자세히 제시한다.

대체 어떤 육신이 철저히 부패한 후에 본래의 성질로 돌아올 수 있으며 그것이 분해되기 이전의 상태로 똑같이 회복될 수 있단 말인가? … 영혼 같으면, [신이] 영원한 생명을 부여할 수도 있을 것이다. 하지만 헤라클레이토스도 말했듯, "시체는 똥보다 더 역한 것으로 여기고 내다 버려야 한다." 육肉에 대해서라면, 언급하기 미안할 정도인 것들로 가득한 그것을 신은 가지고 싶어 하지도 않을 것이고 이치에 반해 영원히 유지되게 할 수도 없을 것이다. (『켈수스를 논박함』 5, 14)

기독교의 부활 개념 변론

기독교 사상가들은 초대교회가 부흥한 첫 300년 동안 이러한 이교도의 반박에 대항해야 한다는 사명감을 느꼈다. 그들은 사실 켈수스의 시대보다 훨씬 이전부터 그러고 있었다. 아마 신약성경 외에 최초의 기독교 저술에 해당하는 작품은 「클레멘스 1서」일 것이다. 「클레멘스 1서」는 사도 베드로의 후계자라고 하는, 초창기의 로마 주교 클레멘스가 쓴 것으로 후대인들은 추정했다. 그러나 진짜 저자는 익명으로 남기를 택했다. 이 서한집은 실제로 "로마에 있는 교회" 전체가 코린토스에 있는 다른 교회에게, 그곳의 기독교 지도부에서 발생한 문제를 해결하도록 조언해 준 내용이다. 연구자들은 보통 「클레멘스 1서」의 저술 연대를 기원후 95년 전후로 보는데, 이는 신약의 몇몇 책보다 앞선 시점이다.[2]

이 드물게 긴 서한이 다루고 있는 여러 문제들 중에는 훗날 죽은 자가 물리적으로 부활한다는 개념이 과연 타당한가 하는 의문도 있다. 저자는 그 생각이 그리 허황된 게 아니라고 말한다. 부활은 일상에서 늘 일어나는 일이라고 말이다. 24시간마다 밤이 지나면 낮이 오고, 매년 죽은 씨앗에서 살아 있는 작물이 나온다. 인간의 육체라고 죽음 후 되살아나지 못하리란 법 있는가?

그 증거로 그는 경이로운 새 피닉스의 이야기를 든다. 그의 말에 따르면 피닉스는 아라비아 근방에 사는 새인데, 500년을 살다가 죽음이 가까워 오면 유향과 몰약, 기타 여러 향료로 자기 무덤을 짓는다고 한다. 그러다 때가 오면 무덤에 들어가 죽는다. 그런데 썩어 가는 그 살에서 벌레 한 마리가 저절로 생겨나, 부패하는 전신前身의 분비물을 양분 삼아 자란다. 어느새 형체를 갖춘 새에게 날개도 나고 힘이 생기면, 시체가 든 무덤을 물고 아라비아에서 이집트의 도시 헬리오폴리스로 날아간다. 거기서 한낮에 모두가 지켜보는 가운데 태양의 제단으로 날아가 무덤을 내려놓고 고향으로 돌아간다. 태양의 신전 사제들은 고대 기록을 살펴본 후, 그 일이 500년 만에 되풀이된 일임을 알게 된다(「클레멘스 1서」 25장). 그러니 자연도 죽음에서 생명이 탄생한다는 증거를, 시체에서 살아 있는 육신이 나온다는 증거를 보여 주고 있지 않느냐는 것이다. 「클레멘스 1서」를 쓴 이 익명 저자는 숨 가쁘게 주장을 이어 간다. "이럴진대 우리는 만물의 창조주께서 우리에게 이렇게 새 한 마리를 통해 그 약속의 중함을 보여 주시는데, … 그분께서 경건하게 그분을 섬긴 모두를 죽음에서 일으키시리라는 것을, 신의의 표시로, 대단하고 경이롭게 생각해야 하지 않겠는가?"(「클레멘스 1서」 26장 1절)

약 80년 뒤에는 아테나고라스라는 기독교 철학자의 펜촉에서 부활 신조에 대한 좀 더 치밀한 변론이 나온다.[3] 아테나고라스는, 신이 정의롭다면 죄지은 인간들을 분명 심판하실 거라고 말한다. 그러나 신이 인간의 영혼만 벌주고 육신은 내버려 두는 건 말이 안 된다고 주장한다. 악행이든 선행이든 (육체와 영혼이 하나 되어) 그 사람 전체가 행한 것이다. 그러니 육체와 영혼 둘 다 공평히 심판받아야 한다. "하나님의 심판이 충동에서 나온 죄와 그에 응당한 징벌을 영혼에만 내리는 것은 분명 불공정하고 부적절하다."[4]

논의를 전개하면서 아테나고라스는 인간의 실제 육신이 소생해 영생을 얻는다는 개념에 대한, 익히 알려진 이교도들의 반론을 조목조목 논박한다. 그중 두드러진 반론 한 가지는 현대인이라면 대부분 떠올리지 않았을 문제다. 어떤 사람이 죽어서 그 육신이 물고기나 다른 짐승에게 먹혔다고 해 보자. 그 사람의 시체는 일단 짐승에게 섭취되면 그 짐승에게 자양분을 제공할 테고, 또한 소화되고 영양분을 공급하는 과정에서 그 짐승 몸의 일부가 될 것이다. 그 짐승을 잡아먹는 사람은 먼젓번 사람의 육체 일부를 섭취하는 게 될 테고, 먼젓번 사람의 몸은 그것을 먹은 사람 몸의 일부가 될 것이다. 그럼 부활할 때 두 사람 중 누가 그 섭취된 신체 일부들을 갖게 되는 건가?

더 끔찍한 경우, 식인 행위로 한 사람이 다른 사람을 그대로 잡아먹으면 어떻게 되는 건가? 식인자가 자기 몸에 다른 사람 몸의 일부를 담고 있게 될 것이다. 그럼 두 사람 다 부활할 때 둘 중 누가 그 신체 일부들을 차지하게 되는 건가?

이 문젯거리는 얼마든지 증폭될 수 있다. 나중에 또 다른 짐승이나 식인종이 남의 신체 일부를 섭취한 인간의 몸뚱이를 잡아먹을 수도 있고, 이런 행위가 끝도 없이 연쇄적으로 일어날 수 있으니 말이다. 하지만 아테나고라스는 이 딜레마의 해답을 알고 있다. 그는 소화 이론과 관련된 답변을 제시한다. 그가 보기에 육체는 오직 그것에 적합한 음식만 소화할 수 있다. 적합하지 않은 것은 제거된다. 그러니 한 사람의 신체 부위는 다른 사람 신체의 일부가 될 수 없다.

> 뭐든 부자연스러운 것이 그것을 요구한 육체의 일부 및 부위를 형성할 자양분으로 결코 변하지 않는다면, 마찬가지로 자양분으로 변하지 않을 것이 애초에 대자연이 양분 역할을 하도록 의도하지 않은 어떤 신체의 일부로 결코 편입되지 않는다면, 인간의 육신은, 설령 운 나쁘게 다른 사람의 소화기관을 통과한다 해도, 그것을 부자연스럽게 먹을거리로 취한 다른 인간의 육신에 절대로 편입될 수 없다. (『부활에 대하여 *On the Resurrection*』 8)

분명 바울도 예수도 부활 신조가 이렇게 배배 꼬인 의문을 낳을 줄은 예상하지 못했을 것이다. 하지만 시간이 지나면서 반론은 확산됐고, 결국 고대 기독교가 낳은 가장 영향력 있는 신학자 성 아우구스티누스(354년~430년)마저 이 문제를 다루기에 이르렀다. 그는 고전이 된 저서 『신국론』의 마지막 세 권을 사후 세계를 논하는 데 할애했다. 그 과정에서 육신의 부활이라는 기독교 신조와 관련해 공통적으로 제기되는 수수께끼 같은 의문들의 답을 찾고자 했다.[5]

만약 인간의 몸이 완벽 수준의 육체적 형태를 갖춰 부활한다면, 모두의 몸집이 똑같을까? 만일 몸집이 제각각 다르다면, 어떤 한 크기의 신체가 다른 크기보다 낫다는 얘기인데…, 그렇다면 모두가 완벽한 몸집이 아니라는 말이 된다, 그렇지 않은가? 이에 아우구스티누스는 모두가 자기에게 딱 맞는 완벽한 비율의 육신을 갖게 될 거라고 대답한다. 그뿐 아니라 각자가 최전성기에 가졌던, 혹은 가졌을 법한 육신일 것이란다. 그럼 각자 자신의 잠재적 가능성에 비추어 완벽한 비율의 몸을 갖게 되는 것이다.

그럼 여자들은 어떻게 되는 건가? 인간이 "하나님의 형상을 따라" 부활한다면, (예수가 남성이었으니) 여자가 아니라 남자의 특징을 지닌, 남성의 몸으로 부활하지 않겠는가? 아우구스티누스는 이 질문에 "여자의 성은 결점이 아닌 본연의 상태"라고 대답한다. 그러니 여자는 그냥 여자로 부활할 것이다. 어쨌건 예수는 우리가 부활할 때 결혼한 상태가 없을 거라 했지, 성별이 없을 거라고는 안 했잖은가.

그럼 자라는 신체 부위는 어떻게 되나? 몸 전체가 부활할 거라면, 한 사람이 평생 지녔던 머리카락과 손발톱 전부가 되살아나는 건가? 예수가 "너희 머리털 하나도 상하지 아니하리라"고 했잖은가. 그렇다면 우리는 필시 비정상적으로 긴 머리와 괴상할 정도로 긴 손발톱을 가지고 부활하는 것 아닌가? 아우구스티누스는 천국에는 신체적 기형이 없을 테니 누구도 그런 부정不淨한 형상을 띠지 않을 거라고 답한다. 상하지 아니하리라는 것은 머리카락의 길이가 아니라 **숫자**라고 말이다.

기독교도들은 어떠한 냉소적 공격도 반박하고 어떠한 반론도 맞받아칠 수 있었다. 누가 뭐래도 육신은 부활할 것이요, 부활한 이들은 완벽한 상태일 것이라는 게 그들의 주장이었다.

육신의 부활과 육의 부활

아우구스티누스 시대에 와서는 육신의 부활이 기독교에서 교의로 자리 잡을 만큼 지배적인 관점이 됐지만, 모든 기독교도가 늘 그 관점을 지지했다고 생각해선 안 되며 특히 초반 몇 세기 동안은 더더욱 그렇다. 오히려 명백히 그 반대였음을 보여 주는 사료를 우리는 이미 살펴보았다. 바울이 「고린도전서」 15장에서 죽은 자들이 부활할 거라고 그렇게 맹렬히 주장한 것도 바로 그의 반대자 몇몇이 그것을 부인했기 때문이었다. 이 반대자들은 이교도들이 아니었다. 오히려 이미 영적 부활을 경험했고, 그렇기에 미래에 달리 기대할 부활이 없다고 생각하는 기독교도들이거나, 아니면 그보다는 더 널리 퍼지고 일반적으로 받아들여진 영혼 불멸론에 동조하는 이들이었다. 그들은 육신은 썩어서 사라지겠지만 영혼은 영원히 살리라고 믿었다.

이들이 예수의 부활을 어떻게 받아들였는지에 대해서는 논쟁의 여지가 있다. 예수가 어떻게든 죽음에서 "영적으로" 부활했다고 (그의 시체는 무덤에 남아 있고 영혼만 되살아났다고) 믿은 것일까? 훗날 누가가 남긴 예수 부활 기록이 논박한 것이 바로 이 관점인 듯하다. 이 관점의 기록에서, 예수가 제자들에게 나타났을 때 자신이 "영"이 아닌, 눈으로 보고 손으로 만질 수 있는 "살과 뼈"임을 보여 주려고 애썼던 것을 떠올려 보라. 예수는 부활한 자신이 음식을 먹을 수 있다는 것도 보여 주었다.[6] 누가가 기독교도를 대상으로 이 내용을 기록했던 걸 고려하면, 그들 중 일부에게 부활이 그저 영혼만이 아닌 육신에도 일어나는 현상임을 확신시킬 필요가 있었다는 뜻이다.

누가는 믿는 자들이 (미래에) 겪을 부활이 어떤 성질의 부활인지에 대해서는 자세히 이야기하지 않는다. 그건 그가 남긴 기록에서 유추해야 한다. 반면에 바울은 매우 구체적으로 말한다. 우선 부활은 반박의 여지없이 육체적인 사건일 것이다. 육신이 다시 살아날 거라는 뜻이다. 그런데 다른 한편으로는 "혈과 육은 하나님 나라를 이어받을 수 없다"고 한다(「고린도전서」 15장 50절). 이에 따르면 육신은 부활해도 육과 혈은 부활하지 않을 거라는 얘기가 된다. 어떻게 그 두 가지가 동시에 성립할 수 있을까? 앞서 살펴봤지만, 이는 훗날 일어날 부활에 대한 바울의 독특하고 다소 미묘한 관점 때문에 생긴 혼선이다. 그리스도가 이 세상에 돌아올 때, 그를 따르는 자들은 죽었든 살았든 매우 극적이고 육체적인 변모를 경험할 것이다. 그들의 육신은 예수가 부활하면서 그런 것처럼 영광을 입은 불멸의 존재로 거듭날 것이다. 그런 다음 그들은 그 경이로운, 소멸 불가능한 몸으로 장애나 부상, 병과 노화, 죽음에 전혀 영향받지 않은 채 영원히 살아갈 것이다.

바울의 견지에 담긴 다층적 의미를 뒤 세대 기독교 사상가들은 철저히 놓쳐 버렸다. 그들은 바울이 이야기한 개념들 중 몇 가지에만 집착하고 나머지는 완전히 무시했다. 그래서 어느 분파는, 바울도 지지하는 개념이라고 우기면서 "혈과 육"이 하나님 나라를 물려받지 못할 테니 훗날 기독교도의 부활은 육체적이 **아닌** 순전히 영적인 부활일 거라고 주장했다. 그건 바울이 생각한 바와 정반대다. 한편 그에 대한 응수로, 부활이 육체적으로 이루어져야 하니 정확히 "육의" 부활이 일어날 거라고 주장한(그럼으로써 이 논쟁에서 승리한) 기독교도 무리도 있었다. 이 역시 바울이 반대한 견지였다.

바울에게 "육"이란 인간에게서 하나님 뜻을 거스르는 부분을 칭하는 용어였다. 육은 타락했고, 죄의 유혹에 넘어가기 쉬우며, 하나님이 원하시는 것에 어긋나는 충동과 욕망으로 가득 차 있다(「로마서」 7장 6절, 14-20절을 읽어 보라). 바울은 이렇듯 죄악으로 가득한 육(그리스어로 **사르크스**sarx)이 죽음에서 부활하리라고 결코 생각하지 않았다. 단, 육신(그리스어로 **소마**sōma)은 부활할 거라고 믿었다. 본질적으로 죄에 절어 있고 하나님을 거스르는 성질을 띠는 자연 요소("육")에 더 이상 절어 있지 않도록 변모한 육신 말이다.

바울은 따라서 "육신"과 "육"을 분리해서 생각한 것이다. 그러나 그의 후대 추종자들은 그 미묘한 차이를 이해하지 못했고, 그들 중 일부는 훗날 육신(죽어서 묻힌 인간의 몸)이 부활할 거라고 주장하면서 바울 사상과는 어긋난 의미로 "육"이라는 용어를 사용했다.

말하자면, 2세기에 끓어오른 논쟁의 양 진영(영의 부활을 주장한 진영과 육의 부활을 주장한 진영) 모두, 정작 바울은 둘 중 어느 쪽도 지지하지 않았음에도 서로 자기네 관점이 사도 바울이 제시한 관점이라고 우긴 셈이다.

또 다른 관점: 영적 부활

우리는 죽은 자들이 육신이 아니라 "영적"으로 부활한다는 개념을 뒷받침하는 초기 기독교 문헌 한 건을 이미 살펴보았다. 바로 콥트어판 「도마복음」으로, 여기서는 육신을 하나님의 아들을 만나 영생을 얻기 위해 반드시 버리고 짓밟아야 할 옷에 비유했다 (말씀 37). 요는 육신을 그대로 지닌 채 사는 게 아니라 육신에서 해방되어야 한다는 것이다.

이 관점은 다른 기독교 문헌에도 수없이 등장하는데, 훗날 이 관점이 "이단"으로 낙인 찍혀 배제됐기에 잔존하는 자료는 그리 많지 않다. 이 관점을 지지하는 기독교 문헌은 파괴되거나, 더 흔한 경우 아예 후대에 남기기 위한 필사 작업이 중단되었다. 현대에 순전히 우연으로 발굴된 글 중에 「레기누스에게 보낸 서한Letter to

Rheginus」 또는 「부활론The Treatise on the Resurrection」이라 불리는 글이 있다. 소위 영지주의 복음을 담고 있는 이 문헌은 1945년 이집트의 나그함마디라는 마을 외곽 황야에 묻힌 유리병 속에 있었다.[7]

이 글의 원본이 2세기 후반에 쓰인 것은 거의 확실하다. 익명의 저자는 레기누스라는 이름 외에는 알려진 바가 없는 한 기독교도가 예수의 부활과, 여기서는 그보다 더 중요한 인간들의 부활에 관해 제기한 질문들에 답변을 해 주고 있다. 정말로 부활이 일어날 것인가? 구체적으로 어떤 일이 일어날 것인가?

저자는 레기누스에게 부활은 절대 꾸며낸 것이 아니라고 단언한다. 부활은 분명한 실재다. 오히려 부활보다 "이 세상이 꾸며낸 것이라고 말하는 편이 더 적절할 것"이다.[8] 다른 누구도 아닌 예수 그리스도가 그 증거다. 그리스도는 사망하면서 "죽음을 삼켰다." 먼저 인간의 육을 취했다가, 죽으면서 그 육신을 포기하고 벗어 버렸다. 그럼으로써 저 위의 세계에서 육신 없이 살게 되었다. "그는 소멸 가능한 세상을 벗어 버리면서 그것을 결코 타락할 수 없는 영원한 세상과 교환한 것이다."

믿는 자들에게도 똑같은 일이 일어날 것이다. 부활한다 함은 죽음 후 물질적 육체가 그저 아무렇게나 소생한다는 뜻이 아니다. 몸은 사라지지만 영은 "태양이 발하는 빛줄기처럼" 예수에게 직접 이끌려 하늘로 강림한다. 그 무엇도 영을 땅에 붙잡아 둘 수 없다. 이는 "혼의 부활과 육의 부활을 삼키는(즉, 버리는)" "영의 부활"이다. 인간의 육신, 그리고 그것에 생기를 주는 숨은 사라져 버린다. 그러나 영은 영원히 산다.

이 저자가 늘어놓는 흥미롭고도 논쟁적인 관점에 따르면, 인간은 육신으로 태어나기 전 영으로 존재했었다. "한때 육으로 존재하지 않았으나, 이 세상에 태어났을 때는 육을 취했다." 그러니 생은 육의 존재를 요하지 않으며, 육은 죽을 때 버려질 것이다. "이를 이승에 남겨 두는 것이 너희에게도 득이 될지니, 떠날 때 더 나은 부분을 포기하는 것이 아니기 때문이다." 살아남는 쪽은 눈에 보이지 않는, 참된 부분일 것이다. "필멸의 부분"은 죽겠지만, 영은 영원한 생을 얻을 것이다. 그것도 훗날 이 땅에서 이루어질 심판을 통해서가 아니라 죽는 순간에 바로 그리 될 것이다.

어떤 이는 더 깊이 알고자 하여, 육신을 이 땅에 남겨 두면 즉시 구원받을 수 있는지 묻는다. 이 문제에 대해 확실히 하겠다. 분명 육신에서 눈에 보이는 부분은 죽었으며 구원받지 못할 것이다. 오직 그 안에 살아 있는 부분만 되살아날 것이다.

이러한 관점은 획기적인 생각으로 보일지 모르나, 학자들은 이런 개념이 다름 아닌 신약성서에 뿌리를 두고 있음을 이미 오래전에 인지했다. 저자 또한 그렇게 주장하면서, 바울이 남긴 글을 거론해 가며 예수의 사도가 자신의 관점을 지지함을 부각시켰다. "사도 바울이 그를 두고 말했듯, 우리는 그와 함께 고난받았고 그와 함께 일어났으며 그와 함께 올라갔다." 바울이 썼다고 잘못 전해진 「골로새서」도 신도들이 이미 "그리스도와 함께 일으키심을 받았다"고 한 것이 꽤나 놀랍다(「골로새서」 2장 12절). 그런데 그 신도들이 여전히 살아 있으니, 이 "부활"은 육신이 되살아난 것일 리 없다. 영적 부활임이 틀림없다. 역시 바울이 썼다고 잘못 알려진 「에베소서」는 한발 더 나아가 신도들이 그리스도와 함께 부활했을 뿐 아니라 이미 "그리스도 예수 안에서 함께 하늘에 앉"혔다고 말한다(「에베소서」 2장 5-7절).[9] 게다가 「요한복음」에서, 믿는 자는 이미 영생을 **얻었다**고 한 구절도 다시 떠올려 보라. 미래에 부활이 일어나 구원받기를 기다릴 필요가 없다는 얘기다.

정경에 실린 이 구절들은 예수 믿는 자들에게 현세에 일종의 영적 부활이 일어난다는 개념을 받아들이고 있다. 하지만 종말의 때에 "새로운" 사건, 즉 육신의 부활이 일어날 거라는 관점 또한 동시에 고수하고 있다. 반면 「레기누스에게 보낸 서한」은 다르다. 육신의 부활은 일어나지 않을 거라고 딱 잘라 말한다. 인간에게서 살아 있는 부분만 부활할 것이다. 그리고 그 일은 죽는 즉시 일어난다. 영생은 육신이 아니라 영으로 사는 것이다.

한 가지 역사적 아이러니는, 이 관점이 정통 기독교도들에 의해 가차 없이 이단 판정을 받았는데도 오늘날 기독교도들이 널리 받아들인 것으로 보인다는 점이다. 우리가 죽으면 우리의 영은 천국에 간다고 생각하는 거다. 많은 기독교인이 분명 미래 "죽은 자들의 부활"을 인정하는 신조를 인정하지만, 모두가 그런 건 아니다. 수백만 신도가 중요하게 여기는 건 죽을 때 우리가 어떻게 되느냐, 천국에 가느냐 아니면 지옥에 가느냐다. 하지만 초대의 많은 교부, 특히 「레기누스에게 보낸 서한」에 나오는 것과 같은 관점을 취한 극렬 반대자들은 달랐다.

또 다른 관점 : 육의 부활

초대 교부들이 실제 육신의 부활을 그렇게 강력히 옹호한 데에는 다양하고 복잡한 이유가 있다. 우선, 기본적인 신학적 의문들이 작용했다. 기독교도 중에 (전통적으로 "영지주의자"라고 불린 무리를 포함해) 진짜 하나님이 이 세상을 창조했을 리 없다고 생각하는 이들이 있었다.[10] 주변을 둘러보라. 지진과 허리케인, 화산 폭발, 가뭄, 기근, 역병, 선천적 장애가 넘쳐 나지 않는가. 이 세상은 거대한 불행의 구렁텅이다. 이런 세상을 진정 하나님이 창조했다고 말하고 싶은가? 본성이 악한 존재든 아니면 그냥 황당할 정도로 조심성 없고 무지한 존재이든, 다른 신적인 존재가 창조한 게 틀림없다.

그러나 정통 기독교도들은 오직 한 분의 하나님만 존재하며 그분이 만유의 창조주라고 주장했다. 이 하나님은 선하시며, 이는 곧 세상도 선한 곳이라는 뜻이다. 지금 그 세상이 악과 죄와 고난으로 가득 차 있다면 그건 하나님의 잘못이 아니다. 타락해서 죄악으로 가득한 인간을 포함해, 이 세상의 악한 세력들이 이 지경을 만들었다. 그러나 종국에는 하나님이 그분 자신과 그분의 이름, 그분의 선한 세상을 다시금 바로 세우실 것이다. 이 세상을 버리는 게 아니라 구속救贖하실 것이다. 인간의 육신도 마찬가지다. 그렇다, 지금 인간의 육신은 나약하고 하찮으며 부상이나 치명적 질병, 노화, 죽음에 취약하다. 하지만 하나님이 그렇게 만드셨고 하나님이 그것을 구제하실 것이다. 부활이 일어날 것이다.

정통 기독교계가 훗날 부활이 일어날 거라고 극구 주장한 데에는 더 복잡한 사회학적 이유가 있었을지 모른다.[11] 정통 기독교도들은 신앙을 위해 죽음도 불사하는 사람은 자기들뿐이라고 주장했다. 이단은 하나님이 물질적 세상과 인간의 육신을 창조했다고 믿지 않으니, 그분을 위해 자기 육신을 기꺼이 버리려고 하지도 않는다는 것이었다. 어쨌든 그들 주장은 그랬다. 반면에 기독교도인 자신들은 기꺼이 그렇게 하려고 들며, 그 때문에 신념을 지키려다 끔찍한 박해와 순교를 당하는 거라고 했다.[12]

초기 기독교에서 전해지는 순교 기록은 매우 상세하고 유혈 낭자하며, 감동을 자아낸다. 일부 기독교도는 믿음에 대한 간증으로 자신이 야생 짐승에게 몸이 갈가리 뜯겨 죽을 생각에 희열을 느끼기도 했다. 이러한 자기희생 행위가 남을 위해 고문받고 십자가에 매달려 사망한 "그리스도의 모방"이기 때문이기도 했다. 이 기독교 순교자들은 예수가 실제로 고통받고 피 흘리고 사망했다가 하나님께 명예를 회복받은, 실제적이고 물리적인 육신을 가지고 있었음을 극구 내세웠다. 그러니 자신들도 그렇게 될 거라는 것이었다. 그리스도의 죽음은 그저 고난받는 것을 "보여 주기" 위한 것이 아니라 실제로 당한 고난이었다. 그래서 그들이 당한 고난도 마찬가지였다. 그들이 육체적인 고난을 받았다면, 육체 그대로 부활할 터였다. 찢기고 산산조각 나고 파괴된 것이 그들의 육이라면 다시 살아날 것도 그들의 육이었다.[13]

이런 논리에 따라 2세기와 3세기의 정통 기독교 저술가들은, 육이 아닌 육신이 부활할 거라는(바울이 생각하기에 "육"은 결국 죽고 말, 인간의 죄 많은 부분이니까) 바울의 주장에 담긴 다면적 의미는

간과한 채, 육의 부활이 일어날 거라고 주장했다. 생각을 달리하는 사람은, 어떤 근거를 대든 기독교도일 수 없다고 했다. 순교자 유스티누스는 2세기 중엽에 다음과 같이 촉구하기도 했다.

> 기독교도라 자처하면서 이 신조를 받아들이지 않는 자, 그러면서 … 죽은 자의 부활이란 일어나지 않으며 우리의 영혼은 죽는 순간 천국으로 들려 올라갈 거라고 주장해 감히 신을 모독하는 자를 만난다면, 그들을 진짜 기독교도로 여기지 마시오. (『트리포와의 대화*Dialoge with Trypho*』 80)[14]

21세기 기독교인 중 몇 명이나 이 혐의에서 자유로울지 자못 궁금해지는 대목이다. 바로 다음 구절에서 유스티누스가 친히 설명해준다.

> 나를 비롯하여 철저히 정통 교리를 따르는 기독교도는 전부 육의 부활이 이루어질 것이며 이어서 천 년에 걸쳐 예루살렘이 재건되고, 재단장되고, 확장될 거라 믿어 의심치 않소 ….

바울 신조와 어긋나는 바울의 논리

초기 기독교 전통에서 가장 큰 아이러니 중 하나는 사도 바울이 거부한 표현("육"이 부활해 하나님 나라에 들어간다는 표현)이, 바울이 썼다고 날조된 것도 모자라 바울 자신도 반대한 관점을 반박하기 위해 발표된 후대 저술들에서 옹호되었다는 것이다. 여기서 바울이 반대한 관점이란 훗날 부활이 일어나지 않을 거라는 주장이다. 이는 바울이 바울을 논박하는 꼴이다. 제삼자가 만들어 낸 가짜 바울이, 그의 영도를 따른다고 주장하는 웬 무리가 개진한 바울 자신도 거부한 견지를 반박하기 위해, 진짜 사도 바울이 거부한 견지를 격하게 옹호하고 있으니 말이다.

이 아이러니가 가장 와닿는 것은 2세기에 바울이 코린토스 교회에 보냈다고 하는 편지 내용이다. 성경을 읽는 사람이라면 「고린도전서」와 「고린도후서」는 익숙하겠지만, 정경에 포함되지 못한 「고린도 3서」가 존재한다는 사실을 아는 사람은 많지 않다. 이 「고린도 3서」는 "바울행전"[15]이라는 제목으로 전해지는, 이제는 전설이 된 바울의 선교 여행 기록 일부를 담고 있다.

이 바울의 서신은 그가 코린토스 교회에게서 받았다고 하는, 역시나 위조된 서한에 담긴 질의서에 대한 응답이다. 코린토스 교회를 방문한 시몬과 클레오비우스라는 이름의 간사한 거짓 스승 두 명이 "간악한 말로 일부 교인의 신앙을 교란시킨다." 무엇보다 이 두 이단은 "육신의 부활은 없다"고 가르친다.[16]

"혈과 육은 하나님 나라를 이어받을 수 없다"는 역사 속 인물 바울의 주장에도 불구하고, 「고린도 3서」의 날조된 답변은 "육"이 되살아나는 부활일 것이라고 주장한다. 이 편지에서 "바울"은 그리스도가 바로 이 이유로 이 땅에 오셨다고, "그분이 우리를 육체 그대로 죽음에서 되살리실지 모른다"(6절)고 이야기한다. 아예 "육의 부활은 없다고 말하는 자들은, 그렇게 부활하신 그분을 믿지 않는 것이므로, 부활하지 못할 것"이라고까지 말한다(24-25절). 저자는 이런 주장을 뒷받침할 다양한 증거를 댄다. 씨앗이 죽지만 새 풀로 다시 사는 것과 같이, 인간의 육도 그럴 것이다. 죽지만 되살아날 것이라는 얘기다. 요나가 거대한 물고기에게 삼켜졌으나 나중에, 어떤 의미로는 "가장 깊은 지옥"에서 "머리카락 한 올도 눈꺼풀 하나도, 전혀 … 부패하지 않고" 올려졌듯이, 인간도 그럴 것이다. 인간의 몸은 죽었다가 온전히, 어느 한 부분도 남김없이, 다시 일어날 것이다. 다름 아닌 육체가 영생을 받을 것이다.

이어서 "바울"은 자신이 전하는 이 복음을(부활에 대한 이 가르침을 포함해) 받아들이는 자는 모두 "상을 받겠지만, 이 정론에서 벗어나는 자들로 말하자면, 그자를 위해 그리고 이 문제에서 그보다 먼저 간 자들을 위해 불이 준비되어 있다"고 했다. 바꿔 말하면, 육의 부활이라는 신조를 거부하는 사람은 아주 여실하고 고통스러운 방식으로 육의 부활을, 그것도 영원토록, 경험할 거라는 얘기다.

테르툴리아누스의 글에 나오는 육의 부활

2세기와 3세기의 교부 중에, 수많은 저작을 남겼고 날카로운 혀로도 유명한 카르타고의 테르툴리아누스(155년경~220년경)보다 육체의 부활을 더 강경하게 주장한 이는 없었다. 테르툴리아누스는 기독교 저술가로서 신학자와 윤리학자, 변증가(기독교 신앙을 지적으로 변호하는 사람), 그리고 (이단을 논박하는) 이단 연구가까지 다양한 역할을 했다. 고도로 수사학적인 문체를 구사했던 그는 상대가 이교든 유대교든 아니면 이단인 기독교든, 가차 없는 위트와 득의양양한 태도를 무기 삼아 그들을 만신창이로 만들곤 했다.

테르툴리아누스는 몇 편의 저술에서 미래에 육체의 부활이 일어날 거라고 주장했는데, 이 주제를 파고든 장편 산문도 한 편 있다. 훗날 일어날 부활이 영적 부활일 거라는 기독교 이단의 견해와 반대로, 테르툴리아누스는 육신이 온전히 부활할 거라고 주장했다. 그는 그리스도가 죽음에서 되살아났듯 기독교도들도 그러리라는 사도 바울의 견지에 동의했다. 그리스도는 육신이 죽임을 당해 땅에 묻히고 다시 부활했다. 그의 무덤에 들어간 것이 고스란히 무덤에서 나왔다. 기독교도들도 마찬가지다. 실제 육으로 이루어진 몸이 부활할 것이다.

앞선 이들과 마찬가지로, 테르툴리아누스도 씨앗의 비유로 회귀했다(「부활론」 52).[17] 밀알은 보리를 틔우지 않는다. 인간도 마찬가지다. 부활한 육신은 형태나 외양은 다를지언정, 전보다 더 온전하고 완벽할 뿐 근본적으로 그 본질은 같을 것이다.

테르툴리아누스는 바울이 "혈과 육은 하나님 나라를 이어받을 수 없다"고 주장한 것을 잘 알고 있었다. 테르툴리아누스는 이것이 육의 부활보다 영적 부활을 주장하는 이단들이 가장 좋아하는 구절이라고 지적한다. 그러나 어느 장문의 논박문에서 그는 그 이단들이 바울의 의도를 완전히 잘못 해석하고 있다고 지적한다. 바울이 "육"은 하나님 나라를 이어받지 못한다고 했을 때 그것은 "육에 따라 사는" 사람들 즉, 영적인 것보다 "육적인" 것을 추구하는 사람들, 육신의 충동을 위해 살고 "성령의 열매"는 맺지 않는 사람들(「갈라디아서」 5장 17-26절)을 가리킨 것이라는 게 테르툴리아누스의 주장이다. 육체의 욕망과 쾌락을 좇는 사람은 성령을 따라 사는 게 아니다. 그런데 영생을 얻으려면 우리는 자기 안에 성령을 받아들여야 하고, 자기 안에 성령이 있는 사람은 누구든 육체가 아닌 성령에 따라 살 것이다.

그러므로 육체의 열망과 욕망을 좇으며 사는 자들은 하나님 나라에 들도록 허락받지 못할 것이다. 그러나 그렇다고 육(실제 세속의 몸)이 영원히 죽은 채 있을 거라는 말은 아니다. 하나님이 그 육체를 죽음에서 되살려 영원한 상과 벌을 받게 할 것이다. 그런데 이는 극히 촉각적인 경험일 텐데, 그렇기에 육체를 필요로 한다. 실제로 테르툴리아누스는 자신의 적들이 육체적 고문을 당하는 광경을 볼 순간을 고대하며 좋아 죽으려고 한다.

어떤 광경이 나의 경이감을 깨우고, 어떤 광경이 나의 웃음을, 나의 기쁨과 환희를 깨울 것인가? 그 모든 왕들, 그 위대하다는 왕들이 … 겹겹의 어둠 속에서 신음하는 모습을 볼 때 그럴 것이다! 그리고 예수의 이름을 박해한 판관들, 그들이 기독교도를 향해 불태웠던 분노보다 더 뜨겁게 타오르는 불꽃 속에서 녹아내리는 모습을 볼 때 그럴 것이다! 하나님은 무엇에도 개의치 않으며, 인간들에게 영혼이란 아예 없고, 있다 하더라고 그 영혼이 예전 자기 육신으로 되돌아오는 일은 없다고 가르침을 받은 제자들과, 그 제자들 앞에서 얼굴을 붉히던 철학자들이 함께 불타는 것을 볼 때 그럴 것이다.

테르툴리아누스가 느끼는 고소함은 다른 직업군의 고통에까지 확대 적용된다.

그런 다음엔 비극 배우들이 자신의 비극에 더 큰 소리를 내는 것을 모두가 들을 것이다. 그리고 불 속에서 팔다리를 훨씬 더 나긋나긋하게 움직이는 배우들과, 불꽃 바퀴에 매여 몸뚱이가 온통 시뻘겋게 달궈진, 전차 모는 전사들도 구경거리일 테고, 그다음엔 운동선수들이, 늘 사용하던 경기장이 아닌 불 속에서 이리저리 내던져진 꼴로 시선을 받을 것이다.[18]

이런 상상을 하다니, 마냥 재밌어할지 아니면 심란해할지 아리송하다. 보통은 두 가지 모두를 느낄 것이다. 그런데 여기서 중요한 건 테르툴리아누스의 시대에 기독교도가 공세에 시달리는 소수집단이었음을 기억하는 것이다. 억압받는 비주류는 자신의 적들이 정의의 철퇴를 맞는 상상을 하며 쾌감을 느끼곤 한다. 이는 산상수훈의 가르침에는 어긋날지 모르나, 기독교 전통의 다른 부분에서 뿌리 깊은 역사가 있음이 여기서 드러난다.

중간 상태

　미래에 육체의 부활을 상상한 이 모든 기독교 저술가에게 그사이에는 어떻게 되는 것인지에 대한 의문이 항상 남았는데, 우선 우리가 앞서 살펴본 바울부터 그랬다. 한 세기 반이 지난 지금 바울이 기대했던 예수의 임박한 재림이 결국 그리 임박한 게 아니었음이 드러났고, 테르툴리아누스는 바울을 아예 옛사람 취급한다. 그러니 테르툴리아누스가 인간이 죽을 때 어떻게 될지 자기만의 시나리오를 생각해 낸 것도 놀랄 일이 아니다.

　그는 『영혼에 관한 논설A Treatise On The Soul』이라는 저술에서 자신의 사후 세계관을 가지고 한층 심원한 논지를 펼친다.[19] 테르툴리아누스가 생각하기에는, 죽을 때 영이 육체에서 분리되며 각 영은 제각기 다른 곳으로 간다. 믿음을 고수하다 죽임당한 기독교 순교자의 영만 그 즉시, 곧바로 천국으로 간다. 다른 영들은 선하건 악하건 전부 하데스의 땅(저승)으로 가는데, 그곳은 땅속에 실재하는 어마어마하게 넓은 장소다. 하데스는 두 영역으로 나뉘어 있는데, 하나는 의로운 영들이 일시적 상을 받는 장소고 다른 하나는 사악한 영들이 벌을 받는 곳으로, 두 집단 모두 다른 죽은 자들이 부활할 때 자신이 맞이할 영구적 운명을 기다리고 있다.

　촉각적 경험인 이 상과 벌은 테르툴리아누스가 말하길, 영이 몸과 떨어져서도 고통과 기쁨을 경험할 수 있기에 가능하다. 그의 주장에 따르면, 우리가 이 생에서 각종 활동에 참여할 때 정신적 결정이 물리적 행위를 앞서는 것처럼 저승에서 영이 먼저 벌을 경험하고 나중에 부활한 뒤에야 육체가 그것을 경험하는 것은 매우 타당하다.

게다가 부활은 분명 일어날 것이다. 그때에 영은 육체와 결합해 영원한 상벌을 받을 것이다. 모든 인간은 살아 있을 당시의 육신으로 돌아갈 것이며, 그것도 죽었을 때와 똑같은 상태, 똑같은 나이로 돌아갈 것이다. 의로운 자들은 그때 육신과 영이 "견줄 데 없는 천사들"의 완벽함 수준으로 부활할 것이다. 악한 자들은 영원히 불에 구워질 것이다.

이 모든 것의 결과인 사후 세계관

이러한 사후 세계관들은 점점 다듬어져, 예수와 바울의 가르침 혹은 「요한계시록」에 나오는 어떤 가르침과도 궤를 달리하게 됐다. 그럼에도 초기 기독교가 부흥한 3세기와 4세기 저술가들에게는 정통 교리로 받아들여졌다. 영은 육신과 마찬가지로 쾌락과 고통 모두를 느낄 수 있으며, 실제로 죽음 직후 그 둘 중 하나를 경험할 것이다. 의로운 자들, 보통 예수의 진정한 추종자로 분류되는 부류는 하나님 곁에서 비할 데 없는 기쁨을 경험하겠고, 보통 그 나머지로 분류되는 악한 자들은 하나님의 부재 속에 끔찍한 고문을 당할 것이다. 이러한 사후 상벌의 가르침과, 얼마 후 뒤따른 부활에 대한 가르침은 3세기에 이르러서, 오늘날 많은 기독교인에게 그렇듯, 기독교 교회의 표준적 사후 세계관으로 자리 잡았다.

일부 비평가는 이러한 관점이 "기독교의 창시자들"이 품었던 사상의 자연스러운 진화, 나아가 필연적 진화라고 볼지도 모른다. 그러나 필연적인 것은 아니었다. 다른 기독교도들도 나름의 다른 견해를 품고 있었고, 죄인의 궁극적 소멸이라는 초기의 관점이 자각 상태에서의 끝나지 않는 고문이라는 개념으로 이어질 역사적, 문화적, 종교적 필연성은 전혀 없었다. 그럼에도 불구하고 결과는 그랬다.

13장

기독교 사후 세계의 황홀경과 고문

　　인간이 왜 찬란하고 평화로운 사후 세계를 상상하기 시작했는지는 짐작하기는 어렵지 않다. 설마 지금 이대로가 생의 전부는 아니겠지 싶었던 것이다. 빈곤과 기아, 질병, 몸이 점점 쇠약해지는 부상, 가늠조차 불가능한 상실이 주는 타격 외에도 하루하루 견뎌야 하는 일상적 불행 또한 엄청나다. 이보다 나은 삶은 불가능한 걸까? 이쯤 되면 진짜 행복이란 상상 속에만 존재하는 것 같다. 고대에는 진짜 행복이란 탐스럽고 풍성한 열매가 맺히는 나무가 즐비하고 산들산들한 바람이 불며 따스한 햇살이 비치는 환상적으로 풍요롭고 기분 좋은 정원("낙원")에서 내가 사랑하는 사람들과 영원히 함께하는 것이라 상상했었다. 최초의 문학으로 거슬러 가면, 적어도 운 좋은 소수는 누릴 수 있는 그런 상상 속 장소(『길가메시 서사시』에서 우트나피시팀이 누리는 불멸의 삶이라든가, 『오디세이아에』서 메넬라오스가 거하는 엘리시온 낙원 등)의 기록을 발견할 수 있다.

　　천국의 대립물인 영원한 징벌의 장소가 왜 생겨났는지도 이해하기 어렵지 않다. 사람들은 언제나 정의가 실현되길 원했고, 현세에서 정의를 찾을 수 없다면 어쩌면 내세에서는 발견할 수 있을지 모른다고 생각했다. 살면서 신들에게 죄를 지었거나 같은 인간을 괴롭힌 자들은 반드시 대가를 치러야 하지 않겠는가.

그렇다 해도 사후의 징벌 개념이 고대 유대교 경전, 즉 기독교의 구약성경에 등장하지 않는 것은 흥미롭다. 대신 호메로스의 작품에 그러한 개념이 암시된 것을 우리는 이미 확인했으며, 멀게는 아리스토파네스와 플라톤의 작품까지 고전 그리스 문학 전통에서 그런 개념은 중심 줄기가 된다. 한껏 시대를 풍미한 헬레니즘("그리스식") 문화는 알렉산드로스 대왕의 정복 전쟁과 함께 지중해 전역에 확산됐고, (유대인을 포함한) 수많은 민족이 만사에 정복자의 관점을 받아들였는데 그중에는 사후 세계관도 있었다. 이는 나중에 기독교 안에서 이루어진 사후 세계관의 발전에 영향을 미쳤다. 여러모로 기독교의 지옥Hell 개념은 "헬"레니즘에서 온 셈이다.

천국과 지옥 개념 둘 다 기독교 전통에서 물을 만난 후, 알아서 쑥쑥 자라나기 시작했다. 천국은 살아 있는 존재들이 영원토록 자신을 찬양하도록 만유를 창조하고 생명을 탄생시킨, 하나뿐인 진정한 신을 영원히 숭배하는 곳이 되었다. 지옥은 하나님을 받아들이기를 거부한 자들이 영원한 고문을 받는 장소가 되었다. 이들은 하나님 뜻에 순종하는 대신 남을 해하면서 자신의 뜻을 고집하기를 택한 자들이다.

특정한 하나님상像이 바로 그러한 사후 세계 기대치에 영속력을 부여했다. 하나님은 권능이 막강한 왕으로 그려졌다. 더 정확히 말하면 **유일무이**하고 강력한 왕, 온 세상의 주主님이었다. 왕에게는 백성의 순종이 따른다. 훌륭한 왕은 자신에게 순종하는 백성을 공정하게 다스린다. 그러나 왕의 권위에 도전하는 자에게는 자비를 베풀지 않는다. 주 하나님도 마찬가지다. 하나님의 백성은 그분의 지배에 복종하고 은혜를 누리거나, 아니면 지배를 거부하고 지하 감옥에 갇힌다. 만약 기독교가 하나님을 주로 전지전능한 군주가 아니라, 예를 들어 모두를 무조건적으로 사랑하는 어머니 상으로 그렸다면 사후 세계관이 어떻게 달라졌을지 자못 궁금하다.

기독교의 사후 세계관이 자리 잡는 데에는 일부 기독교도가 현세에서 기독교도로서 겪은 끔찍한 경험도 한몫했다.[1] 기독교가 시기와 지역을 막론하고 로마 관리에게 항상 박해받았다는 논지를 피력할 생각은 없다. 그것이 근거 없는 통념임을 현대의 연구자들이 주장한 바 있다.[2] 그러나 기독교도들이 상당한 수위의 괴롭힘을 당한 시기 및 지역이 분명 있었고, 기독교도가 존재하는 한 항상 기독교 순교자도 있었다. 독실한 신자들에게 진정한 종교는 한 순교한 메시아로부터 시작된 것이었고, 그의 충실한 추종자들은 때로 똑같은 운명을 맞았다.

순교자들의 경험(그리고 어쩌면 더 중요할 수도 있는, 이후에 퍼진 끔찍하도록 생생한 순교 일화들)은 기독교의 사후 세계관에 심대한 영향을 미쳤다. 하나님을 믿는 자들이 당한 공개적 고문과 참혹한 처형은 갚음을 받아 마땅한 것이었다. 그러니 순교자 자신들(전지전능한 하나님께 자신의 모든 것을 바친 이들)은 특별히 영광스러운 방식으로 사후에 갚음받을 터였다. 더불어 그들의 죽음에 책임 있는 자들은 지극히 촉각적인 고문으로 신의 응징을 당할 터였다. 이런 식으로, 죽은 후 받는 고문 개념은 주로 현세에 당한 고문에 대한 반응으로 생겨났다. 네가 행한 대로 받으리라는 것이다.

영생을 위해 몸이 찢기다
: 안티오키아의 이그나티우스

2세기에 최초로 순교자로 명명된 시리아 안티오키아의 이그나티우스 주교가 기원후 110년경 쓴 서한집은 우리에게 가장 경이감을 주는 기독교 문헌집 중 하나다. 이그나티우스가 체포된 정황이 어땠는지는 자세히 알려져 있지 않으나, 그것이 기독교 활동 때문이었음은 분명하다. 그는 "범죄" 현장에서 처벌을 받는 대신, 역시 알려지지 않은 이유로, 아예 로마로 호송되어 경기장에 풀어 놓은 야생 짐승들에게 던져졌다. 순교를 앞둔 호송 길에서 이그나티우스는 편지를 여러 통 썼는데, 그중 일곱 통이 우리에게 전해진다.[3] 대부분은 호송 길에 그에게 정신적 지지를 표하려고 대표를 파견한 교회들에 보낸 편지다. 그중 한 통은 자신이 향하고 있는 수도 로마의 기독교 공동체에 보낸 것이다. 여러모로 이 편지는 그의 모든 서한을 통틀어 읽는 이를 가장 아연실색하게 만든다. 이그나티우스는 로마의 신도들에게, 자신에게 가해지는 형벌 절차를 막으려 들지 말라고 지시한다. 그리스도를 섬기는 순교자로서 갈기갈기 찢기고 싶다는 것이었다.

나는 여러분이 나를 방해하지 않는 한 하나님을 위해 기꺼이 죽을 것입니다. 부탁하건대 내게 때맞지 않은 친절을 베풀지 마십시오. 내가 야생 짐승들에게 빵이 되기를 허락해 주십시오. 그 짐승들을 통해 나는 하나님께 닿을 수 있으니 말이오…. 차라리 야생 짐승들을 부추겨 그들이 나의 묘가 되게, 내 육신을 한 점도 남겨 두지 않게 하십시오…. 그러면 세상이 내 육신조차 보지 못하게 될 때에 나는 진정 예수 그리스도의 사도가 될 테니까요. (『로마 교회에 이그나티우스가 보내는 편지*Ingatius to the Romans*』 4장 1-2절)

이런 폭력적 죽음을 향한 열망은 현대 독자들에게 다소 병적으로 보이겠지만, 이런 현상에는 신학적 논리가 숨어 있다. 이그나티우스는 고문받다가 사망한 주 예수를 숭배한다. 그래서 그를 모방하고 싶어 한다. 그렇게 함으로써 영원한 상을 받으려는 것이다. 그 목적을 이루려면 더 유혈 낭자할수록 좋다.

나를 위해 준비된 야생 짐승들을 맞이하는 기쁨을 온전히 허락해 주시겠습니까…. 나는 그들이 나를 순식간에 먹어 치우도록 부추길 것입니다. 그 녀석들이 건드리지도 않으려고 드는 어떤 이들에게 일어나는 일과 다르게요. 그 녀석들이 내켜하지 않는다 해도 내가 그렇게 하도록 만들 겁니다… 내가 예수 그리스도에게 이르는 것을, 눈에 보이는 것들 혹은 눈에 보이지 않는 것들이 시기하지 않기를. 불과 십자가, 한 무리의 야생 짐승, 절단되고 찢겨 나감, 흩뿌려지는 뼈, 으깨지는 사지, 짓이겨지는 온몸, 사탄의 잔악한 고문, 전부 다 내게 일어나게 하십시오. 내가 예수 그리스도께 닿을 수 있게 말이오. (『로마 교회에 이그나티우스가 보내는 편지』 5장 2-3절)

이그나티우스는 영생을 얻기 위해 모두가 순교해야 한다고는 결코 말하지 않는다. 순교는 그 자신의 열정적 소망일 뿐이다. 그는 적당히 하는 것도 원치 않는다. 짐승들에게 갈가리 찢기면 그는 구원에 "닿을" 테니 말이다. 의외인 점은 여기서 그 구원이 종말의 때에 최후의 심판이 이루어지면서 오는 게 아니라는 것이다. 이그나티우스가 피투성이로 죽음을 맞을 때 올 것이다. 이그나티우스가 로마에 도착해서 실제로 어떻게 됐는지 말해 주는 신빙성 있는 기록은 전해지지 않으며, 후대에 저술된 전설 성격의 기록만 남아 있다. 하지만 일반적으로는 그의 소원대로 됐다고 추정한다.

이그나티우스는 그의 이교도 적들을 기다리고 있는 불의 고문에 대해서는 한마디도 하지 않지만, 그것은 또 다른 초기 기독교 순교자인 스미르나의 폴리카르포스를 묘사한 더 후대의 저술에서 핵심 주제가 된다. 알고 보니 폴리카르포스는 이그나티우스가 로마로 호송되는 길에 쓴 편지를 받은 사람 중 한 명이었다. 폴리카르포스도 편지를 한 통 썼는데, 그 편지는 온전히 보전되었다. 하지만 여기서 더 관심을 둬야 할 것은 몇 년 후 이루어진 폴리카르포스의 체포와 재판, 처형의 기록이다.[4]

「폴리카르포스의 순교Martyrdom of Polycarp」라는 이 글은 실제 목격 증언을 자처하는데, 만약 사실이라면 이는 기원후 155년경 발생한 기독교 순교 사건에 대해 우리에게 전해지는 최초의 일차적 증언인 셈이다. 그러나 최근 들어 학계에는 이것이 그보다 더 후대, 어쩌면 3세기 초에 기록의 신빙성을 더하기 위해 직접 목격담인 척하는 문학적 장치를 차용한 저자의 손에 쓰였을 거라는 주장이 제기됐다.[5] 어찌됐건, 생생한 묘사를 담은 이 기록에는 저자의 사후 세계관이 명확히 드러나 있다. 그는 폴리카르포스의 순교보다 앞서 일어난 순교 사건들을 언급하면서 문을 여는데, 믿음을 지키느라 고문까지 받은 그들의 감탄스러운 인내력에 혀를 내두른다. "채찍에 맞은 피부가 찢어져 혈관과 동맥까지 살 속이 훤히 드러날 정도"였고, 지켜보던 구경꾼들은 연민에 울부짖었다. 하지만 순교자들은 달랐다.

어느 한 명도 불평하거나 신음하지 않을 정도로 숭고함을 보였고, 고문을 받는 그 한 시간 동안 그리스도의 순교자들이 육체에서 멀리 떠나가 있었음을, 아니 그보다는 주 하나님이 곁에서 그들을 위로하고 계셨음을 우리 모두에게 분명히 보여 주었다. (「폴리카르포스의 순교」 2장 2절)

이게 기적이 아니면 무엇이랴. 무자비하게 채찍질을 당하면서 신음 한 번 안 내다니. 그러나 이 순교자들은 자신의 피 흘린 죽음으로 눈앞에 영원한 기쁨이 펼쳐지는 것을 보았다.

그들은 세속의 고문을 경멸했고, 한 시간 만에 그들 자신을 위한 영생을 손에 넣었다. 비인간적인 고문관들이 갖다 댄 불은 그들에게 차갑게만 느껴졌으며, 이는 그들이 절대 꺼지지 않고 영원히 타오르는 불을 피하겠다는 목표에만 눈을 뒀기 때문이었다. 그들 마음의 눈에는 저 높은 곳에, 인내하는 자들을 위해 준비된 좋은 것들만 보였으니 … 주 하나님께서 더는 인간이 아니고 이미 천사가 된 그들에게 친히 보여 주신 것이다. (「폴리카르포스의 순교」 2장 3절)

지금 짧은(한 시간가량) 고문을 받으면 영원한 고통, 끝나지 않는 신이 내리는 불의 형벌에서 벗어날 탈출로를 얻는다. 그 정도에서 그치는 게 아니라, 피 흘린 죽음은 영광된 내세를 확보하도록 해 준다. 견뎌 내고 영생을 얻는 자들은 갈가리 찢긴 인간의 육신 그대로 부활하지 않을 뿐더러, 수고를 인정받기 위해 훗날 최후의 심판이 일어나고 이 땅에 하나님 나라가 세워질 때까지 기다릴 필요도 없다. 이들은 비록 잠깐에 불과하지만 누가 봐도 너무나 끔찍한 고문을 지상에서 견딘 대가로 천국에서 신적 존재로 격상해, 죽으면서 곧바로 천사가 된다.[6]

폴리카르포스의 경우도 마찬가지다. 「폴리카르포스의 순교」의 내용 거의 전부가 오로지 그리스도에 대한 믿음 때문에 그가 어떤 식으로 추적당하고, 체포되고, 재판받고, 화형당하고, 찔려 죽었는지를 묘사하는 데 할애된다. 신앙을 지키다가 맞이한 이 죽음으로 그는 "불멸의 면류관"을 획득했다. "이제 그는 사도들 그리고 모든 의로운 이들과 만나 함께 기뻐하며, 아버지 하나님께 영광을 돌리고 주 예수 그리스도를 축복한다."(「폴리카르포스의 순교」 19장 2절) 앞으로 영원히 전능한 주 하나님 곁에서 마르지 않는 기쁨을 누리고 그를 경배할 수 있게 된 것이다.

그러나 이 글에서도 역시 어떤 결론을 도출하는가가 중요하다. 극악무도한 관리들이 순교자에게 가한 고문은 그들 자신에게, 딱 그만큼이 아니라 몇 배는 더 심하게 돌아갈 것이다. 폴리카르포스가 프로콘술(1년 임기를 마친 후 명령권을 유지한 전집정관으로, 보통 해외속주총독을 겸하여 해당 속주에서 무제한의 권력을 행사했다. — 옮긴이)에게 말한 것처럼, "당신은 한 시간 동안 타오르고 얼마 후면 꺼질 불을 가지고 위협하지요. 당신이 신을 모르는 자들을 위해 준비된, 다가올 심판과 영원한 고문의 불이 얼마나 무서운지 알지 못하기에 때문이오."(「폴리카르포스의 순교」11장 2절) 폴리카르포스가 여전히 심판의 날이 올 거라고 믿는지 아니면 박해자들이 죽는 순간 즉시 벌받을 거라 생각하고 하는 말인지는 분명치 않다. 그러나 고문이 언제 시작되든, 결코 끝나지는 않을 것이다.

이렇듯 고문과 죽음을 순순히 받아들이는 태도는 박해를 마주한 기독교도들끼리만 서로 격려하면서 나눈 게 아니었다. 기독교 외부의 사람들에게도 익히 알려진 모양이다. 앞서 살펴봤듯, 마르쿠스 아우렐리우스 황제도 자서전 격 저술인 『명상록』에서 그런 태도를 언급하면서, 기독교도들이 단순한 고집으로 죽음도 불사한다며 그들을 비웃었다. 카이킬리우스라는 한 이교도가 2세기에 활동한 북아프리카의 변증가 미누키우스 펠릭스의 기독교 옹호에 대한 반론으로 내놓았다는 글에도 같은 내용이 등장한다. 카이킬리우스는 혀를 내두를 기독교도의 "어리석음"을 공격하면서, 멍청한 기독교도들이 목숨을 위협받는 상황에서 내비친 사후 세계관을 실컷 조롱한다. "그들은 당장의 고문에는 코웃음 치면서, 미래의 알지도 못하는 고문에는 벌벌 떨며 산다. 그들은 자신이 죽은 후 죽을까 봐 두려워하면서, 그렇게 되기 전까지는 죽음에 대한 두려움을 모른다." 오히려 그들은 "이 다음에 새로 시작될 삶에 대한 마음 편한 기대로" 움직인다.[7]

죽음을 기꺼이 끌어안아 삶을 얻고, 삶을 내놓음으로써 죽음을 피한다. 삶과 죽음을 보는 기독교도의 이러한 역설적 관점은, 그런 태도에 시종일관 당혹하는 이교도 반대자들과 크게 충돌했다.

촉각적 고문과 황홀경

3세기 중엽에 이르면, 죽는 즉시 경험할 저주받은 자들의 운명과 구원받은 자들의 영광에 대한 더더욱 생생한 간증이 등장한다. 이 역시 기독교 박해와 순교를 맥락으로 한 글에서 주로 발견된다. 당대 가장 유명한 순교자 중 한 명으로 북아프리카 카르타고의 주교였던 키프리아누스(200년경~258년)가 있었다.

키프리아누스는 교육 수준이 높고 재능이 뛰어난, 이교도 출신 웅변가였다. 그는 246년 기독교로 개종한 후 교회 조직에서 빠르게 승진했고, 2년 만에 영향력 있는 대도시의 주교가 되었다. 키프리아누스가 남긴 수많은 서신과 수필이 전해지는데, 여기에도 기독교에 가해진 격한 탄압에 대한 묘사가 두드러진다. 그가 교회 고위직에 임명되고 얼마 안 있어 데키우스 황제(249년~251년 재위)의 명으로 착수된 기독교 박해가 북아프리카를 휩쓸었다. 키프리아누스도 결국에는 258년, 후대 황제 발레리아누스가 착수한 박해 사업의 일환으로 순교했다.

키프리아누스가 남긴 글들을 보면, 기독교도들이 적대적인 세상에서 마주하는 무자비한 현실과 훗날 도래할 세상에 신이 내리실 보상에 대한 그들의 이해 간의 긴밀한 연관성이 잘 나타나 있다. 그가 소아시아에 파견된 로마 총독 데메트리우스에게 보낸 편지를 보라.

> 뒤이을 응징에 대한 확신이 우리를 인내하게 합니다 ⋯. 형벌과 고문을 순순히 당하고만 있는 건 우리가 당하는 어떤 고난도 되갚음 받지 않은 채 지나가지 않을 것임을, 또한 우리가 당한 박해의 부당함에 비례하여 그 박해자들에게 실현될 응징의 정의로움과 심각함도 엄청날 것임을 확신하고 자신하기 때문입니다. (「데메트리우스에게 보낸 편지Letter to Demetrius」 17)[8]

기독교 박해가 기독교도들에게 중차대한 문제였던 것과 달리, 당시 로마제국 전체에서는 주요 뉴스감도 못 되었다. 이 서한을 보낸 시기와 키프리아누스의 주교직 임기는 하필 학자들이 로마 역사에서 "3세기의 위기"라 부르는 엄혹한 시기와 겹쳤다. 내전과 야만족의 침략, 기근과 역병이 한꺼번에 닥친 시기였다. 데메트리우스 총독은 당시의 대규모 격변과 혼란이, 기독교도들이 섞여 살도록 허락한 데 대해 이교 신들이 제국 전체에 내린 형벌이라며 기독교도들에게 비난의 화살을 겨냥했다. 키프리아누스는 생각이 달랐다. 그는 데메트리우스에게 오히려 작금의 위기는 기독교의 신이 이교 제국에게 진리를 좇지 않은 데 대해 내린 벌이라고 알렸다. 단, 이 벌은 현재의 생에만 영향을 주는 게 아니라고 했다. 기독교의 신을 믿지 않는 자들은 벌로써 앞으로 올 세상의 참혹한 상태도 감내해야 할 터였다. "끝내는 영원한 지하 감옥과 꺼지지 않는 불, 영원히 지속되는 형벌만이 남을 것이며, 탄원자들의 신음 소리는 그곳에서 아무도 들어 주는 이 없을 것입니다." 여기서 그가 말하는 건 영원한 소멸이 아니라 의식이 있는 상태에서 받는 고문이다.

> 항시 타오르는 게헨나가 저주받은 자들을 태울 것이며, 징벌이 살아 있는 불꽃으로 그들을 삼켜 버릴 것입니다. 거기에는 언제고 그들이 쉼을 얻거나 그들의 불 고문을 끝낼 수 있는 어떤 수원水原도 없을 것입니다. 육신을 그대로 지닌 혼들이 무한한 고문으로 인한 고통 속에서 그대로 유지될 것입니다. (「데메트리우스에게 보낸 편지」 24)

교육 수준이 높은 키프리아누스는 수사학적으로 멋을 낸 문장으로 편지를 마무리한다. "영원한 생을 믿지 않던 자들이 영원한 형벌을 너무 늦게 믿게 될 것입니다."

또 다른 글에서는 지옥의 구덩이를 상상하며 짜릿함을 음미한다. "끔찍한 곳이로다 … 통탄하는 혼들의 소름끼치는 웅얼거림과 신음으로 가득 차 있고, 칠흑 같은 밤의 으스스한 어둠을 뚫고 화염이 불꽃을 토해 내는 … 연기를 내뿜는 화로에서 늘 매서운 불길을 뱉어 내고 있는 곳."(『순교의 영광에 대하여On the Glories of

Martyrdom』 20)[9] 하지만 낙원에 들어갈 운명인 기독교 신자들이 만 끽할 기쁨을 묘사한 부분도 그 못지않게 장황하다. 그곳이 어떤 곳 이냐면,

> 너도 나도 은혜를 받고, 파릇파릇한 들판에는 기름진 옥토가 연 한 풀을 입고 꽃의 향을 먹고 있는 곳. 작은 과수들이 높다란 언덕을 꼭대기까지 뒤덮고, 구부러진 나뭇가지가 펼친 숲의 덮개가 만든 그 늘마다 울창한 잎으로 나무가 옷 입은 곳이다. (『순교의 영광에 대 하여』 21)

이곳에서 기독교 순교자들과 의롭게 산 자들 모두가 영원한 축 복을 누릴 것이다. 이곳은 너무 덥거나 너무 춥지도 않고 항상 날씨 가 딱 알맞을 것이며, 계절이 존재할 필요도 없고, 언제나 환할 것이 다. 이곳은 모든 것을 희생할 가치가 있는 곳이다.

> 죽음에 대한 두려움이 없는 그 하늘나라에서 지내는 것은 얼마 나 기분 좋은 일인가. 얼마나 숭고하고 영속적인 행복을, 영원히 살 면서 누리겠는가! 그곳에서 사도들과 함께하는 영광을 누릴 테고 (기뻐하는 선지자들이 주인 노릇을 해 줄 테고) 헤아릴 수 없이 많 은 순교자가 살아생전 감내한 분투와 고난에서 기어코 승리한 대가 로 받은 면류관을 쓰고 있을 것이며, 육과 육체의 욕정을 자제력으 로 억누른 처녀들이 의기양양하게 지내고 있을 것이다 …. 이러한 것들을 향해, 사랑하는 성도들이여, 간절한 열망으로 서둘러 가기

를. 한시 바삐 그들과 함께할 순간을 갈망하기를. (「도덕성에 관하여On Morality」 26)

축복받은 자들의 땅과 저주받은 자들의 땅

기독교 교회가 성장하고, 확산하여 로마제국에서 주요 세력으로 자리 잡으면서 사후 세계관에도 흥미로운 변화가 일어났다. 개종자가 대거 발생하면서 전적으로 헌신하지 않는 신자도 대규모로 생겨난 것이다. 필연적이라 할 만한 결과로, 영원한 축복과 징벌 개념도 수정되었다. 기독교가 로마제국의 지배적 종교로 입지를 확고히 해갈 무렵이던 4세기 말엽, 일부 기독교 저술가가 천국은 모든 교인의 종착지가 아니며 지옥도 교회 바깥에 있는 사람들만 맞이할 운명이 아니라고 주장하기 시작했다. 오히려 기독교도인 죄인들도 하나님의 영원한 진노를 받게 될 수 있다는 것이었다. 특히 자기 입으로 설파하는 가르침을 몸소 실천하지 않는 기독교 지도자들이 그런 운명을 경계해야 한다고 했다.[10]

축복받은 자와 저주받은 자가 가는 곳을 묘사해 가장 큰 인기를 얻고 영향력을 행사한 서書는 「바울묵시록」이었다. 사도 바울 개인에게 허락된 사후 세계 여행을 묘사한 허구적 이야기를 서술한 책이다. 이 책은 중세에 널리 읽혔고, 위대한 작가 단테에게도 영향을 줬다. 저술 연대는 4세기 말 또는 5세기 초엽으로 추정된다.[11] 쉽게 알아챌 수 있는 이 책의 원전 중 하나가 우리가 1장에서 살펴본 2세기

작作「베드로묵시록」인데, 그보다 더 후대에 쓰인 이 환시 묘사가 천국의 영광과 지옥의 고문 모두를 몇 배 자세히 그리고 있다. 앞선 작품과 마찬가지로 이 묵시문학도 당대의 현실에 단단히 뿌리를 두고 있다. 기독교가 로마 황제에게 지지를 받는 종교로 자리 잡은 이후에 쓰였으므로, 여기서는 (더 이상 위협이 안 되는) 이교도 박해자와 우상 숭배자를 위해 특별히 지옥에 마련해 둔 장소가 등장하지 않는다. 그 대신 도덕적으로 해이한 기독교도와 횡포 부리는 교회 고위 간부, 그리고 이단자 들이 받을 끔찍한 징벌에 대해 썼다.

하늘나라에 처음 도착했을 때 바울은 저주받은 자들을 담당하는 천사 고문관들을 목격한다. 그들은 자비도 연민도 없는 데다 얼굴은 분노로 물들어 있고, 입에는 아주 뾰족한 이가 튀어나와 있고, 머리에서는 번쩍이는 불꽃이 나온다. 반대로 구원받은 자들을 돌보는 은혜로운 천사들은 태양처럼 빛난다. 이 자애로운 천사들은 몸에 금띠를 둘렀고 손에는 종려나무 가지를 들고 있다. 그들에게서는 온화함과 자비만 느껴지며, 입고 있는 옷에는 '하나님의 아들'이라는 이름이 새겨져 있다(「바울묵시록」11-12장).

여정은 셋째 하늘에 있는 "공의의 장소"에서부터 시작된다(「바울묵시록」19장). 그리스도가 젖과 꿀의 강이 흐르고 유실수가 빙 둘러 심겨 있으며 각 나무가 연중 열두 종 열매를 맺는 이 "약속의 땅"(「바울묵시록」21장)에서 성도들과 함께 천 년을 지낼 것이라고 천사가 설명해 준다. 여기서는 포도나무 한 그루 당 만 개의 송이를 맺고 각 송이가 천 알의 포도를 맺는다. 포도 맛도 환상적일 것을 짐작할 수 있다. 고급 포도주 애호가에게는 그야말로 낙원이다.

바울은 안내하는 천사에게 이런 땅에서 거하는 것이 성도들이 누릴 최고의 사후 세계냐고 묻는다. 그러자 천사는 그렇지 않다며, 이곳은 그저 혼외 성관계의 충동에서 순수한 몸을 끝까지 지켜 낸 사람을 위한 곳이라고 답한다. 평생 동정으로 남은 자, 오직 의로움만 갈망하고 갈구하며 "하나님의 이름으로 자기 자신을 괴롭힌" 자들은 이보다 일곱 배 더한 축복을 받을 거라고 한다(「바울묵시록」 22장).

바울은 이어서 "그리스도의 왕국"이라는 곳으로 안내받는다. 그곳은 죄를 충분히 회개한 자들이 거하는 곳이다. 금으로 지은 이 왕국을 동심원 형태로 겹겹이 둘러싼 성벽만 열두 개고, 각 성벽은 땅이 하늘과 떨어져 있는 만큼 다음 성벽과 떨어져 있다. 어마어마하게 큰 왕국이다. 이 도성을 둘러싸고 꿀과 젖, 포도주, 기름의 강이 흐른다(「바울묵시록」 23장). 성문 밖에서 바울은 그곳에 들어오지 못한 것을 통탄하는 사람들을 목도한다. 이들은 밤낮으로 금식할 정도로 열성적으로 믿음을 지킨 한편, 자신의 행동을 너무 뿌듯하게 여기고 스스로를 칭찬한 자들이라고 천사가 설명해 준다. 하나님이 그들에게 자비를 베풀어 그리스도의 왕국 가까이 머물도록 허락해 주었으나, 그들은 자만심 때문에 성 안에 들어갈 수는 없다. 그렇다 해도 종말이 와서 그리스도가 성에 들어갈 때 그들도, 비록 이 왕국의 다른 주민들과 동급의 황홀경은 경험하지 못할 테지만, 마침내 입장이 허락될 것이다(「바울묵시록」 24장).

성 안으로 들어가면서 바울은 성읍의 한 구역을 다음 구역과 구분한 내벽들이 바로 전 구역의 벽보다 조금씩 더 높은 것을 알아챈다. 성도가 (각자 의로움의 정도에 따라) 영생을 보낼 운명의 종착지로 더 깊숙이 들어갈수록 그 사람이 받는 상도 더 대단해진다. 성의 바깥쪽 영역이 아무리 환상적이어도, 안쪽 영역은 묘사가 무색할 수준이다.

이번에 바울은 이 모든 일이 벌어지는 곳과 반대의 장소, 즉 성의 바깥으로 안내받아 "신을 모르는 영혼과 죄인 들"이 당하는 고통을 목격한다(「바울묵시록」 31장). 가장 경악스러운 점은, 최악의 형벌 중 다수가 교회 밖의 사악한 죄인이 아닌 교회 내부에서 죄를 범한 성직자들의 몫이라는 것이다. 바울은 제일 먼저 불이 끓는 강 속에서 벌받는 기독교 신자 무리를 본다. 일부는 강물에 무릎까지 잠겨 있다. 이들은 사사로운 논쟁에 가담해 결국 교회를 떠나간 자들이다. 어떤 이들은 배꼽까지 몸이 잠겨 있다. 이들은 성체를 취한 뒤에도 성적 부도덕을 저지른 자들이다. 또 한 무리는 입술까지 잠겨 있는데, 다른 성도들을 비방한 자들이다. 눈알까지 잠겨 있는 무리도 있다. 자기들끼리 작당해 이웃을 음해한 신자들이다.

죄지은 교회 지도자들은 특히 더 엄중한 벌을 받는다. 간음을 저지른 뒤 성체 의식을 주관한 한 장로는 불의 강에서, 천사들에게 쇠삼지창으로 창자를 (끝도 없이) 격렬하게 찔리는 벌을 받고 있다. 성경 강독을 맡았으나 정작 자신은 하나님의 계율을 따르지 않은 한 성직자는 불의 강에 무릎까지 잠기게 서서 시뻘겋게 달궈진 칼날로 입술과 혀가 지져지는 벌을 받는다. 속세를 버렸지만 단 한 차례의 성만찬도 "유지하지 않은"(이것이 뭘 의미하는지는 분명치 않다) 수사들, 과부와 고아를 불쌍히 여기지 않고, 이방인과 순례자를 환대하지 않고, 이웃에게 자비를 베풀지 않은 수사들은 남자고 여자고 할 것 없이 부글부글 끓는 타르와 뜨거운 유황으로 안감을 채운 누더기 옷을 걸치는 벌을 받는다. 그들의 목과 몸뚱이를 용들이 칭칭 감고 있으며, 이글거리는 뿔을 단 천사들이 그들을 매질하고 목 조른다(「바울묵시록」 34-40장).

물론 더 평범한 죄와 형벌도 똑같이 전시되어 있어서, 마술사와 간통한 자라든가 이자를 쳐서 돈을 빌려준 부자, 혼전에 순결을 잃은 소녀 들도 각자 죄에 걸맞은 고문을 당하고 있다. 그런데 흥미롭게도 다른 벌보다 "일곱 배 심한" 최악의 벌은 불량한 신학자들에게 배정된다. 이들은 견디기 힘든 악취로 가득한, 깊은 우물에 빠지는 벌을 받는다. 이들은 "그리스도가 육신으로 이 땅에 오셨고, 동정녀 마리아가 그리스도를 세상에 나오게 하셨으며, 성찬의 빵과 포도주가 그리스도의 살과 피라고 고백하지 않는" 죄를 지은 자들이다(「바울묵시록」 41장). 언뜻 이들을 비기독교도로 착각할 법 하지만, 그렇지 않다. 이들은 교회 안의 이단자로, 그리스도가 너무나 완벽한 하나님의 현신이라 온전히 혈과 육을 갖춘 인간이 아니었다는 거짓된 관점을 받아들인 자들이다. 차라리 이교도인 게 이들에게는 나았을 것이다.

지옥의 고문을 피하려면 도덕적으로 올바른 삶을 살아야 한다고 강조한 앞선 작품 「베드로묵시록」과 달리, 세월이 흘러 기독교가 의뭉스러운 윤리관과 신학 이론을 품은 자들을 포함해 온갖 부류의 사람이 다 섞여 든 대규모 세력으로 발전한 후대에는 진정한 기독교도란 무엇을 의미하는가로 초점이 옮겨 갔다. 이제 그리스도를 믿는 것만으로는 부족하다. 기독교도라면 모든 면에서 부족함이 허락되지 않는다. 헌신적인 기독교도, 특히 교회 지도자들에게 하나님이 기대하는 요구 사항들은 매우 엄격하다. 부름받은 사람은 많지만 선택받는 사람은 소수다.

합리적으로 구현한 영생: 아우구스티누스의 신국

교회의 영향력이 미미했던 초기 몇 세기 이후에는 고도로 훈련된 기독교 사상가들이 죽음 후 영혼이 맞는 명운에 대해 합리적이고 지성적인 논의를 이끌어 가곤 했는데, 그중 우리에게 가장 잘 알려진 위대한 고대 기독 신학자 성 아우구스티누스(354년~430년)보다 더 큰 영향을 준 인물은 없을 것이다. 아우구스티누스는 일생의 역작인 『신국론』의 마지막 세 권에서 이 세상에 현현한 하나님의 실재가 훗날 도래할 세상에서는 어떻게 드러날 것인지 설명했다.[12] 이 세 권의 기본 전제는 기독교 사회에서 오래도록 믿어 온 관점과 연속선상에 있다. 악한 자들은 실제적 고통을 느끼면서 영원한 형벌을 받을 것이요, 구원받은 자들은 그에 맞먹는 실제적이고 촉각적인 즐거움을 누릴 것이라는 관점이다. 그러나 아우구스티누스는 선대 신학자들과 다르게, 그저 참혹함과 찬란함을 세세히 묘사한 구절로 지면을 채우지 않는다. 그는 사색가였고, 그렇기에 저주받는 것과 구원받는 것이 무얼 뜻하는지 깊이 파고든다.

『신국론』 21권에서 아우구스티누스는 지옥에서 이루어지는 징

벌을 이야기한다. 언제나 철학가임을 자처했기에 도입부부터 그는
이 논제에 딸려 오는 개념적 문제들에 특히 집중한다. "영원한 고
통"이 가능하기는 한가? 결국 죽음, 즉 감각 인지의 중단으로 끝나
지 않을까? 불길에 던져진 육체가 어떻게 소멸하지 않는단 말인가?
아우구스티누스는 영원히 계속되는 고문이 얼마든지 가능하며 실재
한다고 단호히 주장하면서, 불가능해 보이는 온갖 종류의 일이 늘
일어나고 있음을 이야기한다. 그 예로, 공작새가 죽으면 그 몸뚱이
가 결코 썩지 않는다는 "사실"을 든다(『신국론』21.4).

　　그러나 불꽃만 놓고 봐도 그렇다. 샐러맨더(불 속에 산다고 믿
었던 불도마뱀.— 옮긴이)는 불 속에서도 죽지 않고 살며, 산도 불에
휩싸이지만 산 자체가 소진되지는 않는다. 하나님의 다른 피조물들
이 불타고도 소멸하지 않을 수 있다면, 사람이라고 왜 안 되겠는가?
"죽음은 파기되지 않고 영원할 것이다 …. 첫 번째 죽음은 육신에서
영혼을, 영혼의 의사에 반하여 내몰고, 두 번째 죽음은 영혼을 그 의
사에 반하여 육신 안에 묶어 둔다."(『신국론』21.3) 하나님이 인간
아담을 창조하셨을 때, 아담의 육신은 (그가 죄를 짓기 전에는) 결
코 죽지 않는 몸으로 만들어졌다. 그러다 인간들이 죄를 짓자 그들
의 육신은 죽는 몸이 되었다. 그러나 죽음 후 그들은 다시는 죽지 않
을 것이다(『신국론』21.8).

　　그렇지만 정의의 문제는 어떻게 받아들여야 할까? 인간이 잠깐
동안 저지른 죄를 가지고 하나님이 영원히 벌을 준다면 어찌 정의롭
다 할 수 있을까? 막말로 20년에 걸쳐 죄를 지은 사람은 20년 동안
처벌받는 걸로 끝나야 하지 않나? 왜 영원히 벌받아야 하나? 언뜻

일리 있어 보이지만, 아우구스티누스는 이런 질문을 어처구니없는 것으로 취급한다. "세상에 어떤 법이 처벌된 범죄가 행해진 기간만큼 형벌 기간을 결정한다고 하는가."(『신국론』 22.11) 강탈이나 살인에 대해, 그 범죄가 벌어진 시간만큼만 형벌을 주는가? 영원한 벌은 영원하신 하나님께 지은 죄의 대가로 받는 것이다.

그렇다 해도, 이 땅에서 형벌이 범죄의 흉악함에 따라 달리 주어지는 것처럼 앞으로 도래할 세상에서도 그러하다. 벌은 영원히 지속되겠지만, 그 정도는 각기 다를 것이다.

허나 우리는 악한 자들의 공과에 따라 영원한 불이 각각 다른 비율로 주어질 것을 부인해선 안 된다. 어떤 무리에게는 더 고통스럽고 또 다른 무리에게는 덜 고통스럽게 주어질 것이다. 이 결과가 모두의 덕에 맞춰 차등을 둬서 불의 온도를 달리함으로써 이루어지건, 아니면 불의 뜨거움은 동일하나 모두가 똑같은 강도로 고통을 느끼지는 않는 식으로 이루어지건 간에 말이다. (『신국론』 21.16)

무슨 말이냐면, 모두가 불타겠지만 어떤 사람은 남보다 더 고통스럽게 불탈 거라는 얘기다. 혹자는 너무 사소한 위안이라고 할지 모르나, 결국 이 글은 하나님이 궁극적으로 정의로우시며 완전히 비합리적이지 않음을 증명하려는 아우구스티누스의 목적을 달성하는 대목이다.

아우구스티누스는 22권을 축복받은 자들이 천국에서 누릴 영광을 일장 늘어놓는 데 몽땅 할애한다. 짐작 가능하듯, 실제로 어떤 경험을 하게 될지 세부 사항은 거의 안 나오고 그저 영원토록 하나님을 우러르며 숭배하면서 지낼 거라는 얘기만 나온다. 이것이 아우구스티누스에게는 "모든 이해의 수준을 초월하는" 기쁨이다. 그러므로, 논리적으로 말해 이 상賞의 내용을 남에게 설명하는 건 고사하고 이해시킬 수조차 없다. 그러나 누구든 그런 상이 주어지리라 믿을 수는 있으며, 아우구스티누스 자신도 굳게 믿는다.

가장 거룩하신 분의 은혜로운 모습을 영원히 만끽하는 축복받은 성도들이 그분을 실제 자기 눈으로 보게 될지는 아우구스티누스도 알지 못한다. 아마 천국에서는 눈을 감고도 하나님의 영광을 볼 수 있을 것이라고 그는 짐작한다. 그들의 영적 육신은 시력마저 완벽할 테니 말이다. 영적인 눈은 "극히 탁월한 능력"을 갖췄을 테니 "형이상학적 대상마저 볼 능력"이 있을 것이다(『신국론』 22.29).

가장 중요한 점은, 아우구스티누스가 고금을 막론하고 이렇게 하나님을 우러르면 영원한 지복至福을 얻을 수 있으리라 믿었다는 점이다. 이 하늘나라에는 어떤 악도 존재하지 않고, 오직 진정한 평화만 있을 것이다. 은혜를 입어 영원히 구원받은 모두에게, 모든 욕망의 종착지는 바로 하나님과 함께하는 것이 될 것이다. 그러면 그들은 더 원하는 게 없을 것이다.

아우구스티누스는 지옥처럼, 영원한 황홀경도 정도를 달리해 주어질 거라고 본다. "각기 다른 정도의 명예와 영광이 … 각기 다른 정도의 공덕에 따라 수여될 것이다." 그러나 다른 한편으로, 모두가 지극히 영광스러운 상태로 존재하게 될 것이기에 남보다 조금 못한 축복을 받은 자들 중 아무도 더 나은 축복을 받은 자를 부러워하지 않을지니, "이는 아무도 자신이 받지 못한 것이 되고자 하지 않을 것이기 때문이다."(『신국론』22.30) 구원받은 사람은 모두 완벽하고 더할 나위 없이, 영원토록, 만족할 것이다.

막간에 누릴 영생

아우구스티누스는 최후의 단계가 (저주받은 자들이 경험할 영원한 고문이든 아니면 구원받은 자들이 누릴 영원한 황홀경이든) 오직 세상이 종말을 맞고 하나님의 최후 심판이 이루어질 때 일어날 거라 믿긴 했다. 하지만 그 역시 수많은 선대 신학자와 마찬가지로, 우리가 죽는 순간 영생의 맛보기를 경험할 거라고 믿었다. 그가 자신의 신학적 지론의 핵심을 명료히 정리한 『엥키리디온-Enchiridion(편람)』에서도 말했듯, 한 사람의 사망과 최종 부활 사이에 "그의 영혼은, 육의 상태로 살았을 당시 스스로 얻은 명운에 비추어 각 영혼이 응당 받아야 할 바에 따라, 숨겨진 휴식의 장소 또는 징벌의 장소에 거류될 것이다."(『엥키리디온』109)

그렇다면 이는 사도 바울로부터 촉발된 주제로 볼 수 있다. 심판의 날이 오고 죽은 자들이 부활하면서 온 인류의 역사가 정점에 이를 것이다. 그러나 그사이에는 막간의 상 또는 벌이 있을 것이다. 하지만 바울과 달리 5세기의 아우구스티누스는 은혜로운 하나님의 환영을 바라보면서 누릴 영원한 축복이 어떻게 실현될지 자세히 묘사했을 뿐 아니라, 과거에 사도 바울과 예수가 취한 관점과 반대되는 징벌 개념 또한 제시했다. 이제 악한 자들은 영원히 절멸되는 게 아니었다. 그들은 영원히 지속되는, 감각과 의식의 고문에 처해질 터였다.

어찌 보면 아우구스티누스가 정점으로 수렴된 사후 세계관을 제시했다 하더라도, 그것이 사후 세계관의 선회점은 아니다. 아우구스티누스 자신도 끝내 풀지 못한 논점들과, 그 이후에도 계속해서 논의를 마치지 못한 문제들이 꾸준히 존재했다. 그중에는 구원받을 운명인 사람들 가운데 일부가 자신의 죄를 씻어 내기 위해 먼저 고문을 당해야 하는 건 아닌가하는 의문도 있었다. 이후 몇백 년 동안 이러한 개념은 연옥 신조로 자리 잡는다.

14장

연옥, 윤회, 그리고 모두를 위한 구원

2세기 말에 이르자 예수가 사도들의 살아생전에 올 거라고 예지했던 인류 역사의 정점은 여전히 도래하지 않았고, 바울이 기대한 "갑자기 이른 멸망"도 더 이상 갑작스럽게 느껴지지 않게 되었다. 시간은 하염없이 흐르기만 하고 종말의 때를 앞당길 기세는 보이지 않았다. 역사가 계속 진행 중이라는 현실에 사람들은 어쩔 수 없이 '영원'을 달리 생각하기 시작했다. 일찍이(심지어 바울의 생애 말미 즈음부터) 예수의 추종자들은 하나님 나라가 "권능으로 도래"하기 전에 먼저 자신이 죽을지도 모른다는 것을 깨달았다. 그건 그렇다 쳐도, 이미 죽은 사람들은 그 사이 어떻게 되는 걸까? 마지막 나팔 소리에 깨어나기 전까지, 그냥 깊은 단잠을 즐기는 건가? 최소한 바울은 그리 생각하지 않았다. 죽으면 즉시 예수 곁으로 가 (여전히 임박한) 심판의 날이 도래할 때까지 축복받은 막간의 상태를 누릴 거라고 생각했다.

심판의 날이 끝까지 도래하지 않자, 이런저런 의문이 끊임없이 제기되었다. 개중에는 후대에 돌아봤을 때 유독 핵심을 찌르는 질문도 있었다. 만일 죽는 즉시 의로운 신자들은 "구원받"고 악한 자들은 "저주받"는다면, 그 둘 말고 다른 선택지는 없는 것인가? 영원히 황홀경을 누리거나 아니면 상상조차 힘든 고문을 당하거나, 둘 중 하나인가? 딱히 경건히 살지 않았지만 딱히 큰 죄를 짓지도 않은 사람은 어떻게 되는 건가? 그 중간은 없는 건가? 그리고 지극히 경건한 삶을 살다가 이를테면 신앙을 위해 순교하는 사람이 곧 의로운 사람인가? 이런 사람들은 그럼, 단순하게 살지만 신앙을 지키는 데에는 허술하거나 별로 헌신적이지 않았는데 그저 하나님을 믿었다는 기본 신앙 덕분에 결국에는 하나님 나라에 들어간 부류보다 더 큰 상을 받지 못한다는 말인가? 믿는 자들 가운데 죄 있는 자들은 자신의 죄에 대해 **전혀** 대가를 치르지 않는 건가? 그들이 죽는 즉시 낙원으로 간다면 어떻게 죄의 대가를 치른다는 건가? 게다가 교회 안의 죄인들이 진정 의로운 자들과 똑같은 상을 받는 게 사실이라면, 세례를 받아 신도가 된 이후 죄를 짓지 않도록 이끌어 줄 유인으로는 무엇이 있나? 이런 식이라면 천국과 지옥이라는 단순한 이분법은 필연적으로, 도덕의 해이를 가져오지 않겠나?

이 질문들에 답하려다 보니, 결국 또 다른 의견이 대두되었다. 어떤 사람들, 아마도 대부분 사람은 낙원에 들어가기 전에 자기 죄에 대한 대가를 치르거나 아니면, 전혀 다른 개념으로, 고통스럽게 정죄淨罪되어야 한다는 견해였다. 몇 세기 후 이 개념은 중세의 연옥 신조로 굳어진다. 여기서 연옥이란 말 그대로 천국과 지옥 사이에 있으면서, 완벽히 구원받을 자격은 안 되는 사람이 가혹하지만 일시적인 고문으로 죄를 씻어 내는 곳이다. 천국에 갈 사람 대다수가 이 부류에 해당했다. 이 정죄적 고난의 강도와 지속 시간은, 딱히 성도라고 부를 수 없는 그 구원받은 자들이 실제로 얼마나 큰 죄를 지었느냐에 따라 결정되었다.

"연옥Purgatory"이라는 용어 자체는 12세기에 이르러서야 만들어졌고, 연옥 개념은 1274년 제2차 리옹 공의회가 열린 후에야 기독교 공식 신경信經의 일부로 채택되었다.[1] 그러나 최종적으로 구원받을 이들 중 일부가 먼저 사후 고난을 거쳐야 한다는 기본 개념은 훨씬 더 이른 시기에 발생했다. 그 기원은 교회 역사의 초기 몇 세기 안에서 찾을 수 있다.

우리는 사실 그보다 훨씬 오래된 이교 원전에서 매우 유사한 개념을 이미 본 적이 있다. 「파이돈」에 박제된 사후 세계 관련 신화에서 플라톤은 "중간 정도의" 삶을 산 자들(극악무도한 죄를 저지른 건 아니지만 특별히 경건하게 살지도 않은 사람)은 죄를 용서받기 전에 벌을 받는 정화의 장소로 보내진다는 얘기를 한다(「파이돈」 113d-114e). 베르길리우스도 사후 세계로 간 영혼들이 "엘리시온의 드넓은 땅"으로 보내지기 전에 "각자의 옛 죄과에 대한 대가를 치르기" 위해 "형벌에 시달린다"는 얘기를 한다(『아이네이스』 6권 854-860행). 모두가 똑같은 대접을 받는 건 정의가 허락지 않는 것이다. 죄인들이 의로운 자들과 함께 영광된 행복의 땅으로 들어가고자 한다면 자신의 결함에 대한 대가를 치러야 한다.

결국에는 구원을 받을 사람이 그 전에 먼저 지독한 고난을 치러야 한다고 정확히 주장한 최초의 기독교 원전은 우리도 이미 살펴본 「베드로묵시록」이다. 가장 오래된 「베드로묵시록」 그리스어판 원고에는 천국에 간 성도 중 일부가 지옥에서 고문당하는 자들을 위해 때때로 기도할 거라는 구절이 나온다. 그리스도는 "누구든 내게 부름받은 자들과 내게 선택받은 자들이 청하는 이를 고문에서 꺼내 데려다줄 것이며, 그들에게 공정한 세례를 내려 구원해 줄 것이다. … 내 경건한 성도들이 가진 의로움의 극히 일부만이라도 가졌으면 족하다"(「베드로묵시록」 14.1)고 답한다. 이는 딱 봐도 엄밀히 연옥 신조가 아니다. 천국에 갈 예정인 죄인들이 일시적으로 고문을 받는 "장소"는 언급되지 않는다. 그러나 천국에 간 성도들이 그들을 위해 탄원해 준다면 고난받는 단계를 먼저 거치는 자에게도 구원의 희망이 있음을 말해 준다.

프린스턴대학 역사학과 교수 피터 브라운은 이것(사후에 고통받고 있는 사람도 다른 사람이 기도해 주면 도움받을 수 있다는 생각)이 어떻게 흔한 개념으로 자리 잡았는지 설명했다. 그러다 시간이 흘러 아예 산 사람이 죽은 사람을 위해 기도해야 한다는 생각, 성체를 받을 때 그들의 이름을 입에 올려야 하고 특히 그들의 이름으로 자선을 베풀어야 한다는 생각이 자리 잡는다.[2] 흥미로운 점은, 가장 초기의 원전들을 살펴보면 의로운 자들이 고통받는 망자들을 도울 수 있다는 이 개념이 특히 여자와 여자의 기도가 갖는 힘에 초점을 둔 서사에 주로 등장한다는 것이다. 가장 이른 시기의 기록은 2세기에 쓰인 글인데, 바울이 개종시킨 가장 유명한 인물인 상류층 출신 젊은 여성 테클라가 주인공이다.

테클라행전에 나오는 의로운 자들의 기도

「테클라행전」은 한때 신약성경 외 기독교 문헌 가운데 가장 널리 읽힌 글이었다.[3] 이야기는 테클라의 고향인 이코니움(터키 남부 앙카라의 도시 '코니아'의 고대명.— 옮긴이)에서 시작한다. 이코니움에 도착한 바울이 한 신도의 집에서 복음을 전하는데, 옆집에 사는 테클라가 듣고 있다가 호기심이 동해 위층 창을 통해 그 설교에 귀를 기울인다. 바울은 영원한 구원을 가져다줄 경건한 삶에 대해 설교한다. 특히 성관계의 쾌락을 (심지어 부부 간에도) 절제하는 사람은 천국의 상을 받을 거라고 가르친다.

마을의 저명인사와 결혼을 앞둔 젊은 테클라에게 이는 귀가 솔 깃해지는 이야기다. 테클라는 가르침을 들은 즉시 파혼하고, 사이가 멀어진 약혼자와 이제 사회적 지위가 위태로울 뿐 아니라 경제적 고난까지 겪게 생긴 어머니의 진노를 산다. 두 사람은 함께 테클라를 관헌에게 넘겨 벌을 받게 한다. 이야기는 바울에 대한 테클라의 헌신과 테클라가 아슬아슬하게 끔찍한 순교를 피해 간 과정을 자세히 묘사하는데, 그중 유독 기괴한 한 일화에서는 살점을 뜯어 먹는 장어로 가득 찬 통도 등장한다.

이야기가 전개되면서, 미혼에다가 아무런 힘도 없는 테클라는 한때 여왕이었고 얼마 전 딸 팔코닐라를 잃은 안토니아 트리페나의 보호를 받게 된다. 그런데 테클라가 보기 드물게 경건하다는 소문이 망자의 땅에까지 닿은 모양이다. 테클라가 망자를 도울 수 있다는 소문이 죽은 자들 사이에 쫙 퍼진 것이다. 팔코닐라가 자기 어머니

꿈에 나타나 간청한다. "어머니, 이 낯선 이, 버림받은 테클라를 저 대신 받아들여 주세요. 그가 저를 위해 기도하면 제가 정의가 이루어지는 곳으로 갈 수 있을지 모르니까요."(「테클라행전」28) 트리페나는 딸이 부탁한 대로 하고, 테클라는 기도를 올린다. 여기서 이야기는 다른 대목으로 넘어간다. 그러나 이 짧은 이야기 조각은 그 자체로 매우 흥미롭다.

팔코닐라는 딱 봐도 낙원에서 천국의 상을 즐기고 있지는 않았다. 어찌 그러겠는가? 죽기 전 바울이나 그리스도 아니면 기독교에 대해 전혀 들어 보지 못한 이교도였는데 말이다. 팔코닐라는 정의가 실현되는 장소에 있지 않았다. 하지만 자신이 그곳으로 옮겨 갈 수 있음을 아는 듯하며, 테클라의 기도가 그 기적을 이뤄 줄 수 있고 실제로 그렇게 됐다는 걸 맥락이 (비록 정확히 서술하지는 않지만) 암시한다. 이 일화는 죽음 후 어떤 일이 벌어질 수 있는지 아주 조금 보여 준 정도에 불과하다. 하지만 분명히 죽고 나서 곧바로 구원받지 못했으나 처음에 입장이 거부됐던 안식처에 나중에라도 들어갈 수 있게 된 사례를 이야기하고 있다.

고통에서 축복으로: 페르페투아와 디노크라테스

경건한 기독교도 여인이 올리는 기도의 효과를 그린 두 번째 일화는 비비아 페르페투아의 이야기에 단편적으로 등장한다. 우리가 1장에서 순교를 앞둔 북아프리카 출신의 막 개종한 신자로 만나 보앗던 그 페르페투아다.[4] 페르페투아의 배경에 대해서는 알려진 바가 많지 않지만, 고등교육을 받았고 글을 읽고 쓸 줄 아는 로마제국의 귀부인이었으니 고전문학 교육도 받았을 게 틀림없으며, 따라서 널리 알려진 베르길리우스의 작품에 나타난 것과 같은 신화적 사후 세계 장면에 익숙했으리라 추정할 수 있다. 어쨌건 간에 페르페투아는 사후 세계에서 고통받는 사람이 환희의 장소로 옮겨 가는 게 가능하다는 것을 알고 있다. 이 점만큼은 페르페투아가 제일 처음 꾼 두 편의 꿈에서 분명히 드러난다.[5]

저자의 일기로 알려진 기록(『페르페투아의 수난』 7-8)에서, 페르페투아는 어느 날 기도를 하다가 특별한 이유도 없이 "디노크라테스"라고 소리 내어 말해 스스로도 깜짝 놀랐다고 고백한다. 디노크라테스는 일곱 살이란 어린 나이에 얼굴에 생긴 피부암으로 죽은 남동생의 이름이다. 페르페투아는 남동생을 위해 기도해야 한다는 걸 깨닫는다. 그래서 기도를 하다가 동생의 환영을 본다. 그런데 별로 마음 편한 광경이 아니다. (「누가복음」 16장 부자와 나사로의 일화에 나오는 것 같은) 건널 수 없는 짙은 심연이 동생과 그의 사이를 가로막고 있다. 맞은편의 웬 고약해 보이는 곳에서 디노크라테스가 어두컴컴한 구멍을 통해 기어 나온다. 함께 있는 이들 모두 "몹시 덥고 목마르며, 창백하고 더러운 모습이다." 디노크라테스의 얼굴은 암이 남긴 병변으로 여기저기 살갗이 벌어져 있다. 더 가슴 아픈 건, 동생이 물이 가득 찬 통 바로 옆에 서 있는데도 그 통의 주둥이가 너무 높아서 손을 아무리 뻗어도 닿지 못하는 것이다. 디노크라테스는 갈증에 허덕인다. 페르페투아는 "내 동생이 고통받고 있음을 알아채고" 몹시 심란한 채로 깨어난다. 하지만 자신이 "곤경에 처한 동생을 도와줄 수" 있음을 확신한다. 페르페투아는 "매일 … 이 간청을 들어 주시길 바라면서 눈물과 한숨으로 동생을 위해 기도했다."

그러다 두 번째 꿈을 꾼다. 페르페투아는 같은 장소에 있는 디노크라테스를 보는데, 이번에는 동생이 "깨끗하고, 잘 차려입었고, 기운이 난" 모습이다. 얼굴에 병변도 사라지고, 흉터만 남아 있다. 가장 기쁜 점은 물통이 동생의 허리 높이까지 낮아진 것이다. 물통 가장자리에는 물이 그득 담긴 금빛 대접이 달려 있다. 디노크라테스가 그 물을 마시는데, 아무리 마셔도 대접은 여전히 가득 차 있다. 물을 양껏 마신 디노크라테스는 "아이처럼 천진난만하게 놀러" 가 버린다. 페르페투아는 "그러고서 깨어났는데, 동생이 고통에서 벗어났음을 알았다"며 꿈 이야기를 맺는다.

기도가 갖는 구원의 힘이 사후까지 영향력을 미침을 보여 주는, 아주 재미난 일화다. 이야기가 짧은 것이 유일한 흠인데, 그로 인해 수많은 의문을 낳기 때문이다. 순수한 어린아이인 디노크라테스가 왜 벌을 받을까? 애초에 그가 받는 벌은 일시적인 것이었나, 아니면 영원히 지속될 벌이었나? 디노크라테스가 실제로 거하는 장소는 대체 어떤 곳인가? 그와 함께 있는 자들은 대체 누구인가?

디노크라테스가 최소한 후대에 명시된 의미로의 "연옥" 비슷한 곳에 있지 않은 것은 분명하다. 그곳은 고난으로 죄를 씻어 하늘나라에 들어갈 수 있게 해 주는 장소가 아니다. 디노크라테스는 비참한 상태에서 벗어나 행복한 상태가 된 뒤에도 같은 장소에 거한다. 그리고 이 글에는 정죄가 구원을 가져다준다는 말은 고사하고,

그가 겪는 고통이 딱히 어떤 기능을 한다는 얘기도 없다. 대신 그를 구해 주는 건 페르페투아의 기도다. 꽤 흥미로운 방식으로 페르페투아의 환영은 (아마도 페르페투아에게도 익숙했을) 성경의 「누가복음」 16장 나사로의 일화와 극명한 대조를 이룬다. 이 성경 이야기에서는 저주받은 "부자"가 겪는 고통을, 심지어 위대한 조상인 아브라함의 힘조차 경감해 주지 못한다. 이와 대조되게 디노크라테스는 절망적일 정도로 비참한 영혼이었다가 안식을 허락받고, 끝에 가서는 죽은 어린아이답게 뛰어가 노는 행복한 상태를 맞는다. 이곳은 "연옥"은 아닐지라도 영원한 기쁨을 누리기 전 일시적 고난을 겪는 장소이며, 기독교 사상에서 훗날 발전할 신조의 명백한 전신이다.

죄 때문에 고난받는 죄 많은 성도들

이런 유의 이야기가 나오고 얼마 후부터, 천국에 갈 예정인 죄인들이 자기 죄 때문에 고난받는 이야기가 점점 많아지기 시작한다. 때로 이러한 고난은 응당한 대가로 그려진다. 죄악을 저질렀으면 벌을 받아야 하지 않겠나! 그러나 어떤 경우는 고난이 영혼을 죄로부터 정화해 주는 것, 힘껏 문질러 불순함의 얼룩을 지워 주는 것으로 간주됐다. 후자인 경우, 사후의 불행은 응보가 아닌 신의 정죄였다. 가장 초기의 문헌 자료들에서는 이렇게까지 명백히 구분하지 않는다. 이 같은 일시적 고난 개념이 하나의 논리로 자리 잡는 데는 시간이 다소 걸렸다.

이 문제를 최초로 논의한 신학자들 중에는 페르페투아가 순교하고 얼마 뒤, 역시 북아프리카에서 활동한 3세기의 인물 테르툴리아누스가 있다. 테르툴리아누스는 한 짤막한 구절에서, 그리스도가 이 땅을 천 년간 다스린 후 성도들이 부활할 텐데, 이들은 동시에 대거 부활하는 게 아니라 "각자의 공과에 따라 더 빠르거나 더 늦게" 파도처럼 일어날 거라고 했다(『마르키온을 논박하다*Adversus Marcionem*』 3.24).[6] 지은 죄가 클수록 영원한 기쁨을 누리기 전, 기다리는 기간도 길다는 뜻이다.

또 다른 글에서는 산상수훈으로 전해지는 흥미로운 예수의 어록 한 마디를 아주 길게 해설한다. 해당 구절은 원래 연옥은 둘째 치고 사후 세계와도 아무 관련이 없는 내용이었다. 예수는 청중에게, 만약 여러분이 신전에서 하나님께 예배드리며 제단에 선물을 바치던 중 갑자기 남에게 잘못한 일이 생각나거든 먼저 그 사람과 화해하고 와서 선물을 바쳐야 한다고 설교한다. 이렇듯 너를 고발하는 자와 화해하지 않으면, "그가 너를 재판관에게 내어 주고 재판관이 옥리에게 내어 주어 옥에 가둘까 염려하라. 진실로 네게 이르노니, 네가 한 푼이라도 남김이 없이 다 갚기 전에는 결코 거기서 나오지 못하리라."(「마태복음」 5장 25-26절인데, 킹 제임스 성경에서 이 마지막 구절의 단어를 "마지막 파딩the last farthing〔파딩은 구 페니의 액면가 4분의 1에 해당하는 청동 주화.― 옮긴이〕"으로 옮긴 것이 유명하다.)

테르툴리아누스의 해설에 따르면 예수의 말은 한층 깊은 영적 세계에 대한 상징이다. 예수가 말하는 '고발하는 자'가 실제로는 사탄이라는 것이다. 사탄과 관계를 청산하려는 사람은 사탄 그리고 사탄의 모든 행동 방식과 의절해야 마땅하다. 그러지 못하는 사람은 하나님, 즉 재판관 앞에 끌려 나갈 것이며, 재판관은 다시 그를 복수의 천사에게 넘길 것이다. "그러면 그는 너를 지옥의 감옥에 가두고, 부활 전에 네가 기간 내에 저지른 가장 작은 과실까지 대가를 치르기 전에는 거기서 나오지 못할 것이다."(『영혼에 대하여 *On the Soul*』 35.3) 바꿔 말하면, 천국에 가는 영광을 누릴 예정인 죄인들도 죽음에서 부활하기 전 자신이 저지른 과오에 대한 대가를 치러야 한다는 뜻이다.

이 개념은 한 세기 반이 지난 뒤 "연옥의 아버지"[7]라는 오해에서 비롯된 별명으로 불리곤 하는 위대한 신학자 아우구스티누스도 논한 바 있다. 아우구스티누스는 사후에 정죄받을 필요에 대해 완전히 확신한 적은 없지만, 그래도 몇몇 저술에서 다음과 같이 마지못해 받아들이고 있다. "이 점은 내가 반박하지 않는데, 아마 진실일 것이기 때문이다."(『신국론』 21.26)[8] 이런 식으로 그는 "일부 사람이 최후의 심판에서 일종의 정죄에 해당하는 징벌을 받을 것"이라고 수긍한다(『신국론』 20.25).

나중에는 한 발 물러나 아예 이렇게 말한다. "죽음 후 일시적 벌을 받는 이들 가운데 모두가 그 심판 뒤에 오는 영원한 고통을 받도록 운명 지워진 것은 아니다. 일부에 한해 … 이 세상에서 면벌되지 않은 것은 다음 세상에 면벌될 테니, 말인즉슨 내세에 영원한 징벌에 처해지지 않는다는 뜻이다."(『신국론』 21.26) 구원받을 운명인 이들에게 죽음 후 진짜 고난이 있을 수 있으나 그것은 악한 비非신자들을 기다리고 있는 영원한 고난이 아닌 일시적 고난이다.

　기독교도가 죽은 후 죄의 대가로 고난을 받는다는 개념은 3세기와 4세기, 나아가 5세기까지 교회가 각기 경건함의 정도가 다른 "성도들"로 점점 가득 차게 된 시기에 여러 기능을 했다. 우선 이 개념은 구원받은 모든 이가 다 똑같이 영광된 황홀경을 누리고 저주받은 이들은 전부 끝나지 않는 불 고문을 당한다는 다소 과한 이분법과 대조를 이루어, 신의 정의를 한결 다층적인 개념으로 받아들이게 해 주었다. 이제 상벌은 정도를 달리해 이루어지는 것이 되었다. 나아가 성도들이 성도답게 살도록 이끄는 더 큰 유인으로도 작용했다. 최종적으로 천국에 들어가기로 내정돼 있는 사람도 그 사이에 실족하면 연옥에 떨어지는 대가를 치를 거라는 믿음이 퍼졌기 때문이다.

　동시에, 죽은 뒤 강렬하지만 일시적인 고통을 당함으로써 속죄할 수 있다는(혹은 죄에 물든 성정을 고통스러운 방법으로 정화할 수 있다는) 이 개념은 또 다른 무시하기 힘든 의문을 불러왔다. 일부 죄인이 정말로 정죄된다면, 어째서 모든 죄인이 그럴 수는 없는 것인가? 만일 고난이 죄의 문제를 해소할 수 있다면, 왜 오래도록 지속되는 고난이 세상에서 가장 악랄한 죄인들을 정죄해 줄 수는 없는가? 같은 선상에서, 하나님이 진정으로 공정하시다면서 어째서 모든 사람이 종국에 저마다 구원받을 기회를 얻으리라고는 생각하지 않는가? 하나님이 절대적 지배자라면, 어째서 종국에는 하나님이 직접 창조한 온 세계에 지배권을 확실히 행사하리라고는 생각지 않는가? 그렇게 되면 모든 사람, 심지어 최악의 죄인마저 결국 그분 앞에 나아가 그분을 경배하고, 억겁의 세월이 걸리더라도 그분 앞에 당당히 설 자격을 얻을 수 있을 텐데 말이다. 궁극적으로는, 왜 강렬한 고난을 통해 모두에게 구원이 올 거라 생각하지 않는 것인가?

모두가 구원받을 것인가?

모두가 이런 의문을 품은 것은 아니다. 전통적 사후 세계관들은 단호하고 완고했고, 저주받은 이들은 영원히 저주받은 거라고 못 박았다. 많은 기독교 지도자는 아무리 고결하게 살아도 예수를 믿지 않으면 예외 없이 그러한 종말을 맞을 거라고 단언했다. 또 어떤 이들은 개종했더라도 세례받기 전에 죽은 사람은 끝나지 않는 고문에 영영 처해진다고까지 주장했다. 콘스탄티노플의 위대한 기독교 설교가 요한네스 크리소스토무스(347년~407년)는 이렇게 선언했다.

> 죽음이 갑작스럽게 닥쳐 우리가 세례받지 못한 채 이 땅을 떠나게 된다면(부디 그런 일은 없기를!), 아무리 생전에 수만 가지 덕행을 쌓았더라도, 우리에게 부여된 몫은 지옥밖에 없으며 독기 품은 벌레와 꺼트릴 수 없는 불, 녹일 수 없는 족쇄밖에 없다. (『요한복음 강해Homily on John』 5.25)[9]

또 어떤 이들은 비교적 관대하게도 어느 정도 해석의 여지가 있다고 봐서, 성경에 기록된 사도 바울의 말에서 희망을 찾았다. 그 예로 바울이 남긴 훌륭한 편지글인 「로마서」에는 최초의 인간 아담이 지은 죄 때문에 인류가 받아야 하는 심판을, 두 번째 아담인 그리스도의 의로운 속죄 덕분에 범우주적으로 이루어질 미래의 구원과 대조해 설명하는 부분이 있다. "그런즉 한 사람의 죄로 인해 모든 사람이 죄인 판정을 받은 것과 같이, 한 사람의 의로운 행위로 말미암아 모든 사람이 의롭다 하심을 받아 생명에 이르렀느니라."(「로마서」 5장 18절) 여기는 의로움과 생명이 일부에게가 아니라 모두에게 이른다고 적혀 있다. 바울은 또한 뒤의 구절에서, 하나님이 "모든 사람에게 긍휼을 베풀"기 위해 모든 사람의 삶을 불순종 안에 가두셨다고 말한다(「로마서」 11장 32절). 이번에도 "모든 사람"이다. 불순종한 사람이 얼마나 많건 다 구원받는다는 얘기다.

혹은 바울이 「빌립보서」에서 말한 바와 같이, 그리스도가 재림하면서 높이 들어 올려질 때 하나님이 그에게 모든 이름 위에 있는 신의 이름을 주셔서 종국에는 "하늘에 있는 자들과 땅에 있는 자들과 땅 아래에 있는 자들로 모든 무릎을 예수의 이름에 꿇게 하시"리라고 했다(「빌립보서」 2장 10절). 일부 무릎이 아니라 모든 무릎이다. 나아가 바울은 「고린도전서」 15장에서, 맨 나중에 "만물"이 주 예수에게 복종할 것이며 예수 자신도 그때는 만물을 자기에게 복종하게 하신 하나님께 복종할 텐데, 이는 "하나님이 만유의 주로서 만유 안에 계시려 하심"이라고 했다(「고린도전서」 15장 28절). 그때에는 만물이 하나님께 복종한 상태로 돌아갈 것이다. 이 정도면 죄인을 포함해 모든 살아 있는 존재를 뜻하는 것 아니겠는가?

기독교 초기 300년 사이 배출된 가장 위대한 신학자, 알렉산드리아의 오리게네스(185년경~254년경)도 확실히 그렇게 보았다.

오리게네스는 교육 수준이 매우 높고 누구보다 활발히 저술 활동을 했는데, 엄청난 분량의 논문과 주해, 설법을 발표한 거의 일인 출판사급 인물이었다. 당시 교회 신학은 권위 있는 지식인들에게 아직 공격받기 전이었기에, 철학적으로 사유하는 훈련을 받았고 신학 사상에도 능통한 오리게네스가 그 임무를 맡아 아직 다른 누구도 밟지 않은 길에 발을 내디뎠다. 교회 지도자 대다수가 기독교의 여러 기본 이론에 동조하지만 아직은 회색 지대에 둘러싸여 있음을 인식하고서 그런 것이었다. 결과적으로 오리게네스는 기독교의 기초 지식을 살찌워 향후 수십 년, 심지어 수세기 동안 그 풍성한 결실을 누리게 해 주었다. 비록 그가 디딘 신학 사상의 길 중 몇 개는 막다른 길로 끝났다 해도 말이다.

그의 사상을 가장 체계적으로 정리한 것이 『원리론』이라는 저서다. 오리게네스는 이 작품을 신학자로서 경력을 시작한 지 얼마 되지 않은 229년에 썼다. 그러나 이후에도 그의 관점은 크게 달라지지 않았다. 기독교 신학의 역사에 흥미를 품은 연구자들에게는 매우 애석하게도, 이 저서의 원본인 그리스어판 원고는 온전하게 전해지지 않는다. 잔존하는 원고 대부분은 4세기 말 티라니우스 루피누스라는 학자의 손을 거쳐 라틴어로 번역된 판이다. 루피누스는 오리게네스의 관점이 후대의 정통 신학과 일치하도록, 그의 글을 군데군데 수정했다고 솔직하게 시인했다. 하지만 라틴어판으로도 오리게네스의 사상을 비교적 명쾌히 파악할 수 있으며, 그 사상 중 하나는 종말의 때에 모두가 하나님의 다스림에 복종하고 구원을 받으리라는 것이었다. 여기에는 가장 악한 인간들도 포함된다. 그리고 악귀들, 심지

어 사탄도 포함된다. 하나님은 말 그대로 "만유 안의 만유"가 될 것이다.[10]

오리게네스가 세상의 종말에 대해 이러한 견지를 갖게 된 바탕에는 세상의 처음에 대한 그의 이해가 있었다. 『원리론』 1권에서 오리게네스는 모든 지각 있는 생물이 태초에 어떻게 존재하게 됐는지 설명한다. 억겁의 시간을 거슬러, 세상이 시작되기도 전에 하나님이 무수히 많은 영혼을 창조하셨는데 그들의 탄생 목적은 영원히 하나님을 우러르고 경배하는 것이었다. 그런데 진정한 숭배는 당연히 자유의지를 요한다. 그들의 경배가 진정 영광스러운 것이 되려면 세상에 살아 있는 존재들은 하나님을 숭배하기로 **선택**해야 한다. 이는 다시, 모든 영혼이 필경 하나님을 숭배하지 **않기로**(즉, 악을 행하기로) 선택할 여지 또한 있었을 거라는 뜻이다. 그러나 하나님의 피조물인 이 영혼들 중 누구도 악하게 태어나지 않았으며, 아무도(후에 사탄이 된 영혼조차) "선을 행하는 것이 불가능하지 않았다."(『원리론』 1.8.1-3)

그런데 나중에 보니, 사실상 거의 모든 영혼이 기대에 부응하지 못했다. 실로, 억겁의 세월 동안 부단히 경배를 지속하면서 하나님을 늘 우러르기를 멈추지 않은 자는 단 한 명뿐이었다. 이 영혼은 하나님의 영광에 워낙 온 신경을 쏟은 나머지, 마치 불에 넣은 철이 불의 특성들을 그대로 취해 어떤 면에서 불과 "하나"가 되듯, 하나님의 모든 특성을 취해 하나님과 일체가 되어 버렸다. 이 단 하나의 믿음 있는 영혼은 그리스도, 곧 신의 아들이 되었다.

다른 영혼들은 전부 하나님만 우러르는 데 실패하고 말았다. 일부는 아주 단단히 빗나갔고, 그중 가장 크게 어긋난 이는 사탄이었다. 그보다는 덜 빗나간 어떤 이들은 악귀가 되었다. 또 어떤 이들은 인간의 몸으로 전락했다. 야생 짐승이나 심지어 식물이 된 이들도 있었다. 이러한 심각한 상황은 이 세상의 역사만큼 오랜 기간에 걸쳐 펼쳐졌다. 그래도 오리게네스는 궁극적으로는 하나님이 만유의 지배자이시니 모두가 그분의 지배에 무릎 꿇게 될 것이라고 했다. 그러지 않으면 그분은 진정으로 전지전능한 만유의 주 하나님이 아니라 그저 **비교적** 권능 있는, **부분적** 지배자에 불과할 테니 말이다.

인간 생의 목표는 본래의 존재 의도인 하나님 '바라기'로 회귀하는 것이다. 그러려면 인간들은 정죄되어야 하는데, 죄가 만유의 위에 군림하시는 분을 숭배하는 데 걸림돌이 되기 때문이다. 이승의 생에서 정죄되는 법을 배우지 못한 사람은(물론 인류의 절대다수가 여기에 해당한다) 죽은 후에라도 배워야 하며, 그것이 사후 고난이 존재하는 이유다. 고난은 영혼들이 영원히 창조주를 우러르며 숭배하는 본래의 운명으로 회귀하기 위해 죄를 정화할 목적으로 존재하는 것이다.

어떤 이들(당연히, 죄가 더 많은 사람들)은 남들보다 더 고통을 받아야 한다. 그러나 충분히 긴 시간이 흐른 뒤에는 모두가, 각자의 죄를 완전히 씻어 낸 채, 결국 자유의지로 하나님께 돌아갈 것이다. 오리게네스가 글에서 말한 대로, "우리는 하나님의 적들이 정복되고 무릎 꿇리는 와중에도, 그분의 선하심이 그리스도를 통해 그분이 창조하신 만유를 끝까지 회복시키실 것을 믿는다."(『원리론』1.6.1) 이 관점을 뒷받침할 논거로 오리게네스는 바울의 말을 인용한다. 종말의 때에 하나님이 그리스도의 모든 원수를 그의 "발 아래 둘" 거라는 구절이다(「고린도전서」 15장 25절). 오리게네스가 이해한 바로는, "'발 아래 두다'는 말은, 예수 그리스도에 대한 우리의 복종을 이야기한 맥락에서 … 예속된 자들의 구원을 암시한다."(『원리론』 1.6.1)

이는 "하나의 시작점에서 출발하였으나 자신의 자율적 충동에 의해 여러 방향으로 끌려간 모든 존재들"에 해당할 것이다. 심지어 악마의 하수 아니면 한 떨기 민들레가 되어 버린 이들마저 말이다. 이들은 본래 상태로 돌아갈 때까지, 존재의 사다리를 하나씩 밟고 올라갈 것이다. 그러나 이 전환은 "갑자기 일어나는 게 아니라 서서히 점진적으로, 무한하고 무량한 세월이 흐르는 동안 일어날 것이다." 하지만 결국에는 만물이 "그 종착지, 곧 축복받은 상태에 이를 텐데, 거기에는 하나님의 원수들마저 무릎 꿇을 것이라 하며, 그 끝은 하나님이 '만유'이자 '만유 안에' 거하시는 곳이다."(『원리론』 1.6.4)

"만유의 회복"이라는(학계에서는 만유회복론apocatastasis이라고 하는) 이 같은 교리는 오리게네스가 내놓은 견해 중 가장 격렬한 논쟁을 부른 주장이 되었다. 영혼의 선재先在와, 세상에서 가장 악한 존재를 포함해 모든 살아 있는 존재의 구원받음 두 가지 모두를 인정하는 논리이기 때문이다. 그러나 오리게네스는 고문이 인간의 정신을 바꾸는 경향이 있음을 잘 알았다. 설령 고문을 가해야 할지언정, 결국에는 모두가 굴복하게 돼 있다. "그렇기에 악한 자들, 심지어 악귀들에게도 벌은 끝이 있으며, 악한 인간들과 악귀들 모두

본래의 모습으로 회복될 것이다."(『원리론』 2.10.3) 그 일이 일어날 때, 모든 이성을 갖춘 영혼들(곧, 모든 살아 있는 존재들)은 영적 육신으로 변모될 것이며, 그 상태로 영원히 살 것이다. 그들은 "하나님과 합류하여 그분과 한 영혼이 될 것"이다(『원리론』 3.6.6).

그렇다면 이는 후대에 생겨난 "연옥" 신조, 즉 영원한 영광을 누릴 운명이지만 먼저 고통을 받아야 할 자들이 가는 천국과 지옥 중간의 장소를 가르치는 교리가 아니다. 오히려 그리스도를 제외한 모든 이가 각자 자신을 더럽힌 죄를 씻어 내기 위해 고난받는다는 교리다. 이 고난은 응보적인 것, 즉 "징벌"이라고는 딱히 말할 수 없다. 그보다는 죄의 불결함을 씻어 내는, 정죄적淨罪的 고난이다.

그러나 이 정죄 체계의 논리에 따르면, 사후 고난이 한 사람의 죄를 씻어 줄 수 있다면 다른 사람의 죄도 씻어 줄 수 있다는 얘기가 된다. 심지어 최악의 죄를 지은 이도 정죄할 수 있다. 그게 사탄이라도 마찬가지다. "무량의 세월"이 걸린다 해도 말이다. 그러나 이는 이 신학적 사색의 줄기에서 또 다른 논쟁의 가지를 만들어 낸다. 오리게네스는 이렇게 헤아릴 수 없이 긴 세월 동안 벌을 받은 사람들이 죽음에서 되살려져 한 차례 더 삶의 기회를 얻게 될 거라고 했다. 신학자로의 경력 중 어느 한 시점에서, 오리게네스는 윤회를 믿은 것이다.

기독교 전통에서의 윤회 사상

윤회 개념은 오리게네스 등장 이전에 이미 몇백 년 동안 사람들 입에 오르내리고 있었다. 고대 그리스의 위대한 철학자 피타고라스가 이 개념을 최초로 퍼뜨린, 혹은 적어도 유행시킨 인물로 널리 알려졌다. 그 후대에는 파르메니데스나 엠페도클레스 같은 인물들이 받아들였다고 하는데, 둘 중 후자는 이런 말도 했다고 한다. "지금 이전에 나는 소년이었고 아가씨였으며, 떨기나무였고 새였으며, 바다에서 튀어나온 말 못 하는 물고기였다."[11]

로마의 전통 사상에서도 발견되는데, 베르길리우스의 작품에서 지하 세계를 방문한 주인공 아이네아스가 레테강 주변에 모여든 수많은 영혼이 "두 번째 육신"을 얻어 이승에 돌려보내지는 것을 목격하는 장면도 그중 하나다. 아이네아스는 누구든 낙원을 떠나 비참한 생으로 돌아가고 싶어 하는 것을 이해하지 못하는데, "가련한 인간들은 아직 모든 오점이 완전히 씻어지지 않았고 육체의 모든 역병으로부터 온전히 해방되지도 않았"기에 "그들의 옛 죄과의 대가를 치르"기 위해 "형벌에 시달려야" 한다는 설명을 듣는다. 그런 뒤에야 그들은 육신으로 돌아가 "저 위에 펼쳐져 있는 세상에 재방문"해 다시 한 번 삶에 도전할 수 있다고 말이다(『아이네이스』 6권 865-896행).

윤회가 초기 기독교에서도 널리 설파한 가르침이었다는 얘기는 지금도 때때로 거론된다. 사실 그랬다는 증거는 희박하다. 물론 후대의 성경 주해가들이 신약성경에서 이 개념의 흔적으로 볼 만한 구절들을 발견하기는 했다. 예수가 제자들에게 "사람들이 나를 누구라고 하느냐"고 묻자, 제자들은 일부는 세례 요한이 살아 돌아왔다고 하고, 더러는 엘리야라 하고, 더러는 선지자 중 하나라고 하더라고 대답한다(「마가복음」 8장 27-28절). 이 구절이 모두에게 전생이 있었음을 말하지는 않지만, 일부 사람들이 예수에게 전생이 있었다고 믿었다는 건 확실히 말해 준다. 「요한복음」에서도, 유대인 원로들이 어리둥절해하며 세례 요한에게 묻는다. "네가 엘리야냐?"(「요한복음」 1장 21절) 요한은 부인하지만, 그게 가능하다고 그들이 생각했다는 게 흥미롭다. 그보다는 덜 노골적이지만 조금 더 흥미로운 구절이 같은 「요한복음」 뒤 장에서 나온다. 예수가 맹인으로 태어난 남자를 지나쳐 가는데 제자들이 이렇게 묻는다. "랍비여, 이 사람이 맹인으로 난 것이 누구의 죄로 인함이니까? 자기이니까, 그의 부모이니까?"(「요한복음」 9장 2절) 많은 것을 말해 주는 질문이다. 만일 그가 자신의 죄로 인해 맹인으로 태어났다면, 당연히 그는 태어나기 전에 죄를 지은 것이 된다. 그렇다. 윤회 사상이다.

초기 기독교 시절 윤회에 대한 믿음이 드러난 가장 흥미로운 사례는 아마도, 이단 사냥꾼 이레나이우스가 다섯 권짜리 저서 『이단 논박』(180년경)에서 가차 없이 공격한 소위 영지주의 기독교도라는 무리의 사상일 것이다. 이레나이우스가 비난한 극악무도한 거짓 교사들 중에는 카르포크라테스파派라 불린 무리가 있었는데, 이들은 그들만의 괴이한 종교적 사상을 추구하느라 마술을 행하고 경악스러울 만치 음란한 행위를 자행한다는 소문이 돌았다. 현대 어휘를 사용한 건 아니지만 이레나이우스는 카르포크라테스파를 '포스트모

더니즘적' 윤리관을 받아들인 무리라고 비난한다. 그들에게는 선이나 악이라는 게 없으며 만사를 개인적이고 주관적인 판단의 문제로 본다고 비난한 것이다. 맥락에 따라 모든 것은 선한 것이 되며, 그런 이유로 그들은 모든 것을 허용한다. 아예 카르포크라테스파는 모든 것을 필수적 경험으로 취급한다고, 이레나이우스는 날카롭게 비판한다. 인간으로서 할 수 있는 경험을 (모든 측면에서) 충분히 맛보지 못한 사람은 누구든 다시 돌아와, 가능한 모든 경험을 체험할 때까지 다시 시도해야 한다고 말이다. 맥락을 보면 이레나이우스는 분명 성적 행위를 염두에 두고 지적하고 있다.

> 그들은 단순히 인간의 의견이라는 덕목에만 의존해 어떤 것들이 악하다고 혹은 선하다고 주장한다. 따라서 그들은 우리의 영혼이 한 육체에서 다른 육체로 옮겨 가는 방법으로, 모든 종류의 삶은 물론이고 모든 종류의 행위도 경험해야 한다고 본다. 물론 단 한 차례의 생으로 다른 생들을 살 필요를 막을 수 없는 경우에만 말이다. … 그 한 번의 생에서 우리가 감히 말하거나 듣지 못할 모든 것, 아니, 감히 생각조차 품지 말아야 하고 있을 수 있는 일이라 여기지도 말아야 하는 그런 것들을 하라는 것이다. (『이단 논박』 1.25.4)[12]

충분히 상상이 되겠지만, 이는 꽤나 흥미로운 숭배 의식 체험으로 이어졌을 게 틀림없다. 적어도 이레나이우스는 그렇게 생각했다. 모든 선택지를 충분히 다 즐기지 못한 사람은 "이 세상에서 실행해 볼 수 있는 모든 종류의 행위를 다 경험해 볼 때까지 육체에서 육체로 옮겨 다녀야 하며, 더 이상 부족한 게 없다 싶을 때에 비로소 그의 해방된 영혼이 천사들 위에 계신, 세상의 창조주이신 그 하나님께로 솟구쳐 올라간다. 이런 식으로 모든 영혼이 구원받기도 한다." 한마디로, 지금이든 나중에든 어쨌든 해 봐야 하니 지금 즐기는 게 낫다는 말이다.

오리게네스는 이런 식의 논리에서 누구보다 먼 사람이었다. 그는 대신 전통적 도덕성과 금욕적 생활 방식을 강조했다. 그에게 윤회란 천국에 다시 들어가 영원히 하나님만 우러르며 살게 될 때까지, 조금씩 더 정죄되면서 존재의 사슬을 한 단계씩 딛고 올라가는 과정이었다. 카르포크라테스파의 기준으로 보면 그다지 신나는 시간은 아니겠지만, 오리게네스나 그와 비슷한 이들에게는 그토록 바라던 영원한 삶이었다. 그러나 그렇게 되기 전에 여러 형태로 수많은 윤회를 거듭해야 한다.

악을 향한 모종의 성향으로 이 [천국에 있어야 마땅한] 영혼들이 날개를 잃고 육신을 입는데, 제일 먼저 인간의 육신을 취한다. 그 다음엔 자신의 비이성적 충동에 휘말려, 주어진 인간의 생애가 다한 후 짐승으로 변한다. 거기서부터 그들은 지각이 없는 자연의 단계로 전락한다. (『이단 논박』 1.8.4)

이렇게 인간에서 "비이성적 짐승"으로, 다시 "식물의 무지각적인 생"으로 전락하는 과정이 그다음에는 뒤집힌다. "이 상태에서 똑같은 단계를 거쳐 다시 되짚어 올라가 천국의 자기 자리로 복원된다." 더 열등한 형태의 삶으로 "추락"하는 일은 육체의 유혹 때문에 일어난다. 지금 자제할 수 없다면, 나중에 독버섯 따위가 될 것이다. 정죄적 고난을 통해서만 영혼은 점차 다시 올라가 결국 천국의 영역에 들어갈 수 있다. 오리게네스는 이런 식으로 진행되리라 완전히 확신하지는 못한다. "우리로서는, 이러한 것들이 신조로 고정된 것이 아니며 차후 논의든 거부든 할 수 있는 견해라는 언급을 부디 남기고자 한다."(『이단 논박』1.8.4) 그러나 나중에 그는 그런 견지를 제시했다는 이유로 파문당했다. 그가 영생에 들어가고 한참 후, 영혼의 선재와 윤회라는 그의 사상 체계 일체가 다른 시대 신학자들에게 이단 판정을 받은 것이다.

그러나 일부 집단에서는 보편적 구원이라는 이 개념이 계속 살아남았다.

모두가 받을 궁극적 구원

후대 교회가 배출한 학자들 가운데 보편적 구원에 찬성한 가장 유명한 신학자로, 자칭 오리게네스의 지지자였고 4세기 후반에 활동한 니사의 그레고리우스(335년경~394년경)가 있다. 친누나이자 같은 신학자인 성聖 마크리나와 나눈 대화를 기록한 『영혼과 부활에 대하여On the Soul and the Resurrection』에서 그레고리우스는, 사후 고난이 죄에 대한 벌이 아니라 영혼에서 악을 내쫓기 위함이라는 주장을 펼친다.[13] 마크리나도 장문의 답변으로 동의한다. 나아가 마크리

나는 악이 쫓겨나면 그대로 사라질 거라고 주장한다. 악은 사람의 의지를 벗어나 존재할 수 없기 때문이다. 그리고 일단 그렇게 되면 "악의 완전한 소멸"이 이루어질 거라고 이야기한다. 그런 뒤에는 하나님이 만유이자 "만유 안에" 거하실 것이다. 모두가 구원받을 거라는 얘기다.

여러 면에서 영원한 구원에 관한 가장 흥미로운 가설은, 비록 더 앞선 시대의 전통에 기반을 두고 있긴 하지만, 복음서들이 4세기 후반 어느 시점에 퍼뜨린 위대한 서사 한 편에 담겨 있다.[14] '빌라도행전'(맨 앞에 나오는 예수 재판 기록에서 본디오 빌라도가 주요 인물로 등장하므로)이라고도 불리고 '니고데모의 복음서'(이 글의 저자가 「요한복음」에서는 다른 이름인 니고데모로 알려져 있으므로)라는 제목으로도 알려진 글이다. 이야기는 예수의 마지막 몇 시간에 대한 매우 전설적인 기록을 담고 있다. 다만 예수의 십자가형으로 끝나지 않고 아예 부활 직전까지, 십자가형 이후에 일어나는 일까지를 묘사한다. 이는 훗날 '그리스도의 음부 강하'라고 알려진 일화로, 해당 이야기를 다룬 최초의 잔존 기록이다. 예수가 사망 후 저승에 갇혀 있는 인간들을 풀어 주기 위해 그곳으로 내려가는 내용이다. 이야기의 바탕에 깔린 개념은 예수가 인간들의 죄를 대신해 죽기 전에는 구원이 (심지어 성도들에게도) 올 수 없다는 것이다. 하지만 일단 예수가 사망하자 그가 이룬 대속은 그 전에 세상에 왔던 이들에게도 적용 가능해졌다. 그래서 예수가 그것을 모두에게 제공하기 위해 직접 저승으로 내려간다. 여기서 제기되는 의문은 이것이다. 선택권이 주어진다면, 과연 구원을 거부할 자가 있을까?

「니고데모의 복음서」에는 실제로 그것을 경험한 두 사람의 이야기가 나온다. 「누가복음」 2장 25-35절에서 아기 예수를 알아본 경건한 유대인 성 시므온의 두 아들이 그 주인공이다. 이 둘은 저승에 거하다가 거기서 예수를 만나고 그로 인해 죽음에서 되살아난다. 다시 생을 얻은 그들은 이제 이 문제를 조사하던 의심 많은 유대교 장로들에게 직접 겪은 일을 소상히 전달한다.[15]

그들이 깊고 음침한 하데스의 땅에, 예전에 살다 간 사람들 모두와 함께 거하고 있었는데, 갑자기 어디선지 모르게 태양만큼 밝은 빛이 나타난다. 망자 중 한 명인 세례자 요한이 앞으로 나오더니, 하나님의 아들께서 사람들에게 우상을 숭배한 죄를 회개할 기회를 주시려고 여기 오신 거라고 선포한다. 지금 회개하기를 거부한다면 두 번째 기회는 없을 거라고. 요한은 분명 유대인 중 성도들에게만 그런 제안을 하고 있는 게 아니다. 이 그리스도의 구원은 이교도를 포함해 모두에게 가능한 것이었다.

여기서 이야기가 아주 괴상해진다. 하데스가 죽은 자들을 전부 삼켜서 자기 안에 그 사람들을 산 채로 데리고 있는, 지각 능력을 가진 존재로 그려진다. 이 의인화된 하데스는, 그리스도가 살아 있는 동안 죽은 사람을 되살렸다면 이제는 "나머지 전부"를 되살리지 못하리란 법도 없어 걱정이라고 사탄에게 털어놓는다. 만일 그렇게 되면 "나에게는 죽은 자가 한 명도 안 남게 될 것"이라고 말이다(「니고데모의 복음서」 20장 3절). 하데스는 웬만한 손실쯤을 걱정한 게 아니었다. 포획물을 깡그리 잃을 것을 걱정한 것이었다. 아무도 남아 있지 않을 것이고, 모두가 구원받을 것이었다.

실제로도 그렇게 되었다. 그리스도가 지옥문을 부수고 쳐들어와 그곳 주민들을 붙들어 두던 족쇄를 바스러뜨렸고, "묶여 있던 죽은 자들 모두가 족쇄에서 풀려났다."(「니고데모의 복음서」 21장 3절) 그러자 하데스가 사탄에게 투덜댔다. "오 바알세불 … 돌아서서 이걸 보라. 죽은 자들 중 아무도 내 안에 남아 있지 않도다."(「니고데모의 복음서」 23장 1절) 둘이 대화하는 동안 그리스도는 최초의 남자 아담을 일으켜 세우더니 다른 죽은 자들을 향해 돌아서서 이렇게 말했다. "이 자가 만진 나무를 통해 죽음을 경험한 너희들 모두 나와 함께 오라. 이제는 보라, 내가 십자가의 나무를 통해 너희 모두를 다시 일으키고 있느니라."(「니고데모의 복음서」 24장 1절)

이 기록은 모두가 확실히 저승에서 구원받는가의 문제에 대해서는 약간 불명확하게 마무리하고 있다. 다음 구절에서 예수가 "족장들(야곱의 열두 아들), 선지자들, 순교자들, 조상들"의 이마에 십자가 표식을 그리고는 "그들을 데리고 저승에서 솟구쳐 오를 때" 이스라엘의 선지자들과 모든 성도들이 튀어나와 그리스도를 찬양했다고 이야기한다(「니고데모의 복음서」 24장 1절). 그렇다면 데리고 나온 건 이들이 전부인가? 아무래도 그런 것 같다. 그 뒤에 그리스도가 "모든 의로운 자들"을 천국으로 인도하도록 대천사 미가엘에게 넘겼다고 하는 걸 보면 말이다(「니고데모의 복음서」 25장 1절). 하지만 그리스도가 십자가에 매달리는 의로운 행위로 **모두**를 의롭게 했다고 보는 편이 더 맞는 것 같다. 적어도 하데스는 어떤 일이 일어났는지 명확히 파악했다. 그의 땅은 완전히 텅 빈 채로 남게 되었다. 남은 사람은 단 한 명도 없었다.

낙원에서 맞는 결말

이렇게 우리는 이번 연구를 기분 좋은 결론으로 마무리 짓게 되었다. 모두가 구원받는다. 물론 이 관점은 기독교 전통에서 지배적 견지로 자리 잡지 못했다. 지옥은 계속 존재하고 나중에는 연옥도 생겨났다. 기독 신학자 대부분이 보기에 구원은 「니고데모의 복음서」가 이야기하듯, 거칠 것 없는 그리스도가 단순히 모두를 하데스에서 이끌고 나오는 식으로, 그렇게 쉽게 성취되는 게 아니었다. 구원은 힘겹게 얻어야 할 터였고, 나중에는 기독교로 개종한 사람에게도 보장되지 않을 만큼 더더욱 난이도가 높아질 터였다. 우선, 세례를 받아야 했다. 그리고 도덕적 삶(그것도 믿을 수 없을 만치 도덕적인 삶)을 살아야 했다. 이 기준에 조금이라도 못 미치면, 지옥 불에 자기 자리를 마련해 놓는 꼴이었다.

이 강경 노선을 모두가 취한 건 아니었다. 하나님은 공정하지만 그보다 몇 배 더 자비롭다고 주장한 기독교인들이 늘 있었다. 다름 아닌 신약성경도 증언하듯, "긍휼은 심판을 이기고 자랑한다."(「야고보서」 2장 13절) 이 관점에서 보면, 하나님의 사랑은 한계를 모르며 악으로도, 어둠의 힘으로도, 인간의 고난이나 악한 자유의지로도 이길 수 없다. 아니, 하나님의 다른 성정과 자질로도 이길 수 없다. 심지어 정의를 향한 하나님의 뿌리 깊고 집요한 고집으로도 이길 수 없다. 한때 성경의 증언을 열성적으로 파고드는 독실한 복음주의자였던 어느 현대 기독교 저술가의 말을 빌리면, 결국에는 "사랑이 이긴다."[16]

실제로 오늘날 곳곳에 퍼진 기독교 공동체들 내부에서(심지어 보수적인 복음주의 공동체에서도) 이 땅에서 살아가는 고집스럽고 무지한 인간들에게는 물론이고 온 세상에 언젠가는 널리 알려질, 사랑의 하나님의 궁극적 지배를 부각하는 운동이 일고 있다. 이 헌신적인 신자들은 사람들에게 오리게네스를, 그리고 그 이전의 바울을 상기시키면서, 결국에는 그 누구도 하나님의 사랑을 거부하지 못할 거라고 확언한다. 선이 악을 이길 것이다. 모든 잘못된 것이 바로잡힐 것이다. 그리고 어떻게든, 어떤 식으로든, 어느 시점에든, 모두가 구원받을 것이다.[17]

나가는 말

        우리가 아주 어릴 때부터 교육받은 바가 실제로 참인지 아닌지 어떻게 판단해야 할까? 대부분 사람들은 평생 이 문제를 한 번도 고민하지 않고 지나간다. 우리가 품은 신념과 개념은 그와 다른 가치관을 교육받으며 자란 이들에게 이상하게 보일지라도, 우리 자신에게는 "심오한 차원에서 이해"가 된다. 그것이 가장 극명한 영역이 바로 종교의 세계다. 무슬림 대부분에게는 필멸의 존재인 무함마드가 일곱 천국을 여행하러 하늘로 올라간 것이, 모르몬교도들에게 조셉 스미스가 황금판에 새겨진 경전을 해석한 것이, 또한 남부침례교파에게는 예수가 물 위를 걸은 것이 지극히 당연한 "진실"로 다가온다. 이런 믿음은 "신념의 문제"가 아니다. 그냥 일어난 일 그대로이며, 사람들은 줄곧 그렇게 알아 왔다. 그러나 외부인들에게는 그런 "상식"이 "말도 안 되는 소리"로 들릴 때가 많다.

    자신이 뼛속까지 받아들인 믿음의 참됨을 알고자 하는 이들이 택할 수 있는 유일한 방법은 우리에게 주어진 선택지를 면밀히 살펴보는 것이다. 나는 나 자신이, 비록 과할 때도 있지만, 합리적인 삶의 가치관을 취한다고 자부한다. 대학 시절 동기들이 나를 생각만

많고 감정은 없다고 "미스터 스팍"으로 불렀을 정도다. 누가 비행기 타는 게 무섭다고 하면 나는 비행기 타러 가는 길에 자동차 사고로 죽을 확률이 통계상 더 높다고 말해 주고 싶어 입이 달싹거리는 얄미운 부류다. 하지만 하루 종일 선형대수학만 파고드는 사람이 아닌 이상, 늘 합리적으로 사고하기란 불가능하다. 그래서 나도 우리 집 뒷마당에서 무해한 가터뱀을 발견하고는 겁먹어 본능적으로 펄쩍 뛰어오르기도 한다. 내 머리가 내게 뭐라고 이성적으로 타이르건 상관없다. 나의 족쇄 없는 감정이 나의 이성적 사고를 지배해야만 그렇게 된다는 얘기는 아니다. 꼭 가터뱀이 나를 잡아먹을 거라고 생각해야만 오장육부가 움찔하는 건 아니지 않나.

우리를 둘러싼 세계(비행기와 뱀)에 대해서뿐만 아니라 "보이지 않는 것들"에 대해서도 사리에 맞는 이해 체계를 갖추는 것이 중요하다. 특히, 종교학자로서 나는 우리가 자신이 믿는 대상에 분별력 있게 접근해야 한다고 생각한다. 믿음이 순전히 사리분별의 문제라는 얘기는 아니다. 우리가 믿음에서 나오는 주장들을 전부 논리적으로 풀어낼 수 있는 건 아니니 말이다. 결코 그런 얘기가 아니다. 우리가 사는 세계와 그 안에서 우리가 서 있는 위치에 대해서 좀처럼 이해할 수 없는 점이 수억만 개 있으며, 삶은 합리적 사고 과정으로 결코 해독할 수 없는 것들로 차고 넘친다. 그렇다 해도, 적어도 과거에 일어났다고 하는 일에 대한 종교적 주장은 합리적으로 검증해 볼 수 있지 않겠는가. 모세가 홍해를 정말 갈랐나? 예수가 정말로 동정녀에게서 태어났나? 무함마드가 정말로 그 모든 놀라운 기적들을 행했나? 그와 함께, 지금의 삶 이후에 펼쳐질 삶을 포함해 미래에 어떤 일이 일어날지에 대해서도 숙고해 봐야 한다. 이런 문제에 대해서는 무심한 태도보다 깊은 숙고를 거친 관점을 가지고 있는 편이 낫다.

현대 사회의 많은 이가 사후 세계에 대한 특정 믿음(예를 들면 천국의 영광과 지옥의 불)을 워낙에 자주 접하며 자라서, 그런 상벌의 장소가 아예 **지당하다고** 느낀다. 천국과 지옥에 대해 생각하기 시작한 이래로, 그런 장소들이 존재하는 걸 언제나 "알고 있었"다고 느낄 정도다. 이러한 믿음은 감정, 특히 그 어떤 감정보다 더 강력한 희망과 두려움으로 더욱 강화된다. 내가 아는 누구보다 합리적인 사람 몇몇은 만족스럽고 충만한, 심지어 기쁨이 넘치는 사후 세계를 맞기를 희망하며, 영원히 지옥 같은 고문을 당할 가능성을 떠올리면 두려움에 미간을 접는다. 그런가 하면 어떤 이들은 그런 관점을 원시적이고 말이 안 되는 것으로 치부한다.

이러한 관점이 (기독교와 이슬람교에서 특히 지배적인데) 구약성경이나 역사적 인물 예수의 가르침에서는 전혀 보이지 않는 것이 흥미롭다. 후대에 생긴 관점들이라 그렇다. 그러나 그런 관점들이 어째서 서구 문화를 1900년 남짓 지속적으로 지배했는지 생각해 보는 것도 흥미로운 일이다. 내 추측은 우리가 각자 영위한 삶의 질에 따라, 혹은 각자의 신앙적 헌신에 따라 개별적으로 상과 벌을 받는다는 개념이 인간의 매우 뿌리 깊은 요구와 염원을 충족시켰기에 그렇다는 거다. 도덕적 존재인 우리는 이 세상이 말이 된다고, 결국에는 정의가 이루어지며 선이 궁극에는 악을 이길 거라고 믿으며, 그렇게 믿어야만 하고, 또한 그렇게 믿고자 한다. 그런 일은 현세의 삶, 인간의 잔악함과 자연적 재앙이 낳은 죄 없는 희생자들이 가득한 세상에서는 물론 일어나지 않는다. 그게 과연 옳은가? 공평하다할 수 있는가? 그런데 천국과 지옥 개념은 우리에게 이 모든 상황이나중에는 반전될 거라고 안심시킨다. 결국에는 정의가 실현되고, 선이 승리하며, 하나님이 이기실 거라고. 우리가 죽으면 상을 받거나벌을 받을 거라고.

이러한 개념들이 서구의 사후 세계관을 언제까지 지배할지는 짐작하기 힘들다. 적어도 서유럽과 북·남미 일부 지역에서는 점점 더많은 사람이, 널리 퍼진 희망과 열망 그리고 "상식"에도 불구하고,우리가 실제로는 빅뱅에서 시작해 어떻게, 언제인지 모르게 끝날 자연의 소름끼치는 우연의 연속으로 인해 이 세상에 존재하고 있다고(마지못해서든, 안도하면서든) 설득되고 있다. 그 관점이 계속 발전해 결국 지배적 관점이 될지, 그것은 아무도 장담 못 한다.

어쨌거나 천국과 지옥이란 오랜 문제에 대해, 지금 이 시점에서나의 입장은 이렇다. 비록 죽음 후 당할 고문에 대한 본능적 두려움이 있긴 하지만(내가 그런 문제에 대해 생각할 나이가 되고부터 줄곧 세뇌당한 관점이라 그렇다), 한마디로 나는 그것을 믿지 않는다.몇 세기를 전해 내려온 기독교 신경이 말하는 바처럼, 이 세상을 창조한 한 신이 그 세상을 살아가는 모든 이를 사랑하며 그들이 모두다 잘되기를 바라면서도 한편으로는 그들이 살면서 조금이라도 잘못을 저지르거나 옳다고 정해진 것을 믿지 않으면 죽은 뒤 형언할수 없는 고문에 처하며, 그것도 그들이 "죄"를 저지른 시간만큼이 아니라 몇조 몇억 년 동안 이어지는 고문을 당하게 하는(심지어 그게 시작에 불과한) 현실을 만들어 냈다고 믿는 것이 진정 합리적인가? 하나님이 사람들을 영원히 고문하는 데 전념하는 (아니면 최소한 사람들이 고문당하도록 내버려 두는) 웬 초월적인 사디스트라고, 세상에 존재하는 최악의 괴물보다 무한정 더 복수심에 불타오르는 신이라고 진정 믿으란 말인가? 나는 못 믿겠다. 본능적으로 두려움이 들지언정, 그렇게 믿지는 못 하겠다.

그럼 혹여 종류가 다른 사후의 삶이 존재하는 걸까? 나로서는 알 수 없다. 그건 누구도 알 수 없다. 물론 우리 모두, 친구들이 얘기해 준 일화라든가 임사 체험담, 성경에 실린 간증 등, 그 "증거"는 익히 알고 있다. 그리고 좀 있으면 내게 자신들은 다 "알고 있다"며 나를 설득시키려는 이메일이 쏟아져 들어올 것을 나는 확신한다. 하지만 통탄스럽게도, 우리 중 누구도 알지 못한다.

그건 그렇다 치고, 죽음 후의 삶이 최소한 있을 법하기는 한가? 특히, 사후 세계 방정식의 나머지 절반은 어떻게 받아들여야 할까? 죽음 후 그럭저럭 괜찮은, 아니면 심지어 찬란한 삶이 있을 거라 생각하는 게 타당한가? 희망은 두려움만큼이나 강렬한 감정이며, 기독교의 이러한 관점은 어릴 적부터 내게 꾸준히 주입된 것이다.

나는 분명 행복한 사후 세계를, 지옥 불만큼 이치에 어긋나는 관념으로 여기지는 않는다. 최소한 이 세상을 만든 관대한 창조주가 존재한다는 관념과 상충하지는 않으니 말이다. 그래서 나는 행복한 사후 세계라는 개념에 완전히 열린 마음을 가지고 있고, 마음 깊이 존재를 바라기까지 한다. 하지만 이것저것 따져 보면 결국 진심으로 믿지는 않는다고 해야겠다. 내가 보기에는 그냥 이 생이 전부다.

많은 사람이 자신이 존재하지 않는 상태를 상상하기 힘들어한다. 생각이라는 걸 할 수 있게 된 순간부터 우리는 (우선 처음에는 본능적 수준에서) 자신이 존재하고 있음을 인식해 왔다. **코기토, 에르고 숨**(나는 생각한다, 고로 나는 존재한다). 존재하지 않는 상태를 생각하기가 우리 대부분에게는 매우 어렵다. 하지만 이제 나는 예전보다 나의 비존재 상태를 떠올리기가 훨씬 수월해졌고, 이는 일면 내가 에피쿠로스나 루크레티우스 같은 과거의 위대한 철학자들의 견지를 공부해 왔기 때문이기도 하다.

이들 고대 그리스 철학자들이 지적했듯, 우리 중 누구도 자신이 태어나기 전에는 인류의 역사가 이어져 온 내내 존재하지 않았고 우리 중 누구도 그때는 그 사실로 인해 속상하거나 심란해하지 않았다. 현대식 계산으로 하면, 138억 년 동안 그래 온 것이다. 그러니 앞으로 올 몇백억 년 동안에도 우리가 존재하지 않으리라는 것을 믿기는 그리 어렵지 않다. 내가 태어나기 전에 존재하지 않았다면, 죽은 후에는 왜 존재해야 하나?

그렇게 될 것을 나는 알지 못하지만, 그렇게 될 거라고 짐작은 한다. 무서운 전망인가? 내게는 별로 그렇지 않다. 내가 떠올릴 수 있는 가장 좋은 비유는 전신마취다. 몇 년 전 나는 의료 시술을 받을 일이 있어서 마취를 받았다. 분명 어느 순간에는 의식이 있었는데, 다음에 정신을 차렸을 땐 한 시간이 흘러 있고 나는 마취에서 깬 뒤였다. 거기서 "떠나" 있었던 동안 나는 무슨 생각을 했을까? 아무 생각도 안 했다. 초조하고, 불안하고, 심란하고, 빨리 거기서 벗어나고 싶었나? 전혀 그렇지 않았다. 내 의식은 그냥 작동을 안 하고 있었다. 나는 죽음도 그와 같을 거라 생각한다. 우리는 그저 존재하지 않을 것이다.

이런 생각에 불안해지기보다는 그냥 몹시 슬퍼진다. 나는 지금의 존재함을 사랑한다. 나의 멋진 아내도 사랑하고, 자랑스러운 내 자녀와 손자 들도 사랑하며, 인생의 단순한 즐거움도 사랑한다. 활기차고 지적인 대화의 순기능을 믿는 친구들, 재밌는 소설과 아름다운 음악, 의미 있는 연구와 집필 활동, 수준급 요리와 질 좋은 와인, 가볍게 다녀오는 숲속 산책, 작정하고 나서는 산악 등반, 외국 여행, 스포츠 경기 관람, 운동, 뜨끈한 목욕물에 몸 담그기 등등, 전부 삶에서 누릴 수 있는 기쁨이다. 세상을 뜨면 의식도 없어질 테니 이런 것들을 아쉬워하지는 않을 것이다. 그래도 어쨌든 살아 있고 비교적 정신도 말짱한 지금은, 이런 것들을 놓아 보낼 것을 생각하면 슬퍼진다.

그렇지만 놓아 보내야 할 것이다. 태어나서 삶을 살았던 모든 이는 반드시 죽음을 맞았다. 그다음에는 다른 사람들이 똑같이 그럴 기회를 누렸다. 이런 식으로 오래도록 이어지기를 나는 바란다.

내 삶이 이어지는 동안 나는 삶과 죽음, 그리고 죽음 이후에 다른 삶이 있는가의 문제를 계속해서 탐구할 것이다. 지난 세월 이 문제로 고민한 수많은 학자의 생각을 읽고 난 지금, 나는 결국 이 문제를 가장 잘 표현한 위대한 소크라테스의 견지를 취하고 있다. 그가 보기에 죽음은 둘 중 하나였다. 먼저 꿈조차 꾸지 않은 깊은 잠, 우리가 보통 경험하는 잠보다 훨씬 깊은 잠이었다. 우리 중 한잠 푹 자는 걸 두려워하는 이는 없고, 푹 잔 것을 아까워하는 이도 없다. 죽으면 어떤 활동도 없고 심지어 의식마저 사라진다 해도, 잠보다 더 좋을 것이다. 그냥 평온한, 존재의 멈춤일 것이다. 그것을 두려워할 필요는 없다. 현대식 표현으로 옮기면, 죽음은 전신 마취약이다.

소크라테스가 생각한 또 다른 가능성은, 죽음 후 대거 재회가 이루어져 자신보다 먼저 간 이들을 만나 실컷 수다 떨게 되리라는 것이었다. 아테네 철학자에게 이는 오르페우스나 헤시오도스, 호메로스 같은 그리스 문명이 낳은 위인들과 대화할 기회가 생기는 것을 뜻했다. 내 경우, 나의 위인인 디킨스나 셰익스피어 또는 예수 같은 이들과 만나 대화하는 것이리라.

비록 논쟁의 여지가 있지만, 내가 보기에 이 두 선택지 중 소크라테스가, 혹은 그를 조종하는 복화술사 플라톤이, 실제로 어느 쪽을 믿었느냐는 비교적 선명하다. 그는 죽음이 이야기의 끝이라고 봤다. 하지만 이런 결론은 그에게 불안을 안겨 주지 않았다. 우리도 불안해할 필요 없다. 대신 이 인생을 최대한 오래, 있는 힘껏 사랑할 동기, 가능한 한 최대치로 인생을 즐길 동기, 또한 남들도 그러도록 이끌어 줄 동기로 삼으면 될 일이다. 우리 모두가 그렇게 한다면, 우리는 죽어도 계속 살 것이다. 우리 뇌가 죽은 뒤 의식이 잔존해 살아가지는 않겠지만, 우리가 인생에 족적을 남긴 다른 이들의 삶 속에서 살아갈 것이다.

감사의 말

이 책을 집필하는 작업은 뿌듯하고도 행복에 겨운 경험이었고, 이제는 이렇게 내가 진 빚을 언급하는 특혜까지 누리게 되었다. 우선 나보다 앞서 이 길을 밟고 고견을 기록으로 남긴, 헤아릴 수 없이 많은 학자에게 감사를 전한다. (내가 출발점이자 종점으로 삼은) 길가메시부터 아우구스티누스의 사후 세계관이 담긴 풍성한 원전은 물론, 각종 고대 문헌의 번역본들도 그 못지않게 큰 자양분이었다. 히브리어 성경 및 외경의 발췌문은 신 개정판 표준성경의 번역을 옮겼음을 밝힌다. 신약성경 번역은 내가 직접 한 것이다. 나머지 고대 문헌 번역문 출처는 전부 부록에 주석으로 밝혀 두었다.

이 책은 고대 근동, 그리스와 로마, 히브리어 성경, 제2차 성전 시기 유대교, 신약성경, 그리고 초기 기독교 각각에 담긴 사후 세계관을 논한 책이다. 나는 각 분야 전문가에게 원고의 전체 혹은 일부를 읽어 봐 달라고 부탁했다. 그들은 하나같이 흔쾌히 응했고, 읽어 본 후 전한 피드백이 도움이 된 건 물론이요, 내 체면까지 살려 주었다. 남아 있는 오류나 빗나간 판단은 온전히 나의 책임이며, 일부는 그들의 현명한 조언을 받아들이지 못한 내 어리석음이 낳은 결과다.

그렇기에 그 한 분 한 분에게 은혜를 입었음을 여기에 밝힌다. 데이턴대학에서 신약성경과 초기 기독교를 연구하는 메건 헤닝은 그 자신도 지옥에 대한 기독교의 관점이 초대교회 시기에 어떻게 교육적으로 이용되었나를 주제로 중요한 연구서를 발표한 바 있다. 켄트주립대학 서양고전학과에서 오래도록 교수로 재직한 내 동생 래드 어먼은 몇 해 전 『일리아드』와 『오디세이아』가 그 호메로스가 아니라 호메로스라는 이름을 가진 동명이인이 쓴 거라고 나를 설득시킨 적이 있는데, 이번 집필 과정에서는 내가 복잡한 라틴어 문장을 만날 때마다 무한한 인내를 발휘하며 도움을 주었다. 노스캐롤라이나대학(이하 UNC)에서 나와 같이 고대 근동 및 히브리어 성경을 연구한 동료 조셉 램은 고대 근동의 알쏭달쏭한 원전을 해석하는 데 늘 기꺼이, 열성적으로 도움을 주었다. UNC 히브리어 성경 연구 부서에서 일하는 또 다른 동료, 데이비드 램버트는 놀랍도록 명민한 독서가로 그가 내놓는 견해는 늘 내가 오래도록 품어 왔던 생각들을 새삼 톺아보게 한다. UNC에서 함께 초기 기독교를 연구해 온 나의 오랜 동료이자, 한 차례 공저 작업을 했던 즐라트코 플례셔는 고전문헌학에서 고대 철학까지 아우르는 방대한 전문 지식으로 늘 경이로움을 안겨 주고 무한한 도움을 주었다. UNC 신약성경 및 초기 기독교 연구 부서의 새 동료 휴고 멘데스는 문헌 자료를 보기 드물게 꼼꼼히, 행간까지 읽을 줄 아는 학자로, 내가 도움을 청할 때 단 한 번도 얼굴 찌푸린 적 없는 아량 넓은 사람이다. 나의 오랜 친구이자 듀크대학 재직 시절의 동료 조엘 마커스는 이 세상에서 가장 뛰어난 성서 주석가 중 한 명으로, 30년이 넘도록 꾸준히 내 원고를 기꺼이 읽어 줬고 (애석하게도) 자신의 의견을 전하는 데 단 한 번도 주저함이 없었다.

내게는 학자 연대 말고도 또 하나의 든든한 독자 그룹이 있다. 바트 어만 블로그의 회원들로, 이들은 내 원고를 출간 전에 먼저 읽어 보는 이벤트에 지원해 전문가 그룹 바깥에서 통찰력 있는 의견을 제시한다. 이해를 돕기 위해 내 블로그에 대해 조금 설명하자면, 7년째 진행 중인 모험적 프로젝트라고 할 수 있다. 매주 다섯 편씩 글을 작성해 올리는데, 신약성경과 관련한 문헌부터 초기 기독교 역사까지, 혹은 예수부터 콘스탄티누스까지, 글의 소재 및 주제는 다양하고 포괄적이다. 블로그 회원이 되려면 소정의 가입비를 내야 하는데, 나는 이것을 각종 자선단체에 기부해 도움이 필요한 이들에게 전달한다. 작년 여름 블로그 회원들에게 내 원고를 먼저 읽어 볼 기회를 주었는데, 다음에 나열한 아량 넓은 회원들이 선뜻 응했고 원고의 질을 향상시킬 유용한 아이디어를 잔뜩 전달해 주었다. 윌리엄 밸러드, 데이비드 밸린저, 앨런 비숍, 폴 엘리스, 롭 길버트, 스티브 오티슨, 바비 로스, 스티브 서터. 이분들께 진심으로 감사드린다.

가장 기본적이면서 중요한 사항들을 거의 도맡아 해결해 준 사이먼앤드슈스터사의 부주필 메건 호건에게 특별히 감사의 마음을 전한다. 메건은 재능 있고 유능하며 기민한 데다, 때때로 힘들게 구는 작가에게도 무한한 참을성을 발휘하는 사람이다.

프리실라 페인턴이라는 뛰어난 편집자를 만난 것도 내게 크나큰 행운이었다. 이 책은 프리실라와 함께 작업한 두 번째 책인데, 덕분에 두 차례의 작업 모두 더할 나위 없이 순조롭게 진행되었다. 페인턴은 날카로운 안목과 명료한 판단력에 더해 분별력과 세련된 편집 실력까지 갖춘 능력자다. 더불어 뛰어난 문장력까지 갖추었으니, 내가 운이 참 좋았다.

꾸준히 내 담당 에디터였고 현재 나의 출판 에이전트이자 오랜 친구이기도 한 로저 프리트에게도 계속해서 큰 빚을 지고 있다. 그는 에이전트 업무뿐 아니라 글의 소재를 브레인스토밍하고, 프레임을 잡고, 원고를 평가하는 작업에도 적극 관여하고 있다. 프리트는 거시적으로도 미시적으로도 어떤 책을 써야 "먹힐지" 본능적으로 아는 보기 드문 감각을 지녔고, 창의적이고 열정적이며 주도적이다. 그리고 가끔은 내가 원하는 대로 하게 해 준다. 여기서 더 뭘 바라겠는가?

마지막으로, 내가 사랑해 마지않는 나의 아내이자 인생의 동반자 사라 벡위스에게 애정과 존경과 감사의 마음을 보낸다. 듀크대학에서 중세 영어와 초기 현대 영어를 연구하고 있으며, 셰익스피어 전문가에, 존재하는 문헌 자료는 닥치는 대로 읽어 치우는 다독가인 사라는 보기 드물게 통찰력 있고 상상력이 풍부한 데다 지적 깊이도 남다르며, 무엇보다 내 원고를 읽고 유용한 조언을 제공하는 것으로 배우자의 의무를 다하고 있다.

이 책을 세상 누구보다 영리하고 재미나고 잘생긴 나의 세 손자, 아이야와 시에라, 그리고 얼마 전 새로 합류한 엘리엇에게 바친다.

옮긴이의 말

　　작은 지옥을 맛봤다. 일이 다섯 달째 끝날 듯 끝나
지 않았고, 개인적 불운이 겹쳐 '지옥 같은 8월, 이겨 내고야 만다'를
만트라처럼 읊으며 그 시간을 버텨 냈다. 침수 피해가 심한 지역, 가
전이며 가구며 전부 물에 잠겨 한 달이 지나도 집에 돌아가지 못한
수해민들은 더 큰 지옥을 경험하고 있겠구나. 역병이 돌아 집 안에
만 머물러야 하는데 그 집이 감옥인 사람들, 조용히 장사를 접어야
했던 자영업자들은 비할 데 없는 지옥을 맛봤겠구나.

　　늘 천국과 지옥은 사후 세계가 아닌 지금 이 세계에 있다고 느꼈
다. 인간의 뇌란 워낙 부정적 자극에 쉽게 이끌려서, 천국을 느끼는
순간은 드물다. 배은망덕하다고 할지도 모르겠다. 내 경우 몇 달에
걸친 작업을 마무리한 후 머리를 비우고 쉴 때 천국이라 느낀다. 바
람 선선한 저녁에 가족과 TV 앞에 뒹굴면서 시답잖은 농담에 낄낄
거릴 때 여기가 천국이구나 한다. 하지만 죽어서 더 황홀한 천국에
입장시켜 주시겠다면 마다하지 않겠다.

　　그 천국과 지옥이 정말로 인간이 만들어 낸 개념인 줄은 나도 이
번 작업을 하면서 알았다. 그동안 성경을 허투루 읽은 것일까. 저자

가 거듭 언급한 '비판적 연구'가 이래서 평신도에게도 필요하다. 의심하고 질문을 던진다고 신을 저버리는 건 아니다. 오히려 더 무서운 건 맹신이다.

맹신의 폐해가 올해보다 더 극명히 드러난 적이 있었을까(언뜻 1999년의 휴거 소동이 떠오른다). 개신교가 신도 아닌 사람들을(개중 냉소적인 이들은 '헌금 내지 않는 사람들'이라고 특정하기도 했다) 이웃으로 치지 않는다는 걸, 교회가 당당히 천명했다고 봐도 좋을 것이다. 교회에 모여서 예배할 권리가 전염병 전파를 막을 필요보다 우위에 있었다. "감히 세속의 정부가" 종교에 간섭한다고 호통친 어느 교회 대자보에 너무 충격을 받아서 자꾸 그 말이 머릿속에 맴돈다. 와중에 헌금을 어려운 교인들에게 '재난지원금'으로 나눠 준 교회도 있고, "예배 모임이 이웃의 목숨을 위태롭게 하면 모이지 않는 게 신앙"이라는 대자보를 내건 목사도 있었다. 하지만 그분은 보수 개신교도들에게 고무망치 테러를 당했다고 한다. 여기저기서 지옥도가 펼쳐진 한 해였다.

예수가 아닌 목사, 그것도 「요한계시록」의 거짓 선지자 같은 인간들을 그토록 맹신하게 하는 요인이 뭘까? 취약한 대상을 노려 세뇌하고 조종하는 건 모든 착취 집단의 공식인 걸까? 내 말 안 들으면 지옥 간다고 세뇌하나? 그렇게 말하는 자신은 지옥에 안 간다는 확신이 있나? 아니면 천국과 지옥이 존재하지 않는 것을 이미 간파한 걸까?

아마 도구로서의 효과는 천국의 상보다 지옥의 벌 쪽이 훨씬 강력할 것이다. 고대 기독교인들이 괜히 지옥도를 그리 세세히 묘사한 게 아니다. 희망과 두려움은 강력한 도구다. 그 감정들을 도구화하면 상대를 얼마든지 조종할 수 있다. 죽는 순간에 대한 두려움, 죽은 후 내가 어떻게 될까 하는 두려움은 만유 공통이다. 우리는 그렇잖아도 끝없이 두려움을 다스리며 산다. 죽음에 대한 공포도 다스려야 할 감정 중 하나다. 그래야 분별력을 발휘해, 나를 조종하려는 사람에게 휘둘리지 않을 수 있다.

저자는 말한다. 천국과 지옥 개념을 만들어 낸 건 사람들이 현재의 삶을 바르게 살도록 유도하기 위함이 아니었겠느냐고. 또 한 가지 가설은 '이게 전부일 리 없어!'라는 심리에서 자연스럽게 생겨났다는 것이다. 착하게 산 나는 상을 받고 악하게 산 재는 반드시 벌을 받아야 한다는 일종의 원한이랄까. (아닌 게 아니라 본문에도 'vindicate'라는 단어가 자주 나온다. 그간의 설움을 하나님이 갚아 주시기를 바라는 인간의 사념이 똘똘 뭉친 결정체 같은 단어라고 느꼈다.)

그렇다면 죽고 나서 천국에서 상을 받을 테니 현재의 삶을 의롭게 살도록 유도하는 감정은 희망일 터다. 그래서, 이런 믿음에 정말로 계도 효과가 있는가? 천국과 지옥의 존재를 믿으면 도덕적으로 살게 되는가? 자신이 하는 행동이 죄임을 의식하지 못한 채 저지르면 지옥에 안 가는 것일까? '나는 선한 사람'이라고 자신을 기만하는 사람은? 천국에서 받을 상을 기대하고 온갖 불의를 참아 내기엔 대부분 사람들에게 삶이 너무 고되고, 어쩔 땐 그 와중에 해소될 길 없는 억울함만 쌓이는 것 같다. 천국의 상이 보장되지 않으면 참을 이유가 없다고 느끼는 순간이 온다. 도덕을 가리키는 나침반이 제대로 작동하지 않는 사람을 의로운 삶으로 인도하려면 천국의 상과 지옥의 벌 외에 다른 기제가 필요한 게 아닐까.

대학 때 같은 과에, 죽으면 자신의 존재가 사라진다는 소크라테스(를 내세워 복화술 놀이를 하는 플라톤)적 사후 세계관을 믿는 가톨릭 신자 동기가 있었다. 세뇌가 너무 잘 된 개신교 청년이었던 나에게 그런 교리에서 벗어난 주체적 사고는 큰 충격이었다. 천국과 지옥 신조를 교육받은 기독교인이 사후 세계의 비존재를 믿다니! 하지만 따져 보자. 교리를 주는 대로 잘 받아먹은 내가 더 의로운 삶을 살고, 사후 세계를 믿지 않은 그 동기는 악한 삶을 살았을까? 아니다. 우리는 둘 다 보통의 도덕성을 가진 평범한 사람이었다. 사후 세계를 안 믿는다고 해서 의롭지 않게 사는 건 아니다. 결국 천국과 지옥 개념은 어느 선까지만 의도된 효과가 있는 게 아닐까. 이제는 처음 생겨났을 때와는 전혀 다른 개념이 되어 버린 게 아닐까.

맹신에 빠지지 않을 분별력과 관련하여, 저자가 줄기차게 입에 올린 '비판적 연구'에 대해 생각해 본다. 십계명은 잘만 어기면서 성소수자는 혐오하는 사람이 되지 않으려면, 전염병 바이러스를 퍼뜨려도 좋으니 집합하라는 목회자를 맹목적으로 따르지 않으려면, 주체적인 사고력과 판단력을 갖추고 성경을 비판적으로 읽어 버릇해야 한다는 결론에 다다른다. 그것도 자신의(혹은 목사의) 입맛과 어젠다에 맞는 단골 구절만 읽지 말고, 처음부터 끝까지 통독해야 한다. 바트 어만의 저서 두 권을 연달아 번역하면서, 물론 비신학자로서 부족함을 많이 느꼈음에도 가장 희열과 보람을 느낀 순간은 여러 판본으로 영어 성경과 우리말 성경을 대조해 가며 공부했을 때였다.

그동안 오해했거나 도무지 의미를 알 수 없던 구절이 명료하게 이해되는 순간이었다. 읽는 이가 오해하건, 제대로 이해하건 말씀이 갖는 힘이 있다고 느낀다. 우리를 맹신과 두려움에서 구해 줄 힘이다.

이 책이 나올 즈음이면 퇴고만 하고 탈고는 못하는 작은 지옥에서 벗어나 있을 거라 생각하니 그저 감사하다. 기회를 주신 갈라파고스출판사, 그리고 내가 끌어 내린 원문 대조의 지옥에서 함께 고생해 주신 담당 에디터 김지은 선생님께도 감사드린다.

모두 있는 힘껏 살아남아 이웃도 붙잡아 주는 2021년이 되길.

2020년 9월
허형은

주

들어가는 말

1. http://www.pewresearch.org/fact-tank/2015/11/10/most-americans-believe-in-heaven-and-hell/

1장 천국과 지옥으로의 여정

1. 알렉산드리아의 클레멘스가 2세기 말에 이미 언급한 적 있는 내용이다. 에우세비오스의 『교회사』 6.14를 참고하라. 에우세비오스 자신도, 4세기 초에 그 글을 쓰면서, 일부 기독교도가 그것을 정경으로 간주했음을 암시하고 있다 (『교회사』 3.25). 연구자들은 이 그리스어 기록이 포함된 66쪽짜리 고서가 6세기 어느 시점에 쓰였다고 판단했다. 다음 저서들을 참고하라. Peter van Minnen, "The Greek Apocalypse of Peter", in Jan Bremmer and István Czachesz, eds., *The Apocalypse of Peter*(Leuven, Belgium: Peeters, 2003), pp. 15~39.

2. 나는 더 오래된, 에티오피아어판을 택해 그 내용을 요약하겠다. 그리스어와 에티오피아어 두 가지 모두의 구절별 영어 번역본을 읽고 싶다면, J. K. Elliott, *The Apocryphal New Testament*(Oxford, UK: Claredon Press, 1993), pp. 593~612를 참고하라. 발췌문은 이 책에서 가져온 것이다.

3. 후대의 기독교 전통에서 생긴 예외들을 알고 싶다면, 14장을 읽어 보라.

4. 최근의 한 연구는, 이것이 초기 기독교에서 이루어진 지옥 묘사의 여러 주요 기능 중 하나라고 주장했다. 다음 자료를 참고하라. Meghan Henning, *Educating Early Christians through the Rhetoric of Hell: "Weeping and Gnashing of Teeth" as Paideia in Matthew and the Early Church*(Tübingen, Germany: Mohr Siebeck, 2014).

5. 최근에 이루어진 장편 분량의 연구 보고서로는 다음 자료가 있다. Eliezer Gonzalez, *The Fate of the Dead in Early Third-Century North African Christianity: The Passion of Perpetua and Felicitas and Tertullian. STAC 83*(Tübingen, Germany: Mohr Siebeck, 2014). 이 자료의 주석 달린 개정판 겸 번역본을 읽고자 한다면, Thomas J. Heffernan, *The Passion of Perpetua and Felicity*(New York: Oxford University Press, 2012)를 참고하라.

6. 그런 주장이 담긴 저서로는 다음을 참고하라. Ross Kraemer and Shira Lander, "Perpetua and Felicitas", in *the Early Christian World, vol. 2*, ed. Philip Esler(London: Taylor & Francis, 2000), pp. 1048~1065. 다른 견해를 알고자 한다면 다음의 저서를 참고하라. Jeffrey A. Trumbower, *Rescue for the Dead: The Posthumous Salvation of Non-Christians in Early Christianity*(New York: Oxford University Press, 2001).

7. 영역본을 읽고 싶다면 다음의 책을 보라(번역문은 이 판본에서 가져온 것이다). Herbert Musurillo, *The Acts of the Christian Martyrs*(Oxford, UK: Claredon Press 1972), pp. 106~131.

8. G. M. A. Grube trans, Marcus Aurelius Antonius, *The Meditations*(Indianapolis: Hackett, 1983), p. 111.

9. 영어 번역본을 읽고자 한다면 Elliott, *Apocryphal New Testament*, pp. 439~511을 보라. 나도 이 판본에서 발췌했다.

2장 두려운 죽음

1. Stephanie Dalley trans, in *Myths from Mesopotamia: Creation, The Flood, Gilgamesh, and Others*(New York: Oxford University Press, 1989).

2. Stephen Mitchell, *Gilgamesh: A New English Version*(New York: Free Press, 2004)에서 발췌했다.

3. 소크라테스와 플라톤 그리고 동시대의 그리스인 모두가 다신론자이긴 했지만, 소크라테스는 여기서 자신이 섬기는 "신"을 단수형으로 칭하고 있다.

4. Hugh Tredennick trans, in *The Collected Dialogues of Plato*, ed. Edith Hamilton and Huntington Cairns(Princeton, NJ: Princeton University Press, 1961).

3장 사후 세계 이전의 사후 세계

1. Erwin Rohde, *Psyche: The Cult of Souls and Belief in Immortality among the Greeks. 8th ed.*, W. B. Hillis trans(Eugene, OR: Wipf and Stock, 2006; German original of 8th ed. 1925), p. 4. 이 맥락에서 로데는 호메로스의 작품에 나타난 사후 세계관을 이야기하고 있다.

2. Robert Fagles trans, *The Iliad*(New York: Penguin, 1990)를 인용했다. 행 번호는 이 책에 나온 것을 그대로 옮긴 것이다.

3. Rohde, 앞의 책, p. 9.

4. 이는 『일리아드』 23권에 더더욱 절절하게 묘사되어 있는데, 아킬레우스의 가장 절친한 친구 파트로클로스의 혼백이 그의 앞에 나타나서는 즉시 자신의 장례를 치러 한을 풀어 달라고 애원하는 장면이다. 하데스의 땅에 온전히 입장이 거부된 다른 사람들도 있는데, 그중에는 예를 들어 제 명이 다하기 전 때 이른 죽음을 당한 이들도 있다.

5. 호메로스는 이들이 저지른 범죄를 구체적으로 말해 주지 않는다. 그들이 등장하는 다른 신화에서만 그 구체적인 내용을 알 수 있다.

6. 호메로스의 다른 작품에서, 어떤 경우 저승에서 고문을 당할 수도 있음을 암시하는 부분이 나온다(특히, 맹세를 어긴 자들을 신들이 벌한다고 말한 부분이 두어 군데 등장한다). 하지만 호메로스는 이에 대해 자세히 이야기하지 않는다. 『일리아드』 19권 259행을 참고하라.

7. "On Funerals" 2; A. M. Harmon trans, "Lucian" IV, *Loeb Classical Library, 162*(Cambridge, MA: Harvard University Press, 1969).

8. Robert Fagles trans, *The Aeneid*(New York: Viking, 2006). 행 번호는 이 책에서 그대로 옮긴 것이다.

9. 저승에 내려갔다가 살아 돌아온 이들을 언급한 구절에서, 베르길리우스는 헤라클레스와 오르페우스가 등장하는 신화를 떠올리고 있다.

4장 정의의 실현?: 사후 상벌 개념의 부상

1. Alfred North Whitehead, *Process and Reality, 2nd ed.*(New York: Free Press, 1979), p. 39.

2. 예로 다음 저서를 참고하라. Dale Martin, *Inventing Superstition*(Cambridge,

MA: Harvard University Press, 2004). 이 구시대의 관점은 물론 오늘날에도 유지되고 있어서, 가끔 사랑하는 사람이 죽은 뒤 그 사람의 "유령" 혹은 "혼"을 봤다고 주장하는 사람들이 나오기도 한다. (눈에 보이지 않는 존재는 "볼" 수 없는데도!) 많은 고대인(전부는 아니다. 일부 플라톤주의자들은 예외에 속할 수 있다)이 가졌던 '영혼의 물리성' 관점은 말로 설명하기 조금 어렵다. 내가 영혼이 일종의 "물질"이라고 말할 때, 이는 그리스인들이 "물질"을 지칭할 때 전형적으로 쓰는 단어(훌레hylē)를 뜻한 게 아니다. 그리스인 대부분이 생각하기에 훌레(나무, 또는 "물질적인 것")는 "영혼psychē"과 대조된다. 하지만 개념적으로 프시케psychē는 여전히 일종의 "물질"로 이루어졌다. 육체적 성질을 띤, 훌레가 아닌 어떤 것이다. 그래서 예를 들어 물리적 한계(인간의 몸)안에 가둬진다든가 혈관을 따라 흐르는 것이 가능하다(이는 전부 그것이 훌레가 아닌 다른 종류의 물질성을 띠어야, 즉 우리가 보통 물리적인 것이라 할 때 떠올리는 것보다 더 입자가 작은 어떤 물질이어야 가능하다).

3. Huge Tredennick trans, in *The Collected Dialogue of Plato,* ed. Edith Hamilton and Huntington Cairns(Princeton, NJ: Princeton University Press, 1961).

4. 대표적으로 다음의 연구를 참고하라. Radcliffe G. Edmonds, *Myths of the Underworld Journey: Plato, Aristophanes, and the "Orphic" Gold Tablets*(New York: Cambridge University Press, 2004).

5. Huge Tredennick trans, ed. Edith Hamilton and Huntington Cairns, 앞의 책.

6. Paul Shorey trans, 위의 책.

7. David Barrett trans, *The Wasps, The Poet and the Women, The Grogs*(New York: Penguin, 1964).

8. Lionel Casson trans, in *Selected Satires of Lucian*(New York: Norton, 1962).

9. Brad Inwood and L. P. Gerson trans, *The Epicurus Reader: Selected Writings and Testimonia*(Indianapolis: Hackett, 1994). 에피쿠로스의 글은 거의 전부 소실되었다. 여기 실린 것들은 훗날 Diogenes Laertius가 쓴 그의 전기 *Lives of Eminent Philosophers*에 실린 소실된 작품들 중 편지와 인용문을 발췌한 것이다.

10. R. D. Hicks trans, *Diogenes Laertius: Lives of Eminent Philosopher Vol. 2, Loeb Classical Library 185*(Cambridge, MA: Harvard University Press, 1925).

11. 앞의 두 번역은 Inwood and Gerson trans, 앞의 책에서 인용 발췌.

12. R. E. Latham trans, *Lucretius: On the Nature of the Universe*(New York: Viking

Penguin, 1951). 인용문은 전부 3장에서 발췌한 것이다. 일부는 약간 수정했다.

13. Tusculan Disputations 1.36, 38. J. E. King trans, in *Cicero: Tusculan Disputations, Loeb Classical Library 141*(Cambridge, MA: Harvard University Press, 1991).

14. 예를 들면, 다음 저서를 참조하라. Robert Garland, *The Greek Way of Death, 2nd ed.*(Ithaca, NY: Cornell University Press, 2001).

15. 다음 저서를 참고하라. William Harris, *Ancient Literacy*(Cambridge, MA: Harvard University Press, 1991).

16. 그 예로, 폴 칼라니티Paul Kalanithi가 죽음을 앞두고 쓴 회고록 *When Breath Becomes Air*(New York: Random House, 2016), pp. 222-323에 에필로그로 실린, 루시 칼라니티Lucy Kalanith가 남편 폴에게 쓴 감동적인 편지를 읽어 보라. 〔폴 칼라니티 지음, 이종인 옮김, 『숨결이 바람이 될 때』(흐름출판, 2016).〕

17. 이 분야의 고전으로 꼽힐 만한 연구서로는 Richmond Lattimore의 *Themes in Greek and Latin Epitaphs*(Urbana, Il: University of Illinois Press, 1962)가 있다. 나도 그의 책에 실린 수집 표본에서 발췌했다.

18. 앞선 두 구절(CIL 91837과 CIL 6.26003) 모두 Keith Hopkins, *Death and Renewal*(Cambridge, UK: Cambridge University Press, 1983), p. 230에서 발췌한 것이다.

19. Lattimore, 앞의 책, p. 75.

5장 히브리 성경과 죽음 후의 죽음

1. 내가 이 욥의 관점을 어째서 헨델의 〈메시아〉 덕에 더욱 유명한 「욥기」 19장 25-26절의 유명한 구절로 반박하지 않는지 궁금해할 독자도 있을 것이다. 킹 제임스 성경에서 이 구절은 "나의 구제자가 살아 있음을 내가 알며, 그가 훗날 이 땅 위에 서 계실 것도 안다. 내 피부를 좀먹는 벌레가 이 몸을 망가뜨린 뒤에도 내 살을 입은 채 나는 하나님을 보리라"고 이야기한다. 학자들은 이 구절에 내재된 엄청난 문제점들을 오래 전부터 인지해 왔다. 히브리어 원문이 옮겨지는 과정에서 엉망으로 왜곡돼서 원문을 어떻게 해석할지, 정확한 의미가 무엇인지 파악하기 불가능한 수준이 되어 버렸다. 무슨 말이냐면, 대부분의 영문판에서 이 구절이 말이 된다 해도 해당 부분 히브리어 문장은 엉망이라는 것이다. 유대

교 연구자 앨런 시걸은 고대의 사후 세계관을 심도 있게 분석하는 과정에서 이런 사실을 발견했다고 한다. "원문이 너무나도 뒤엉켜 있어서 원래 욥이 정확히 어떤 말을 의도했는지 알 수 없을 정도다." 시걸은 이어서 해당 구절에 대해 제시할 수 있는 최선의 주해를 내놓아, 이는 욥이 십중팔구 사후에 하나님을 만나는 것에 대해 얘기하는 게 아니라 대신 하나님 앞에서, 변호사(그의 "구제자")의 도움을 받아, 자신의 죄 없음을 주장할 수 있기를 바란다는 얘기를 하고 있음을 뜻한다고 지적한다. 다음 저서를 참고하라. Alan F. Segal, *Life After Death: A History of the Afterlife in the Religions of the West*(New York: Doubleday, 2004), pp. 150-152.

2. 히브리어 성경에 실제로 이렇게 읽힐 여지가 있는 구절, 즉 스올이 실제의 어떤 거처인 양 묘사된 구절이 몇 군데 등장한다. 예를 들어, 「이사야서」 14장 9-11절과 「에스겔서」 31장 15-17절 32장 21절을 읽어 보라. 이는 나의 완강한 거부에도 불구하고 끝내 나를 설득시킨 나의 동료 조셉 램Joseph Lam 덕분에 얻은 통찰이다. 그러나 이 구절들은 전부 심히 상징적이고 은유적이다(저자들이 있는 그대로의 현실에 대한 소회를 이야기한 구절이 아니다).

3. 앞의 주를 참고하라. 장로들이 **동굴**에 묻혔으니 실제로는 아래로 **내려간** 게 아니라고 반박할 수는 없다. 우리는 '고향집에 내려간다'는 식으로 방향을 나타내는 단어를 은유적으로 사용하는 경우가 많다. "내려간다"는 표현 자체가 시신 매장의 보통 절차에서 나온 단순한 은유 표현이었다.

4. Jon D. Levenson, *Resurrection and the Restoration of Israel: The Ultimate Victory of the God of Life*(New Haven, CT: Yale University Press, 2006), p. 80. 그러나 레벤슨은 내가 말한 이 요지를 다른 방향으로 전개해, 내 입장에서는 옹호하기 힘든 결론을 도출한다. 구체적으로는 끔찍한 장소인 스올이 모든 죄인이 아니라 유달리 지독한 죄인들만을 위해 준비된 장소라는 결론이다.

5. Alan F. Segal, 앞의 책, p. 135.

6. 「아모스서」와 후대의 「아모스서」 엮은이에 대한 훌륭한 개론서로는 다음 저서가 있다. John J. Colins, *Introduction to the Hebrew Bible*(Minneapolis: Fortress Press, 2004), pp. 286-295.〔존 콜린스 지음, 유연희 옮김, 『히브리성서 개론』(한국기독교연구소, 2011).〕

7. 현재 「이사야서」를 이루는 다른 글들, 그리고 그 글의 연대와 배경에 대해 알고자 한다면 다음을 참고하라. Collins, 위의 책, pp. 307-321, 379-400.

6장 되살아난 시체들

1. 이 문제에 대해 학자들이 주고받은 견해를 담은 도움 될 만한 최근 논의를 읽어 보고 싶다면, 다음 저서를 참고하라. C. D. Elledge, *Resurrection of the Dead in Early Judaism 200BCE-CE200*(New York: Oxford University Press, 2017); Anders Hulgard, "Persian Apocalypticism", chapter 2 of John J. Collins, ed., *The Encyclopedia of Apocalypticism, Vol. 1: The Origins of Apocalypticism in Judaism and Christianity*(New York: Routledge, 2002). 후자는 특히 4장, "The Resurrection from Zoroaster to Late Antiquity" 위주로 읽어 볼 것을 권한다.

2. 예를 들면, 기원전 4세기부터 기원전 3세기까지 알렉산드로스 대왕의 정복과 뒤이은 헬레니즘 문화 확산 때문에 일어난 중동 지방의 불안한 정세, 기원전 2세기 마카베오 전쟁을 둘러싼 끔찍한 사건들 등이 있다. 다음 참고 도서에 나오는 초기 묵시문학에 대한 개략적 설명을 읽어 보라. John J. Collins, "The Afterlife in Apocalyptic Literature", in Alan J. Avery-Peck and Jacob Neusner, eds. *Death, Life-After-Death, Resurrection and the World-to-Come in the Judaisms of Antiquity, vol.4 of Judaism in Late Antiquity*(Leiden, Netherlands: Brill, 2001).

3. 인간이 왜 고통받는가에 대한 성서 속 대답에 대한 나의 긴 논의는 다음 책에서 읽어 볼 수 있다. 바트 어만 지음, 이화인 옮김, 『고통, 인간의 문제인가 신의 문제인가』, 갈라파고스, 2016.

4. 그래서 Elledge의 앞의 책, 그리고 보다 더 설득적인 Levenson, *Resurrection*을 추천한다.

5. 더 깊이 있는 논의에 관심 있다면, 다음의 권위 있는 저서를 읽어 보기를 권한다. John J. Collins, *The Scepter and the Star: Jewish Messianism in Light of the Dead Sea Scrolls* (Grand Rapids, MI: Eerdmans 2010).

6. 기독교인들이 예수가 구세주[메시아]라고 믿도록 이끈 요인들에 대해서는 다음의 내 저서를 읽어 보라. 바트 어만 지음, 강창원 옮김, 오강남 해제, 『예수는 어떻게 신이 되었나』, 갈라파고스, 2015.

7. 「이사야서」 논쟁에 대해서는 Collins, 앞의 책(2004), pp. 307~321, 379~400을 참고하라.

8. 각 서書에 대한 개요가 서문으로 들어가 있는 영역본을 읽고 싶다면, 다음 책을 추천한다. Michael Knibb, *The Ethiopic Book of Enoch: A New Edition in the Light of the Aramaic Sea Fragments, 2 vols.*(New York: Oxford University Press,

1979). 나도 이 책에서 발췌 인용했다.

9. 특히 '비유의 서'로 알려진 부분이 그렇다. 「에녹 1서」 38-39장, 48장, 그리고 51장을 참고하라.

10. 「다니엘서」의 역사적 맥락에 대한 최고 수준의 논의와 「다니엘서」 주해를 읽고자 하는 사람에게 다음 저서를 추천한다. John J. Collins, *Daniel: A Commentary on the Book of Daniel(Hermeneia: A Critical and Historical Commentary on the Bible)* (Minneapolis: Fortress Press, 1994).

11. 당시의 상황은 구약 외경 중 한 권인 「마카베오 1 서」에 기록되어 있다. 최근에 이루어진 해당 시기에 대한 논의를 읽고자 한다면, 다음 저서를 참고하라. Shaye Cohen, *From the Maccabees to the Mishnah, 3rd ed.*(Louisville, KY: Westminster John Knox, 2014)

12. 고대 유대교 묵시문학 모음집으로 다음 저서를 추천한다. James Charlesworth, ed., *Old Testament Pseudepigrapha, vol. 1.*(Garden City: NY: Doubleday, 1983).

13. 이 구절에 대해서는 Collins, 앞의 책(1994)에 실린 해당 논의를 참고하라.

14. 나의 다른 책『예수는 어떻게 신이 되었나』, pp. 76-77을 참고하라.

15. 고전적 논의는 다음 저서를 읽어 보라. Oscar Cullmann, *Immortality of the Soul? Or Resurrection of the Dead?*(New York: Macmillan, 1964).

16. 위의 책 pp. 43-44를 보라.

7장 왜 부활을 기다리는가?: 죽음 직후의 사후 세계

1. 구약 외경의 어느 판이든 영역본을 제공하고 있다(내가 이 책에 인용한 개역개정본을 참고해도 좋다).

2. 이 또한 구약 외경 개역개정본에서 읽어 볼 수 있다.

3. 이에 대한 고전적 해설은 다음 책을 참고하라. Martin Hengel, *Judaism and Hellenism: Studies in their Encounter in Palestine during the Hellenistic Period, 2 vols.* (Philadelphia: Fortress Press, 1981).

4. 또 다른 좋은 예는 「솔로몬의 지혜」라는 외경 문서에 나온다.

5. 다음 저서에 실린 Bruce M. Metzger의 해설과 영역문을 참고하라. James Charlesworth, ed., *Old Testament Pseudepigrapha, vol. 1*(Garden City, NY:

Doubleday, 1983), pp. 517~559. 더 심층적인 해석을 읽고자 한다면 다음 저서를 추천한다. Michael Stone, *4 Ezra(Hermeneia: A Critical and Historical Commentary on the Bible)*(Minneapolis: Fortress, 1990).

6. 「아브라함전서」에는 두 가지 사본이 있는데, 둘 중 어느 쪽도 다른 쪽을 복제한 것이 아니다. 둘 다 하나의 원전에서 각각 전해졌을 것으로 추정된다. 나는 'A교정본Recension A'(여러 사본들을 비판적으로 분석한 후 가장 이치에 맞는 요소들을 취합해 다듬은 문서.— 옮긴이)이라 불리는 텍스트를 인용하고 있다. 영역본은 다음을 참고하라. E. P. Sanders, "The Testament of Abraham", in Charlesworth, ed., *Old Testament Pseudepigrapha, vol. 1*, pp. 871~902.

7. 관련된 내용은 다음을 참고하라. Elizabeth Block-Smith, *Judahite Burial Practices and Beliefs About the Dead*(Sheffield, UK: Sheffield Academic Press,1992); Rachel S. Hallote, *Death, Burial, and Afterlife in the Biblical World: How the Israelites and The Neighbors Treated the Dead*(Chicago: Ivan R. Dee, 2001); Byron R. McCane, *Roll Back the Stone: Death and Burial in the World of Jesus*(Harrisburg, PA: Trinity Press International, 2003).

8. P. W. van der Horst, *Ancient Jewish Epitaphs: An Introductory Survey of a Millennium of Jewish Funerary Epigraphy(300 BCE-700 BCE)*(Kampen, Netherlands: Kok Pharos, 1991).

9. 위의 책, p. 114.

10. 위의 책, p. 137.

11. 다음을 참고하라. Josephus, *Antiquities*, 18.14, 16, 18; *Jewish Wars*, 2.8. 11, 14. 후자는 내가 여기에서 설명하는 내용을 묘사하고 있다. 요세푸스의 생애와 저작에 대한 적절한 개략이 필요하다면 다음 책, 특히 1~3장을 참고하라. Steven Mason, *Josephus and the New Testament*(Peabody, MA: Hendrickson, 2003).

12. 이들 집단과 그들이 가졌던 신념에 대해 더 자세히 알고자 한다면 다음 저서를 참고하라. Cohen, 앞의 책; E. P. Sanders, *Judaism: Practice and Belief, 63 BCE-66 CE*(Minneapolis: Fortress Press, 2016).

8장 예수와 사후 세계
1. 전체 이야기를 알고 싶다면 다음 논문 Bruce M. Metzger, "Literary Forgeries

and Canonical Pseudepigrapha", *Journal of Biblical Literature 91*(1972), p. 4, 그리고 메츠거의 자서전 *Reminiscences of an Octogenarian*(Peabody, MA: Hendrickson, 1997), pp. 136-139를 읽어 보라.

2. 초기 기독교인들이 왜 이 원전을 필사해 유통하지 않았는지는 알려지지 않았다. 한 가지 가설(아마도 가장 지배적인 가설)은 후대 정통 기독교도들이 파피아스와 그의 견지를 승인하지 않았으리라는 것이다. 후대의 교부 에우세비오스는 파피아스가 "지성을 별로 갖추지 못한 사람"이었다고 평했다(Eusebius, *Church History*, 3.39.) 파피아스의 저술 중 전해지는 글의 영역본을 읽고 싶다면 다음 책을 참고하라. Bart D. Ehrman, *The Apostolic Fathers, Loeb Classical Library, vol. 2.*(Cambridge, MA: Harvard University Press, 2004).

3. Bart D. Ehrman, *Forged: Writing in the Name of God - Why the Bible's Authors Are Not Who We Think They Are*(San Francisco:HarperOne, 2012), pp. 223-228에 나오는 나의 논고를 참고하라.

4. 이와 관련해 더 깊은 논의를 읽고 싶다면, 나의 다른 책 *The New Testament: A Historical Introduction to the Early Christian Writings, 7th edition*(New York: Oxford University Press, 2019)에서 복음서에 관한 장들을 참고하라.

5. 이에 대한 철저한 증명을 나의 다른 책 *Jesus Before the Gospels*(San Francisco: HarperOne, 2016)에서 읽어 볼 수 있다.

6. 나의 책 *Jesus Interrupted: Revealing the Hidden Contradictions of the Bible(And Why We Don't Know About Them)*(San Francisco: HarperOne, 2009)을 읽어 보라. 〔바트 어만 지음, 강주헌 옮김 『예수 왜곡의 역사』(청림출판, 2010).〕

7. 신약성경의 복음서들에 관해서라면, 학자들은 오래전부터 「마태복음」과 「누가복음」 둘 다 「마가복음」의 내용을 가져다 썼음을 알고 있었다. 그러니 세 복음서에서 예수가 한 어떤 말을 전할 때, 이 셋을 독립된 세 개의 출처로 볼 수 없다. 궁극적으로 예수가 한 그 말은 「마가복음」으로 그 출처가 귀결된다(마태와 누가가 그 말을 차용했기 때문이다). 그래서 「마태복음」과 「누가복음」에는 정확히 똑같은, 혹은 거의 똑같은 예수 어록이 다수 나온다. 학자들은 이 두 복음서의 저자들이 현재는 소실된 예수 어록집인 "Q"(출처를 뜻하는 독일어 퀼레 Quelle에서 따옴)를 읽은 거라고 주장해 왔다. 마태와 누가도 자기들만의 정보 출처가 있었다. 마태의 출처는 "M"이고 누가의 출처는 "L"이라고 하는데, 「마가복음」과 Q, M, 그리고 L은 전부 서로에게서 독립적인 출처이며, 「요한복음」은

그 모두에게서 독립적인 출처다. 그러니 실제로 **똑같은** 말은 아니더라도 만약 똑같은 **유**의 말이(예를 들어, 다가올 하나님 나라에 대한 언급이) 그 넷에 다 실려 있으면, 그것은 독립적으로 기록된 것이므로 예수가 그 비슷한 말을 했다는 증거로 봐도 좋다. 나의 책 *New Testament: A Historical Introduction,* 8장과 14장에 나오는 논고를 참고하라.

8. 나의 다른 책 *Jesus: Apocalyptic Prophet of the New Millennium*(New York: Oxford University Press, 1999)에 근거를 정리해 놓았다. 이와 관련한 고전적 논지를 알고자 한다면 다음 저서를 참고하라. Albert Schweitzer, *Quest of the Historical Jesus*(Minneapolis: Fortress Press, 2001; German original 1906).

9. 다음 논문을 참고하라. Lloyd R. Bailey, "Gehenna: The Topography of Hell", *Biblical Archaeologist 49(1896)*, pp. 187~191.

10. 이것이 원래 불멸의 존재인 사탄과 마귀 들(죽을 수 없기 때문에 정말로 영원히 불에 탈 존재들)을 위해 만들어진 것인지, 아니면 예수가 성경에서 "영원한 불"이 나오는 다른 구절들과 같이 은유적으로 이야기하는 것인지는 확실치 않다.

9장 예수 사후의 사후 세계관: 사도 바울

1. 이와 관련해서는 나의 책 『기독교는 어떻게 역사의 승자가 되었나』 2장을 읽어 보라.

2. 이 문제와 관련해 한층 심도 있는 논의를 읽고 싶다면 나의 다른 책 *Forged*를 읽어 보라. 더불어, 학술서인 *Forgery and Counterforgery: The Use of Literary Deceit in Early Christian Polemics*(New York: Oxford University Press, 2012)는 더욱 확장되고 학술적인 논의를 전개하고 있다.

3. 「로마서」, 「고린도전서·후서」, 「갈라디아서」, 「빌립보서」, 「데살로니가전서」, 그리고 「빌레몬서」.

4. 나의 다른 책 *Peter, Paul, and Mary Magdalene*(New York: Oxford University Press, 2008), 7~12장을 참고하라.

5. 두 주류 입장에 대해서는 David Wenham, *Paul and Jesus: The True Story*(Grand Rapids, MI: Eerdmans, 2002)와 Victor Paul Furnish, *Jesus According to Paul*(Cambridge, UK: Cambridge University Press, 1993)을 참고하라.

6. 이 서한에 대한 더 깊은 논의는 나의 책 *The New Testament*, 21장을 참고하라.

7. 이는 제국의 고위 관리가 공무 차 방문할 때마다 의전을 펼치며 그를 모시고 들어와야 했을 로마 속주 주민들에게는 익숙한 광경이었을 거라는 점이 자주 지적된다.

8. 내 친구이자 영원한 검열자 조엘 마커스Joel Marcus가 내게 지적했듯, 이 문제에서도 유대교의 다른 면들과 마찬가지로 별개의 예외가 물론 존재하며 그 예로 「희년서」 23장 30-31절을 들 수 있다. 이번에도 나는 모든 유대인이 육신의 부활 개념을 신봉했다거나 모든 이교도가 영혼의 불멸성을 믿었다고 말하고 있는 게 아니다.

10장 수정된 예수의 사후 세계관: 후대의 복음서들

1. 두 권의 전체 개요를 알고 싶다면, 나의 다른 책 *The New Testament*, 10장과 19장을 참고하라.

2. 위의 책 7장에 실린 나의 논지를 참고하라.

3. 이 우화를 주제로 최근 발표된 장편 분량의 연구서가 있다. Outi Lehtipuu, *The Afterlife Imagery in Luke's Story of the Rich Man and Lazarus*(Leiden, Netherlands: Brill, 2007); Matthew Ryan Gauge, *The Biblical Tour of Hell*(London: Bloomsbury T&T Clark, 2013).

4. 영역본을 읽고 싶다면 다음을 참고하라. Miriam Lichtheim, *Ancient Egyptian Literature: The Late Period, vol. 3*(Berkeley: University of California Press, 2006). 저자의 번역본에 군데군데 작은 공백이 있다. 나는 저자의 복원문을 가져오되, 그 공백들을 괄호로 묶어 표시하지 않고 그대로 실었다.

5. 이에 대해서는 Richard Bauckham, *The Fate of the Dead: Studies on the Jewish and Christian Apocalypses*(Leiden, Netherlands: Brill, 1998), 4장, "부자와 나사로" 관련 내용을 참고하라.

6. 나의 다른 책 『예수는 어떻게 신이 되었나』, pp. 318~329를 읽어 보라.

7. Bart D. Ehrman and Zlatko Pleše, *The Apocryphal Gospels: Texts and Translations*(New York: Oxford University Press, 2011)에 실린 Zlatko Pleše의 번역문이다.

8. 「도마복음」에 나오는 모든 말이 "후대의 기록"이라서 예수의 실제 어록

과 다르다는 얘기가 아니다. 예수가 실제로 한 말을 진실로 대변하는 듯 보이는 말들도 있다. 특히 더 앞선 시기에 쓰인 복음서들에 실린 것과 일치하는 말들이 그렇다. 그러나 묵시론적 종말론을 이야기한 구절들은 전부 예수의 가르침을 후대에 수정한 내용들을 담고 있다. 나의 책 *The New Testament*, pp. 218~223에 실린 논지를 참고하라.

11장 요한계시록과 사후 세계의 신비

1. 대중 독자들을 위해 쓴, 「요한계시록」에 대한 개략을 읽고 싶다면 다음을 참고하라. Bruce M. Metzger, *Breaking the Code*(Nashville: Abingdon, 2006). [브루스 M. 메쯔거 지음, 최흥진 옮김, 『요한계시록의 이해』(기독교문서선교회, 2014).] 역사적 관점에서 쓴 훌륭한 「요한계시록」 비평서도 많다. 다음을 참고하라. Craig Koester, *Revelation: A New Translation with Introduction and Commentary*(New Haven, CT: Yale University Press, 2014).

2. 나의 다른 책 *Forged*, pp. 70~73에 나오는 베드로에 대한 논의를 참고하라. 그의 동행이자 어부 동지인 요한에게도 같은 평가가 적용된다.

3. 기독교 순교가 비교적 드물었던 사실에 대해서는 다음 저서를 참고하라. Candida Moss, *The Myth of Persecution*(San Francisco: HarperOne, 2014). 기독교 초기 몇 세기의 여러 시점에, 고대 세계에 얼마나 많은 기독교도가 존재했는지에 대해서는 나의 다른 책 『기독교는 어떻게 역사의 승자가 되었나』, p. 402를 참고하라.

4. 모든 성도가 누릴 이 유토피아적 구원도 요한이 사용한 상징의 일부가 아닐까 생각할 사람이 있을 것이다. 「요한계시록」 전체가 상징으로 가득하다면, 영생 자체도 말 그대로 해석해선 안 될 하나의 상징 아닌가? 충분히 그런 주장이 나올 수 있다. 다른 고대 저술가 중에도 사후 세계 일화를 훗날 일어날 일에 대한 글자 그대로의 묘사가 아닌, 현재의 삶을 안내할 "교훈적 이야기"로 사용한 예가 꽤 있으니 말이다. 플라톤도 딱 그런 예에 해당한다. 하지만 요한은 아닐 것이다. 그는 불의 못과 새 예루살렘을 다른 세계(완전한 소멸과 영원한 삶)의 상징으로 사용하고 있다. 그러나 요한의 상징들이 **전달하는** 개념들이 그 자체로 상징임을 말해 주는 단서는 전혀 없다.

12장 육신으로 사는 영생

1. 영어 번역문은 다음 저서를 참고하라. Henry Chadwick, *Contra Celsum, reprint edition*(Cambridge: Cambridge University Press, 1980). 나도 이 책에서 인용했음을 밝힌다. 〔국문 번역은 오리게네스 지음, 임걸 옮김, 『켈수스를 논박함』(새물결, 2005) 참고.〕

2. 작품에 대한 소개와 영역문이 나의 책 *The Apostolic Fathers*에 실려 있다. 인용문은 여기서 가져온 것이다.

3. 일부 연구자들은 이 논문이 실제로는 아테나고라스가 쓴 게 아니라고 보지만, 내가 여기서 전하고자 하는 논지에서 저자의 이름은 별로 중요하지 않다. 누가 썼든, 2세기 말에 쓰인 것은 거의 확실하다.

4. 인용문들은 다음의 저서에서 발췌했다. Joseph H. Grehan, *Athenagoras: Embassy for the Christians; The Resurrection of the Dead*(New York: Newman Press, 1955).

5. 이 모든 내용은 『신국론』 22권 12장에서 발췌한 것이다. 편리하게 영역본을 읽고 싶다면 다음 책을 참고하라. Marcus Dods, *City of God, reprint edition*(Peabody, MA: Hendrickson, 2009). 〔국문판은 어거스틴 지음, 성염 옮김, 『신국론1~3』(분도출판사, 2004) 등 참고.〕

6. 본서의 p. 286을 보라.

7. 본서의 p. 304를 보라.

8. Marvin Meyer trans, *The Nag Hammadi Scriptures*(San Francisco: HarperOne, 2009), pp. 52-55.

9. 「골로새서」와 「에베소서」가 바울이 쓴 서한이 아니라는 주장에 대해서는 나의 다른 책 *Forged*, pp. 108-114를 읽어 보라.

10. 영지주의는 심하게 복잡한 여러 종교의 혼합이다. 최근에 시도된 영지주의적 관점과 관행에 대한 분석에 대해 알고 싶다면, 다음 저서를 참고하라. Daivd Brakke, *The Gnostics*(Cambridge, MA: Harvard University Press, 2012).

11. 그 사회학적 이유를 최초로 지적한 사람 중 하나가 Elain Pagels로, 그의 저서 *Gnostic Gospels, reissued edition*(New York: Vintage, 1989), 4장을 읽어 보라.

12. 초기 박해가 실제로 어느 정도였는지 알고 싶다면 Moss, *The Myth of Persecution*을 참고하라.

13. 순교자 이그나티우스가 한 이 발언의 인용에 대해서는 본서 pp. 363-364를

읽어 보라.

14. Thomas B. Falls trans, in *The Writings of Justin Martyr*(Washington, DC: Catholic University of America, 1948).

15. 영역문은 다음을 참고하라. J. K. Elliott, 앞의 책, pp. 380~381.

16. 인용문은 위의 책, pp. 380~382에 실린 번역문에서 발췌했다.

17. 영어 번역은 다음을 참고하라. Ernest Evans, ed., *Tertullian's Treatise on the Resurrection*(London: S.P.C.K., 1960).

18. 두 인용 모두 다음을 출처로 한다. "On the Spectacles", 30; T. R. Glover trans, *Tertullian: Apology, De Spectaculis, Loeb Classical Library*(Cambridge, MA: Harvard University Press, 1931).

19. 번역문을 읽고자 한다면 다음을 참고하라. *The Ante-Nicene Fathers vol. 3.*, ed. Alexander Roberts and James Donaldson; rev. ed. A Cleveland Coxe; (Boston: Hendrickson Publishers, 1994; Reprint of New York: Christian Literature Publishing Company, 1885).

13장 기독교 사후 세계의 황홀경과 고문

1. 이는 우리가 7장에서 살펴본, 결과적으로 새로운 사후 세계관의 등장을 유도한 기독교도 박해기 유대인들의 상황과 유사하다.

2. 특히 Moss, *Myth of Persecution*을 참고하라.

3. 이그나티우스가 썼다고 하는 일곱 통이 넘는 서한이 중세까지 유포되었고 오늘날에도 잘 알려져 있지만, 연구자들은 일곱 통을 제외한 나머지는 후대의 위조라는 데 의견 일치를 보인다. 이에 대한 나의 논의는 *The Apostolic Fathers*, pp. 203~217에서 볼 수 있다. 인용문은 이 책에서 발췌했다.

4. 해당 편지와 폴리카르포스의 순교에 대해 더 알고 싶다면, 위에 언급한 내 책 *The Apostolic Fathers*를 읽어 보라. 인용문은 이 책에서 발췌한 것이다.

5. 나의 다른 책 *Forgery and Counterforgery*, pp. 497~502에 나오는 관련 논의와 참고 문헌을 참조하라.

6. 「다니엘서」 12장 1~3절에서, 부활의 때에 의로운 자들의 육신이 땅에서 들려 올라가 하늘의 별처럼 빛나리라고(즉, 천사의 형체를 취할 거라고)한 부분을 상기하라. 본서의 pp. 185~186을 참고하라.

7. Minucius Felix, Octavius 8.5. 인용한 문장은 G. W. Clarke, *The Octavius of Minucius Felix*(New York: Paulist Press, 1974)에서 발췌했다.

8. Ernest Wallis trans, *Ante-Nicene Fathers, vol. 5.*에서 발췌했다.

9. 학계는 이 "순교의 영광"에 대한 논고가 실제로 키프리아누스의 펜 끝에서 나온 글인지 아니면 다른 인물이 쓴 것인지를 두고 논쟁 중이지만, 우리의 논제와 관련해서는 그 질문이 크게 중요하지 않다. 당시 일부 기독교도가 가지고 있었던 관점을 말해 주는 정도로 보면 충분하다.

10. 14장의 주에서 '연옥' 개념의 기원을 설명할 것이다.

11. 이 연대를 두고 학계에서 논쟁이 계속되고 있다. 다만, 잔존하는 원고가 최초로 3세기 초에 유통되던 이야기에서 나온 것이라는 의견이 중론이다. 이에 관한 논의는 J. K. Elliott, 앞의 책, pp. 616-644를 참고하라. 인용문도 이 책에서 발췌했음을 밝힌다.

12. 여기에는 Marcus Dods, *The City of God*(New York: Random House, 1950)의 문장을 발췌했다.

14장 연옥, 윤회, 그리고 모두를 위한 구원

1. 이와 관련한 고전급 연구서로 다음 저서가 있다. Jacques Le Goff, Arthur Goldhammer trans, *The Birth of Purgatory*(Chicago: University of Chicago Press, 1984; French original 1981). 르 고프가 제시한 주요 가설 중 하나는 중세의 연옥 신조가 그것이 탄생한 사회와 손잡고 나란히 발달했다는 것이다. 유럽 사회에서 중류 계층의 발달과 함께 엘리트 계층과 빈곤 계층 사이에 제3의 계층이 생성됐던 것과 같이, 사후 세계관도 마찬가지라는 것이다. 즉, "가진 자들"(구원받은 자들)과 "갖지 못한 자들"(저주받은 자들) 사이에 중간적 장소가 존재하게 됐다는 얘기다.

2. Peter Brown, *Ransom for the Soul: Afterlife and Wealth in Early Western Christianity*(Cambridge, MA: Harvard University Press, 2015).

3. 줄거리 요약과 영역문을 읽고 싶다면 J. K. Elliott, 앞의 책, pp. 364-372를 참고하라. 내가 사용한 인용문 출처도 이 책이다.

4. 본서의 pp. 28-31을 참고하라.

5. 나는 여기서 Musurillo, 앞의 책, pp. 106-131의 번역문을 인용했다.

6. 인용문 출처는 *Ante-Nicene Fathers, vol.3*의 번역문이다.

7. 아우구스티누스 **이전** 연옥의 "역사"에 대한 최고 수준의 논의는 (아우구스티누스가 연옥 개념의 "아버지"가 맞는가 하는 의문을 제기하기도 했는데) 안타깝게도 독일어판만 존재한다. 그래도 외국어에 능통한 독자들을 위해 여기 출처를 밝힌다. Andreas Merket, *Das Fegefeurer: Entstehung und Funktion einer Idee*(Darmstads, Germany: Wissenshcaftliche Buchgesellschaft, 2005).

8. 여기에도 Marcus Dods의 번역을 인용한다. 13장 주 12번을 참고하라.

9. *The Nicene and Post-Nicene Fathers, First Series, vol.14*, American edition edited by Philip Schaff(Peabody, MA: Hendrickson Publishers, 1999; reprint of 1889 original)의 번역문을 인용했다.

10. (부분적으로) 잔존하는 그리스어본과 (온전한) 라틴어본 모두의 번역문을 나란히 비교해 볼 수 있는 매우 유용한 저서로 W. W. Butterworth, *Origen: On First Principles*(Gloucester, MA: Peter Smith, 1973)가 있다. 이 책의 문장을 인용했음을 밝힌다. 다음 저서도 참고를 권한다. John Behr, *Origen: First Principles. Oxford Early Christian Texts*(Oxford, UK: Oxford University Press, 2018).

11. Diogenes Laertius, *Lives of Eminent Philosophers* 8.77에 실린 인용문. R. D. Hicks trans, *Diogenes Laertius, vol.2, Loeb Classical Library*(Cambridge, MA: Harvard University Press, 1925).

12. *Ante Nicene Fathers, vol.1*의 번역문.

13. *Nicene and Post-Nicene Fathers, series 2, vol.5,* pp. 430~468의 번역문.

14. Bart D. Ehrman and Zlatko Pleše, 앞의 책, pp. 419~423에 실린 해당 내용의 개략을 참고하라.

15. 이 책에 실린 나의 요약과 인용은 '니코데무스 B의 복음Gospel of Nicodemus B'이라고 알려진 이야기에서 발췌한 것이다. 위의 책, pp. 469~489의 내 번역문을 참고하라.

16. Rob Bell, *Love Wins: A Book About Heaven, Hell, and the Fate of Every Person Who Ever Lived*(San Francisco: HarperOne, 2011)을 참고하라.

17. 대표적으로 Danny Burk, *John Stackhouse, Robin Parry, Jerry Walls, Four Views on Hell, 2nd ed.*(Grand Rapids, MI: Zondervan, 2016)에 실린 것과 같은, 성경을 철석같이 믿는 보수적 복음주의 기독교인들 가운데서도 일고 있는 여러 가능성들에 대한 논의를 참고로 읽어 보기 바란다.

*430쪽(주) 이후의 항목은 주에 해당한다.

두렵고 황홀한 역사
:천국과 지옥, 죽음은 어떻게 심판이 되었나

1판 1쇄 인쇄 2020년 11월 20일
1판 1쇄 발행 2020년 11월 27일

지은이 바트 어만 | 옮긴이 허형은
책임편집 김지은 | 편집부 김지하 홍은비 | 표지 디자인 이지선

펴낸이 임병삼 | 펴낸곳 갈라파고스
등록 2002년 10월 29일 제2003-000147호
주소 03938 서울시 마포구 월드컵로 196 대명비첸시티오피스텔 801호
전화 02-3142-3797 | 전송 02-3142-2408
전자우편 books.galapagos@gmail.com
ISBN 979-11-87038-65-8 (03900)

이 도서의 국립중앙도서관 출판예정도서목록(CIP)은 서지정보유통지원시스템 홈페이지(http://
seoji.nl.go.kr)와 국가자료종합목록 구축시스템(http://kolis-net.nl.go.kr)에서 이용하실 수 있습니
다. (CIP제어번호 : CIP2020046537)

갈라파고스   자연과 인간, 인간과 인간의 공존을 희망하며, 함께 읽으면 좋은 책들을 만듭니다.